Die Besteuerung deutscher Geschäftsaktivitäten im Libanon

Trierer Studien zum Internationalen Steuerrecht

Herausgegeben von Gabriele Burmester

Band 21

PL ACADEMIC RESEARCH

Toufic Schilling

Die Besteuerung deutscher Geschäftsaktivitäten im Libanon

PL ACADEMIC RESEARCH

Bibliografische Information der Deutschen Nationalbibliothek
Die Deutsche Nationalbibliothek verzeichnet diese Publikation in der Deutschen Nationalbibliografie; detaillierte bibliografische Daten sind im Internet über http://dnb.d-nb.de abrufbar.

Zugl.: Trier, Univ., Diss., 2017

D 385
ISSN 1861-695X
ISBN 978-3-631-72219-0 (Print)
E-ISBN 978-3-631-72257-2 (E-PDF)
E-ISBN 978-3-631-72258-9 (EPUB)
E-ISBN 978-3-631-72259-6 (MOBI)
DOI 10.3726/b11122

PL Academic Research ist ein Imprint der Peter Lang GmbH.

Peter Lang – Frankfurt am Main · Bern · Bruxelles · New York · Oxford · Warszawa · Wien

Diese Publikation wurde begutachtet.

www.peterlang.com

Vorwort

Die Märkte der arabischen Welt bieten für deutsche Unternehmen vielfältige, einstweilen lukrative Geschäftsmöglichkeiten. Bislang nicht ausgeschöpftes Potential birgt unter anderem der libanesische Markt, der für deutsche Unternehmen auch als Brücke für weitere regionale Märkte im Nahen und Mittleren Osten sowie Nordafrika dienen kann. Mit den ertragsteuerlichen Auswirkungen, die sich aus Geschäftsaktivitäten deutscher Unternehmungen im Libanon ergeben, hat die vorliegende Arbeit ein ebenso praxisrelevantes wie steuerrechtstheoretisch interessantes Thema zum Gegenstand, das erstmals einer monographischen Untersuchung unterzogen wurde. Letzteres gilt insbesondere, da der Libanon kein Doppelbesteuerungsabkommen mit Deutschland abgeschlossen hat und wegen fehlender Mitgliedschaft in der OECD nicht an deren steuerliche Vorgaben gebunden ist.

Die vorliegende Arbeit wurde im Wintersemester 2016/2017 vom Fachbereich Rechtswissenschaft der Universität Trier als Dissertation angenommen. Sie entstand während meiner Tätigkeit als wissenschaftlicher Mitarbeiter in den Steuerdezernaten der Sozietät *Freshfields Bruckhaus Deringer LLP* und der Sozietät *Heuking Kühn Lüer Wojtek PartGmbB*, beide Düsseldorf, deren Partner und Mitarbeiter mein herzlichster Dank gebührt. Grundlage der Arbeit waren neben den muttersprachlichen Arabischkenntnissen mehrfache Forschungsaufenthalte im Libanon.

Zu Dank verpflichtet bin ich zuvorderst meiner hochverehrten akademischen Lehrerin *Frau Prof. Dr. Gabriele Burmester*, die durch ihre anschauliche Stoffvermittlung in den Vorlesungen mein Interesse für das (internationale) Steuerrecht entfacht, das Dissertationsthema angeregt und betreut hat. Ihr außerordentliches Engagement für Studenten und Doktoranden wird mir stets ein Vorbild bleiben.

Dank schulde ich darüber hinaus Herrn *Prof. Dr. Henning Tappe* für die Erstellung des Zweitgutachtens; Herrn *Prof. Dr. Hans-Friedrich Müller* und Herrn *Prof. Dr. Volker Krey* für die freundliche Abnahme des Rigorosums am 31.01.2017.

Ich widme diese Arbeit meiner besten Freundin und Ratgeberin, meiner lieben Ehefrau *Kirstin* als Dank für ihr unermessliches Verständnis, die weitgehende Freistellung von den Verpflichtungen des täglichen Lebens während der Entstehung dieser Arbeit und all die mir entgegengebrachte Unterstützung. Dieser notwendige Rückhalt hat erst diese Arbeit ermöglicht.

Hamburg, im Februar 2017

Toufic Schilling

Inhaltsverzeichnis

Abbildungsverzeichnis

Abkürzungsverzeichnis

a.A.	anderer Ansicht
Abb.	Abbildung
Abl.	Amtsblatt
Abs.	Absatz
AEUV	Vertrag über die Arbeitsweise der Europäischen Union
AG	Aktiengesellschaft
AHK	Deutsche Außenhandelskammern
AktG	Aktiengesetz
AO	Abgabenordnung
AR	Arabisch
Art.	Artikel
AStG	Außensteuergesetz
BAM	Bundesaußenministerium (Auswärtiges Amt)
BB	Betriebs-Berater (Zeitschrift)
BCE	Beschlüsse des Conseil d´état
BewG	Bewertungsgesetz
BFH	Bundesfinanzhof
BFH/NV	Sammlung nichtveröffentlichter Entscheidungen des Bundesfinanzhofes
BGB	Bürgerliches Gesetzbuch
BGH	Bundesgerichtshof
BGBl.	Bundesgesetzblatt
BMF	Bundesministerium der Finanzen
BMG	Bemessungsgrundlage
BRD	Bundesrepublik Deutschland
BStBl.	Bundessteuerblatt
BT-Drucks.	Bundestag-Drucksache
BVerfG	Bundesverfassungsgericht
BVerfGE	Amtliche Sammlung der Entscheidungen des Bundesverfassungsgerichts
bzw.	beziehungsweise
ca.	circa
DB	Der Betrieb (Zeitschrift)
DBA	Doppelbesteuerungsabkommen
ders.	derselbe

DNotZ	Deutsche Notar-Zeitschrift der Bundesnotarkammer
DStR	Deutsches Steuerrecht (Zeitschrift)
DStZ	Deutsche Steuerzeitung (Zeitschrift)
E.	Einheiten
E.	Einheit(en)
ErbStG	Erbschaft- und Schenkungsteuergesetz
ESt	Einkommensteuer
EStB	Ertrag-Steuer-Berater (Zeitschrift)
EStG	Einkommensteuergesetz
EStR	Einkommensteuerrecht oder Einkommensteuerrichtlinie
EU	Europäische Union
e.V.	eingetragener Verein
EWR	Europäischer Wirtschaftsraum
f.	folgende
ff.	fortfolgende
FAZ	Frankfurter Allgemeine Zeitung
FGO	Finanzgerichtsordnung
FinM	Finanzministerium
FR	Finanzrundschau
FS	Festschrift
gem.	gemäß
GewSt	Gewerbesteuer
GewStG	Gewerbesteuergesetz
GG	Grundgesetz
ggf.	gegebenenfalls
Ghorfa	Arab-German Chamber of Commerce and Industry e.V.
GmbH	Gesellschaft mit beschränkter Haftung
GmbHG	Gesetz betreffend die Gesellschaften mit beschränkter Haftung
GmbHR	GmbH-Rundschau (Zeitschrift)
GoB	Grundsätze ordnungsgemäßer Buchführung
grds.	grundsätzlich
GrS.	Großer Senat
Gtai	Germany Trade and Invest (Gesellschaft für Außenwirtschaft und Standortmarketing mbH)
h.M.	herrschende Meinung
HGB	Handelsgesetzbuch
Halbs.	Halbsatz

IASB	International Accounting Standards Board (internationales unabhängiges Gremium von Rechnungslegungsexperten)
IAW	Institut für angewandte Wirtschaftsforschung Tübingen (IAW)
IFRS	International Financial Reporting Standards (internationale Rechnungslegungsvorschriften für Unternehmen)
i.H.v.	in Höhe von
inl.	inländisch(er)
int.	internalional
i.S.d.	im Sinne des
i.S.v.	im Sinne von
i.V.m.	in Verbindung mit
IDW	Institut der Wirtschaftsprüfer in Deutschland e.V.
IFSt	Institut Finanzen und Steuern
IStR	Internationales Steuerrecht (Zeitschrift)
IWB	Internationale Wirtschaftsbriefe (Zeitschrift)
JbFStR	Jahrbuch der Fachanwälte für Steuerrecht
KapG	Kapitalgesellschaft
KapESt	Kapitalertragsteuer
KAS	Konrad Adenauer Stiftung
KG	Kommanditgesellschaft
KGaA	Kommanditgesellschaft auf Aktien
KSt	Körperschaftsteuer
KStG	Körperschaftsteuergesetz
LBP	libanesische Pfund
lib.	libanesisch
libAGB	libanesisches Gesetz zur allgemeinen Gestaltung der Buchführung
libAO	libanesische Abgabenordnung
libErbStG	libanesisches Erbschaft- und Schenkungsteuergesetz
libESt	libanesische Einkommensteuer
libEStG	libanesisches Einkommensteuergesetz
libFinMin	libanesisches Finanzministerium
libFVG	libanesisches Finanzministeriumverfassungsgesetz
libGebäudeStG	libanesisches Gebäudesteuergesetz
libHGB	libanesisches Handelsgesetzbuch
libHoldG	Holdinggesellschaft libanesischen Rechts
libHoldGG	libanesisches Dekret betreffend das Regime von Holdinggesellschaften

libHVG	libanesisches Handelsvertretergesetz
libInVG	libanesisches Gesetz zur Stärkung von Investitionen im Libanon
libKAG	libanesisches Kommunalabgabegesetz
libOffshoreG	Offshoregesellschaft libanesischen Rechts
libOffshoreGG	libanesisches Dekret betreffend das Regime von Gesellschaften, die ausschließlich außerhalb des Libanon tätig sind
libSA	Société Anonyme libanesischen Rechts
libSARL	Société à résponsabilité limitée libanesischen Rechts
libSCS	Société en commandite simple libanesischen Rechts
libSEP	Société en Participation libanesischen Rechts
libSNC	Société en nom collectif libanesischen Rechts
libUStG	libanesisches Umsatzsteuergesetz
libVerf	libanesische Verfassung
MA	Musterabkommen
MENA	Middle East & North Africa (Nahost & Nordafrika)
Mio.	Millionen
Mrd.	Milliarden
MüKo	Münchener Kommentar
m.w.N.	mit weiteren Nachweisen
NatP	Natürliche Person
NJW	Neue juristische Wochenschrift (Zeitschrift)
Nr.	Nummer
OECD	Organization for Economic Cooperation an Development
OECD-MA	OECD-Musterabkommen
OHG	Offene Handelsgesellschaft
OLG	Oberlandesgericht
o.V.	ohne Verfasser
PersG	Personengesellschaft
Rn.	Randnummer
RFH	Reichsfinanzhof
RFHE	Amtliche Sammlung der Entscheidungen des Reichsfinanzhofes
RIW	Recht der internationalen Wirtschaft (Zeitschrift)
RIW/AWD	Recht der internationalen Wirtschaft/Außenwirtschaftsdienst (Zeitschrift)
Rs.	Rechtssache
RStBl.	Reichssteuerblatt

S.	Seite
s.o.	siehe oben
sog.	sogenannte
StÄndG	Steueränderungsgesetz
StbJB	Steuerberater-Jahrbuch
StuB	NWB Unternehmensteuern und Bilanzen (Zeitschrift)
StuW	Steuer und Wirtschaft (Zeitschrift)
Tab.	Tabelle
u.a.	unter anderem
UG	Unternehmergesellschaft
u.U.	unter Umständen
USt	Umsatzsteuer
UStG	Umsatzsteuergesetz
UmwG	Umwandlungsgesetz
UmwStG	Umwandlungssteuergesetz
UNDP	United Nations Development Programme (Entwicklungsprogramm der Vereinten Nationen)
UNHCR	United Nations High Commissioner for Refugees (Hoher Flüchtlingskommissar der Vereinten Nationen)
v.	vom
z.B.	zum Beispiel
zzgl.	zuzüglich

Kapitel 1. Einführung

A. Problemaufriss

Bereits die Phönizier haben die Bedeutung des (heutigen) Libanon als Handelszentrum erkannt und genutzt. Sowohl die geographische Lage als Einfallstor in Vorderasien als auch die klimatischen Bedingungen dürften hierbei eine wesentliche Rolle gespielt haben. Neben der langen Tradition als Handelsnation florierte der Libanon, insbesondere nach der Unabhängigkeit von Frankreich im Jahre 1943, mit seinem Finanzwesen. Daher war der Libanon in den fünfziger und sechziger Jahren des zwanzigsten Jahrhunderts einerseits als „Finanzzentrum der arabischen Welt"[1] und andererseits als „die Schweiz des Nahen Ostens" bekannt. Letzterer Bezeichnung liegt neben der landschaftlichen Vergleichbarkeit mit der Schweiz vor allem eine gewisse Kongruenz mit dem schweizerischen Finanzsektor zugrunde. Durch den anschließenden Bürgerkrieg von 1975 bis 1990 büßte der Libanon insgesamt an Attraktivität ein. Hinzu kamen die anhaltenden Spannungen mit dem südlich angrenzenden Nachbarstaat Israel.[2] Eine entscheidende Wende scheint der sogenannte „Julikrieg" gebracht zu haben, bei dem Israel den Libanon im Juli 2006 angriff und einen immensen wirtschaftlichen Schaden verursachte. Seitdem verzeichnet die Wirtschaftskraft des Landes ein konstant hohes reales Wachstum.[3] Trotz der weltweiten Rezession und der innerpolitischen Spannungen betrug das Wachstum in den Jahren 2007 bis 2010 zwischen 7 und 9 %.[4] Die Ursache des Wachstums wird mitunter in der Stabilität sowie Liquidität des libanesischen Bankensektors verortet.[5]

Für die deutsche Wirtschaft ist der Libanon ein vergleichbar kleiner, aber doch interessanter Exportmarkt.[6] Dem liegt wohl der Umstand zugrunde, dass das ursprünglich als Brandmarkung geplante Siegel „Made in Germany"[7] bei der libanesischen Gesellschaft nach wie vor für besondere Qualität steht. Die

---

1 So *Merten*, Vermögen int. anlegen, S. 255.

2 Vgl. zum Ganzen *Ghorfa*, Länderprofil Libanon, S. 5; *BAM*, Wirtschaftsbeziehungen Libanon.

3 Vgl. *Ghorfa*, Länderprofil Libanon, S. 5.

4 Vgl. *Merten*, Steueroasen, S. 459.

5 Vgl. *Merten*, Steueroasen, 460; *ders.*, Vermögen int. anlegen, S. 255; *Witte*, ExportManager v. 10. November 2010.

6 So *BAM*, Wirtschaftsbeziehungen Libanon; *Ghorfa*, Länderprofil Libanon, S. 5.

7 Vgl. dazu *Finsterbusch/Löhr/Preuss*, FAZ v. 21.08.2012, Wirtschaftsteil.

Bundesrepublik Deutschland ist dementsprechend regelmäßig unter den vier größten Importpartnern der libanesischen Republik.[8] Vor diesem Hintergrund ist es angezeigt, die steuerlichen Konsequenzen deutsch-libanesischer Geschäftsbeziehungen erstmals einer monographischen Untersuchung zu unterziehen.

I. Zielsetzung und Themeneingrenzung

Beabsichtigt ein inländisches Unternehmen im Ausland tätig zu werden, so hat es vielfältige wirtschaftliche und rechtliche Einflussfaktoren zu berücksichtigen. Vorrangig werden grundsätzlich betriebswirtschaftliche Faktoren entscheidend für die Anbahnung des Auslandsengagements sein. Gleichwohl sind die steuerlichen Aspekte von nicht zu unterschätzender Bedeutung, wirkt sich doch die Steuerbelastung negativ auf den ökonomischen Erfolg der Auslandstätigkeit aus, der am Ertrag nach Steuern gemessen wird.[9] Das bedeutet, dass ein zunächst wirtschaftlich vorteilhaftes Auslandsengagement sich nach Berücksichtigung der Steuerbelastung durchaus als weniger vorteilhaft oder gar nachteilig erweisen kann. Wegen dieser ökonomischen Auswirkungen der Steuerbelastung bildet die gründliche Planung des steuerlichen Rahmens einen integralen Bestandteil der Entscheidung einer deutschen Unternehmung, sich im ausländischen Markt zu betätigen.[10]

Ausgangspunkt der steuerplanerischen Überlegungen wird dabei regelmäßig die Frage sein, in welcher organisatorischen Form die grenzüberschreitende Geschäftsaktivität abgewickelt wird (Rechtsformwahl). Denn es existiert weder in der Bundesrepublik Deutschland noch in der libanesischen Republik eine einheitliche rechtsformunabhängige Besteuerung sämtlicher unternehmerischer Aktivitäten, sodass die Wahl der konkreten Abwicklungsform des Geschäftsvorganges die tatsächliche Besteuerungssituation bestimmt.[11]

Mit der vorliegenden Arbeit sollen die ertragsteuerlichen Konsequenzen herausgearbeitet werden, die sich für ein deutsches Unternehmen mit Geschäftsaktivitäten im Libanon ergeben („*Outbound-Sachverhalt*"). Aktivitäten libanesischer

---

8 Vgl. *libFinMin*, Handelsstatistik für das Jahr 2012, S. 12.

9 Vgl. statt vieler *Jacobs*, Int. Unternehmensbesteuerung, S. 885; *Grotherr*, in Grotherr, Handbuch der int. Steuerplanung, S. 5; *Zielke*, DB 2006, 2585.

10 Ähnlich schon *Grotherr*, in Grotherr, Handbuch der int. Steuerplanung, S. 5; vgl. aber auch *Hauschildt/Wacker*, StuW 1974, 252; *Prinz*, FR 1997, 517.

11 Vgl. zur deutschen Lage: *Jacobs*, Int. Unternehmensbesteuerung, S. 893 f.; *Grotherr*, in Grotherr, Handbuch der int. Steuerplanung, S. 6 ff.; *Hönle*, BB 1983, 1975; sowie zur libanesischen Lage: *Farḥāt*, Die Steuerrechtsordnung, S. 95; *Ṣāleḥ*, Grundlagen der libESt, Band II, S. 15.

Unternehmungen in der Bundesrepublik Deutschland („*Inbound-Sachverhalt*") sollen demgegenüber nicht untersucht werden.[12] Ziel der Untersuchung ist es hierbei, die sich vor allem aus Qualifikationskonflikten ergebenden Steuermehr- oder Steuerminderbelastungen aufzudecken und entsprechende Lösungen zu erarbeiten. An diesem Ziel orientiert sollen insbesondere die ertragsteuerlichen Konsequenzen der möglichen Gestaltungsalternativen herausgearbeitet werden.

II. Gang der Untersuchung

Das erste Kapitel soll – neben der gegenständlichen Einführung – einleitend einen Überblick über die Organisationsformen der internationalen Unternehmenstätigkeit und ihrer ertragsteuerlichen Behandlung geben.

Im zweiten Kapitel werden sodann die wesentlichen Standortfaktoren für die grenzüberschreitende Wirtschaftsaktivität mit dem Libanon beleuchtet. Dabei soll zunächst ein Überblick über den Wirtschaftsstandort Libanon (politische, rechtliche und ökonomische Rahmenbedingungen) verschafft werden. Anschließend wird der Steuerstandort Libanon dargestellt. Da bei der Untersuchung des ertragsteuerlichen Rahmens deutsch-libanesischer Geschäftsbeziehungen neben den deutschen auch die libanesischen Unternehmens- und Steuerrechtsnormen entscheidend sind, ist die Auseinandersetzung mit den nationalen ertragsteuerlichen Rahmenbedingungen der libanesischen Republik erforderlich. Als Fundament soll daher im zweiten Teil des zweiten Kapitels das libanesische Ertragsteuersystem in seinen Grundzügen dargestellt werden.

Im folgenden, dritten Kapitel sollen die ertragsteuerlichen Konsequenzen der einzelnen Abwicklungsformen von Geschäftsaktivitäten aus libanesischer Sicht ermittelt werden. Ergänzend sollen die Eckpunkte des libanesischen Gesellschaftsrechts wiedergegeben werden.

Im vierten Kapitel sollen sodann die ertragsteuerlichen Konsequenzen der einzelnen Abwicklungsformen von Geschäftsaktivitäten aus deutscher Sicht beleuchtet werden. Im Fokus der Untersuchung sollen Qualifikationskonflikte stehen, aus denen Steuermehr- oder Steuerminderbelastungen und Gestaltungsspielräume resultieren können. Insbesondere sollen die libanesischen Rechtsgebilde in das deutsche Steuerrechtssystem eingeordnet werden. Darüber hinaus wird zu beachten sein, dass im Rahmen der Qualifizierung eines ausländischen Rechtsgebildes sämtliche Normen des deutschen Steuerrechts zu berücksichtigen sind. Kristallisiert sich bei einem Rechtstypenvergleich heraus, dass das

---

12 Vgl. im Allgemeinen zu grenzüberschreitenden Geschäftsaktivitäten *Menck*, in Mössner, Steuerrecht int. tätiger Unternehmen, Rn. 1.3; *Reith*, Int. Steuerrecht, Rn. 1.14 ff.

libanesische Rechtsgebilde nach dem Kapitalgesellschaftskonzept zu besteuern ist, so sind mitunter die Regelungen der Durchgriffs- und Zugriffsbesteuerung zu beachten, z.B. §§ 7 ff. AStG.

Nach Darstellung der ertragsteuerlichen Konsequenzen der einzelnen grenzüberschreitenden Abwicklungsformen von Geschäftsaktivitäten zwischen der Bundesrepublik Deutschland und der libanesischen Republik soll im fünften Kapitel ausgehend von den gefundenen Ergebnissen die Steuerbelastung quantifiziert werden. Es sollen die steuerlichen Vorzüge und Nachteile der einzelnen Gestaltungsalternativen gegenübergesellt und hieraus verglichen werden. Für die Fälle, in denen eine Doppelbesteuerung nicht vermieden werden kann, sollen Handlungsalternativen entwickelt und aufgezeigt werden.

III. Methodisches Vorgehen

Die Arbeit soll die Steuersysteme der beiden Länder nicht abstrakt vergleichen. Vielmehr sollen aus dem konkreten Ineinandergreifen der Rechtsnormen sich ergebende ertragsteuerliche Belastungen und Gestaltungsspielräume herausgearbeitet werden. Aus dem Komplex der steuerlichen Einflussfaktoren auf die Gestaltung eines Engagements in der libanesischen Republik sollen nur einkommensteuerliche Gesichtspunkte thematisiert werden. Insbesondere sollen die umsatzsteuerlichen und gewerbesteuerlichen Konsequenzen nicht Gegenstand der Prüfung werden. Wegen des juristischen Schwerpunkts der vorliegenden Arbeit soll ferner keine rechnerische[13] Untersuchung der ertragsteuerlichen Belastung erfolgen.

Gegenstand der Arbeit sollen die Besteuerungsfolgen bei den einzelnen Gestaltungsalternativen sowie die ökonomische Ergebnisentstehung sein („*Sachverhaltsgestaltende Aktionsparameter*"). Demgegenüber sollen keine Überlegungen zur steuerlichen Ergebnisermittlung angestellt werden („*Sachverhaltsdarstellende Aktionsparameter*").[14]

IV. Forschungsstand

Bislang sind die konkreten ertragsteuerlichen Konsequenzen grenzüberschreitender Geschäftsbeziehungen und -aktivitäten zwischen der Bundesrepublik

13 Vgl. zur quantitativen Berechnung der Steuerbelastung, *Selg*, Steuerplanung bei int. Unternehmenstätigkeit, Teil B.

14 Vgl. zur Abgrenzung der Sachverhaltsgestaltenden von den Sachverhaltsdarstellenden Aktionsparameter eingehend *Grotherr*, in Grotherr, Handbuch der int. Steuerplanung, S. 20 f.

Deutschland und der libanesischen Republik in der deutschen Literatur nicht gewürdigt worden. Die vorliegende Arbeit wird dementsprechend eine bestehende Lücke in der deutschen Steuerliteratur schließen.

V. Sonstige Hinweise

Die libanesischen Steuerrechtsquellen sind im libanesischen Schrifttum nicht systematisiert.[15] Das gilt insbesondere für die Rechtsprechung, die in der libanesischen Steuerliteratur bedauerlicherweise kaum eine Rolle spielt. Dem liegt wohl der Umstand zugrunde, dass Gerichtsentscheidungen zum größten Teil überhaupt nicht veröffentlicht werden, was mitunter politisch motiviert sein kann. Eine systematisierte Sammlung der höchstrichterlichen Finanzrechtsprechung existiert indes nicht. Daher war es für den Verfasser unumgänglich, vereinzelt Sekundärzitate zu verwenden.

Die fehlende Systematisierung oder Veröffentlichung von Gerichtsentscheidungen kann auch teilweise darin begründet sein, den Wissensvorsprung und die damit verbundene Vormachtstellung der vornehmlich auf die Beratung ausländischer Mandanten spezialisierten libanesischen Berater abzusichern.[16] In dieses Bild passt es auch, dass keine der vielen angefragten, teilweise renommierten und international tätigen, (Wirtschaftsprüfungs-) Beratungsunternehmen bereit war, dem Verfasser einen Zugang zur eigenen Bibliothek im Libanon zu ermöglichen, geschweige denn ein persönliches Interview zu geben oder abstrakte Fragen zu beantworten. Ebenso wenig hilfsbereit war auch die Rechtsanwaltskammer, die den Zugang zur „Rechtsanwaltsbibliothek" in Beirut nach eigenen Angaben nur inländischen Rechtsanwälten gewährt.

Demzufolge fußen die nachfolgenden Erläuterungen zum libanesischen (Steuer-) Recht auf den am Markt erhältlichen Literaturwerken sowie auf denjenigen Literaturwerken, die im Bestand der öffentlich zugänglichen Bibliothek des „Institut des Finances Basil Fuleihan" sind, das dem libanesischen Finanzministerium untergeordnet ist,[17] sowie der Bibliotheken der libanesischen Universität. Vor diesem Hintergrund kann es trotz allerhöchster Sorgfalt und Anstrengung nicht vollständig ausgeschlossen werden, dass vereinzelte Entscheidungen dem Verfasser unbekannt blieben und deshalb nicht berücksichtigt wurden.

15 Vgl. eingehend sogleich Kapitel 2.B.III., S. 59.

16 Vgl. zur vergleichbaren Lage in Syrien *Börner*, Anerkennung ausländischer Titel in den arabischen Staaten, S. 30.

17 Vgl. zum Institut Kapitel 2.B.III.3., S. 63.

Die Transkription (Umschrift) aus der arabischen in die lateinische Schrift basiert bei der vorliegenden Arbeit auf den Regeln der „Deutschen Morgenländischen Gesellschaft“ (DMG).[18] Diese erstmalig von u.a. *Carl Brockelmann*[19] erarbeiteten Regeln, die vom internationalen Orientalistenkongress im Jahre 1935 angenommen wurden, sind wissenschaftlich anerkannt.

B. Organisationsformen internationaler Unternehmensaktivität

Beabsichtigt eine inländische Unternehmung, sich im Ausland zu engagieren, so kann die Abwicklung des Engagements unterschiedliche Organisationsformen annehmen. Ihre Struktur bildet die Grundlage der nach den allgemeinen Regeln des Völkerrechts für den Besteuerungszugriff erforderlichen Anknüpfungsmomente[20] und prägt damit die zwischenstaatliche Besteuerung der Unternehmensaktivitäten.[21] Je nach gewählter Organisationsform entstehen unterschiedliche ertragsteuerliche Konsequenzen. Nachfolgend soll kurz ein Überblick über die alternativen Formen internationaler Unternehmensaktivitäten und ihre ertragsteuerlichen Konsequenzen gegeben werden.

I. Formen internationaler Unternehmensaktivität

Die Auslandsaktivität inländischer Unternehmungen beginnt üblicherweise mit zwischenstaatlichem Leistungsaustausch ohne dauerhafte Marktpräsenz im ausländischen Quellenstaat (*„Direktgeschäft“*).[22] Hierbei werden die Leistungen aus dem Inland heraus erbracht, ohne dass eine feste Einheit im Ausland installiert wird. Zahlreiche, vor allem außersteuerliche, Motive können es aber erforderlich werden lassen, dass die inländische Unternehmung eine dauerhafte Marktpräsenz im Ausland anvisiert und deshalb eine feste Einheit errichtet (*„Direktinvestition“*).[23] In diesem Falle werden die unternehmerischen Leistungen

18 Vgl. Anhang 1, S. 273.

19 Die Transliteration der arabischen Schrift in ihrer Anwendung auf die Hauptliteratursprachen der islamischen Welt.

20 Vgl. zu den steuerlichen Anknüpfungsmomenten: *Schaumburg*, Int. Steuerrecht, Rn. 5.1 ff. m.w.N.

21 Vgl. *Brähler*, Int. Steuerrecht, S. 218.

22 Zum Begriff: *Jacobs*, Int. Unternehmensbesteuerung, S. 243; *Kluge*, Das int. Steuerrecht, Kapitel N, Rn. 2.

23 Vgl. zum Ganzen *Goebel/Schmidt*, in Grotherr, Handbuch der int. Steuerplanung, S. 111; *Reith*, int. Steuerrecht, Rn. 1.65; *Prinz*, FR 1997, 517; *Wotschofsky*, RIW 2005, 30.

durch die Auslandseinheit auf dem Territorialgebiet des ausländischen Staates abgewickelt. Demzufolge steht der deutschen Unternehmung betriebswirtschaftlich grundsätzlich die Wahl zwischen einem Direktgeschäft und einer Direktinvestition offen. Aus dieser Sicht wird bei der Wahl eine wesentliche Rolle spielen, dass Direktinvestitionen in der Regel mit einem Kapitaltransfer ins Ausland verbunden sind, während Direktgeschäfte grundsätzlich ohne Kapitaltransfer durchgeführt werden können.[24]

Beim Direktgeschäft stimmt die wirtschaftliche Charakterisierung weitestgehend mit der rechtlichen und steuerlichen Bewertung überein. Die Geschäftsbeziehungen werden hier auf schuldrechtlicher Basis abgerechnet.[25] Es geht um Einzelschuldverhältnisse unterschiedlichen Charakters.[26] Demgegenüber werden Direktinvestitionen weiter untergliedert, da die zu errichtende Auslandseinheit in Abhängigkeit vom gewollten Grad der rechtlichen Verselbständigung unterschiedliche Ausprägungsformen wahrnehmen kann.[27] Denkbar ist zunächst eine unternehmerische Betätigung in Form einer rechtlich unselbstständigen Einheit, die sachlichen (z.B. Zweigniederlassung) oder personellen Charakter (z.B. abhängiger Vertreter) haben kann. Die deutsche Unternehmung kann sich aber auch für eine festere Verbindung zum Ausland in Gestalt eines rechtlich verselbständigten Rechtsgebildes in Form einer Personen- oder Kapitalgesellschaft entscheiden. Hinzu kommen Organisationsformen, bei denen diese Grundformen kombiniert werden oder die sich dort unterordnen ließen.[28]

24 Vgl. *Jacobs*, Int. Unternehmensbesteuerung, S. 243.
25 *Scheffler*, Int. betriebswirtschaftliche Steuerlehre, S. 248 f.
26 *Jacobs*, Int. Unternehmensbesteuerung, S. 245.
27 Ähnlich *Strunk/Kaminski*, in Praxisleitfaden int. Steuerrecht, S. 147 ff.
28 Vgl. *Jacobs*, Int. Unternehmensbesteuerung, S. 243; *Brähler*, Int. Steuerrecht, S. 218.

Abbildung 1: Formen internationaler Unternehmensaktivitäten

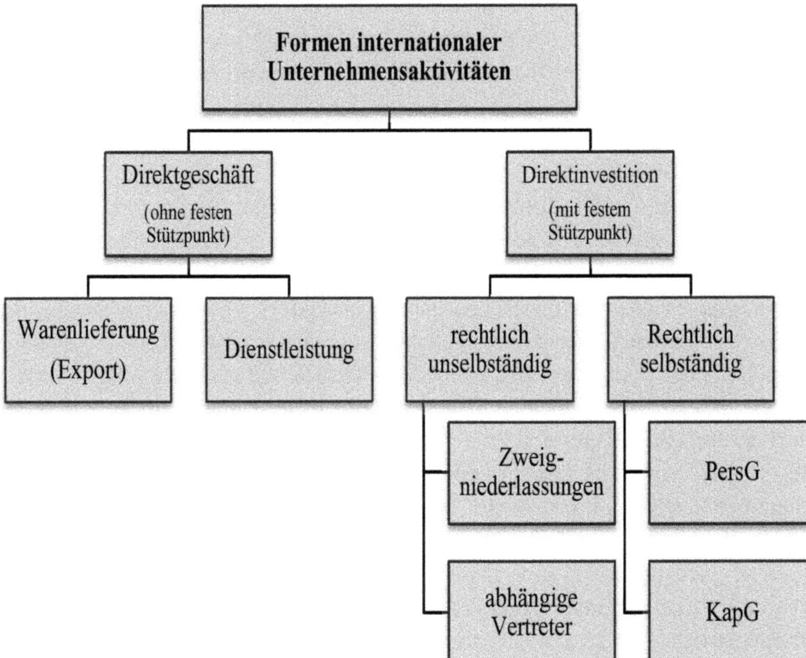

Quelle: Eigene Darstellung, angelehnt an *Wotschowsky*, RIW 2005, 30.

Ob und unter welchen Bedingungen die deutsche Unternehmung im Einzelfall zwischen den vorgenannten Alternativen tatsächlich frei wählen kann, hängt maßgeblich von der (Zivil-) Rechtsordnung des ausländischen Zielstaates – hier: Libanon – ab. Diese legt den Rahmen für die Unternehmensaktivitäten innerhalb des eigenen Territorialgebiets fest, und gibt damit die für deutsche Unternehmensaktivitäten rechtlich zulässigen Organisationsalternativen vor.[29] Bei der Wahl der Organisationsform wird sich die deutsche Unternehmung innerhalb des von der ausländischen Rechtsordnung gesetzten Rahmens bewegen. Die aus den im Quellenstaat zivilrechtlich zulässigen Organisationsformen gewählte Alternative ist unter die Normen des jeweiligen nationalen Steuerrechts zu subsumieren (*„steuerrechtliche Qualifikation“*[30]).

29 Vgl. *Reith*, Int. Steuerrecht, Rn. 15.16.

30 Die Reichweite des Qualifikationsbegriffes ist höchst umstritten, vgl. hierzu *Reith*, Int. Steuerrecht, Rn. 4.256; *Kluge*, Das int. Steuerrecht, Kapitel R, Rn. 69.

II. Direktgeschäft

Abbildung 2: Grundstruktur eines internationalen Direktgeschäfts

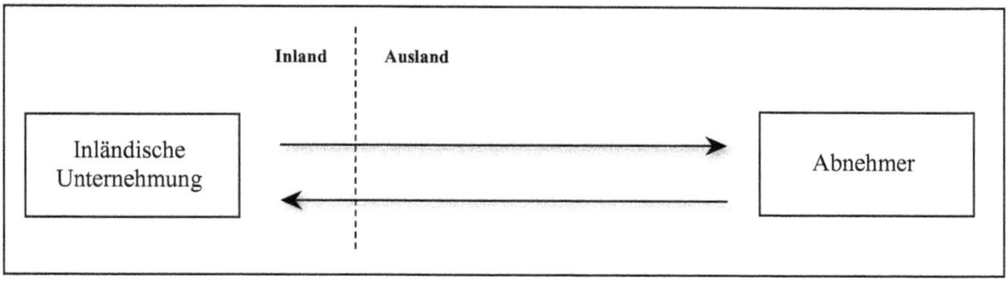

Quelle: Eigene Darstellung

1. Grundlagen

Die deutsche Unternehmung kann das grenzüberschreitende Geschäft in Form eines Direktgeschäfts abwickeln. Der Begriff des Direktgeschäfts ist nicht – etwa in Form einer internationalen Steuerterminologie – verbindlich definiert und wird in der Fachliteratur teilweise uneinheitlich verwendet. Es scheint sich allerdings die Interpretation durchzusetzen, wonach die Gesamtheit des „*gewerblichen Leistungsaustauschs über die Grenze ohne festen Stützpunkt im Abnehmerland*" erfasst wird.[31] Die inländische Unternehmung tritt also aus dem Inland heraus unmittelbar mit ihren ausländischen (libanesischen) Kunden in Verbindung und tauscht Leistungen aus.[32] Zivilrechtlich basieren Direktgeschäfte auf Einzelschuldverhältnisse unterschiedlichen Charakters.[33]

Als Direktgeschäft ist demzufolge der grenzüberschreitende Leistungsaustausch von Waren und Dienstleistungen („*Waren- und Dienstleistungsexport*", „*Außenhandel*") zu verstehen. Erfasst wird aber auch die Nutzungsüberlassung von beweglichen und unbeweglichen Wirtschaftsgütern sowie Kapital. Die Beteiligung an einer ausländischen Kapitalgesellschaft wird wirtschaftlich den Direktgeschäften zugeordnet, sofern der Anteilseigner die Willensbildung in dieser Kapitalgesellschaft nicht beeinflussen kann (sog. Portfolioinvestition).[34] Mit Blick auf den Schwerpunkt der vorliegenden Arbeit (unternehmerische Betätigungen)

31 Vgl. beispielsweise *Jacobs*, Int. Unternehmensbesteuerung, S. 245 f. und S. 371; *Brinkmann*, in Lüdicke/Sistermann, Unternehmenssteuerrecht, § 4 Rn. 181; *Kußmaul/Schäfer*, StuB 2002, 275.

32 Vgl. *Scheffler*, Int. betriebswirtschaftliche Steuerlehre, S. 248 f.

33 So *Jacobs*, Int. Unternehmensbesteuerung, S. 245.

34 *Scheffler*, Int. betriebswirtschaftliche Steuerlehre, S. 249.

und zwecks Erhöhung der Übersichtlichkeit werden die Beteiligungen an Kapitalgesellschaften hier ausgeklammert und ausschließlich bei den Direktinvestitionen behandelt.

2. *Aspekte der internationalen Ertragsbesteuerung*

An den steuerlichen Konsequenzen orientiert, lassen sich Direktgeschäfte in zwei Gruppen einteilen, nämlich (a) der Außenhandel sowie (b) die Nutzungsüberlassung von (materiellen oder immateriellen) Wirtschaftsgütern und Kapital.[35]

a) Außenhandel

Für den Außenhandel lassen sich international zwei steuerliche Konzepte feststellen, deren Einschlägigkeit häufig mit dem Entwicklungsgrad des betroffenen Staates zusammenhängt. Nach dem international dominierenden Verständnis der Industriestaaten[36] wird allein durch den Außenhandel keine (beschränkte) Ertragsteuerpflicht der inländischen Unternehmung im ausländischen Quellenstaat begründet, weil der Bezug zum Quellenstaat nicht hinreichend durch sachliche Anknüpfungsmomente manifestiert wird.[37] Entgegen diesem Verständnis definieren einige Entwicklungsländer den Umfang der beschränkten Ertragsteuerpflicht im Rahmen ihrer völkerrechtlich verbürgten Souveränität weiter, sodass im Einzelfall auch derartige Geschäftsvorgänge eine Ertragsteuerpflicht der inländischen Unternehmung im ausländischen Quellenstaat auslösen können.[38] Steuerterminologisch wird in diesem Falle von der Erhebung einer „Liefergewinnsteuer“ gesprochen.[39]

Folgen bei einem entsprechenden Direktgeschäft sowohl der inländische Ansässigkeitsstaat als auch der ausländische Quellenstaat übereinstimmend der vorgenannten Industriestaatenpraxis, so weist die Abwicklung des Geschäfts grundsätzlich keine besonderen steuerlichen Probleme auf: Der erzielte Erlös

---

35 Vgl. *Jacobs*, Int. Unternehmensbesteuerung, S. 373; teilweise wird die Nutzungsüberlassung weiter in die Überlassung von beweglichen und unbeweglichen Wirtschaftsgütern unterteilt, vgl. *Scheffler*, Int. betriebswirtschaftliche Steuerlehre, S. 249.

36 Als Industriestaaten werden hier mit *Jacobs* (Int. Unternehmensbesteuerung, S. 371) diejenigen Staaten verstanden, *„die eine nahezu gleichgelagerte Wirtschaftsentwicklung und einen in etwa ausgeglichenen Handelsverkehr aufweisen.“*

37 *Jacobs*, Int. Unternehmensbesteuerung, S. 247; *Kluge*, Das int. Steuerrecht, Kapitel N, Rn. 2 f.

38 Vgl. *Scheffler*, Int. betriebswirtschaftliche Steuerlehre, S. 251.

39 Vgl. *Scheffler*, Int. betriebswirtschaftliche Steuerlehre, S. 251; *Jacobs*, Int. Unternehmensbesteuerung, S. 371 f.

aus dem Geschäftsvorgang unterliegt im inländischen Ansässigkeitsstaat der Ertragsbesteuerung, während der Quellenstaat von einem Besteuerungszugriff absieht. Ertragsteuerliche Konsequenzen entstehen demnach ausschließlich im inländischen Ansässigkeitsstaat der handelnden Unternehmung, wodurch eine Doppelbesteuerung bereits in ihrer Entstehung gehindert wird. Im Ergebnis werden diese Geschäftsvorgänge wie rein inländische behandelt mit der Besonderheit, dass die Abnehmer im Ausland ansässig sind.[40]

Probleme entstehen demgegenüber dann, wenn die Besteuerung des Außenhandels in den betroffenen Staaten unterschiedlich konzipiert ist, insbesondere wenn der inländische Ansässigkeitsstaat die Industriestaatenlösung praktiziert, der ausländische Quellenstaat (wie z.B. der Libanon) aber eine Liefergewinnsteuer erhebt. Es kollidieren zwei abweichende Steuersysteme. Dadurch entsteht ein Qualifikationskonflikt, der regelmäßig zu einer Doppelbesteuerung führt. Besteht zwischen den beiden Staaten ein bilaterales DBA, so unterliegen Liefergewinne als Unternehmensgewinne ausschließlich der Besteuerung im Ansässigkeitsstaat (vgl. Art. 7 Abs. 1 Satz 1, Halbsatz 1 OECD-MA).[41] Im Ergebnis würde also die vorstehend erläuterte Industriestaatenpraxis bestätigt. Fehlt es, wie z.B. im Verhältnis Deutschland-Libanon an einem DBA, so kann einerseits im ausländischen Quellenstaat eine Liefergewinnsteuer erhoben werden, andererseits unterbleibt in aller Regel eine Anrechnung im inländischen Ansässigkeitsstaat (vgl. §§ 34c, 34d EStG). Teilweise wird aber ein Abzug der Auslandssteuern als Betriebsausgabe zugelassen (vgl. § 34c Abs. 3 EStG), der die Doppelbesteuerung mildert, aber nicht ausschließt.[42]

b) Nutzungsüberlassung

In den Fällen der Nutzungsüberlassung wird demgegenüber nach international herrschender Rechtswertung regelmäßig ein sachlicher Anknüpfungspunkt im ausländischen Quellenstaat manifestiert, der eine dortige (beschränkte) Ertragsteuerpflicht begründet.[43] Der inländische Ansässigkeitsstaat rechnet in der Regel die im ausländischen Quellenstaat erhobene Steuer auf die inländische Steuer an.

---

40 So *Strunk/Kaminski*, in Praxisleitfaden int. Steuerrecht, S. 147 ff.

41 Vgl. *Scheffler*, Int. betriebswirtschaftliche Steuerlehre, S. 252.

42 *Schaumburg*, Int. Steuerrecht, Rn. 15.19.

43 Vgl. *Jacobs*, Int. Unternehmensbesteuerung, S. 373; *Scheffler*, Int. betriebswirtschaftliche Steuerlehre, S. 253, 259.

III. Errichtung rechtlich unselbständiger Einheiten

Abbildung 3: Grundstruktur eines internationalen Einheitsunternehmens

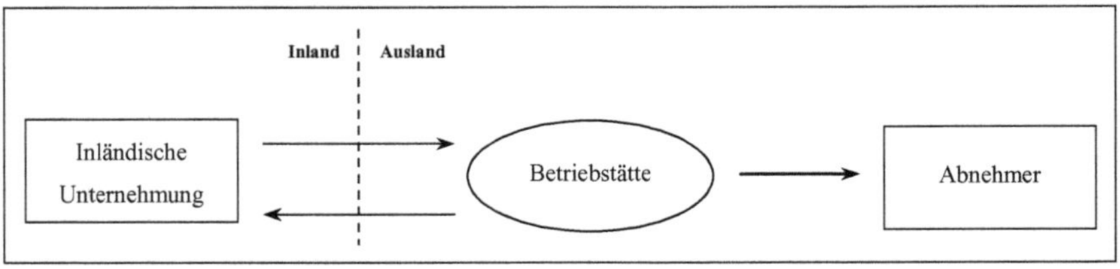

Quelle: Eigene Darstellung

1. Grundlagen

Die deutsche Unternehmung kann das Geschäft über eine im Ausland fest installierte Einheit abwickeln, die keine eigene Rechtspersönlichkeit hat, wirtschaftlich aber gleichwohl teilweise verselbstständigt sein kann.[44] Diese Auslandseinheit kann sachlichen (z.B. Zweigniederlassung) oder personellen Charakter (z.B. ständiger Vertreter) annehmen. Steuerterminologisch wird bei sachlicher Ausprägung von einer „Betriebstätte", bei personeller Ausprägung von einem „ständigen" oder „abhängigen Vertreter" gesprochen. Beide Alternativen werden aber wegen der weitgehenden steuerlichen Gleichstellung regelmäßig unter dem Begriff der „Betriebstätte" behandelt.[45] Dem folgend bezieht sich der nachfolgend verwendete Betriebstättenbegriff stets auf beide Betätigungsformen. Soweit eine abweichende Behandlung besteht, wird darauf hingewiesen werden.

Eine Betriebstätte verkörpert rechtlich einen integralen Betriebsteil der deutschen Stammunternehmung (sog. Stammhaus). Es besteht insgesamt ein internationales Einheitsunternehmen.[46] Schuldrechtliche Leistungsbeziehungen zwischen dem Stammhaus und seiner Betriebstätte sind zivilrechtlich ausgeschlossen. Tatsächlich vollzogene Leistungsbeziehungen beeinflussen allerdings die Verteilung des Gesamtergebnisses.[47]

44 *Jacobs*, Int. Unternehmensbesteuerung, S. 299; *Burmester*, Unternehmensfinanzierung im int. Steuerrecht, Rn. 6.

45 Vgl. *Burmester*, Unternehmensfinanzierung im int. Steuerrecht, Rn. 7.

46 Zum Ganzen *Burmester*, Unternehmensfinanzierung im int. Steuerrecht, Rn. 6.

47 *Scheffler*, Int. betriebswirtschaftliche Steuerlehre, S. 263.

2. *Aspekte der internationalen Ertragsbesteuerung*

Die ausländische Betriebstätte ist mangels rechtlicher Selbstständigkeit nicht steuerrechtsfähig und damit nicht selbst ertragsteuerpflichtig. Steuersubjekt ist ausschließlich das inländische Stammhaus.[48] Diesem wird das Betriebstättenergebnis unmittelbar zugerechnet (Einheitsprinzip).[49]

Völkerrechtlich wird die Betriebstätte anerkannt als *„Schwelle, ab der eine hinreichend enge wirtschaftliche Verbindung zwischen der Unternehmenstätigkeit und dem Quellenstaat besteht, welche einen Steueranspruch des Quellenstaates begründet."*[50] Deshalb ist für den ausländischen Quellenstaat die Qualifizierung einer Tätigkeit als Betriebstätte regelmäßig Voraussetzung für die Besteuerung des Betriebstättengewinns. Erkennt darüber hinaus auch die inländische Steuerrechtsordnung die Betriebstätte an, so ist damit in aller Regel die Bereitschaft des inländischen Stammhausstaates verbunden, auf die Besteuerung des ausländischen Betriebstättengewinns zu verzichten oder die ausländische Betriebstättensteuer anzurechnen.[51] Für steuerliche Zwecke wird das Gesamtergebnis des Einheitsunternehmens, typischerweise unter fiktiver Verselbständigung der Betriebstätte (vgl. § 1 Abs. 5 AStG bzw. Authorized OECD Approach), auf die beiden Betriebsteile nach der wirtschaftlichen Zugehörigkeit funktions- und verursachungsgerecht aufgeteilt (zwischenstaatliche Ergebniszuordnung).[52]

Angesichts seines erheblichen Einflusses auf die nationalen Besteuerungsfolgen in den betroffenen Staaten besitzt der Betriebstättenbegriff aus fiskalischer Sicht besondere Bedeutung. Sein Umfang ist gleichwohl – oder wahrscheinlich gerade deshalb – nicht im Sinne einer internationalen Terminologie geklärt. Ob das unternehmerische Auslandsengagement des Stammhauses eine Betriebstätte begründet, wird vielmehr durch die Vorschriften des nationalen Außensteuerrechts im ausländischen Betriebstättenstaat und im inländischen Stammhausstaat bestimmt.[53] Das bedeutet, dass die Qualifizierung einer Betätigung des deutschen Stammhauses im Libanon als Betriebstätte und damit als sachlichen Anknüpfungspunkt für den Besteuerungszugriff im Libanon sich einzig nach libanesischem Steuerrecht beurteilt.

---

48 *Burmester*, Unternehmensfinanzierung im int. Steuerrecht, Rn. 6.

49 Vgl. *Scheffler*, Int. betriebswirtschaftliche Steuerlehre, S. 263.

50 *Wotschofsky*, RIW 2005, 30.

51 Vgl. zum Ganzen *Burmester*, Unternehmensfinanzierung im int. Steuerrecht, Rn. 8.

52 Vgl. *Kluge*, Das int. Steuerrecht, Kapitel N, Rn. 11 *Scheffler*, Int. betriebswirtschaftliche Steuerlehre, S. 417 f.; *Burmester*, Unternehmensfinanzierung im int. Steuerrecht, Rn. 10 f.

53 Vgl. *Jacobs*, Int. Unternehmensbesteuerung, S. 458 f.; *Kluge*, Das int. Steuerrecht, Kapitel N, Rn. 11; *Haiß*, in Grotherr, Handbuch der int. Steuerplanung, S. 31; *Richter*, Die Besteuerung int. Geschäftsbeziehungen, S. 64; *Wotschofsky*, RIW 2005, 30.

Geht es demgegenüber um die Beurteilung für deutsche Besteuerungszwecke (Doppelbesteuerungsausgleich), so ist ausschließlich der deutsche Betriebstättenbegriff maßgeblich, mithin die Regelungen der §§ 12 und 13 AO. Dem ist praktisch immanent, dass sich zwischenstaatliche Differenzen bei der Bestimmung des Begriffsumfangs ergeben (Qualifikationskonflikt). Aus diesem Grunde ist es von Bedeutung, ob eine bestimmte Geschäftstätigkeit nach dem jeweiligen nationalen Außensteuerrecht eine Betriebstätte begründet oder ob dies nicht der Fall ist.[54]

IV. Beteiligung an rechtlich verselbständigten Rechtsgebilden

Abbildung 4: Grundstruktur eines internationalen Beteiligungsverhältnisses

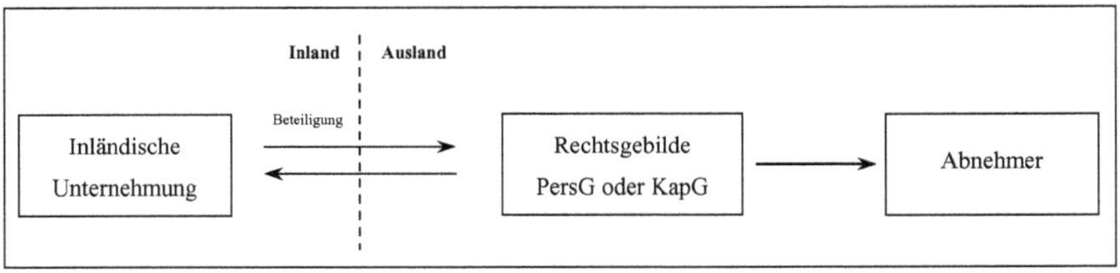

Quelle: Eigene Darstellung

1. *Grundlagen*

Die deutsche Unternehmung kann das Geschäft über ein im Ausland fest installiertes Gebilde abwickeln, das rechtlich verselbständigt ist. In aller Regel kann sie zwischen der Abwicklung in Form einer Personen- oder Kapitalgesellschaft entscheiden. Hier wird die inländische Unternehmung nicht unter eigenem Namen im Ausland tätig. Der Geschäftsvorgang wird über ein im Ausland rechtlich eigenständiges Unternehmen ausgeübt.[55]

2. *Aspekte der internationalen Ertragsbesteuerung*

Die ertragsteuerliche Belastung grenzüberschreitender Beteiligungsverhältnisse wird entscheidend davon bestimmt, wie das Rechtsgebilde im ausländischen Errichtungsstaat einerseits und im inländischen Ansässigkeitsstaat des Anteilseigners andererseits steuerlich behandelt wird.[56] Sowohl aus ausländischer als auch aus inländischer Sicht kann die Besteuerung entweder auf Ebene des

54 *Heinsen*, in Löwenstein/Looks, Betriebsstättenbesteuerung, Rn. 1.
55 *Scheffler*, Int. betriebswirtschaftliche Steuerlehre, S. 249.
56 Vgl. *Jacobs*, Int. Unternehmensbesteuerung, S. 483.

inländischen Gesellschafters oder auf Ebene des ausländischen Rechtsgebildes selbst ansetzen (Mitunternehmer- oder Kapitalgesellschaftskonzept).[57] Für die Bestimmung der maßgeblichen Besteuerungsebene ist entscheidend, ob die jeweilige Steuerrechtsordnung das Rechtsgebilde als eigenständiges Steuersubjekt anerkennt (Steuersubjektqualifikation).[58] Zwischenstaatliche Divergenzen in der Steuersubjektqualifikation führen zu sog. subjektiven Qualifikationskonflikten; diese ergeben sich insbesondere im Falle libanesischer Personengesellschaften.

Erkennt die inländische Steuerrechtsordnung das im Ausland als intransparent behandelte ausländische Rechtsgebilde als Steuersubjekt an, so entfaltet dieses dem inländischen Gesellschafter gegenüber eine Abschirmwirkung (Trennungsprinzip), mit der Folge, Einkünfte zunächst auf Ebene der ausländischen Gesellschaft und erst bei Ausschüttung auf Ebene des inländischen Anteilseigners zu erfassen (Kapitalgesellschaftskonzept). Andererseits besteht die Möglichkeit, die Steuersubjektfähigkeit des im Ausland intransparenten Rechtsgebildes zu verneinen und es damit als transparent zu behandeln (Transparenzprinzip). In diesem Falle unterliegt neben der ausländischen Gesellschaftsbesteuerung der Anteilseigner mit seinem Gewinnanteil im Inland unmittelbar der Steuerpflicht (Mitunternehmerkonzept).[59] Unabhängig vom Ergebnis der Steuersubjektqualifikation stellt sich zudem die Frage, wie die Einkünfte des inländischen Gesellschafters aus dem jeweiligen libanesischen Rechtsgebilde nach inländischem Steuerrecht zu qualifizieren sind (Steuerobjektqualifikation).[60] Zwischenstaatliche Divergenzen in der Steuerobjektqualifikation führen zu sog. objektiven Qualifikationskonflikten (Einkunftsart und -höhe).

57 So schon *Müller/Wangler*, IStR 2003, 145.

58 Vgl. *Jacobs*, Int. Unternehmensbesteuerung, S. 484; *Schänzle/Engel*, in Mössner, Steuerrecht int. tätiger Unternehmen, Rn. 5.12.

59 Vgl. zum Ganzen *Jacobs*, Int. Unternehmensbesteuerung, S. 483; *Kluge*, Das int. Steuerrecht, Kapitel N, Rn. 121; *Hey*, in Tipke/Lang, Steuerrecht, § 13 Rn. 131 ff.; *Burmester*, Unternehmensfinanzierung im int. Steuerrecht, Rn. 29; *Machens*, Ausländische PersG im int. Steuerrecht, S. 39 ff.; *Forst/Frings*, EStB 2003, 199.

60 Vgl. *Jacobs*, Int. Unternehmensbesteuerung, S. 495.

Kapitel 2. Der Wirtschafts- und Steuerstandort Libanon

A. Der Wirtschaftsstandort Libanon

I. Politische Rahmenbedingungen

a) Innenpolitik

Die libanesische Republik ist ein multireligiöser Einheitsstaat, dessen politisches System als parlamentarische Mehrparteien-Demokratie organisiert ist.[61] Das politische System fußt aktuell auf der Verfassung von 1926 in der Fassung, die sie nach dem Abkommen von Taif erhielt („*libVerf*"), das den damaligen Bürgerkrieg beendete. Die politische Macht ist (noch) nach religiös-konfessionellen Gesichtspunkten aufgeteilt, sodass die politischen Parteien im Grunde entlang konfessioneller Zugehörigkeit agieren. Das Parlament, dem die Legislativgewalt zusteht, setzt sich derzeit gemäß Art. 24 Abs. 2 libVerf nach dem Grundsatz der konfessionellen Parität zusammen.[62] Die Exekutivgewalt steht der Regierung sowie, inzwischen nur noch in sehr begrenztem Umfang, dem Staatspräsidenten zu.[63]

Die Sicherheitslage im Libanon wird seit vielen Jahren von den Konflikten und bewaffneten Auseinandersetzungen mit dem südlich angrenzenden Staat Israel geprägt. Dieser anhaltende Konflikt wird aber derzeit von dem syrischen Bürgerkrieg weitestgehend überschattet. Die politischen Akteure im Libanon haben sich zwar in der sogenannten Baabda-Erklärung vom 11. Juni 2012[64] darauf verständigt, eine Politik der Nichteinmischung in den syrischen Bürgerkrieg zu verfolgen. Dennoch ist die Gefahr, dass der syrische Bürgerkrieg übergreift,

---

61 Vgl. zum Demokratiekonzept im Libanon mit historischer Darstellung *Felsch*, in Robert/Schlicht/Saleem, Kollektive Identität im Nahen und Mittleren Osten, S. 379 ff.

62 Die Aufteilung nach dem Grundsatz der konfessionellen Parität sollte nach der ausdrücklichen Übergangsregelung des Art. 95 libVerf nur der zeitlichen Überbrückung nach dem Bürgerkrieg dienen. Art. 95 libVerf beauftragt das Parlament mit der Eliminierung der gesamten konfessionellen Politik. Diesem Auftrag kam das Parlament bisher nicht nach.

63 Vgl. zum Ganzen *Al-ǧaḏūb*, Die Verfassung und das politische System im Libanon, S. 307 ff.

64 *Baabda Declaration issued by the National Dialogue Committee on 11 June 2012*, United Nations, General Assembly, Agenda item 36, A/66/849–S/2012/477.

nicht gänzlich auszuschließen. Klar ist jedenfalls, dass die Sicherheitslage angespannt und relativ fragil ist.[65]

b) *Außenbeziehungen*

Der Libanon ist ein Gründungsmitglied der Vereinten Nationen („*UN*") und der arabischen Liga sowie Mitglied ihrer Sonderorganisationen. Er gehört aber schon aus geographischen Gründen nicht dem Gulf Cooperation Council („*GCC*") an. Der Zedernstaat ist zudem Gründungsmitglied des General Agreement on Tariffs and Trade („*GATT*"), dem auch Deutschland am 01. Oktober 1951 beitrat.[66] Trotz intensiver Bemühungen konnte der Libanon aber bis dato noch keine Mitgliedschaft in der Welthandelsorganisation WTO erwerben; er hat aber seit dem Jahre 1999 einen Beobachterstatus inne.

Traditionell pflegt der Libanon freundschaftliche und intensive politische wie wirtschaftliche Beziehungen zur EU und insbesondere zu Deutschland und Frankreich, zumal er sich nach wie vor als Bindeglied und Mittler zwischen Europa und der arabischen Welt versteht. Der Libanon und die EU unterhalten aktuell sowohl bilaterale als auch multilaterale Beziehungen zueinander. Auf bilateraler Ebene hat die EU mit dem Libanon ein Assoziierungsabkommen[67] („*AssAbk*") geschlossen, das insbesondere den politischen Dialog stärken und die wirtschaftliche Kooperation durch die schrittweise Liberalisierung des Waren-, Dienstleistungs- und Kapitalverkehrs fördern soll (Art. 1 Abs. 2 AssAbk). Dadurch soll für europäische und damit auch deutsche Investoren vor allem der freie Handelsverkehr gemäß den WTO-Regeln sichergestellt werden (Art. 25 Abs. 1 AssAbk). Die EU war zudem bemüht, bis spätestens zum 01. März 2015 eine Freihandelszone zwischen der EU und ihren Mitgliedsstaaten einerseits und dem Libanon andererseits zu errichten.[68] Dieser Prozess ist inzwischen abgeschlossen und eine Freihandelszone eingerichtet. Auf multilateraler Ebene hat sich die EU auf der Grundlage der Pariser Erklärung vom 13. Juli 2008[69] zur

65 Vgl. *Koß*, Der Libanon im Sog des syrischen Bürgerkrieges, GIGA Focus Nahost 2014 (Nr. 2), 1.

66 Deutsche Bezeichnung: Allgemeines Zoll- und Handelsabkommen, BGBl. II 1951, S. 200.

67 ABl. L 143 v. 30.05.2006, S. 2 ff.

68 *Assoziierungsrat EU-Libanon*, Beschluss v. 17.09.2012 - 22012D0652, ABl. L 290 v. 20.10.2012, S. 18 ff.

69 *President of the French Republic and the President of the Arab Republic of Egypt*, Joint Declaration of the Paris Summit for the Mediterranean v. 13. Juli 2008, Paris, abrufbar auf der offiziellen Website der UfM unter www.ufmsecretariat.org.

Gründung der „Union für den Mittelmeerraum" („*UfM*" oder „*EUROMED*") mit dem Libanon und 15 weiteren Mittelmeeranrainerstaaten zusammengeschlossen. Die UfM verfügt zwar inzwischen über ein Sekretariat mit Sitz in Barcelona, ist aber bis dato weder als internationale Organisation noch als eigenständige Rechtsperson anerkannt. Sie ist vielmehr ein internationaler Zusammenschluss zur vereinten Verwirklichung gemeinsamer Projekte.[70]

II. Rechtliche Rahmenbedingungen

a) Weltliche Rechtsordnung

Die libanesische Rechtsordnung ist weitestgehend am weltlichen Recht ausgerichtet. Geistliches Recht (Kirchenrecht/Scharia) beeinflusst zwar das Familienrecht, hat aber in aller Regel keine Auswirkungen auf geschäftliche Tätigkeiten im Libanon. Das libanesische Rechtssystem ist historisch bedingt stark am französischen Rechtssystem angelehnt und ist daher dem romanischen Rechtskreis (civil law) zuzuordnen.

Bei der Auslegung von Rechtsnormen ist grundsätzlich der Wortlaut entscheidend. Der libanesische Gesetzgeber verwendet aber vornehmlich unbestimmte Rechtsbegriffe, deren Auslegung teilweise ausdrücklich den entsprechenden Ministerien übertragen wird. Allgemein anerkannt und weit verbreitet ist die Heranziehung von Schrifttum und Rechtsprechung anderer Staaten zur Auslegung nationaler Rechtsnormen: Nicht nur zum Vergleich, sondern als Beleg für die Richtigkeit eigener Rechtsansichten, werden insbesondere Schrifttum und Rechtsprechung anderer arabischer Staaten angeführt. Das ist zwar für den deutschen Juristen sehr befremdlich, hat aber seinen Grund in der einheitlichen Sprache und der teilweise übereinstimmenden Rechtslage und -praxis.[71] Verbleiben hiernach Zweifel, so wird die Ähnlichkeit zum französischen Rechtssystem regelmäßig zum Anlass genommen, auf die dort herrschende Rechtslage oder Rechtsprechung zu verweisen. Für ungelöste Rechtsfragen empfiehlt es sich daher, eine Argumentationslinie zu verfolgen, die der Rechtspraxis in den vorgenannten Staaten entspricht.

---

70 Vgl. zur Historie und Ziele der UfM ausführlich *Schlomach*, Auslandsinformationen, KAS, 2010, Ausgabe 9, S. 117 ff.

71 Vgl. zur ähnlichen Situation in Syrien bei *Börner*, Anerkennung ausländischer Titel in den arabischen Staaten, S. 29.

b) Liberale Wirtschaftsordnung

Der Libanon wird durch eine im arabischen Vergleich relativ liberale Wirtschaftsordnung gekennzeichnet: Ausländische Unternehmungen können grundsätzlich in alle Wirtschaftszweige investieren.[72] Die Beteiligung einheimischer Partner ist hierbei in aller Regel nicht zwingend. Das gilt insbesondere für die Gründung eines libanesischen Rechtsgebildes: Ausländische Investoren können bis zu 100% der Anteile an einer libanesischen Gesellschaft halten. Auch die Teilnahme an öffentlichen Ausschreibungen steht ausländischen Investoren offen.

Trotz der weitestgehend liberalen Wirtschaftsordnung sind der libanesische Gesetzgeber und die Regierung stets bemüht, den libanesischen Staatsbürgern bei inländischen Investitionen eine dominierende Stellung einzuräumen. Anders als das Gesellschaftsrecht ist dementsprechend das Handelsvertreterrecht im Libanon sehr protektionistisch ausgestaltet.[73]

III. Ökonomische Rahmenbedingungen

a) Allgemeine Fakten

Mit etwa 10.452 km^2 entspricht die Fläche des Libanon der Hälfte jener des Bundeslandes Hessen (21.115 km^2) oder in etwa der Gesamtfläche des EU-Mitgliedstaates Zypern (9.251 km^2). Die Bevölkerung des Libanon wird von der Weltbank für das Jahr 2013 auf 4,5 Mio.[74] Einwohner geschätzt. Hinzu kommen derweil die syrischen Flüchtlinge, deren Zahl nach Prognose des Flüchtlingshilfswerks der Vereinten Nationen „UNHCR" (United Nations High Commissioner for Refugees) bis Ende des Jahres 2015 auf etwa 1,8 Mio. Flüchtlinge anwachsen soll.[75]

Das Bruttoinlandsprodukt des Landes betrug im Jahre 2014 US$ 45,73 Mrd., was in etwa US$ 10.085 pro Kopf entspricht. Im Vergleich zum Vorjahr bedeutet dies einen Zuwachs von ca. 1% (vgl. Abbildung 5).[76] Damit setzt sich die positive Entwicklungstendenz der libanesischen Wirtschaft fort, wenngleich sie durch die fragile Lage im Nahen Osten erhebliches Zuwachspotential einbüßen musste: Konnte die libanesische Wirtschaft vor dem Ausbruch des syrischen Bürgerkriegs im Jahre 2011 jährliche Zuwachsraten von bis zu 10% und somit

---

72 Einige Beschränkungen bestehen aus libanesischer Sicht für Medieninvestitionen und teilweise für den Immobilienbesitz.

73 Vgl. *Detzer/Zwernemann*, Ausländische Recht der Handelsvertreter und Vertragshändler, S. 255.

74 Datenbank der Weltbank, abrufbar unter www.wolrdbank.org.

75 *UNHCR*, Global Appeal 2015 Update - Lebanon, S. 2.

76 Datenbank der Weltbank, abrufbar unter www.wolrdbank.org.

im letzten Jahrzehnt insgesamt ca. 50% verzeichnen, so begnügt sie sich seitdem mit bis zu 2% Wachstum.

Mit einem BIP-Anteil von zuletzt 73% (vgl. Abbildung 5) fußt die libanesische Wirtschaft auf dem Dienstleistungssektor, der seinerseits vom Tourismus, der Bauwirtschaft und dem Versicherungs- und Bankenwesen getragen wird. Wie die nachfolgende Abbildung 5 deutlich zeigt, ist der sektorale Dienstleistungsanteil am BIP allerdings seit dem Jahre 2011 (81%) rückläufig. Hieran trägt die Halbierung des internationalen Tourismus einen erheblichen Anteil: Während im Jahre 2010 ca. 2,2 Mio. Ankünfte internationaler Touristen im Libanon zu verzeichnen waren, durfte der Libanon im Jahre 2013 nur noch Gastgeber von ca. 1,3 Mio. Touristen sein.[77] Diesem Rückgang liegt unverkennbar die Befürchtung zugrunde, der syrische Bürgerkrieg greife auf den Libanon über.

Abbildung 5: Entwicklung des BIP mit Blick auf die Gewichtung

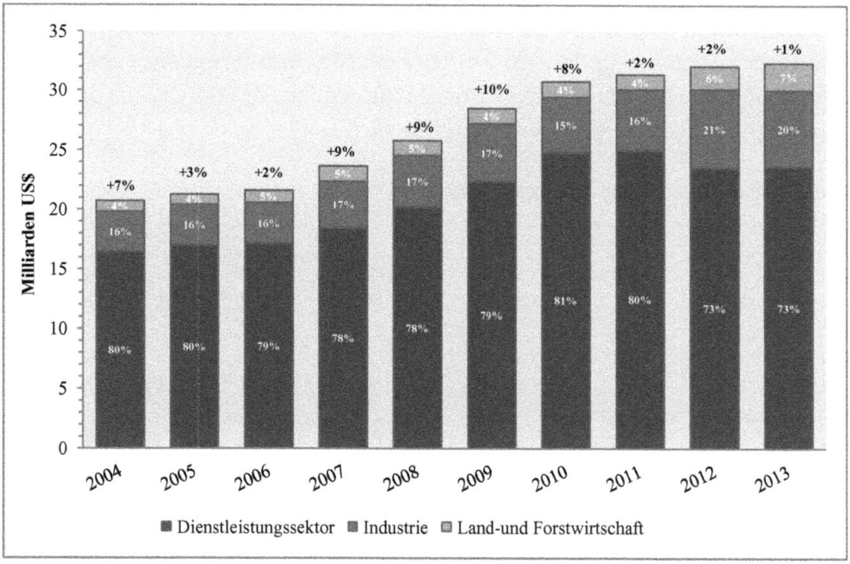

Quelle: Eigene Darstellung gemäß Daten der Weltbank

77 Zu den Zahlen vgl. *Worldbank*, World Development Indicators (2015): International tourism, number of arrivals.

b) *Ausgewählte Wirtschaftsbranchen*

(1) Hafenwirtschaft

Lange Zeit vernachlässigte der Libanon die traditionsträchtige[78] Hafenwirtschaft, deren Potential für die gesamtwirtschaftliche Entwicklung des Mittelmeeranrainerstaates unlängst wiederentdeckt wurde. Durch hohe Investitionssummen internationaler Geldgeber wurden die zwei größten und wichtigsten Häfen des Landes, namentlich der Hafen Beirut und der Hafen Tripoli (Nordlibanon), in den vergangenen Jahren ausgebaut. Der Hafen Beirut soll angesichts kräftiger Zuwachsraten und zu erwartender Kapazitätsengpässe zum wiederholten Male erweitert werden. Die Planungsphase hat bereits Ende des Jahres 2013 begonnen. Das Projekt, das mit der Expertise einer Hamburger Ingenieurgesellschaft bewerkstelligt wird, soll in den nächsten drei Jahren realisiert werden.[79]

Die nachfolgende Abbildung 6 zeigt das deutliche Wachstum des Beiruter Hafens anhand von Kennzahlen der Containerabfertigung in sogenannten Standardcontainern (Zwanzig Fuß Äquivalent, „*TEU*"). Zwischen 2004 und 2014, also in den letzten zehn Jahren, wurden ca. 210% mehr Container abgefertigt. Dies deutet auf eine klar positive Entwicklungstendenz des Hafens, die durch die gezogene Linie in der Abbildung markiert wird.

Abbildung 6: Entwicklung des Hafens Beirut

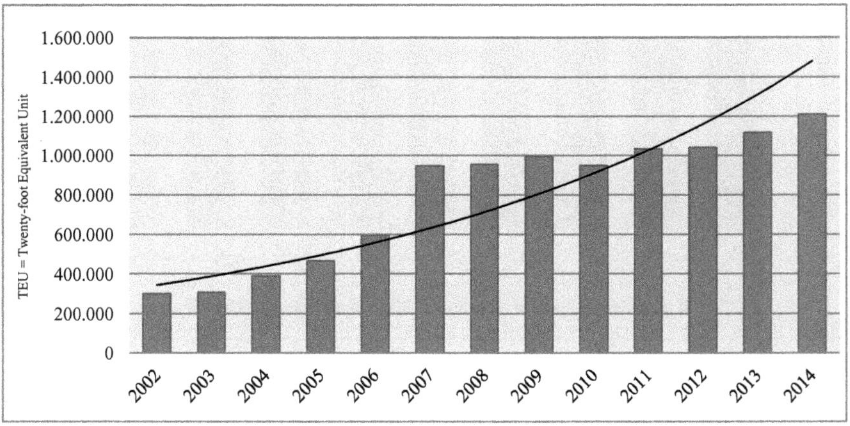

Quelle: Gtai und Port de Beyrouth

78 Die Häfen des jetzigen Libanon prägten bereits den Handel der Phönizier in erheblichem Maße, vgl. beispielsweise *Schnabel*, Urchristliche Mission, S. 754 f.

79 Vgl. zum Ganzen *Gtai*, Hafen Beirut setzt auf Containerumschlag, 05.09.2013.

(2) Erdöl- und Erdgasressourcen

Untersuchungen deuten darauf hin, dass der Libanon sowohl auf dem Festland als auch im Mittelmeer über beträchtliche Erdöl- und Erdgasreserven verfügt. Auf einen Teil der im Mittelmeer vermuteten Reservoirs (Levante-Becken) erheben neben dem Libanon auch Zypern und Israel Anspruch. Da der Verlauf der maritimen Seegrenzen höchst umstritten ist, wird das ohnehin angespannte Verhältnis zu Israel stark belastet. Beide Staaten haben bei den Vereinten Nationen ihren Anspruch auf Ausbeutung der streitgegenständlichen Reservoirs angemeldet[80] und zwischenzeitlich ein sich überlappendes Gebiet zur „Exklusiven Wirtschaftszone" im Sinne des Seerechtsübereinkommens erklärt.[81] Diesbezüglich sind geopolitische Konflikte nicht auszuschließen.

Mit den vermuteten Erdgas- und Erdölreserven verknüpft das Land die große Erwartung, seine marode Ökonomie zu stützen und die hohe Staatsverschuldung einzudämmen. Bislang hat die libanesische Regierung rechtliche und strukturellen Rahmenbedingungen nur für die Ausbeutung der Rohstoffressourcen im Mittelmeer geschaffen und die erste Vergaberunde für Explorationslizenzen eröffnet. Für die Ausbeutung der Lagerstätten auf dem Festland ist ein Gesetzgebungsvorhaben in Gange.

c) Die deutsch-libanesischen Wirtschaftsbeziehungen

Für deutsche Unternehmungen ergeben sich im Libanon vielfältige Geschäftsmöglichkeiten. Zwar ist der Libanon mit fast 4,5 Mio. Einwohnern für die Exportnation Deutschland ein kleiner Warenabsatzmarkt. Der Wert der Wareneinfuhr aus Deutschland belief sich 2014 auf etwa US$ 1.256,4 (~ EUR 900 Mio).[82] Für den deutschen Mittelstand kann der Libanon aber als Brücke für benachbarte arabische Märkte im Nahen Osten und Nordafrika genutzt werden, gilt doch die Hauptstadt Beirut bei den arabischen Konsumenten längst als „Trendsetter".

---

80 Vgl. zur Rechtslage nach int. Seerecht, *Wählisch*, Israel-Lebanon Offshore Oil & Gas Dispute – Rules of International Maritime Law, American Society of international Law, 5. December 2011.

81 Vgl. zu *Israel* das Schreiben der ständigen Vertretung Israels bei den Vereinten Nationen v. 12.07.2011, List of Geographical Coordinates for the Delimitation of the Northern Limit of the Territorial Sea and Exclusive Economic Zone of the State of Israel; sowie zum *Libanon* das Gesetz Nr. 6433 v. 01.11.2011; beide abrufbar unter www.un.org.

82 *Statistisches Bundesamt*, Länder und Regionen, Daten nach Staat, abrufbar unter www.destatis.de.

Derzeit kann der Libanon insbesondere als Investmentersatz[83] für Syrien fungieren. Mit Blick auf den Wiederaufbau nach dem syrischen Bürgerkrieg kann es besonders vorteilhaft sein, schon vor dem Ende des Krieges Strukturen zu schaffen und Kontakte aufzubauen. Einen elementaren Schutz für deutsche Investoren bietet das Abkommen zwischen Deutschland und dem Libanon über die Förderung und den gegenseitigen Schutz von Kapitalanlagen („*Investitionsschutzabkommen*").[84]

Zwecks Förderung von Investitionen im Libanon wurde im Jahre 1994 die staatliche Investitionsförderungsagentur „Investment Development Authority of Lebanon" („*IDAL*") gegründet. Sie ist insbesondere Ansprechpartner für ausländische und damit auch deutsche Investoren. Die deutsche Außenhandelskammer unterhält demgegenüber keine lokale Präsenz im Libanon. Die „Deutsch-arabische Industrie und Handelskammer" mit Sitz in Ägypten („*AHK MENA*") betreut teilweise auch Investitionen in den Libanon. Ihr Kernauftrag ist es aber, deutsch-ägyptische Wirtschafts- und Handelsbeziehungen zu fördern.[85] Deutsche Investoren können zudem die Leistungen privatrechtlich organisierter Vereine in Anspruch nehmen, namentlich der Ghorfa Arab-German Chamber of Commerce and Industry e. V. („*Ghorfa*") und dem Nah- und Mittelost-Verein e.V. („*NUMOV*"). Diese können gerade bei der Anbahnung von Wirtschaftsbeziehungen in den Libanon (und anderen arabischen Staaten) ein wertvoller Beistand sein.

Für den Libanon ist Deutschland demgegenüber ein wichtiger Handelspartner. Made in Germany genießt nach wie vor hohe Popularität.

d) Steuerliche Aspekte

Der Libanon bietet ausländischen und damit auch deutschen Investoren vor allem durch das Gesetz zur „Stärkung von Investitionen im Libanon" (AR: qānūn tašǧīʿ l-ʾistiṯmārāt, قانون تشجيع الإستثمارات) Nr. 360 vom 16.08.2001 („*libInvG*") zahlreiche Investitionsanreize. Hierzu gehören Steuererleichterungen bis hin zu zeitlich begrenzten Steuerfreistellungen. Wird beispielsweise eine Aktiengesellschaft in der Beiruter Börse gelistet und werden mindestens 40% ihrer Anteile gehandelt, so wird die Gesellschaft für zwei Jahre einkommensteuerfrei gestellt (Art. 11 Nr. 2 InvG). Für Investitionen außerhalb von Metropolregionen werden Steuerfreistellungen je nach Zoneneinordnung von 50% für 5 Jahre oder gar von

---

83 *Roundtable Konferenz*, Die Arabischen Umbrüche und ihre ökonomischen Implikationen für den Libanon, KAS Amman, Veranstaltungsbeitrag.

84 BGBl. II 1998, 1440.

85 Vgl. *AHK MENA*, Ägypten im Fokus, S. 11.

100% für 10 Jahre auf den Gewinn und gegebenenfalls auch auf die Dividenden (vgl. Art. 12 Abs. 2 InVG) gewährt.

Der Libanon hat ein Netz von 33 Doppelbesteuerungsabkommen, die die Vermeidung von Doppelbesteuerungen auf dem Gebiete der Steuern vom Einkommen und vom Vermögen bezwecken.[86] Zwischen Deutschland und dem Libanon besteht kein entsprechendes DBA.

B. Grundzüge des libanesischen Steuerrechts

I. Überblick über das libanesische Steuersystem

1. Finanzverfassung

Die geltende libanesische Verfassung (AR: ʾadustūr Al-lubāni, الدستور اللبناني, im Folgenden *„libVerf"*) regelt in den Art. 81 bis 89[87] das öffentliche Finanzwesen des Staates. Im Fokus der Bestimmungen steht das parlamentarische Budgetrecht sowie die vorläufige Haushaltsführung für den Fall, dass ein Haushaltsplan nicht fristgerecht vom Parlament aufgestellt wird, und somit das staatsorganisatorische Haushaltsrecht. Weitestgehend unberücksichtigt bleibt jedoch der Bereich der Steuern. Diesbezüglich wird lediglich durch Art. 81 libVerf festgestellt, dass Steuern nur durch Gesetze, die im gesamten Staatsgebiet Geltung beanspruchen, erhoben werden dürfen. Nach Art. 82 libVerf ist auch die Änderung oder Aufhebung von Steuerbelastungen nur durch Gesetz möglich.

Für den Bereich der Steuergesetzgebung enthält die Finanzverfassung der libanesischen Republik keine Spezialregelungen, sodass die Steuergesetzgebungshoheit dem allgemeinen Grundsatz folgt, wonach diese dem Parlament obliegt (Art. 16 und 18 libVerf). Dieses kann indes seine Gesetzgebungsbefugnis an die Regierung delegieren, die regelmäßig die Gesetze ausarbeitet. Gesetzeskraft erlangen die von der Regierung ausgearbeiteten Vorlagen als „Marsūm ʾištiraʿi" (AR: مرسوم إشتراعي), also durch Gesetzesdekret, erst nachdem das Parlament seine Zustimmung erteilt hat.[88]

---

86 Algerien, Armenien, Bahrain, Belarus, Bulgarien, Kuba, Zypern, Tschechien, Ägypten, Frankreich, Gabon, Iran, Italien, Jemen, Jordanien, Kuwait, Malaysien, Malta, Marokko, Pakistan, Polen, Katar, Rumänien, Russland, Senegal, Sudan, Oman, Syrien, Tunesien, Türkei, vereinigte arabische Emirate, Ukraine und Jemen.

87 Vgl. zu den Regelungen den Anhang 4, S. 266.

88 Vgl. *Al-ǧaḏūb*, Die Verfassung und das politische System im Libanon, S. 501.

2. Die Steuerarten und ihre Ertragskraft

Ebenso wie das deutsche Steuerrecht wird das libanesische Steuerrecht durch eine Vielzahl von Steuerarten gekennzeichnet, die gegebenenfalls an unterschiedliche Steuergüter[89] anknüpfen. Formal werden sie regelmäßig in diversen Steuerkodifikationen festgehalten, sodass ein einheitliches Steuergesetzbuch nicht existiert. Dabei kann es vorkommen, dass die jeweilige Kodifikation als „*Rasm*" (AR: رسم ; Gebühr oder Beitrag) betitelt wird, wenngleich sie die Regelung einer Steuerart beinhaltet und umgekehrt. Das ist beispielsweise der Fall bei der Gemeindezuschlagsteuer (AR: ʾA-Rasm l-Baladi, الرسم البلدي) und der Erbschaftsteuer (AR: Rasm l-ʾintiqāl, رسم الإنتقال).[90] Es ist daher zu beachten, dass aus der terminologischen Bezeichnung einer Kodifikation keine Rückschlüsse auf ihre inhaltliche Einordnung als Steuer oder sonstige Abgabe hergeleitet werden kann. Erschwerend kommt hinzu, dass in der libanesischen Literatur die konkrete Einordnung der jeweiligen Abgabe nicht thematisiert und aufbaumäßig regelmäßig ignoriert wird.[91]

Die nachstehenden Ausführungen sollen einen Überblick über die wichtigsten Steuerarten im Libanon vermitteln. Dabei soll sich der Fokus entsprechend dem Schwerpunkt der vorliegenden Arbeit auf die Darstellung der Ertragsteuern richten. Anschließend soll die Struktur des Steueraufkommens bildhaft dargestellt und kursorisch erläutert werden.

a) Umsatzsteuer

Die ertragsreichste[92] und damit wichtigste Steuerart im Libanon ist die vergleichsweise junge Umsatzsteuer (AR: ʾa-ḍarība ʿala l-qīma l-muḍāfa, الضريبة على القيمة المضافة). Sie wurde im Februar 2002 durch das Gesetz Nr. 379 vom 14.11.2001 („*libUStG*") eingeführt. Sie ist als Allphasen-Netto-Umsatzsteuer mit Vorsteuerabzug ausgestaltet. Seit ihrer Einführung beträgt der Steuersatz 10% (Art. 25 libUStG). Bestrebungen der Regierung den Steuersatz zu erhöhen, blieben bisher erfolglos.[93]

89 Vgl. zum Begriff ausführlich *Burmester*, StuW 1993, 221.

90 Kritisch *ʿAtwi*, öffentliche Finanzen, S. 23 f.

91 Vgl. beispielsweise *ʿAtwi*, öffentliche Finanzen, S. 223 ff., der die Gerichtsgebühren unter dem Oberbegriff „Indirekte Steuern und sonstige Abgaben im Libanon" subsumiert.

92 Vgl. Abbildung 7, S. 30.

93 Vgl. Entwurf des Haushaltsgesetzes 2012, S. 213, das bisher noch nicht genehmigt wurde.

b) *Das libEStG*

Gegenwärtig wird die Ertragsbesteuerung im Wesentlichen nach Maßgabe der Vorschriften des Gesetzesdekrets über die Besteuerung des Einkommens[94] Nr. 144 vom 12.06.1959 (AR: qānūn ḍarībat l-daḫl – Marsūm ʾištiraʿi, قانون ضريبة الدخل; – مرسوم إشتراعي im Folgenden „*libEStG*"[95]) durchgeführt. Das libEStG regelt die Besteuerung des Einkommens, wenngleich der Einkommensbegriff nicht gesetzlich definiert wird. Es unterscheidet drei Arten der Einkünfteerzielung: (1) Einkünfte aus den industriellen, kommerziellen und nichtkommerziellen Tätigkeiten; (2) Einkünfte aus Löhnen, Gehälter und Renten; sowie (3) Einkünfte des beweglichen Kapitalvermögens. Dabei wird nicht angeordnet, dass das Ergebnis der gesamten Einkünfte zu einer einheitlichen Bemessungsgrundlage summiert wird.[96]

c) *Das Gebäudesteuergesetz*

Weiterhin erhebt der Libanon nach Maßgabe des Gebäudesteuergesetzes vom 17.09.1962 (AR: ḍaribat l-ʾamlāk l-mabniya, ضريبة الأملاك المبنية ; im Folgenden „*libGebäudeStG*") eine sog. Gebäudesteuer[97]. Ihr Grundtarif ist progressiv ausgestaltet. Dabei beträgt der Eingangssteuersatz 4% (Einnahmen bis LBP 20 Mio. = ~ EUR 12.000) und kann bis zu einer Höchstgrenze von 14% (Einnahmen ab LBP 100 Mio. = ~ EUR 60.000) ansteigen.

d) *Kommunalzuschlagsteuer*

Auf die aus den industriellen, kommerziellen und nichtkommerziellen Tätigkeiten nach dem libEStG wurde bis Ende 1993 für Rechnung der Kommunen ein Zuschlag in Höhe von 15% erhoben (Kommunalzuschlagsteuer). Rechtsgrundlage war Art. 33 libEStG und die damit korrespondierende Regelung des Art. 88 des libanesischen Kommunalabgabengesetzes Nr. 60 vom 12.08.1988 („*libKAG*"; AR.: qānūn r-rusūm wal- ʿalāwāt l-baladiya Nr. 60/88, 88/60 قانون الرسوم والعلاوات البلدية رقم). Mit der Intention, die Wirtschaft nach dem Ende des Bürgerkrieges zu entlasten, wurde die Erhebung dieser Steuerart nach Maßgabe des Gesetzes Nr. 282 vom 30.12.1993 zum 01.01.1994 ausgesetzt und bis dato nicht wiedereingeführt, sodass aktuell eine Kommunalzuschlagsteuer nicht erhoben wird.[98]

---

94 Gebräuchlich ist auch der französische Ausdruck: Impôt sur le revenue.
95 Vgl. zu den Regelungen den Auszug aus dem libEStG in Anhang 2, S. 238.
96 Vgl. dazu eingehend Kapitel 2.B.II.2., S. 34.
97 Gebräuchlich ist auch die französische Bezeichnung: L´impôt sur les proprietés bâties.
98 Vgl. zum Ganzen *Farḥāt*, Die Steuerrechtsordnung, S. 91; *ʿAtwi*, öffentliche Finanzen, S. 158.

e) *Vermögen-, Erbschaft- und Schenkungsteuer*

Aktuell wird im Libanon keine Vermögensteuer erhoben. Erbschaften und Schenkungen werden demgegenüber nach Maßgabe des Gesetzesdekrets Nr. 146 vom 12.06.1959 („*libErbStG*"), das mehrmals reformiert wurde,[99] belastet. Hierbei wird sowohl an die Belegenheit des Vermögens als auch an die Ansässigkeit des Erblassers oder Schenkers – unabhängig von seiner Staatsangehörigkeit[100] – im Inland angeknüpft (Art. 3 libErbStG). Kein Anknüpfungskriterium ist demnach die Ansässigkeit des Erwerbers im Inland. Der Steuertarif ist progressiv ausgestaltet. Bei der Ermittlung des maßgeblichen Steuersatzes wird – ähnlich wie in Deutschland[101] – einerseits nach dem verwandtschaftlichen Näheverhältnis des Erwerbers zum Erblasser oder Schenker (5 Steuerklassen) und andererseits nach der Höhe des angefallenen Erwerbs (6 Tarifstufen) unterschieden (Art. 41 und 42 i.V.m. Tariftabelle im Anhang des libErbStG). Er kann von 3% bis zu 45% betragen.[102]

f) *Sonstige Steuern*

Darüber hinaus erhebt der Libanon eine Reihe von Akzisen, wie die Vergnügungs-, Alkohol-, Salz- oder Zuckersteuer.[103] Zudem wird nach Maßgabe des Gesetzesdekrets Nr. 67 vom 05.08.1967 eine Stempelabgabe erhoben. Erfasst werden hiervon insbesondere alle Dokumente und Urkunden, die im Verkehr eine Beweisfunktion erfüllen können und vor allem dazu geeignet sind, einem Gericht zur Glaubhaftmachung vorgelegt zu werden. Auch behördliche Anträge werden hiervon teilweise erfasst.[104]

g) *Struktur des Steueraufkommens*

(1) Steueraufkommen im Kontext der Staatsfinanzierung

Trotz der weltweiten Wirtschaftskrise (2006 bis 2008) und des anhaltenden regionalen Konfliktpotentials (Syrienkrieg; Israelkonflikt) gelang es den libanesischen Regierungen im vergangenen Jahrzehnt, die Staatseinnahmen deutlich und konstant zu steigern. Zwischen den Jahren 2000 und 2013 haben sich die Staatseinnahmen

---

99 Vgl. zu den Reformen und ihrer Fundstellen *ʿAtwi*, öffentliche Finanzen, S. 212.

100 *Dayf/Nour*, Bilanzsteuerrecht, S. 392; *Farḥāt*, Die Steuerrechtsordnung, S. 352.

101 Vgl. hierzu *Meincke*, in Meincke, ErbStG, § 19 Rn. 1 ff.; *Jülicher*, in Troll/Gebel/Jülicher, ErbStG, § 19 Rn. 2.

102 Vgl. zur Ausgestaltung der Erbschaftsteuer im Libanon detailliert *ʿAtwi*, öffentliche Finanzen, S. 212 ff.; *Farḥāt*, Die Steuerrechtsordnung, S. 347 ff.

103 Vgl. hierzu die Übersicht bei *Farḥāt*, Die Steuerrechtsordnung, S. 504.

104 Vgl. hierzu ausführlich *Farḥāt*, Die Steuerrechtsordnung, S. 523 ff.

nahezu verdreifacht (vgl. Abbildung 7). Dieser bemerkenswerte Fortschritt fußt auf einem Zusammenspiel mehrerer begünstigender Faktoren, die zu einem signifikanten Anstieg der Steuereinnahmen verhalfen. Neben der Etablierung einer einnahmeträchtigen Umsatzsteuer waren die libanesischen Regierungen stets ernsthaft bemüht, die Erhebung und Durchsetzung der Steuern effizienter und wirkungsvoller zu gestalten. So wurde beispielsweise eine neue Abgabenordnung erlassen.[105] Zudem verhalf der konjunkturelle Aufschwung, den das Land zwischen den Jahren 2008 und 2010 erlebte, zu beträchtlichen Steuermehreinnahmen.

Daneben ist zwar auch ein erkennbarer Anstieg der nicht-steuerlichen Einnahmen zu verzeichnen. Wie die nachfolgende Abbildung 7 veranschaulicht, wuchs dieser Anteil jedoch nicht proportional mit an. Machte er im Jahre 2000 nahezu $\frac{2}{5}$ der Staatseinnahmen aus, so trug er 2013 nur noch knapp $\frac{1}{5}$ bei. Dadurch wird eine auf Steuern angelegte Finanzierung des Staates forciert und mit letzter Konsequenz die gesamte Struktur der Staatsfinanzierung umgestaltet.

Abbildung 7: Struktur der Staatseinnahmen

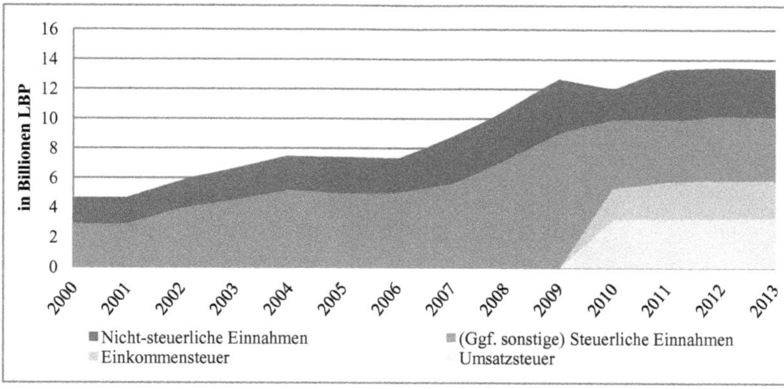

Quelle: Eigene Darstellung gemäß Daten des libanesischen Finanzministeriums

(2) Anteil einzelner Steuerarten am Steueraufkommen 2013

Ebenso wie in Deutschland[106] sind die Einkommen- und die Umsatzsteuer tragende Säulen des libanesischen Steueraufkommens. Gemeinsam generieren sie

105 Gesetz für steuerliche Maßnahmen (AR: qānūn l-ʾiǧrāʾāt ḍ-ḍarībiya, قانون الإجراءات الضريبية) Nr. 44 v. 11.11.2008, Amtsblatt der libanesischen Republik, 2008, Nr. 49 v. 14.11.2008, S. 5053.

106 Vgl. *statistisches Bundesamt*, Finanzen und Steuern – Steuerhaushalt, Fachserie 14, Reihe 4, S. 6 und 7.

regelmäßig weit mehr als die Hälfte (2013: 57%) des libanesischen Steueraufkommens, wobei die vergleichsweise junge Umsatzsteuer dominiert. Im Jahr 2013 machte ihr Anteil knapp $\frac{1}{3}$ des Steueraufkommens, während der Anteil der Einkommensteuer $\frac{1}{4}$ betrug. Insoweit unterscheidet sich die Struktur des libanesischen Steueraufkommens von demjenigen in Deutschland, wo die Einkommensteuer, der hierzulande die „höchste Gerechtigkeitsqualität"[107] attestiert wird, in aller Regel auch den höchsten Anteil zum Steueraufkommen beiträgt.[108]

Weiterhin ist festzustellen, dass ein bedeutender Teil (2013: 26%) des libanesischen Steueraufkommens aus Akzisen und sonstigen Verbrauchsteuern stammt. Ein bedeutender Teil gründet dabei auf die Stempelsteuern.

Abbildung 8: Verteilung des Steueraufkommens 2013

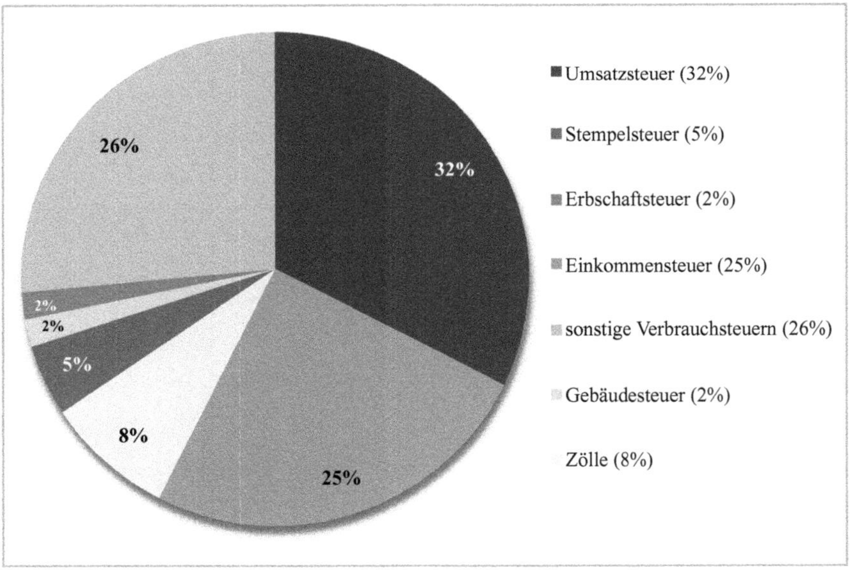

Quelle: Eigener Entwurf nach Zahlen des libanesischen Finanzministeriums

3. *Das Steuerverfahrensrecht*

Das Steuerverfahrensrecht der libanesischen Republik wird aktuell durch das Gesetz für steuerliche Maßnahmen (AR: qānūn l-ʾiǧrāʾāt ḍ-ḍarībiya, قانون الإجراءات

---

107 *Hey*, in Tipke/Lang, Steuerrecht, § 8 Rn. 1.

108 Vgl. zur Zeitreihe der kassenmäßigen Steuereinnahmen beim *statistischen Bundesamt*, Steuerhaushalt 2014, Fachserie 14, Reihe 4, S. 6 und 7.

(الضريبية) Nr. 44 vom 11.11.2008[109] („*libAO*“) geregelt, das steuerliche Angelegenheiten nach dem 01.01.2009 betrifft (Art. 157 libAO). Nach dessen Art. 156 wird die Regierung angehalten, Anordnungen auf Vorschlag des Finanzministeriums zu erlassen, die die Anwendung der Vorschriften des Gesetzes präzisieren. Demgemäß wird die libAO durch den Regierungserlass Nr. 2488 vom 03.07.2009[110] zur Anwendung der Vorschriften der libAO ergänzt.

4. *Finanzgerichtsbarkeit*

Für Finanzstreitigkeiten stellt der Libanon keine selbständige Finanzgerichtsbarkeit bereit. Über Finanzangelegenheiten entscheiden die Verwaltungsgerichte sowie letztinstanzlich der Conseil d'état[111] (Art. 61 Nr. 6 des Gesetzesdekrets Nr. 10434 vom 14.06.1975), der mit dem Begriff Staatsrat übersetzt werden kann und generell die Aufgaben eines obersten Verwaltungsgerichts wahrnimmt.

5. *Die libanesische Finanzverwaltung*

Die libanesische Finanzverwaltung ist ebenso wie in Deutschland ein Teil der öffentlichen Verwaltung. Ihr Aufbau ergibt sich im Wesentlichen aus dem Gesetzesdekret über die Organisation des Finanzministeriums Nr. 2868 vom 16.12.1959[112] („*libFVG*“). Sie ist dreistufig aufgebaut: Die oberste Finanzbehörde ist das Ministerium der Finanzen. Mittelbehörde ist die Generaldirektion für öffentliche Finanzen (AR: mudiriyat l-māliya l-ʿāma, مديرية المالية العامة). Auf der untersten Verwaltungsebene ist zwischen den zentralisierten Finanzdirektionen (AR: al-waḥadāt l-markazia, الوحدات المركزية) und den regionalen Finanzeinheiten (AR: al-waḥadāt l-ʾiqlīmiya, الوحدات الإقليمية) zu unterscheiden.[113] Während erstere für die Steuerfestsetzung zuständig sind, nehmen letztere die Vollstreckung der festgesetzten Steuern wahr.[114]

Im vergangenen Jahrzehnt waren die libanesischen Regierungen bestrebt, das Finanzministerium mithilfe internationaler Förderprojekte zu reorganisieren, mit dem Ziel, die Verwaltungsstrukturen zu optimieren und zu modernisieren,

---

109 Amtsblatt der libanesischen Republik, 2008, Nr. 49 v. 14.11.2008, S. 5053.

110 Amtsblatt der libanesischen Republik, 2009, Nr. 33 v. 09.07.2009, S. 5158.

111 AR: majles choura al-dawla.

112 Vgl. zum Aufbau das Gesetzesdekret Nr. 2868 v. 16.12.1959 über die Organisation des Finanzministeriums.

113 Vgl. *Ṣāleḥ*, Grundlagen der libESt, Band II, S. 490.

114 Vgl. zu den Aufgaben eingehend *Ṣāleḥ*, Grundlagen der libESt, Band II, S. 490 ff.

um vor allem die Effizienz der Steuerverwaltung zu steigern.[115] Neben dem Engagement internationaler Organisationen, wie der OECD[116], setzte sich auch die EU für eine effiziente Gestaltung der libanesischen Steuerverwaltung ein.[117] Im Rahmen des „Twinning“[118]- Programms sollte der Aufbau der libanesischen Steuerverwaltung an diejenigen in Frankreich[119] angeglichen werden.[120] Ob die Bemühungen letztlich von Erfolg gekrönt werden, bleibt abzuwarten.

Abbildung 9: Aufbau der libanesischen Finanzverwaltung

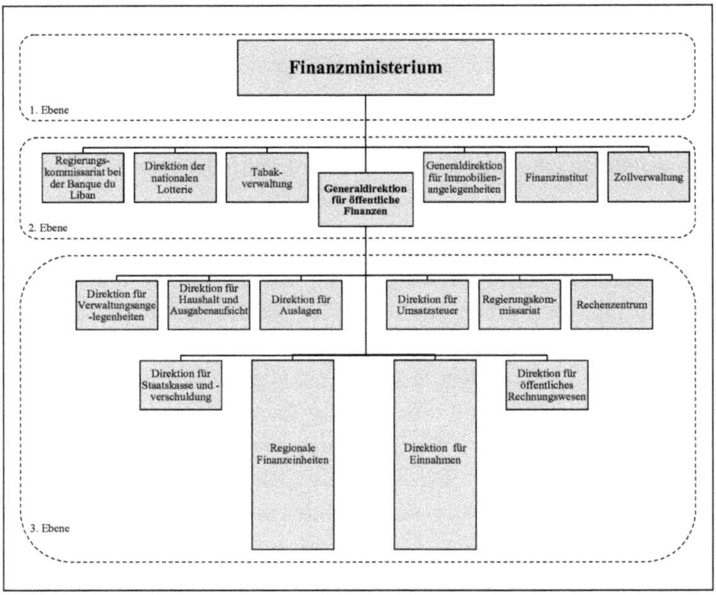

Quelle: Eigene Darstellung, angelehnt an *Ṭarabiyeh*, Die Steuern vom Einkommen, S. 385 und die Zusammenfassung des Workshops v. 19. April 2007, im Grand Sérail, MENA-OECD Investment Programme.

---

115 Vgl. *Ḥāğ Šeḥada*, National Investment Reform Agenda, 19. April 2007.

116 Beispielsweise im Rahmen des „MENA-OECD Investment Programme[s]“, vgl. hierzu insbesondere die Zusammenfassung des Workshops v. 19. April 2007, im Grand Sérail, Beirut: *OECD*, Lebanon National Investment Reform Agenda Workshop, Summary and conclusions.

117 Vgl. *libFinMin*, Aid Coordination, Juli 2013, Issue 68, Aid Developments, S. 1.

118 Vgl. zum Projekt im Allgemeinen: *Rehn*, Twinning – Europa Gemeinsam Aufbauen.

119 Dazu *Duthilleul*, in Wassermeyer, DBA-Frankreich, Anhang, Rn. 1.

120 Z.B. im Rahmen des Projekts „Modernizing the Administrative and operational Capacity oft he Tax Administration“; vgl. z.B. *libFinMin*, Aid Coordination, Juli 2013, Issue 68, Aid Developments, S. 1.

II. Die Besteuerung des Einkommens nach dem libEStG

Die folgenden Ausführungen sollen einen Überblick über die Grundlagen der Besteuerung nach dem libEStG verschaffen. Im Fokus der Darstellung sollen die für die Unternehmensbesteuerung wesentlichen Regelungen stehen.

1. Entstehungsgeschichte des libEStG

Als erste Vorläufer der libanesischen Ertragsbesteuerung gilt die osmanische „Tamattu ́e"-Steuer, die 1915 zunächst nur in der Provinz Beirut eingeführt wurde und im Ausgangspunkt das Einkommen belasten sollte. Dem liegt zugrunde, dass der Libanon zu jener Zeit eine Provinz innerhalb des osmanischen Reichs darstellte und die osmanischen Gesetze Geltung für das gesamte osmanische Reich beanspruchten.[121] Die rechtshistorische Bedeutsamkeit der Tamttu ́e-Steuer ergibt sich aus der Anknüpfung an das Steuergut „Einkommen" und damit an die Erwirtschaftungsphase, demgegenüber waren Kopfsteuern, Akzisen sowie Vermögensbestandsteuern bis dato die geläufigere Form der Steuererhebung in der Region.[122] Wenngleich aber der Vermögenszufluss belastet werden sollte, wurde die Ertragskraft des Steuerpflichtigen nicht anhand eines erzielten Gewinns oder Überschusses bemessen, sondern vielmehr mittels äußerer Merkmale des Vermögensbestands geschätzt.[123] Maßgeblich war mitunter der Mietzins des Ladenlokals, in dem die berufliche Tätigkeit ausgeübt wurde, die Anzahl der Beschäftigten sowie teilweise die Anzahl der genutzten Gegenstände oder Maschinen.

Obgleich die Tamattu ́e-Steuer gesellschaftlich nicht akzeptiert wurde, weiteten die Franzosen nach Beendigung der osmanischen Herrschaft im Jahre 1920 kraft ihres Völkerbundmandats die Erhebung der Steuer auf das gesamte Gebiet des Libanon aus, um so die Finanzierung des neugegründeten „État de Grand Liban" (Der große Libanon) zu gewährleisten. Die Kritik richtete sich indes gegen die mangelnde Steuergerechtigkeit. Dem liegt möglicherweise der Umstand zugrunde, dass die statische Ausgestaltung der Bemessungsgrundlage nicht mit der Anknüpfung an das dynamische Steuergut „Einkommen" vereinbar ist. Zwar soll der statische Vermögensbestand als Steuergut dem Grunde nach geeignet sein, die Leistungsfähigkeit des Steuerpflichtigen zu indizieren.[124] Entscheidet sich der

121 Vgl. *ʿAtwi*, öffentliche Finanzen, S. 27; *Farḥāt*, Die Steuerrechtsordnung, S. 91.

122 Vgl. zur Kopfsteuer (AR: māl l-aʿnaq" مال الأعناق), zu Akzisen (AR: al-musaqafāt, المسقفات); sowie zur Grundsteuer (AR: al-werku, الوركو) , *ʿAtwi*, öffentliche Finanzen, S. 27.

123 Vgl. *Farḥāt*, Die Steuerrechtsordnung, S. 91.

124 Vgl. dazu statt vieler *Burmester*, StuW 1993, 221.

Steuergesetzgeber bei der Wahl eines Steuerguts hingegen für die Anknüpfung an den dynamischen Bereich der Vermögenssphäre, so müsste er folgerichtig die Bemessungsgrundlage dynamisch ausgestalten, entspricht doch letzterer nichts anderes als das quantifizierte Steuergut „Einkommen". Einer Quantifizierung eines dynamischen Steuerguts nach statischen Kriterien ist eine Verzerrung des tatsächlich Erwirtschafteten grundsätzlich immanent. Da die Auswahl und Gestaltung der Bemessungsgrundlage die Leistungsfähigkeit konkretisiert, liegt regelmäßig ein Verstoß gegen das Leistungsfähigkeitsprinzip vor. Darüber hinaus ging mit der statischen Bemessung eine Fokussierung der Steuererhebung auf die herkömmlichen und traditionellen Handwerksbetriebe einher, während die ertragreiche Anlage von Kapitalvermögen gänzlich unversteuert blieb.[125]

Nach Beendigung des französischen Mandats im Jahre 1943 und der damit einhergehenden Modernisierung des gesamten Rechtssystems der fortan unabhängigen libanesischen Republik sanierte der libanesische Gesetzgeber auch das Steuersystem. Das Einkommensteuergesetz vom 04.12.1944 („*libEStG 1944*") sollte orientiert am französischen Vorbild Leistungsfähigkeitsgesichtspunkte stärker berücksichtigen und somit zu einer breiteren gesellschaftlichen Akzeptanz beitragen.[126] Im Zuge seiner Einführung wurde die als ungerecht empfundene osmanische Tamattu'e-Steuer gänzlich abgeschafft. Das geltende Gesetzesdekret über die Besteuerung des Einkommens Nr. 144 vom 12.06.1959 („*libEStG*") entspricht in seiner Grundkonzeption dem libEStG 1944.

2. Konzeptionelle Ausgestaltung der Besteuerung nach dem libEStG

Die Zentralnorm des Art. 1 libEStG unterscheidet drei Arten der Einkünfteerzielung, die der Einkommensteuer nach dem libEStG unterliegen. Sie ordnet aber nicht – wie dies etwa bei § 2 EStG der Fall ist – an, dass das Ergebnis der gesamten Einkünfte zu einer einheitlichen Bemessungsgrundlage summiert wird, um es dann mit einem einheitlichen Steuersatz zu belasten.[127] Das Ergebnis der jeweiligen Einkunftsquelle wird vielmehr völlig losgelöst von den übrigen Einnahmen ermittelt und einem gesonderten Steuertarif unterworfen. Die Einkommensbesteuerung nach dem libEStG ist also dadurch gekennzeichnet, dass die in Art. 1 libEStG näher definierten Einkunftsquellen jeweils einem eigenen in sich geschlossenen

125 Vgl. zum Ganzen *'Atwi*, öffentliche Finanzen, S. 158; *Farḥāt*, Die Steuerrechtsordnung, S. 92.

126 Vgl. *Farḥāt*, Die Steuerrechtsordnung, S. 92; *Maḥfūz*, Allgemeine Finanzwissenschaft sowie Finanz- und Steuergesetzgebung, S. 454.

127 Vgl. *Farḥāt*, Die Steuerrechtsordnung, S. 95.

und damit souveränen System unterliegen („*Selbständigkeitsprinzip*“).[128] Dadurch wird eine vertikale Ergebnisverrechnung von vornherein verhindert.

Gesetzestechnisch wird dies trotz der gemeinsamen Kodifizierung in einem einheitlichen Gesetz erreicht, indem das libEStG der jeweiligen Einkunftsquelle ein gesondertes Kapitel („*Schedule*“) widmet. Auch verfahrenstechnisch bestehen selbständige Erklärungspflichten und -fristen. Demzufolge ist zu konstatieren, dass die libanesische Einkommensteuer nach dem libEStG anders als ihr deutsches Pendant systemprägend als analytische Schedulensteuer konzipiert ist.[129]

Im Libanon wird aus diesem Grunde steuerterminologisch in aller Regel von drei „Steuerarten“, weniger hingegen von drei „Einkunftsarten“ gesprochen. Sie werden nach ihrer numerischen Anordnung im libEStG bezeichnet, namentlich:

(1) die Gewinne aus den industriellen, kommerziellen und nichtkommerziellen Tätigkeiten („*Steuer der ersten Schedule*“)
(AR: ʾarbāḥ l-mihan aṣ-ṣināʿīya wal-tiǧāriya wa ġayr t-tiǧāriya, «ḍaribat l-bāb l-ʾawal»; أرباح المهن الصناعية و التجارية و غير التجارية، «ضريبة الباب الأول»),
(2) die Löhne, Gehälter und Renten („*Steuer der zweiten Schedule*“)
(AR: ʾar-rawāteb wal-ʾuǧūr wa maʿāšāt t-taqāʿdu, «ḍaribat l-bāb ṯ-ṯānī»; الرواتب و الأجور و معاشات التقاعد، «ضريبة الباب الثاني»), sowie
(3) die Erträge des beweglichen Kapitalvermögens („*Steuer der dritten Schedule*“)
(AR: daḫel ruʾūs l-ʾamwāl l-manqāla, «ḍaribat l-bāb ṯ-ṯāleṯ»; دخل رؤوس الأموال المنقولة، «ضريبة الباب الثالث»).

3. *Die Steuer der ersten Schedule*

a) *Allgemeine Charakterisierung*

Die erste Schedule des libEStG, der die Vorschriften des Art. 2 bis 45a libEStG umfasst, regelt die Besteuerung der „Gewinne aus den industriellen, kommerziellen und nichtkommerziellen Tätigkeiten“. Erfasst werden hier im Grundsatz sämtliche Vermögensmehrungen einer natürlichen oder juristischen Person (inkl. Personengesellschaft) aus einer selbständigen Tätigkeit. Nicht entscheidend ist dabei, ob die Vermögensmehrungen auf Grund einer gewerblichen, freiberuflichen[130] oder sonstigen Tätigkeit erzielt wurde.

---

128 Vgl. *Farḥāt*, Die Steuerrechtsordnung, S. 95.

129 Vgl. zur Konzeption der deutschen Einkommensteuer sowie den Voraussetzungen der analytischen Schedulensteuer *Hey*, in Tipke/Lang, Steuerrecht, § 8 Rn. 1; *Birk*, Steuerrecht, § 5 Rn. 602; *Jakob*, Einkommensteuer, § 1 Rn. 4.

130 Vgl. *Farḥāt*, Die Steuerrechtsordnung, S. 119.

Die Steuer der ersten Schedule bildet die grundlegende Säule für die Besteuerung der unternehmerischen bzw. gewerblichen Erwerbstätigkeit im Libanon. Sie ist aber keine Unternehmensteuer. Durch diese terminologisch verfehlte Bezeichnung würde ein falsches Bild von ihrem Anwendungsbereich suggeriert, der weit über die Besteuerung der unternehmerischen Tätigkeit hinausgeht. Denn nach allgemeiner libanesischer Auffassung handelt es sich hierbei um eine generelle Steuer, die auf sämtliche Einnahmen erhoben wird und zwar unabhängig davon, ob sie unternehmerisch erzielt werden.[131]

Die Steuer der ersten Schedule ist eine Personensteuer, die an die Person des Steuerpflichtigen knüpft. Das Unternehmen als solches ist demgegenüber nicht Gegenstand der Besteuerung. Sie ist auch eine direkte Steuer, bei der Steuerschuldner und Steuerträger identisch sind. Die Steuerlast wird also nicht auf eine andere Person als den Steuerschuldner abgewälzt. Dies entspricht der international üblichen Handhabung für die Ertragsbesteuerung.

b) Das Steuersubjekt

Der persönlichen Steuerpflicht der ersten Schedule nach dem libEStG unterliegen alle natürlichen und juristischen Personen mit den im Libanon realisierten Gewinnen (Art. 3 libEStG). Steuersubjekt ist deshalb sowohl die natürliche als auch die juristische Person. Damit stellt die libanesische Steuerrechtsordnung eine einheitliche Kodifikation für alle zivilrechtsfähigen Personen bereit. Insoweit weicht die libanesische Rechtslage von der deutschen ab, die auf das Nebeneinander von EStG und KStG basiert.[132]

Bei der Bestimmung des Steuersubjekts knüpft das libEStG, ähnlich wie im deutschen Einkommensteuerrecht, an zivilrechtliche Wertungen an.[133] Die Tragweite dieser zivilrechtlichen Anknüpfungspunkte entspricht jedoch nicht vollumfänglich dem deutschen Verständnis. Als juristische Person wird in der libanesischen Rechtsordnung sowohl die Kapitalgesellschaft als auch die Personenvereinigung anerkannt (vgl. Art. 45 libHGB[134]). Neben den natürlichen Personen und Kapitalgesellschaften sind somit auch Personengesellschaften grundsätzlich Subjekte der libanesischen Einkommensteuer der ersten Schedule nach Art. 3 libEStG.[135]

---

131 Vgl. *lib. Conseil d'état*, Beschluss Nr. 301 v. 16.04.1980, nachzulesen bei *Farḥāt*, Die Steuerrechtsordnung, 168 f.

132 Vgl. zur deutschen Rechtslage *Hennrichs*, in Tipke/Lang, Steuerrecht, § 10 Rn. 1.

133 Vgl. zur deutschen Rechtslage statt Vieler *Scheffler*, Besteuerung von Unternehmen, S. 17 f.

134 Vgl. zu den Regelungen den Auszug aus dem libHGB in Anhang 3, S. 253.

135 Vgl. *Šīḥa*, Die libanesische Steuerrechtsordnung, S. 87.

Diese Auslegungsweise wird durch die Vorschrift des Art. 4 libEStG bekräftigt, die eine beispielhafte Aufzählung der steuerpflichtigen Personen enthält. Darunter fallen nach dem eindeutigen Wortlaut der Vorschrift sämtliche Gesellschaftsformen, mithin auch Personengesellschaften. Wie später näher zu erläutern sein wird, basiert die Einkommensteuer der ersten Schedule wegen der Regelung des Art. 35 libEStG dennoch inhaltlich auf einem dualen System, das im Ergebnis zwischen Personen- und Kapitalgesellschaften unterscheidet.

c) Anknüpfungsmomente und Umfang der Besteuerung

Die vorstehend erwähnte Vorschrift des Art. 3 libEStG umschreibt neben dem Adressatenkreis der Zurechnungssubjekte zugleich auch die Anknüpfungsmomente und den Umfang der Einkommensteuerpflicht nach der ersten Schedule des libEStG. Die Begründung der persönlichen Steuerpflicht nach der ersten Schedule des libEStG setzt hiernach – unabhängig von der Rechtsform des Steuerpflichtigen – eine territoriale Realisierung des Steuertatbestandes voraus (Territorialitätsprinzip).[136] Für diese Zwecke bleiben folglich persönliche Merkmale des Steuersubjekts (Wohnsitz, Aufenthaltsort, Mittelpunkt der Lebensführung, Sitz, usw.) unberücksichtigt. Das hat zur Folge, dass die Steuersubjektqualität nur derjenige erlangt, dem auch eine inländische Einkunftsquelle zugerechnet werden kann (Quellenprinzip). Damit wird der für den Besteuerungszugriff völkerrechtlich erforderliche Inlandsbezug durch einen sachlichen Anknüpfungspunkt manifestiert.[137]

Durch die vorstehend beschriebene Konnexität von Steuersubjekt und Steuerobjekt (Einkunftsquelle) statuiert der libanesische Gesetzgeber einen monistischen Steuertatbestand. Für die deutsche unbeschränkte Einkommensteuerpflicht gilt demgegenüber ein dualistischer Steuertatbestand.[138] An persönlichen Merkmalen (Wohnsitzprinzip) orientiert, haben in Deutschland unbeschränkt Steuerpflichtige ihr gesamtes Welteinkommen zu besteuern (Welteinkommens- bzw. Universalitätsprinzip). Eine der libanesischen Einkommensteuerpflicht vergleichbare Ausgestaltung der Steuerpflicht findet sich im deutschen Steuersystem im Rahmen der beschränkten Einkommensteuerpflicht, indem § 1 Abs. 4 EStG auf die Vorschrift des § 49 EStG verweist.

Die Anknüpfung am Steuerobjekt hat zunächst zur Folge, dass der Libanon seine eigene steuerliche Zugriffsmöglichkeit auf die in seinem Territorialgebiet

136 Vgl. zum Territorialitätsprinzip *Schaumburg*, Int. Steuerrecht, Rn. 5.2ff.

137 Vgl. *Jacobs*, Int. Unternehmensbesteuerung, S. 247.

138 Vgl. zur Abgrenzung des monistischen vom dualistischen Steuertatbestand *Schaumburg*, Int. Steuerrecht, Rn. 5.11.

erwirtschafteten Einkünfte weitgehend beschränkt. Auf der anderen Seite ist der Begriff der „territorialen Realisierung von Einkünften" nicht Bestandteil einer internationalen Steuerterminologie; vielmehr entscheidet der Libanon im Rahmen seiner völkerrechtlich verbürgten Souveränität selbst über den Begriffsumfang. Eine gesetzliche Bestimmung hält das libEStG zwar nicht bereit. In der Tendenz wird von der eher protektionistischen Rechtsprechung und Literatur allerdings eine sehr weite Auslegung zugrunde gelegt,[139] sodass die steuerliche Selbstbeschränkung etwas kompensiert wird. Hiernach soll *„jede Tätigkeit oder Anstrengung, die im Libanon vorgenommen wurde"*, eine inländische Realisierung auslösen und damit ein steuerbegründendes Ereignis darstellen. Nicht entscheidend soll dabei sein, ob die tatsächliche Leistungserbringung innerhalb, nur zum Teil innerhalb oder vollständig außerhalb des libanesischen Territorialgebiets erfolgt. Es genüge die Ingangsetzung des Leistungsaustauschs.

d) Ermittlung des steuerpflichtigen Gewinns

Die Steuer der ersten Schedule nach dem libEStG wird auf den durch die Erwerbstätigkeit erzielten „Nettogewinn"[140] erhoben (Art. 6 libEStG). Nettogewinn wird dabei gesetzlich definiert als die Summe der von der Steuer der ersten Schedule nach dem libEStG erfassten Einnahmen eines Steuerpflichtigen nach Abzug derjenigen Aufwendungen, die die Ausübung einer indu-striellen, kommerziellen und nichtkommerziellen Tätigkeit erfordert (Art. 7 Abs. 1 libEStG). Erzielt also ein Steuerpflichtiger Einnahmen aus mehreren Erwerbstätigkeiten, die der Steuer der ersten Schedule nach dem libEStG unterliegen, so wird das Ergebnis aller Tätigkeiten zu einem Gesamtergebnis summiert. Insoweit findet eine horizontale Ergebnisverrechnung statt.

Entsprechend der Ausgestaltung als Jahressteuer stellt das Jahreseinkommen die Bemessungsgrundlage dar (Art. 14 libEStG). Das Steuerjahr entspricht im Grundsatz dem Kalenderjahr. Ein abweichendes Wirtschaftsjahr kann unter gesetzlich nicht definierten Voraussetzungen gewählt werden. Gefordert wird hierfür eine Genehmigung der zuständigen Finanzbehörde.[141] Dem Gesetzestext ist dies jedoch nicht zu entnehmen.

---

139 Vgl. *lib. Conseil d'état*, Beschluss Nr. 154 v. 11.03.1986, AZ: 8016/75; *ders.*, Beschluss Nr. 268 v. 21.06.1977; *Ṣāleḥ*, Grundlagen der libESt, Band I, S. 54; *Farḥāt*, Die Steuerrechtsordnung, S. 106; *Šīḥa*, Die libanesische Steuerrechtsordnung, S. 50 ff.; *Ṭarabiyeh*, Die Steuern vom Einkommen, S. 36.

140 Aus dem arabischen Wort „Al-rebeḥ l-ṣāfī" übersetzt; es kann auch als „Reinertrag" übersetzt werden.

141 Vgl. *Ṭarabiyeh*, Die Steuern vom Einkommen, S. 45.

(1) Gewinnermittlungsmethoden

Zur Ermittlung des steuerpflichtigen Nettogewinns kennt die erste Schedule nach dem libEStG drei Gewinnermittlungsmethoden:

- Ermittlung des realen Gewinns i.S.d. Art. 13 - 16 libEStG („*Realgewinnmethode*“);
- Ermittlung des pauschalierten Gewinns i.S.d. Art. 17 - 23 libEStG („*Gewinnpauschalierungsmethode*“);
- Ermittlung des geschätzten Gewinns i.S.d. Art. 25 - 27 libEStG („*Gewinnschätzungsmethode*“).

Die im Einzelfall maßgebliche Gewinnermittlungsmethode wird im Ansatz danach bestimmt, ob der Steuerpflichtige nach handelsrechtlichen Bestimmungen einer Buchführungspflicht unterliegt oder ob dies nicht der Fall ist.[142] Unterliegt der Steuerpflichtige der Buchführungspflicht, so hat er seinen Nettogewinn nach Maßgabe der Realgewinn- oder Gewinnpauschalierungsmethode zu ermitteln (Art. 10 Abs. 1 Satz 1 libEStG). Zur Abgrenzung zählt die Vorschrift des Art. 11 libEStG Tatbestände auf, deren Verwirklichung zwingend die Ermittlung des Nettogewinns nach Maßgabe der Realgewinnmethode zur Folge hat. Dazu gehören insbesondere Betriebe, die als Personen- und Kapitalgesellschaften organisiert sind (Art. 11 Nr. 1 libEStG) sowie Niederlassungen ausländischer Unternehmungen (Art. 11 Nr. 2 libEStG). Auch werden Einzelhandels- und Industriebetriebe mit mehr als vier Beschäftigten, Export- und Importbetriebe sowie Banken erfasst.

Alle übrigen Steuerpflichtigen, die vom Anwendungsbereich des Art. 11 libEStG nicht erfasst werden, ermitteln ihren Gewinn grundsätzlich nach der Gewinnpauschalierungs- oder Gewinnschätzungsmethode (Art. 12 Abs. 1, 1. Halbsatz libEStG). Hierbei kommt die Gewinnpauschalierungsmethode nur dann in Betracht, wenn eine Buchführungspflicht besteht oder wenn der Steuerpflichtige einer der in Art. 44 Abs. 1, 1. Halbsatz libEStG enumerativ aufgezählten Tätigkeiten nachgeht. Hierzu gehören insbesondere die Versicherungsbetriebe sowie Betriebe der Schiff- und Luftfahrt. Diese Methode ist ferner auch dann anzuwenden, wenn der Steuerpflichtige zwar keiner Buchführungspflicht unterliegt, aber eine freiberufliche Tätigkeit ausübt (Art. 10 Abs. 2 libEStG). Fehlt eine handelsrechtliche Pflicht zur Buchführung und wird keine freiberufliche Tätigkeit i.S.d. Art. 10 Abs. 2 libEStG ausgeübt, so wird der Gewinn im Wege der Schätzung nach der Gewinnschätzungsmethode ermittelt (Art. 10 Abs. 1 Satz 2 libEStG).

---

142 *Ṣāleḥ*, Grundlagen der libESt, Band I, S. 190.

Auf Antrag bei der zuständigen Steuerbehörde kann grundsätzlich jeder Steuerpflichtige zur Ermittlung des Nettogewinns nach der Realgewinnmethode optieren (Art. 12 Abs. 1, Halbsatz 1 libEStG).[143] Macht der Steuerpflichtige von seinem Wahlrecht Gebrauch und optiert er gemäß Art. 12 Abs. 1, Halbsatz 2 libEStG zur Gewinnermittlung nach der Realgewinnmethode, so hat er diese kontinuierlich fortzuführen (Art. 12 Abs. 2 libEStG). Die Rückkehr zur Ermittlung nach anderen Gewinnermittlungsmethoden ist für die folgenden Jahre ausgeschlossen. Dabei scheint noch nicht geklärt zu sein, für wie viele Folgejahre der Ausschluss gilt oder ob dieser definitiv wirkt. Der Wortlaut des Gesetzes ließe jedenfalls beide Auslegungsweisen zu.

Abbildung 10: Gewinnermittlungsmethoden bei der Besteuerung nach der ersten Schedule des libEStG

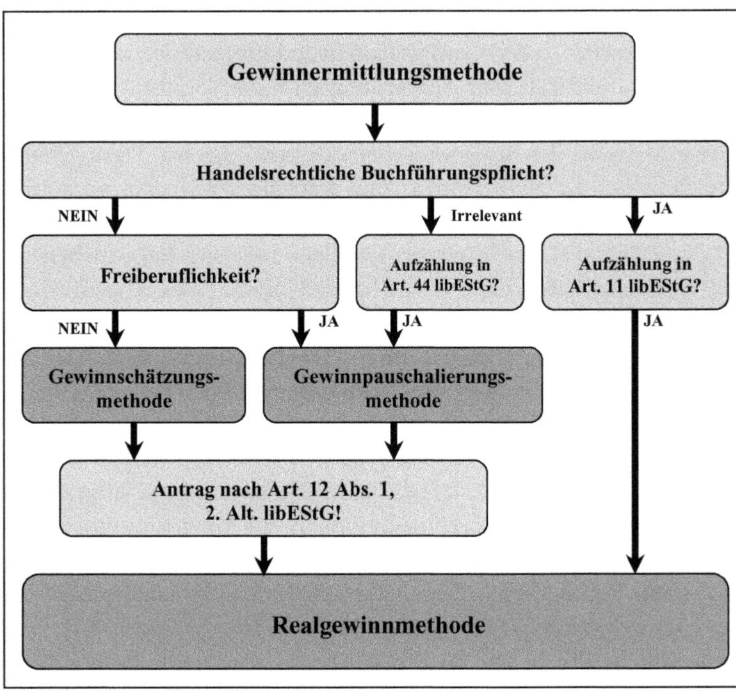

Quelle: Eigene Darstellung

143 Das gilt nicht für die gemäß Art. 44 Abs. 1, 1. Halbsatz libEStG zur Ermittlung des Gewinns nach der Gewinnpauschalierungsmethode Verpflichteten (Art. 44 Abs. 1, 2. Halbsatz libEStG).

(a) Realgewinnmethode

Bei der Realgewinnmethode ergibt sich der steuerpflichtige Nettogewinn i.S.d. Art. 6 und 7 Abs. 1 libEStG aus dem nach handelsrechtlichen Bestimmungen ermittelten Ergebnis, soweit die steuerlichen Vorschriften keine Abweichungen bestimmen (Art. 10 Abs. 1 und Art. 13 Abs. 1 libEStG). Ausgangspunkt der Gewinnermittlung ist daher das handelsrechtliche Jahresergebnis des Steuerpflichtigen (Art. 14 libEStG). Dieses wird gemäß Art. 3 Abs. 3 des Dekrets Nr. 4665 vom 26.12.1981 zur allgemeinen Gestaltung der Buchführung (AR: ʾat-taṣmīm l-muḥsabī lʿām: marsūm raqm 4665 tāriḫ 26.12.1981, التصميم المحاسبي العام: مرسوم إشتراعي تاريخ ١٩٨١/١٢/٢٦; im Folgenden: „*libAGB*") um die steuerlichen Abweichungen ergänzt und somit zum steuerlichen „Nettogewinn" modifiziert.[144] Verfahrenstechnisch ist eine Übergangsrechnung vom handelsrechtlichen zum steuerlichen Ergebnis nach amtlich vorgeschriebenem Vordruck einzureichen (Art. 23 Halbsatz 2 lib-AGB).

Das handelsrechtliche Ergebnis wird indes gemäß Art. 1 des Ministerialerlasses Nr. 673/1 vom 14.06.2001 i.V.m. der Verordnung Nr. 6285/1 vom 21.08.1996 grundsätzlich nach den internationalen Rechnungslegungsgrundsätzen des IFRS in der jeweils vom IASB aktuell veröffentlichten Fassung festgestellt. Es wird geprägt von den international anerkannten Prinzipien der Bilanzierung (Art. 3 Abs. 2 libAGB) und insbesondere vom Prinzip der periodengerechten Erfolgsabgrenzung.[145] Die Realgewinnmethode ist damit in etwa mit dem Betriebsvermögensvergleich nach §§ 4 und 5 EStG vergleichbar.

(b) *Gewinnpauschalierungsmethode*

Bei der Gewinnpauschalierungsmethode wird ein pauschalierter Nettogewinn ermittelt. Dieser ergibt sich aus einem branchenspezifisch errechneten Prozentsatz der Gesamtbruttoeinnahmen des Steuerpflichtigen. Der Prozentsatz soll dabei einen jährlichen Mittelwert des in der Branche typischerweise erzielten Nettogewinns widerspiegeln (Art. 23 Abs. 1 libEStG). Dieser wird von einem dem Finanzministerium unterstellten Ausschuss festgesetzt, dem der Direktor der Generaldirektion für öffentliche Finanzen vorsitzt (Art. 21 und 22 libEStG) und gilt bis auf Widerruf durch den Finanzminister (Art. 23 Abs. 3). Insofern wird unabhängig von der tatsächlichen Situation der Unternehmung fingiert,

---

144 Vgl. *Ṣāleḥ*, Bilanzsteuerrecht, S. 233 ff; *Ṭarabiyeh*, Die Steuern vom Einkommen, S. 115 f. und 204.

145 Vgl. zu den Prinzipien der Bilanzierung *Ṣāleḥ*, Grundlagen der libESt, Band I, S. 233 ff.

dass der Steuerpflichtige durch die Ausübung seiner Tätigkeit jährlich einen bestimmten Nettogewinn erwirtschaftet.

Ausgangspunkt der Gewinnermittlung mittels der Gewinnpauschalierungsmethode ist die Summe der Bruttoeinnahmen des Steuerpflichtigen. Für Zwecke der Errechnung dieser Einnahmen unterliegen Steuerpflichtige, die nicht nach handelsrechtlichen Regelungen zur Buchführung verpflichtet sind (z.B. Freiberufler), einer originär steuerlichen Buchführungspflicht (Art. 20 Abs. 1 libEStG). Hier sind die Anforderungen jedoch deutlich geringer als dies bei den handelsrechtlichen Regelungen der Fall ist. Der Steuerpflichtige hat ausschließlich die Einnahmen nach dem Zuflussprinzip zu erfassen (Art. 18 Abs. 1 und Art. 20 Abs. 1 libEStG).

(c) *Gewinnschätzungsmethode*

Bei der Gewinnschätzungsmethode wird der steuerpflichtige Nettogewinn i.S.d. Art. 6 und 7 Abs. 1 libEStG durch Schätzung ermittelt (Art. 24 libEStG). Die Schätzung wird dabei unter Zuhilfenahme der individuellen Lebensverhältnisse für jeden Steuerpflichtigen ermittelt (Art. 26 Abs. 1 libEStG) und gilt für drei Jahre (Art. 27 Abs. 1 libEStG). Erzielt der Steuerpflichtige einen Umsatz von mehr als LBP 250 Mio. (~ EUR 151.000), so wird der Gewinn nicht mehr geschätzt.

(2) Steuerliche Berücksichtigung von Aufwendungen im Rahmen der Realgewinnmethode

(a) *Betriebsausgaben*

Aufwendungen, die die Ausübung einer industriellen, kommerziellen und nichtkommerziellen Tätigkeit erfordert, sind von der Bemessungsgrundlage der Steuer der ersten Schedule nach dem libEStG abzuziehen (Art. 7 Abs. 1 libEStG). Sie mindern als Betriebsausgaben den Nettogewinn des Steuerpflichtigen.

Die steuerwirksame Abzugsfähigkeit von Aufwendungen setzt gemäß Art. 7 Abs. 1 libEStG voraus, dass die getätigten Aufwendungen erforderlich bzw. notwendig sind. Gesetzlich bleibt aber offen, nach welchem Maßstab sich die Erforderlichkeit beurteilt. De facto wird hiermit der Steuerverwaltung ein weiter Beurteilungsspielraum eingeräumt. Soweit diese Frage in der Literatur und Rechtsprechung behandelt wird, rückt die Üblichkeit im Handelsverkehr – und dort insbesondere der Handelsbrauch – in das Zentrum der Ausführungen.[146] Nur so könne die „Natur der Aufwendungen“ und die „Tragweite ihrer Verbindung zur

146 Vgl. *lib. Conseil d'état*, Beschluss Nr. 117 v. 26.04.1977; *Farḥāt*, Die Steuerrechtsordnung, 168 f.

steuerpflichtigen Tätigkeit" bestimmt werden. Ob damit aber durch die Erforderlichkeit zugleich auch eine Zweckmäßigkeit der Aufwendungen angeordnet wird, bleibt unklar. Es wird letztlich darauf abzustellen sein, ob ein vernünftiger, gewissenhafter und wirtschaftlich denkender Unternehmer die Aufwendungen tätigen würde.

Die Vorschrift des Art. 7 Abs. 2 libEStG zählt überdies beispielhaft abzugsfähige Ausgaben auf. Hierzu gehören insbesondere:

- Herstellungs- oder Anschaffungskosten von Waren und Gütern;
- Zinsaufwendungen, die einem Dritten gewährt werden;
- Löhne und Gehälter sowie Tantiemen und Prämien;
- Versicherungsaufwendungen;
- Abschreibungen auf abnutzbare Wirtschaftsgüter des Anlagevermögens;
- Steuern und Gebühren (mit Ausnahme von libEStG-Steuern);
- Werbeaufwendungen.

Die Vorschrift des Art. 7 Abs. 3 libEStG ordnet an, dass die dort enumerativ aufgezählten Betriebsausgaben den Gewinn des Steuerpflichtigen nicht mindern dürfen. Hierzu gehören insbesondere:

- Zinsaufwendungen auf das Stammkapital;
- Ausländische Einkommensteuern;
- Auslandsverluste;
- Nicht nachgewiesene ausländische Aufwendungen des Stammhauses;
- Persönliche Aufwendungen des Steuerpflichtigen, insbesondere Vergütungen, die der Unternehmer oder Gesellschafter für die Geschäftsführung des Betriebs oder für seine sonstigen persönlichen Ausgaben erhält;[147]
- Aufwandsentschädigungen an Arbeitnehmer, die 10% des Arbeitslohnes übersteigen;
- Geldbußen und Geldstrafen.

Soweit durch die Vorschrift des Art. 7 Abs. 3 libEStG ein steuerlicher Abzug von Auslandsverlusten untersagt wird, ist dieses Abzugsverbot als das Resultat einer folgerichtigen Umsetzung des im Libanon geltenden territorialen Besteuerungskonzepts zu werten. Denn wegen der Anwendung des Territorialitätsprinzips bleiben schon die Auslandsgewinne im Libanon steuerlich unberücksichtigt, sodass es nur konsequent ist, dass im Gegenzug die Auslandsverluste ebenso wenig steuerlich erfasst werden. Soweit dieselbe Vorschrift aber ein Abzugsverbot

147 Vgl. hierzu auch Kapitel 3.C.II.3. b) (2), S. 109.

für Gesellschaftergeschäftsführervergütungen sowie für Refinanzierungskosten von betrieblichem Stammkapital statuiert, wird dies wohl aus der im Libanon regelmäßig beabsichtigten Gleichbehandlung der unterschiedlichen Unternehmensformen resultieren.

(b) *Abschreibungen auf abnutzbare Wirtschaftsgüter*

(aa) *Materielle Wirtschaftsgüter des Anlagevermögens*

Wertminderungen, die durch die Abnutzung von materiellen Wirtschaftsgütern des Anlagevermögens eintreten, verringern als Betriebsausgaben den steuerpflichtigen Nettogewinn (Art. 7 Abs. 2 Nr. 7 Satz 1 libEStG). Abschreibungsfähig sind dabei alle materiellen Wirtschaftsgüter des Anlagevermögens, die dem Wertverzehr unterliegen,[148] sodass dem Grunde nach die steuerliche und handelsrechtliche Situation einander entsprechen.

Der Höhe nach wird demgegenüber nicht auf die handelsbilanziell ermittelten Abschreibungsbeträge zurückgegriffen. Stattdessen werden spezielle Steuervorschriften bereitgestellt: Das libanesische Steuerrecht ermöglicht die Absetzung für Abnutzung (AfA) ausschließlich in gleichmäßigen Jahresbeträgen (lineare Abschreibung; Art. 7 Abs. 2 Nr. 7 Satz 3 libEStG). Bemessungsgrundlage sind dabei nach dem ausdrücklichen Wortlaut der Vorschrift des Art. 7 Abs. 2 Nr. 7 Satz 1 libEStG die Anschaffungskosten. Hierunter wird neben dem Anschaffungswert auch der Herstellungswert subsumiert.[149]

Der abzuschreibende Jahresbetrag bemisst sich in Abhängigkeit von der Art des abzuschreibenden Wirtschaftsguts nach einem typisierten Abschreibungssatz. Die Abschreibungssätze sind nicht gesetzlich vorgeschrieben. Vielmehr wird der Finanzminister ermächtigt, auf Vorschlag des Direktors der Generaldirektion für öffentliche Finanzen Höchst- und Mindestabschreibungssätze festzulegen (Art. 7 Abs. 2 Nr. 7 Satz 2, Halbsatz 1 libEStG). Innerhalb der festgelegten Spannweite kann der Steuerpflichtige einen individuellen Abschreibungssatz wählen, wobei der Höchstabschreibungssatz nicht über-, der Mindestabschreibungssatz nicht unterschritten werden darf. Voraussetzung ist, dass er den gewählten Abschreibungssatz der zuständigen Finanzbehörde mitteilt. Tut er dies nicht, wird fingiert, dass er den Mindestabschreibungssatz gewählt hat (Art. 7 Abs. 2 Nr. 7 Satz 2, Halbsatz 2 libEStG). Ein einmal gewählter Abschreibungssatz ist zwingend bis zur vollen Absetzung fortzuführen (Art. 7 Abs. 2 Nr. 7 Satz 3 libEStG).

---

148 Vgl. *Ṣāleḥ*, Grundlagen der libESt, Band I, S. 435 ff.

149 Vgl. *Šīḥa*, Die libanesische Steuerrechtsordnung, S. 156.

(bb) *Immaterielle Wirtschaftsgüter des Anlagevermögens*

Für entgeltlich erworbene immaterielle Wirtschaftsgüter des Anlagevermögens besteht kein steuerliches Aktivierungsverbot, sodass es gemäß den Grundsätzen internationaler Rechnungslegung nach IFRS in Verbindung mit den libanesischen Bilanzierungsregelungen beim Aktivierungsgebot mit den jeweiligen Anschaffungskosten verbleibt. An diesen immateriellen Wirtschaftsgütern durch Abnutzung entstandene Wertminderungen sollen den steuerpflichtigen Nettogewinn dem Grundsatz nach nicht aufwandswirksam mindern können (Art. 7 Abs. 2 Nr. 7 Satz 4, 1. Halbsatz libEStG). In Ausnahme zu diesem Grundsatz gestattet das libanesische Steuerrecht die Absetzung für Abnutzung bei erworbenen immateriellen Wirtschaftsgütern, die bei Ablauf einer bestimmten Frist „aufzugeben" sind (Art. 7 Abs. 2 Nr. 7 Satz 4, 2. Halbsatz libEStG). Hierunter werden immaterielle Wirtschaftsgüter verstanden, die dem Wertverzehr unterliegen, weil ihre Nutzbarkeit zeitlich befristet ist, wie beispielsweise entgeltlich erworbene, befristete Nutzungsrechte, Patente und Lizenzen.[150] Soweit diese „Ausnahmeregelung" eingreift, werden Wertminderungen pro rata temporis durch gleich bleibende Jahresbeiträge (linear) steuermindernd erfasst.

Aus libanesischer Sicht unterliegt der entgeltlich erworbene Firmen- und Geschäftswert eines Betriebes (derivativer Geschäftswert) nicht dem Wertverzehr i.S.d. Art. 7 Abs. 2 Nr. 7 Satz 4, 2. Halbsatz libEStG, sondern ausschließlich marktüblichen Schwankungen. Deshalb wird dieser nicht von der vorstehend erörterten Ausnahmeregelung erfasst, sodass Wertminderungen gemäß dem Grundsatz des Art. 7 Abs. 2 Nr. 7 Satz 4, 1. Halbsatz libEStG nicht abschreibungsfähig sind.[151] Sie dürfen daher den steuerpflichtigen Nettogewinn nicht mindern.

Ungeachtet dieses derivativen Firmen- und Geschäftswerts ist kein Fall ersichtlich, indem die Grundsatzregelung des Art. 7 Abs. 2 Nr. 7 Satz 4, 1. Halbsatz libEStG zur Anwendung kommt, sind doch typischerweise nur abnutzbare, also dem Wertverzehr unterliegende Wirtschaftsgüter abschreibungsfähig. Nimmt man mit der libanesischen Literatur an, der Geschäftswert unterliege nicht dem Wertverzehr, so kommt hier eine Abschreibung von vornherein nicht in Frage. Daher erschließt sich der Sinn und Zweck dieser misslungenen Regelungssystematik der Vorschrift des Art. 7 Abs. 2 Nr. 7 Satz 4 libEStG nicht.

Für selbst geschaffene, immaterielle Wirtschaftsgüter besteht im Libanon kein steuerliches oder bilanzielles Aktivierungsgebot. Forschungs- und

---

150 Vgl. *Šīḥa*, Die libanesische Steuerrechtsordnung, S. 164; *Ṣāleḥ*, Grundlagen der libESt, Band I, S. 534.

151 Vgl. *Ṣāleḥ*, Grundlagen der libESt, Band I, S. 534; *Ṣāleḥ*, Bilanzsteuerrecht, S. 182.

Entwicklungskosten sind daher im Jahr Ihrer Entstehung aufwandswirksam zu erfassen.[152] Beim selbst geschaffenen und damit originären Firmen- und Geschäftswert entsteht bekanntlich kein erfassungsfähiger Aufwand, sodass mangels Aktivierung eine Absetzung für die Abnutzung untersagt bleibt.

(c) *Steuerliche Berücksichtigung von Verlusten*

Verluste aus einer nach der ersten Schedule des libEStG steuerpflichtigen Tätigkeit können im gleichen Veranlagungszeitraum mit Gewinnen aus anderen Tätigkeiten verrechnet werden, die ebenfalls dieser Schedulensteuer unterliegen. Das ergibt sich schon aus dem Umstand, dass nach der Vorschrift des Art. 7 Abs. 1 libEStG die Summe der Gesamteinnahmen den steuerpflichtigen Nettogewinn bildet. Verbleibt insgesamt ein Verlust, so kann dieser steuerlich bis zu drei Jahre vorgetragen werden (Art. 16 Abs. 1 Satz 1 libEStG). Nach Ablauf des dritten Veranlagungszeitraums entfällt eine steuerliche Berücksichtigung endgültig (Art. 16 Abs. 1 Satz 2 libEStG). Es handelt sich sodann um finale Verluste. Im Übrigen kennt das libanesische Steuerrecht keinen Verlustrücktrag. Insgesamt erscheint der dreijährige Verlustvortrag bei fehlendem Verlustrücktrag kurz bemessen.

(3) Steuerliche Berücksichtigung persönlicher Umstände

Steuerpflichtigen, die natürliche Personen sind und ihren steuerpflichtigen Gewinn nach der Realgewinn- oder Gewinnpauschalierungsmethode ermitteln, gewährt der Libanon einen Grundfreibetrag i.H.v. LBP 7.500.000 (~ EUR 4.500; Art. 31 Abs. 1 Satz 1 libEStG). Der Grundfreibetrag erhöht sich um LBP 2.500.000 (~ EUR 1.500), wenn der Steuerpflichtige verheiratet ist und der Ehepartner keine eigenen Einkünfte erzielt (Art. 31 Abs. 1 Satz 2, Halbsatz 1 libEStG). Erzielt die „Ehefrau" eigene Einkünfte, erhalten beide Ehepartner jeweils einen Grundfreibetrag i.H.v. LBP 7.500.000 (~ EUR 4.500; Art. 31 Abs. 2 libEStG). Für eheliche Kinder gewährt der Libanon einen Kinderfreibetrag i.H.v. LBP 500.000 (~ EUR 300; Art. 31 Abs. 1 Satz 2 Halbsatz 2 libEStG).

e) Steuertarif

Die Steuer der ersten Schedule hält keinen einheitlichen Steuertarif für sämtliche Einkünfte aller Personen bereit. Sie ist doppelgesichtig. Natürliche Personen unterliegen einem progressiven Grundtarif. Der Eingangssteuersatz beträgt 4% und kann bis zu einer Höchstgrenze von 21% ansteigen (Art. 32 Abs. 1 libEStG). Für Kapitalgesellschaften ist der Steuersatz demgegenüber proportional ausgestaltet

152 Vgl. *Ṣāleḥ*, Grundlagen der libESt, Band I, S. 535; *Ṣāleḥ*, Bilanzsteuerrecht, S. 182.

und beträgt 15% (Art. 32 Abs. 2 libEStG). Bei Personengesellschaften entscheidet die Rechtsform des Gesellschafters über die Einschlägigkeit des Steuertarifs.

Abbildung 11: Überblick zum Steuertarif bei einer Tätigkeit i.S.d. Steuer nach der ersten Schedule des libEStG

Steuerpflichtiger Gewinn	Natürliche Personen	Kapitalgesellschaften
bis einschließlich LBP 9.000.000 (~ EUR 5400)	4%	
bis einschließlich LBP 24.000.000 (~ EUR 14.400)	7%	
bis einschließlich LBP 54.000.000 (~ EUR 32.500)	12%	15%
bis einschließlich LBP 104.000.000 (~ EUR 62.500)	16%	
über LBP 104.000.000 (~ EUR 62.500)	21%	

Quelle: Eigene Darstellung

f) Besteuerung in besonderen Fällen

(1) Fiktion einer Gewinnrealisierung in besonderen Fällen

Steuerpflichtige, die ihren Gewinn nach der Realgewinnmethode ermitteln, sind für steuerliche Zwecke gemäß Art. 45 Abs. 1 libEStG verpflichtet, die Wertansätze für Wirtschaftsgüter des Anlagevermögens im Fünf-Jahres-Rhythmus neu zu bestimmen („*Neubewertung*"). Ergibt diese Neubewertung im Vergleich zum Buchwert eine Werterhöhung, so hat der Steuerpflichtige den Unterschiedsbetrag (stille Reserven) aufzudecken und mit einem gesonderten Steuersatz in Höhe von 10% zu versteuern (Art. 45 Abs. 2 Satz 1 und 3 libEStG). Dadurch wird eine Realisierung der stillen Reserven im Fünf-Jahres-Rhythmus gesetzlich fingiert.

(a) *Tatbestand*

Von der Vorschrift des Art. 45 libEStG werden alle Wirtschaftsgüter des Anlagevermögens erfasst, unabhängig davon, ob sie materieller oder immaterieller Natur sind. Das gilt selbst für (noch) nicht aktivierte immaterielle Wirtschaftsgüter des Anlagevermögens.[153] Irrelevant ist ferner der Anschaffungszeitpunkt des Wirtschaftsgutes. Der Neubewertung unterliegen demnach auch Wirtschaftsgüter,

153 Vgl. *Ṣāleḥ*, Grundlagen der libESt, Band I, S. 453.

deren Anschaffung keine fünf Jahre zurückliegt.[154] Für die Berechnung der Fünf-Jahres-Frist ist insoweit der Gründungszeitpunkt des Unternehmens oder die letzte Neubewertung der Wirtschaftsgüter i.S.d. Art. 45 libEStG entscheidend.

Ein Bewertungsmaßstab wird gesetzlich indes nicht festgelegt. Es wird in Art. 45 Abs. 1 Satz 1 libEStG lediglich auf die handelsrechtlichen Vorschriften zur Ermittlung des Werts von Sachleistungen verwiesen, die von den Gesellschaftern einer Kapitalgesellschaft erbracht werden. Insoweit kommt allein Art. 86 libHGB in Betracht, der aber lediglich anordnet, dass die Wertermittlung ausschließlich durch einen vom Gericht bestellten Gutachter (in der Regel Wirtschaftsprüfer) zu erfolgen hat.[155] Einen konkreten Bewertungsmaßstab nennt auch diese Vorschrift nicht. In der libanesischen Literatur wird deshalb überwiegend, aber ohne entsprechende Begründung, der Marktwert als Bewertungsmaßstab favorisiert und empfohlen.[156] Fakt ist jedenfalls, dass dem Steuerpflichtigen durch die fehlende Regelung weite Bewertungsspielräume eröffnet werden.[157] Er kann durch eine entsprechende Bewertung den steuerpflichtigen Neubewertungsgewinn maßgeblich beeinflussen.

(b) *Gewinnermittlung*

Als steuerpflichtigen Neubewertungsgewinn gelten die Werterhöhungen, die sich aus der Differenz zwischen dem Buchwert und dem Wert der Neubewertung i.S.d. Art. 45 Abs. 1 Satz 1 libEStG ergibt (Art. 45 Abs. 2 Satz 1 libEStG). Ob die bei den einzelnen Wirtschaftsgütern realisierten Neubewertungsgewinne und -verluste zu einer einheitlichen gesonderten Bemessungsgrundlage summiert werden, bleibt gesetzlich ungeklärt. Hiervon hängt aber letztlich die Beantwortung der Frage ab, ob eventuelle Wertminderungen einzelner Wirtschaftsgüter mit Werterhöhungen anderer Wirtschaftsgüter verrechnet werden und somit die Verluste steuerlich berücksichtigt werden können (Verlustverrechnung). Denn für den Fall, in dem die Neubewertung eine Wertminderung des Wirtschaftsguts ergibt (Verlustfall), hält die Vorschrift des Art. 45 libEStG keine Regelung bereit. Zu diesem Themenkomplex hat weder die libanesische Rechtsprechung noch die libanesische Finanzverwaltung bis dato Stellung bezogen. Dem Vernehmen

154 Vgl. *libFinMin*, Memorandum Nr. 315 vom 11.11.1995, nachzulesen bei *Ṣāleḥ*, Grundlagen der libESt, Band I, S. 454.

155 Vgl. *Ṣāleḥ*, Grundlagen der libESt, Band I, S. 455.

156 Vgl. *Ṣāleḥ*, Grundlagen der libESt, Band I, S. 455; *Ṭarabiyeh*, Die Steuern vom Einkommen, S. 260.

157 Vgl. *Ṣāleḥ*, Grundlagen der libESt, Band I, S. 455; *Ṭarabiyeh*, Die Steuern vom Einkommen, S. 260.

nach soll die Finanzverwaltung aber gewillt sein, Wertminderungen und Werterhöhungen zu summieren.

Ṣāleḥ[158] will wegen fehlender Vorschriften zur Behandlung von Wertminderungen den Anwendungsbereich der Vorschrift des Art. 45 Abs. 1 libEStG nur dann eröffnet wissen, wenn hieraus eine Werterhöhung resultiert. Die Neubewertung nach Art. 45 Abs. 1 Satz 1 libEStG verfolge allein den Zweck, die Werterhöhung herauszuarbeiten. Liege keine Werterhöhung vor, also kein Neubewertungsgewinn i.S.d. Art. 45 Abs. 2 Satz 1 libEStG, so bleibe der Wertansatz des betroffenen Wirtschaftsguts steuerlich unberührt. Dadurch entstehe ein Verlust erst überhaupt nicht. Dieser Sichtweise ist jedoch entgegenzuhalten, dass sich sowohl Werterhöhungen als auch -minderungen erst aus der Anwendung des Art. 45 Abs. 1 libEStG herauskristallisieren können. Sie sind das Resultat einer Neubewertung und somit der Anwendung des Art. 45 Abs. 1 Satz 1 libEStG. Wird auf Basis des Art. 45 Abs. 1 Satz 1 libEStG eine Wertminderung ermittelt, kann anschließend die Anwendbarkeit selbiger Vorschrift nicht in Frage gestellt werden. Daher überzeugt diese Ansicht nicht.

Tarabiyeh[159] will demgegenüber eine Verrechnung zulassen, weil die gesonderte Bemessungsgrundlage des Art. 45 libEStG einheitlich zu ermitteln sei. Daher seien Verluste aus Wertminderungen von Wirtschaftsgütern des Anlagevermögens für steuerliche Zwecke mit Werterhöhungen zu verrechnen, die im selben Veranlagungszeitraum anfallen. Verluste könnten aber nicht gemäß Art. 16 libEStG vorgetragen werden, da die Besteuerung nach Art. 45 libEStG eigenständig zu betrachten sei und die Vorschrift des Art. 16 libEStG ihren Anwendungsbereich nicht ausdrücklich hierauf erweitere.

Die letztgenannte Ansicht lässt sich durchaus überzeugend aus dem Wortlaut des Art. 45 Abs. 2 Satz 1 libEStG ableiten. Die Vorschrift fingiert, dass „ein" (Singular!) Neubewertungsgewinn vorliegt, wenn *die* Wertansätze *der* Wirtschaftsgüter des Anlagevermögens (Plural!) nach der Neubewertung höher als ihre Anschaffungswerte sind. Wenn aus vielen Wertansätzen ein Neubewertungsgewinn resultiert, so kann davon ausgegangen werden, dass diese summiert werden. Die letzte Sichtweise ist daher vorzuziehen.

(c) *Verrechnung mit operativem Ergebnis*

Eine andere Frage ist, ob das Ergebnis der Neubewertung i.S.d. Art. 45 Abs. 1 Satz 1 libEStG mit dem Ergebnis verrechnet werden kann, das aus der

158 Grundlagen der libESt, Band I, S. 454.
159 Die Steuern vom Einkommen, S. 258.

unternehmerischen Tätigkeit (operatives Ergebnis) und gerade nicht aus der Neubewertung von Wirtschaftsgütern des Anlagevermögens i.S.d. Art. 45 Abs. 1 Satz 1 libEStG resultiert. Gemäß Art. 45 Abs. 2 Satz 2 Nr. 2 libEStG wird die Besteuerung des Neubewertungsgewinns ausgeschlossen, soweit damit ein operativer Verlust ausgeglichen wird. Voraussetzung ist, dass der Verlust im vergangenen Jahresabschluss ausgewiesen war.[160] Die Verrechnung mit laufenden Verlusten im betroffenen sowie in künftigen Veranlagungszeiträumen bleibt daher versagt. Ein Neubewertungsgewinn kann ferner nicht mit dem operativen Gewinn verrechnet werden, da diese unterschiedlichen Steuertarifen unterliegen.

Ergibt die Neubewertung demgegenüber insgesamt einen Neubewertungsverlust, so ist fraglich, ob dieser mit dem operativen Ergebnis der Unternehmung verrechnet werden kann. Eine ausdrückliche Regelung enthält die Vorschrift der ersten Schedule nicht. Folgt man der vorgenannten Ansicht von *Ṣāleḥ*, wonach bei der Neubewertung ausschließlich ein Gewinn, aber kein Verlust erzielt werden kann, so wird schon die Entstehung eines Neubewertungsverlustes vermieden. Folgt man demgegenüber der vorliegend bevorzugten Gegenansicht, so bleibt die Frage klärungsbedürftig. *Tarabiyeh*[161] will danach differenzieren, ob die entstandenen Neubewertungsverluste aus abnutzbaren Wirtschaftsgütern des Anlagevermögens resultieren oder ob dies nicht der Fall ist. Gestützt wird dies durch die Betriebsausgabenregelung des Art. 7 Abs. 2 Nr. 7 libEStG, wonach u.a. Abschreibungen auf abnutzbare Wirtschaftsgüter des Anlagevermögens unbeschränkt abziehbare Betriebsausgaben darstellen. Der Gesetzgeber habe sich insoweit ausschließlich auf die Abzugsfähigkeit von Aufwendungen aus abnutzbaren Wirtschaftsgütern des Anlagevermögens festgelegt. Dieser Sichtweise widerspricht aber die ausdrückliche Regelung des Art. 7 Abs. 2 libEStG, wonach die nachfolgende Aufzählung nur beispielhaften Charakter hat, was durch den Begriff „insbesondere“ ausgedrückt wird. Entscheidend ist nach Art. 7 Abs. 1 libEStG vielmehr, ob die Aufwendungen erforderlich waren. Ein sonstiger Anlass für die postulierte Differenzierung ist nicht ersichtlich. Ein Neubewertungsverlust ist deshalb zur Verrechnung mit operativen Gewinnen ohne diese Differenzierung zuzulassen.

Abbildung 12: Erfolgsverrechnung bei Neubewertung

Verrechnung	Operativer Gewinn	Operativer Verlust
Neubewertungsgewinn	Nein, gesonderter Steuertarif i.H.v. 10%	Ja, Art. 45 Abs. 2 Satz 2 Nr. 2 libEStG
Neubewertungsverlust	Strittig	Strittig

160 So *Ṣāleḥ*, Grundlagen der libESt, Band I, S. 465.

161 Die Steuern vom Einkommen, S. 256 f.

Kommt eine Verrechnung zwischen dem Neubewertungsergebnis und dem Ergebnis aus der operativen Betätigung in Frage, so sollte die steuerpflichtige Unternehmung vorab prüfen, ob diese Ergebnisverrechnung mit Blick auf das unterschiedliche Steuerniveau erstrebenswert ist. In der Regel wird eine Verrechnung des niedrigbesteuerten Neubewertungsgewinns mit operativen Verlusten einen tariflichen Belastungsnachteil auslösen, wenn dadurch eine Verlustverrechnung mit dem höherbesteuerten operativen Gewinn vermieden wird. Umgekehrt entstünde ein tariflicher Vorteil, wenn hochbesteuerte operative Gewinne mit Neubewertungsverlusten verrechnet werden. Ob die Ergebnisverrechnung einen Belastungsvor- oder -nachteil auslöst, hängt letztlich von der konkreten Sachverhaltskonstellation im Einzelfall ab, was verdeutlicht werden soll durch folgendes **Beispiel**:

Die natürliche Person A erzielt aus der operativen Tätigkeit in 01 einen Verlust in Höhe 100 Einheiten. Im Jahr 02 erzielt A ein operatives Ergebnis i.H.v. 0 Einheiten, aber infolge der verpflichtenden Aufdeckung von stillen Reserven einen Neubewertungsgewinn i.H.v. 100 Einheiten. Für das folgende Jahr 03 erwartet A einen operativen Gewinn in Höhe von 100 Einheiten. A würde damit dem Höchststeuersatz von 24% unterliegen.

Betrachtet man den Veranlagungszeitraum 02 isoliert, so kann A durch die Verrechnung des im Veranlagungsjahr 01 operativ erzielten Verlustes mit dem im Veranlagungsjahr 02 erzielten Neubewertungsgewinn ein Gesamtergebnis von 0 Einheiten für das Veranlagungsjahr 02 ausweisen. Im Veranlagungszeitraum 03 hat A dann den operativen Gewinn von 100 mit 24% zu versteuern. Insgesamt betrachtet zahlt A 24 Einheiten als Einkommensteuern.

Verzichtet A demgegenüber im Veranlagungsjahr 02 auf eine Ergebnisverrechnung, so hat A den Neubewertungsgewinn i.H.v. 100 mit dem gesonderten Steuertarif i.H.v. 10% zu versteuern (Art. 45 Abs. 2 Satz 1 und 3 libEStG). Der im Jahr 01 operativ erzielte Verlust kann gemäß Art. 16 Abs. 1 libEStG in das Veranlagungsjahr 02 vorgetragen werden und mit dem operativen Nettogewinn verrechnet werden, der einem Steuersatz von 24% unterlägen hätte, sodass A in diesem Falle insgesamt 10 Einheiten als Einkommensteuern zahlt. Im Vergleich zeigt sich also, dass eine Ergebnisverrechnung in der vorliegenden Sachverhaltskonstellation für den Steuerpflichtigen nachteilig wirkt. Der Steuerpflichtige wird deshalb die Ergebnisverrechnung nicht vornehmen.

Einer anderen Beurteilung hätte es hier aber beispielsweise bedurft, wenn der operative Verlust des A wegen Verstreichens der Drei-Jahres-Frist i.S.d. Art. 16

Abs. 1 libEStG nicht mehr bis zum Veranlagungszeitraum 03 vortragsfähig gewesen wäre. Die Verrechnung mit dem Neubewertungsgewinn wäre dann noch die einzige Möglichkeit gewesen, den Wegfall der Verlustnutzungsmöglichkeit zu verhindern.

(2) Besteuerung des Veräußerungsgewinns

Veräußert der Steuerpflichtige Wirtschaftsgüter des Anlagevermögens, so wird der erzielte Veräußerungsgewinn ähnlich wie der Neubewertungsgewinn mit einem gesonderten Steuersatz in Höhe von 10% versteuert (Art. 45 Abs. 3, Satz 1, 1. Halbsatz libEStG), weil die steuerlichen Reserven zusammengeballt aufgedeckt werden. In bestimmten Fällen der Reinvestition innerhalb von zwei Jahren verzichtet der Libanon auf die Besteuerung dieses Veräußerungsgewinns (Art. 45 Abs. 3, Satz 1, 2. Halbsatz libEStG). Für die Ergebnisverrechnung gelten weitestgehend die oben zum Neubewertungsgewinn dargelegten Grundsätze (vgl. Art. 45 Abs. 3 Satz 3 libEStG).[162]

4. *Die Steuer der zweiten Schedule*

Die zweite Schedule, der die Vorschriften der Artikel 46 bis 68 libEStG umfasst, regelt die Besteuerung der Lohn-, Gehalts- und Renteneinkünfte. Hierunter fallen vor allem Einkünfte aus nichtselbständiger Tätigkeit, Renteneinkünfte, Entschädigungen sowie wiederkehrende Bezüge. Persönlich steuerpflichtig ist die vergütungsberechtigte Person (Art. 46 libEStG).

Ebenso wie bei der Steuer der ersten Schedule knüpft die Steuer der zweiten Schedule an die inländische Realisierung an (Art. 46 libEStG). Hierbei gelten die Einnahmen aus öffentlichen Kassen sowie die Einnahmen eines im Libanon ansässigen Steuerpflichtigen als stets im Libanon realisiert. Für die restlichen Einnahmen ist erforderlich, dass die Leistungen im Libanon erbracht wurden (Territorialitätsprinzip).

Bemessungsgrundlage der Steuer der zweiten Schedule ist das Nettoeinkommen aus den erfassten Einkunftsquellen (Art. 56 i.V.m. Art. 48 libEStG). Das Nettoeinkommen wird ermittelt, indem neben den Erwerbsaufwendungen die in Art. 50 libEStG aufgezählten Aufwendungen abgezogen werden. Als abzugsfähige Aufwendungen gelten insbesondere die Aufwendungen für die Altersversorgung. Anders als in Deutschland existiert im Libanon kein generelles Saldierungsverbot.[163] Persönliche Aufwendungen, die dem Steuerpflichtigen erwachsen, werden

162 Vgl. *Ṣāleḥ*, Grundlagen der libESt, Band I, S. 650 ff.

163 Vgl. zur deutschen Rechtslage *Jakob*, Einkommensteuer, § 3 Rn. 322.

nur dann berücksichtigt, wenn dieser keine Einkünfte im Sinne der ersten Schedule erzielt hat (Art. 57 libEStG).

Ähnlich wie in Deutschland unterliegen die Lohneinkünfte im Sinne der zweiten Schedule einem Abzugsverfahren: Die Einkommensteuer ist durch den Arbeitgeber einzubehalten und an den Fiskus abzuführen (Art. 63 libEStG). Ist der Arbeitgeber ein nichtansässiger Ausländer, so gehen seine Pflichten auf den im Libanon ansässigen Arbeitnehmer über (Art. 68 libEStG).

5. *Die Steuer der dritten Schedule*

a) *Allgemeine Charakterisierung*

Die dritte Schedule des libEStG, der die Vorschriften des Art. 68a bis 91 libEStG umfasst, regelt die Besteuerung der „Erträge des beweglichen Kapitalvermögens"[164]. Erfasst werden hiervon vor allem Einnahmen aus Kapitalgesellschaftsbeteiligungen (z.B. Dividenden, Genussrechte, Ausbeuten) sowie Zinseinnahmen. Diese Steuerart entspricht in ihren wesentlichen Zügen den Einkünften aus Kapitalvermögen i.S.d. § 20 EStG.

Die steuerpflichtigen Kapitalerträge unterliegen dem Steuerabzug an der Quelle. Die Zahlstelle wird verpflichtet, die Steuer einzubehalten und an das Finanzamt abzuführen (Art. 77 Abs. 2 libEStG). Eine Veranlagung sieht das libanesische Steuerrecht nicht vor. Der Steuerabzug hat damit abgeltende Wirkung. Demnach ist eine weitgehende Parallelität zur deutschen Kapitalertragsteuer i.S.d. §§ 43 ff. EStG festzustellen.

Die Steuer der dritten Schedule nach dem libEStG ist keine Jahressteuer.[165] Sie entsteht in dem Monat, der auf den Monat folgt, in dem das Bezugsrecht entstanden ist (Art. 74 libEStG).

b) *Anknüpfungsmomente, Umfang der Besteuerung und das Steuersubjekt*

Die Vorschrift des Art. 69 Abs. 1 libEStG ordnet an, dass die Erträge des beweglichen Kapitalvermögens der Steuerpflicht unterliegen, soweit sie „im Libanon realisiert" wurden oder einem „im Libanon Ansässigen zustehen". Diese Vorschrift umschreibt neben dem Adressatenkreis der Zurechnungssubjekte zugleich auch die Anknüpfungsmomente und den Umfang der Besteuerung nach der dritten Schedule des libEStG. Anders als bei der Steuer der ersten Schedule knüpft die Steuer der dritten Schedule sowohl an die territoriale Realisierung als auch an

---

164 So die gesetzliche Überschrift der ersten Schedule.

165 Vgl. *Šīḫa*, Die libanesische Steuerrechtsordnung, S. 292.

die Ansässigkeit des Steuerpflichtigen an. Im Libanon ansässige Steuerpflichtige haben ihre gesamten Welteinkünfte aus beweglichem Kapitalvermögen im Libanon zu versteuern. Insoweit wird das im Übrigen geltende Territorialitätsprinzip durchbrochen. Bei nichtansässigen Personen wird der im Libanon realisierte Gewinn erfasst.

Eine ausdrückliche Regelung der persönlichen Steuerpflicht enthält die dritte Schedule des libEStG nicht. Hinweise auf die Person des Steuerpflichtigen finden sich in Art. 75 Abs. 1 libEStG. Hiernach hat jedes Kapital auszahlende Unternehmen die anfallenden Steuern der dritten Schedule dem Fiskus „vorzuleisten"[166], wobei es diese vom Anteilseigner „zurückverlangen" kann. In der libanesischen Steuerliteratur wird darin eine Quellenbesteuerung gesehen, bei der grundsätzlich die zahlende Stelle für Rechnung des steuerpflichtigen Vergütungsberechtigten die Steuerlast leistet.[167] Gleichwohl suggerieren die Ausführungen regelmäßig steuersystematisch wenig plausibel, dass es sich bei der Steuer nach der dritten Schedule des libEStG um eine Besteuerung der ausschüttenden Gesellschaft handelt.[168] Insoweit wird ein Objektcharakter dieser Steuerart betont.

c) Ermittlung des steuerpflichtigen Gewinns

Bemessungsgrundlage der Steuer der dritten Schedule nach dem libEStG sind die Bruttoeinnahmen aus der jeweiligen Einkunftsquelle des Kapitalvermögens (Art. 72 Abs. 1 libEStG). Unberücksichtigt bleiben dabei Einkünfte, die aufgrund ihrer Gewerblichkeit bereits von der Steuer der ersten Schedule nach dem libEStG erfasst werden (Art. 72 Abs. 2 libEStG). Zumal Art. 8 Abs. 1 i.V.m. Art. 70 Abs. 1 libEStG einen Vorrang der Besteuerung nach der ersten Schedule des libEStG bei gewerblicher Erzielung von Einkünften aus Kapitalvermögen anordnet.

Aufwendungen des Steuerpflichtigen sind nicht abzugsfähig. Das gilt selbst dann, wenn sie durch die Einkünfteerzielung veranlasst worden sind. Ferner bleiben persönliche Umstände des Steuerpflichtigen unberücksichtigt.

166 In der arabischen Fassung des libEStG wird der Begriff „Salaf" verwendet, was auch als „Leihen" übersetzt werden kann.

167 Vgl. beispielsweise *Farḥāt*, Die Steuerrechtsordnung, S. 274; *Šīḥa*, Die libanesische Steuerrechtsordnung, S. 310.

168 Belegen lässt sich dies insbesondere durch die Regelungen zur libHoldingG, wo dem Wortlaut nach die „Ausschüttungen" von der Besteuerung nach der dritten Schedule des libEStG befreit werden, nicht jedoch die „Dividendeneinkünfte", vgl. zum Besteuerungsregime der libHoldingG Kapitel 3.C.II.2. b) (1), S. 99.

d) Steuertarif

Die Bemessungsgrundlage wird mit einem proportionalen Steuertarif belastet. Die Höhe des Grundtarifs beträgt grundsätzlich 10% der Bruttoeinnahmen (Art. 72 Absatz 1 libEStG). Zinseinnahmen aus Kapitalforderungen gegen Banken sowie aus Staatsanleihen werden abweichend hiervon mit 5% belastet (Art. 68a libEStG).[169] Eine Ermäßigung des Steuersatzes auf 5% wird weiterhin in bestimmten Fällen gewährt (Art. 72a Abs. 5 libEStG). Hierzu gehören insbesondere Ausschüttungen einer libanesischen Aktiengesellschaft (Société Anonyme), deren Aktien an der Beiruter Börse gezeichnet werden sowie Ausschüttungen einer libanesischen Aktiengesellschaft, an der eine andere Aktiengesellschaft zumindest zu 20% beteiligt ist, deren Aktien an einer Börse eines arabischen Staates oder eines OECD-Mitgliedstaates gezeichnet werden.

e) Besteuerung des Veräußerungsgewinns aus Kapitalgesellschaftsanteilen

Veräußert der Steuerpflichtige seine Anteile an einer Kapitalgesellschaft, so hängt die Besteuerung des Veräußerungsgewinns davon ab, welcher Schedulensteuer der erzielte Gewinn zuzuordnen ist. Der Veräußerungsgewinn wird nach Maßgabe der vorstehend erläuterten Regelung des Art. 45 Abs. 3 libEStG versteuert und unterliegt damit der Besteuerung nach der ersten Schedule des libEStG, wenn die veräußerten Kapitalgesellschafsanteile zum Anlagevermögen eines Betriebes gehörten. Eine zusätzliche Besteuerung dieses Gewinns nach der dritten Schedule des libEStG, die zu einer (nationalen) Doppelbesteuerung führte, wird durch die in Art. 70 Abs. 2 libEStG angeordnete Subsidiarität der Besteuerung nach der dritten Schedule gegenüber der Besteuerung nach anderen Schedulen des libEStG verhindert.[170] Kapitalgesellschaftsanteile werden im Libanon regelmäßig dem Anlagevermögen zugeordnet, wenn eine Mindestbeteiligung von 10% überschritten wird.[171]

Gehörten die veräußerten Kapitalgesellschaftsanteile demgegenüber zum Umlaufvermögen des Betriebs, so soll die Besteuerung nach der ersten Schedule des libEStG nur dann in Betracht kommen, wenn die Anteile der Ausübung einer

---

169 Die Regelung wurde eingefügt durch das Haushaltsgesetz Nr. 497 des Jahres 2003 vom 30.01.2003. In der offiziellen Fassung des libEStG wird diese Regelung unterhalb des Titels ohne Angabe einer Artikelnummer wiedergegeben. Für hiesige Zwecke wird die Regelung als Art. 68a libEStG bezeichnet.

170 Vgl. zum Ganzen *Ṣāleḥ*, Grundlagen der libanesischen Einkommensteuer, Band II, S. 43 f.

171 Vgl. *Ṣāleḥ*, Grundlagen der libESt, Band II, S. 35.

gewerblichen Tätigkeit dienten.[172] Das soll nach Auffassung der libanesischen Finanzverwaltung dann der Fall sein, wenn der Anteilsan- und -verkauf zur Berufstätigkeit einer natürlichen oder zum gewerblichen Zweck einer juristischen Person gehört.[173] Das trifft beispielsweise bei Wertpapierhandelsunternehmen regelmäßig zu. In Grenzfällen kann die Abgrenzung aber sehr schwierig sein, zumal weder das libEStG noch die libanesische Finanzverwaltung sich hierzu eindeutig positionieren. Die libanesische Finanzverwaltung scheint aber die Gewerblichkeit der Anteilsveräußerung originär, also ohne Berücksichtigung der Haupttätigkeit des Betriebes, beurteilen zu wollen.

Ein Gewinn aus der Veräußerung von Kapitalgesellschaftsanteilen, die nicht zum Anlagevermögen oder gewerblichen Umlaufvermögen eines Betriebs gehören und statt dessen dem Privatvermögen zuzuordnen sind, wird grundsätzlich gemäß den Regelungen der dritten Schedule nach dem libEStG besteuert.[174] Die konkrete steuerliche Behandlung hängt allerdings von der Rechtsform der Kapitalgesellschaft ab, deren Anteile veräußert wurden. Der Gewinn aus der Veräußerung von im Privatvermögen gehaltenen Anteilen an einer S.A.R.L. wird nach den allgemeinen Regeln der dritten Schedule nach dem libEStG mit 10% belastet. Geht es demgegenüber um den Gewinn aus der Veräußerung von im Privatvermögen gehaltenen Anteilen an einer Aktiengesellschaft, so wird dieser nicht von der Besteuerung nach der dritten Schedule des libEStG erfasst (Art. 19 Gesetz Nr. 282 vom 30.12.1993[175]) und bleibt damit einkommensteuerlich vollständig unberücksichtigt.[176]

III. Probleme bei der Durchführung der Einkommensbesteuerung

1. Defizitäre Rechtssystematik

Für die Durchführung der Besteuerung bereitet schon das äußere, formale System des libanesischen Steuerrechts besondere Schwierigkeiten. Die libanesische Steuerrechtsordnung wird durch eine Vielzahl von Rechtsquellen gekennzeichnet, deren Verhältnis zueinander (Rangordnung) nicht abschließend geklärt ist.

---

172 Vgl. *libFinMin*, Verordnung Nr. 632/1 v. 01.07.2009, Art. 1 Nr. 2 und 3; *Ṣāleḥ*, Grundlagen der libESt, Band II, S. 46.

173 Vgl. *libFinMin*, Verordnung Nr. 632/1 v. 01.07.2009, Art. 1 Nr. 2 und 3.

174 Vgl. *libFinMin*, Verordnung Nr. 632/1 v. 01.07.2009, Art. 2 und 3; *Ṣāleḥ*, Grundlagen der libESt, Band II, S. 46.

175 Dieses Änderungsgesetz ordnete nicht die Einfügung der Änderung in das libEStG.

176 Vgl. *libFinMin*, Verordnung Nr. 632/1 v. 01.07.2009, Art. 4; *Ṣāleḥ*, Grundlagen der libESt, Band II, S. 46.

Teilweise wird in der Literatur Ministerialerlassen eine Verbindlichkeit zuerkannt, wie sie in Deutschland typischerweise nur formellen Gesetzen beigemessen wird. Insgesamt folgt die formale Anordnung der libanesischen Steuerkodifikationen keinem erkennbaren System; sie resultiert regelmäßig aus der historischen Entstehung der Regelungen.

Im Bereich des Ertragsteuerrechts wird das äußere System durch das Nebeneinander mehrerer selbständiger „Steuerarten" gekennzeichnet, die teilweise in unterschiedlichen Gesetzen kodifiziert sind. Dies ist im internationalen Vergleich grundsätzlich nicht unüblich und wird auch in Deutschland durch das Nebeneinander vom EStG und KStG praktiziert.[177] Abweichend von der internationalen Praxis grenzen die libanesischen Ertragsteuergesetze allerdings ihren Anwendungsbereich nicht in persönlicher, sondern in sachlicher Hinsicht voneinander ab. Das bedeutet, dass der jeweils konkrete Besteuerungsgegenstand darüber entscheidet, welches Steuergesetz anzuwenden ist. Insoweit handelt es sich um ein territoriales, objektbezogenes Steuersystem. Die separate Erfassung von Einkunftsquellen in unterschiedlichen Kodifikationen folgt aber keinem erkennbaren System. Sie ist eine gesetzgeberische Entscheidung und resultiert aus der historischen Entstehung des jeweiligen Steuergesetzes. Anders ist beispielsweise nicht zu erklären, weshalb das libGebäudeStG keinen Eingang als Schedulensteuer in das libEStG gefunden hat, geht es doch auch dort um die Besteuerung von Einkünften.

Der Aufbau der Steuerrechtskodifikationen ist auf den ersten Blick zwar in aller Regel weitgehend logisch und übersichtlich. Ein Steuergesetz wird in mehrere Kapitel unterteilt, die jeweils einen selbständigen Themenkomplex behandeln. Seine einzelnen Vorschriften werden mit dem Artikel, der wichtigsten Gliederungseinheit aller libanesischen Gesetze, gekennzeichnet und in arabischen Ziffern durchgehend nummeriert. Nicht nummeriert werden demgegenüber die Sätze und Absätze, sodass für den Rechtsanwender keine einheitliche Zitierweise existiert. In der libanesischen Literatur wird deshalb regelmäßig nur der Artikel genannt, nicht jedoch der konkrete Absatz oder gar der betroffene Satz.

Eine genaue Betrachtung der inhaltlichen Ausgestaltung von Steuergesetzen zeigt allerdings deutlich, es fehlt ein einheitliches und verbindliches System für die Gesetzestechnik. Schon die Positionierung der geregelten Rechtssätze wirkt zu einem nicht unerheblichen Teil willkürlich und sehr konfus. Insbesondere beim libEStG lassen sich die Nachjustierungen der letzten Jahrzehnte stark erkennen. Hinzu kommt die Verwendung vieler unbestimmter Rechtsbegriffe, für

177 Vgl. zur deutschen Rechtslage statt vieler *Grashoff*, Steuerrecht, Rn. 224.

die das Gesetz wohl bewusst keine Legaldefinition bereithält oder ausdrücklich ihre Auslegung den Finanzbehörden überträgt. Dass dadurch der Exekutive weitgehende Gestaltungsspielräume verliehen werden, die teilweise Rechtsetzungsbefugnissen gleichkommen und damit das Gesetzmäßigkeitsprinzip aushöhlen, scheint weder die Judikativgewalt noch den Rechtsanwender und insbesondere die Literatur zu stören. Dabei ordnet Art. 81 libVerf als eine der wenigen verfassungsrechtlich verankerten Regelungen im Bereich des Steuerrechts ausdrücklich an, dass Steuern nur aufgrund eines Gesetzes erhoben werden dürfen. Die Gesetzgebungskompetenz wird in der libanesischen Verfassung eindeutig zugunsten des Parlaments geregelt (vgl. Art. 16 und 18 libVerf). Deswegen wird der Steuerpflichtige in seinen verfassungsrechtlichen Rechten stark beschnitten.

Noch gravierender für den Rechtsanwender ist nur, dass viele Vorschriften keine abstrakt-generellen Rechtssätze enthalten, sondern sich mit einer beispielhaften Aufzählung betroffener Fälle begnügen. Das erschwert die Subsumtion eines Sachverhalts durch den Rechtsanwender in erheblicher Weise. Ferner entspricht die inhaltliche Regelungsdichte nicht dem Bedürfnis der Steuerpflichtigen nach Rechtssicherheit. Viele Regelungen bleiben inhaltlich weitgehend lückenhaft oder es fehlt ihnen an Detailschärfe.

2. Fehlen steuerrechtswissenschaftlicher Forschung und Rechtsprechung

a) Steuern als Gegenstand von Forschung und Lehre

In der libanesischen Republik befasst sich die Rechtswissenschaft nur in sehr geringem Maße mit dem Themenkomplex „Steuern". Zwar wird das Steuerrecht als Teildisziplin der Rechtswissenschaft anerkannt und regelmäßig an den rechtswissenschaftlichen Fakultäten libanesischer Universitäten gelehrt. Die relativ geringe Anzahl steuerwissenschaftlicher Publikationen zeigt aber, die Steuerrechtswissenschaft[178] nimmt de facto eine untergeordnete Stellung ein.[179] Es mangelt vor allem an Grundlagenwerke, die die geltende rechtliche Ordnung der Besteuerung systematisch aufarbeiten, wie sie einst *Tipke*[180] für die deutsche Steuerrechtsordnung formulierte. Das gilt aber auch für die Teildisziplinen des Steuerrechts und insbesondere für das Einkommensteuerrecht. Insgesamt wird ferner der weltweiten Verflechtung des Wirtschaftsverkehrs steuerlich wenig Beachtung

---

178 Vgl. zum Begriff *Tipke*, Die Steuerrechtsordnung, Band I, S. 18 ff. und S. 19 ff. sowie zur Abgrenzung von steuerwissenschaftlichen Nachbardisziplinen *Seer*, in Tipke/Lang, Steuerrecht, § 1 Rn. 14 ff.

179 Vgl. zu den möglichen Ursachen Kapitel 1.A.V, S. 5.

180 Die Steuerrechtsordnung, Bände I, II und III.

gewidmet. Demzufolge ist das internationale Steuerrecht kaum erforscht. Teilweise wird lediglich in einem Nebensatz festgestellt, dass die zuvor behandelte Rechtsfrage für ausländische Unternehmen anders oder gleich zu beurteilen ist. Demgegenüber wird das Bilanzsteuerrecht mehr der Wirtschaftswissenschaft als der Steuerrechtswissenschaft zugeordnet und demnach an den Fakultäten für Wirtschaftswissenschaften gelehrt und in wenigen wirtschaftswissenschaftlichen Lehrbüchern erörtert.

Die Mehrzahl der erhältlichen Lehrbücher des Steuerrechts scheinen auf den ersten Blick veraltet zu sein. Dieses Bild relativiert sich, bedenkt man, dass die Steuergesetze teilweise der Zeit des französischen Völkerbundmandats (Ende: 1943) entstammen. Das gilt insbesondere für das libEStG, das seit seinem Inkrafttreten im Jahre 1956 nicht grundlegend reformiert wurde. Die gelegentlichen Nachjustierungen enthielten keine konzeptionellen Änderungen. Sie fokussierten sich regelmäßig auf Steuerbefreiungen im Zeichen des Wiederaufbaus nach dem Bürgerkrieg.

Die erhältlichen Lehrbücher des Steuerrechts verschaffen einen groben Überblick über den Status quo der steuerlichen Materie. Sie haben aber nicht den Anspruch diese besonders kritisch zu beäugen;[181] sie sind vielmehr ergebnis- und lösungsorientiert ausgestaltet. Richtschnur ist dabei die in praxi griffige Möglichkeit, verfügbare Steuerquellen auszuschöpfen. Die Gerechtigkeitsfrage wird hintangestellt; die Vereinbarkeit mit höherrangigem Recht wird durchweg ausgeblendet.

Inhaltlich fehlt es den Lehrbüchern an Detailschärfe. Selten werden Rechtsfragen auf der Grundlage von Grundprinzipien erläutert und gelöst. Häufig wird die argumentative Auseinandersetzung mit der Rechtsfrage vermieden und auf einen internationalen Vergleich zurückgegriffen. Besonders die Parallelität zum französischen Recht wird regelmäßig zum Anlass genommen, auf die dort herrschende Rechtslage zu verweisen. Weit verbreitet ist daher die Heranziehung von Rechtsansichten, die zum französischen Recht geäußert wurden, ohne diese zu hinterfragen oder gar wissenschaftlich zu untermauern. Dabei wird gröblich vernachlässigt, dass das französische Handels-, Gesellschafts- und Steuerrecht zwischenzeitlich mehrmals reformiert und modernisiert wurden. Überdies werden fremde Rechtsansichten nur vereinzelt mit einem entsprechenden Fußnotenkatalog gekennzeichnet.

181 Das aber setzt die (steuer-) wissenschaftliche Arbeit voraus; vgl. *Tipke*, Die Steuerrechtsordnung, Band I, S. 9.

Die Aufgaben der Steuerrechtswissenschaft[182] werden in der libanesischen Republik demzufolge nicht hinreichend wahrgenommen. Das liegt mitunter darin begründet, dass es an Forschungsinstitutionen mangelt. Soweit Lehrstühle für Finanz- und Steuerrecht existieren, verstehen sie sich in der Regel mehr als Lehreinheit für Ausbildungszwecke denn als Forschungseinheit. Das wirkt sich negativ auf den Kenntnisstand und den Reifegrad des libanesischen Steuerrechts aus.

b) Folgen für die Durchführung der Besteuerung

Die fehlende Erfüllung von Aufgaben der Steuerrechtswissenschaft wirkt sich negativ auf den Reifegrad des libanesischen Steuerrechts aus. Dies wiederum stellt die erfolgreiche Durchführung der Besteuerung vor enorme Herausforderungen. Denn der Rechtsanwender kann sich zur Bekräftigung seines Postulats nur in seltenen Fällen auf Steuerrechtsquellen berufen. Insoweit fehlen sowohl der Steuerverwaltung als auch dem Steuerpflichtigen die erforderlichen Kapazitäten für die Grundlagenforschung. Daher soll die Steuerverwaltung in der Praxis regelmäßig bestrebt sein, einvernehmliche Kompromisslösungen herbeizuführen. So wird aber der Pfad der Rechtswissenschaften eindeutig verlassen.

Dies stellt ferner die gestalterische Rechtsberatung vor besondere Herausforderungen, weil dem Steuerpflichtigen wenig Rechtssicherheit und damit auch finanzielle Planungssicherheit geboten werden kann. Diese wird er stets dann erhalten, wenn rechtliche Zweifelsfragen im Einvernehmen mit der Steuerverwaltung gelöst werden. Vertritt der Steuerpflichtige eine abweichende rechtliche Auffassung, wird er sich kaum auf Literaturstimmen berufen können, sondern eigene Lösungsansätze vortragen müssen, die es gegebenenfalls vor Gericht zu verteidigen gilt.

3. Fehlende Effizienz des Verwaltungsverfahrens, Korruption und Nepotismus

Wesentliche Auswirkungen auf die Durchführung der Besteuerung hat insbesondere die Effizienz des Verwaltungsverfahrens. Als Effizienzhindernis soll sich nach einer im Auftrag der OECD durchgeführten Studie insbesondere der bereits dargelegte Aufbau der Steuerverwaltung erwiesen haben.[183] Kritisiert werden mitunter die zentralistische Struktur und die Zuständigkeitsverteilung entsprechend der betroffenen Steuerart. Vorgeschlagen wird demgegenüber eine an den Aufgaben orientierte Organisation der Zuständigkeiten (z.B. Steuerfestsetzung,

---

182 Vgl. zu den Aufgaben *Tipke*, Die Steuerrechtsordnung, Band I, S. 10 ff.

183 Vgl. *Ḥāǧ Šeḥada*, National Investment Reform Agenda Workshop, 19.04.2007.

Steuererhebung bzw. -vollstreckung, Steuerprüfung, Steuerfahndung). Dieser Vorschlag wurde bis dato nicht realisiert.

Die Effizienz des Verwaltungsverfahrens wird zudem vom Grad der Sachkunde des Steuerbeamten maßgeblich beeinflusst. Inzwischen durchlaufen libanesische Steuerbeamte zwar ein Ausbildungsprogramm im „Institut des Finances Basil Fuleihan", das ihnen die erforderlichen Fähigkeiten zur Ausübung des Berufs vermittelt. Es ist aber im Libanon allgemein bekannt, dass die Stellenbesetzung weniger vom Leistungsprinzip als vielmehr von Nepotismus geprägt ist. Ohne Beziehungen zu Funktionsträgern (sog. „Wāsta") werden Stellen kaum vergeben, schon gar nicht, wenn es um Stellen der öffentlichen Verwaltung geht. Dadurch wird das vorhandene Leistungspotenzial bei den Absolventen nicht vollständig ausgeschöpft, was sich unmittelbar negativ auf die Qualität der Besteuerung und damit auf die Durchführung der Besteuerung auswirkt.

Gravierender für die Besteuerung ist nur noch die allgegenwärtige Korruption in der öffentlichen Verwaltung. Nach Erhebungen der nichtstaatlichen Organisation „Transparency International" erreichte der Libanon 2014 einen Korruptionswahrnehmungsidex (CPI) von 27 und landete damit auf Rang 136 von 174 untersuchten Staaten.[184] Der Libanon ist demzufolge unter den 40 korruptesten Ländern der Welt, was sich ebenfalls auf den Erfolg der Besteuerung negativ auswirkt

4. *Steuervollzug*

Ein Kernproblem bei der Durchführung der Besteuerung ist weiterhin, dass die flächendeckende Durchsetzung der Besteuerung nicht gewährleistet ist. Dabei wird die Erhebung im gesamten Staatsgebiet schon durch die libanesische Verfassung angeordnet (Art. 81 libVerf), die sonst kaum andere Grundsätze für das Steuerrecht bereithält. Gleichwohl konzentriert sich die Durchsetzung der Besteuerung praktisch vorwiegend auf die Ballungszentren des Landes. In einigen Randgebieten haben Milizen (z.B. Hisbollah-Miliz) infolge fehlender Präsenz staatlicher Institutionen die staatlichen Aufgaben und Funktionen übernommen. Hier greift die Staatsgewalt regelmäßig nur nach Rücksprache ein. Auch hier spielen der Nepotimus und die Korruption eine erhebliche Rolle. Letztlich kommt der Durchführung der Besteuerung insoweit eine gewisse „Freiwilligkeitsbasis" zu.

184 *Transparency International*, Corruption Perceptions Index 2014, veröffentlicht unter www.transparency.org.

5. *Steuermoral*

Als weiterer wesentlicher Einflussfaktor kommt die Steuermoral der libanesischen Steuerpflichtigen in Betracht. Traditionell wird den libanesischen Steuerpflichtigen in der lokalen Debatte eine sehr geringe Steuermoral zuerkannt.[185] Besonders beanstandet wird regelmäßig der Steuerwiderstand[186] bei den Großsteuerpflichtigen, welcher mangels statistischer Erhebungen durch den Anteil der bei ihnen generierten Steuereinnahmen am Bruttoinlandsprodukt (Steuerquote von 5%) belegt wird.[187] Da die zu geringe Steuermoral die Durchführung der Besteuerung in besonderem Maße zu behindern geeignet ist, scheint eine genaue Betrachtung der Steuermoral libanesischer Steuerpflichtiger angezeigt.

Mit Steuermoral wird im Allgemeinen die innere Einstellung der Steuerpflichtigen zur Frage der Erfüllung oder Vernachlässigung von steuerlichen Pflichten, mithin ihre Wertvorstellung vom richtigen Verhalten, umschrieben.[188] Sie manifestiert sich insbesondere durch ihre Haltung zum Steuerwiderstand, namentlich zur Steuerhinterziehung. Daher lassen sich die in einer Gruppe herrschenden steuermoralischen Vorstellungen anhand repräsentativer Befragungen zur Steuerhinterziehung indizieren.[189] Entsprechende Befragungen haben der World Values Survey und der European Values Survey durchgeführt, die im Rahmen einer Langzeitstudie zum gesellschaftlichen Wertewandel menschliche Werte weltweit empirisch untersuchen. Für den Libanon wurde eine derartige Befragung erstmalig im Jahre 2013 vom World Values Survey durchgeführt.[190] Auf einer Gradskala gaben die Befragten an, ob sie es unter keinen Umständen (1) oder auf jeden Fall für in Ordnung (10) halten, Steuern zu hinterziehen, wenn die Möglichkeit hierzu bestünde. Die folgende Abbildung 13 zeigt die Ergebnisse im Vergleich zu einer in Deutschland durch den European Values Survey im Jahre 2008[191] durchgeführten Befragung.

---

185 *Fadelallah*, Reform der Steuerpolitik: Fünf Diskussionspunkte, Al-Akhbar vom 08.03.2008; *Unbekannt*, Flucht vor Steuern ist kein Verbrechen, Al-Akhbar vom 29.01.2010; *Wahbeh*, Die Großsteuerpflichtigen flüchten vor Steuern, Al-Akhbar vom 04.12.2010; *Mourtada*, Libanon - eine Steueroase, Al-Thabat vom 13.03.2013.

186 Vgl. zum Begriff *Oermann*, StbJB 1957/58, 57 ff.

187 Vgl. beispielsweise *Wahbeh*, Die Großsteuerpflichtigen flüchten vor Steuern, Al-Akhbar vom 04.12.2010.

188 So die Definition von *Schmölders*, Geld- und Finanzpsychologie, S. 114.

189 Vgl. *IAW*, Monatsbericht des BMF, März 2005, S. 49.

190 Die Daten sind abrufbar unter www.worldvaluessurvey.org.

191 Die Daten sind abrufbar unter www.gesis.org/zacat.

Abbildung 13: Bilateraler Vergleich zur Steuerhinterziehung

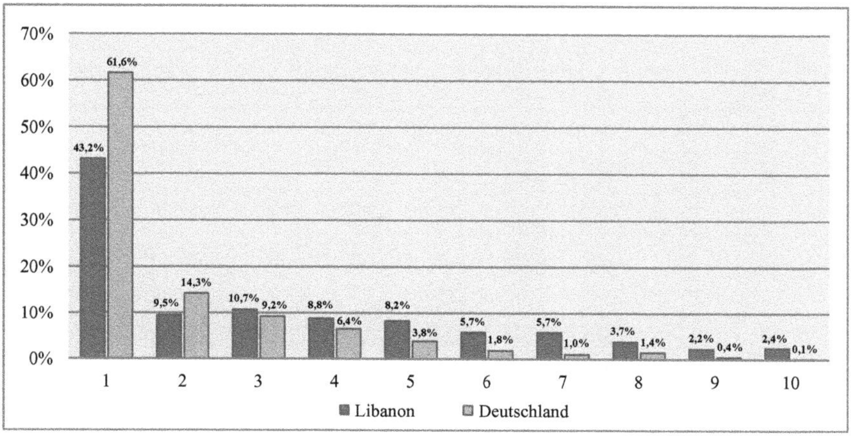

Quelle: Eigene Darstellung gemäß Daten des World Values Survey und European Values Survey

Will man die Steuermoral als Wertvorstellung anhand der Haltung zur Steuerhinterziehung bewerten, so ist die Betrachtung der Gruppe besonders lohnenswert, die unter keinen Umständen eine Steuerhinterziehung für in Ordnung hält („*erste Gruppe*").[192] Die Befragten dieser Gruppe erkennen die Steuerhoheit des Staates uneingeschränkt an und weisen damit eine gefestigte Wertvorstellung vom richtigen Verhalten in steuerlichen Angelegenheiten auf, was sich in ihrem inneren Rechtsbewusstsein als Orientierungsmaßstab manifestiert. Diese Richtschnur fehlt allen übrigen Befragten anderer Gruppen („*zweite Gruppe*"), bei denen eine unterschiedlich ausgeprägte, aber grundsätzlich vorhandene Neigung besteht, den Fiskus zu hintergehen. Hiervon ausgehend, deutet das im Libanon erzielte Ergebnis tatsächlich auf eine eher niedrige Steuermoral hin, wenn 56,8% der Befragten, also weit mehr als die Hälfte, der zweiten Gruppe zuzuordnen sind. Dieses Ergebnis wird im direkten Vergleich zu Deutschland bestärkt.

Dessen ungeachtet kommt dem Mittelwert der Befragungsergebnisse eine bedeutende Rolle zu, spiegelt er doch die Gesamttendenz in der gesellschaftlichen Haltung wider. Daher soll im Folgenden der im Libanon erzielte Mittelwert von 3,2 Punkten im Vergleich zum Ergebnis einiger anderer arabischer Staaten (Abbildung 14) und im Vergleich zu einigen OECD-Staaten (Abbildung 15) näher betrachtet werden.

192 Vgl. *IAW*, Monatsbericht des BMF, März 2005, S. 50.

Abbildung 14: Die Steuermoral im Vergleich zu einigen arabischen Staaten

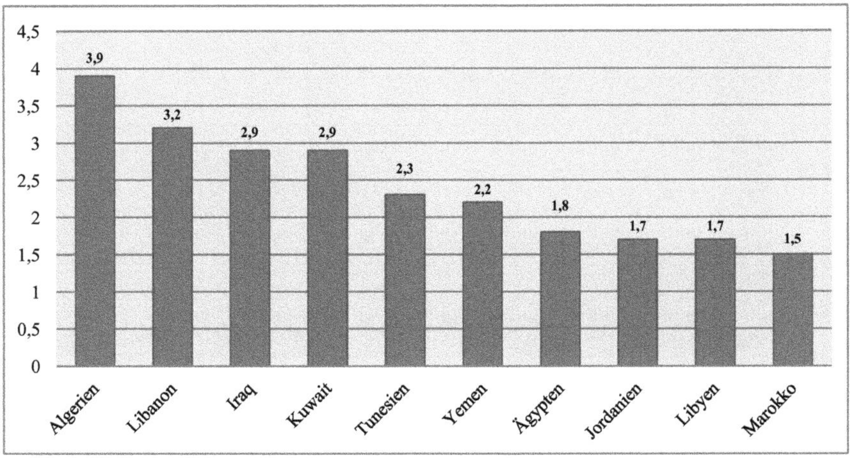

Quelle: Eigene Darstellung nach Daten des World Values Survey

Schon im Vergleich zu den hier betrachteten arabischen Staaten nimmt der Libanon einen deutlich unterdurchschnittlichen Rang ein. Während der Mittelwert sich im Durchschnitt bei 2,4 einpendelt, liegt er im Libanon bei 3,2 Punkten. In Marokko, Libyen Jordanien und Ägypten ist der Mittelwert am Niedrigsten, was auf eine hohe Steuermoral hindeutet.

Gravierender fällt der Vergleich zu den hier betrachteten OECD-Staaten aus, der durch die nachfolgende Abbildung 14 visualisiert wird. Keiner der hier betrachteten Staaten weist einen so hohen Wert auf wie der Libanon. Selbst Griechenland und Portugal, deren Steuermoral gemeinhin als schlecht gilt, weisen niedrigere und damit bessere Werte als der Libanon auf. Im Vergleich bestätigt sich also die Behauptung, dass die Steuermoral im Libanon sehr niedrig ist.

Abbildung 15: Die Steuermoral in einigen OECD-Staaten und dem Libanon

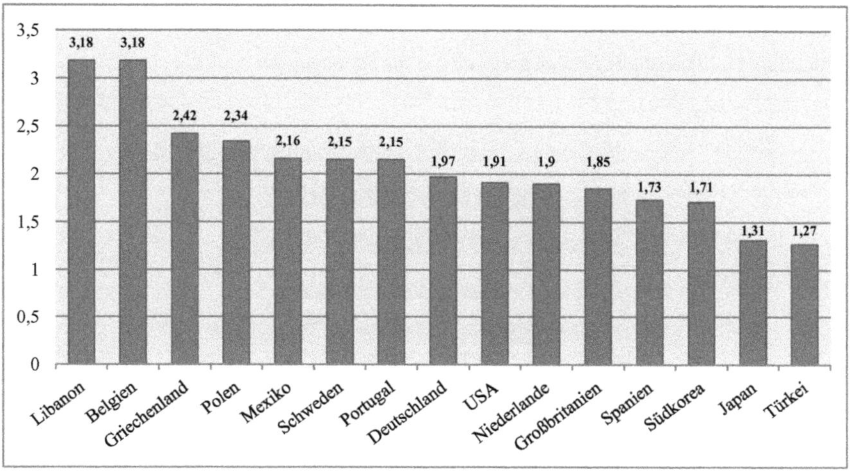

Quelle: Eigene Darstellung nach Daten des World Values Survey

Empirische Untersuchungen zeigen, dass die Steuermoral von zahlreichen Faktoren beeinflusst werden kann.[193] Als Einflussfaktoren werden insbesondere das Vertrauen in das nationale Parlament und die Regierung, die Wichtigkeit der Religion sowie die Einschätzung des potenziellen Verhaltens anderer Steuerpflichtiger genannt. Im Folgenden soll durch eine Partialanalyse versucht werden, potentielle Einflussfaktoren auf die Steuermoral im Libanon aufzudecken. Hierzu soll die Wirkung der jeweiligen Variable auf die Steuermoral untersucht werden. Gegenübergestellt werden nur die Extrempositionen bei der Variable (z.B. hohes oder niedriges Einkommen; hohes oder kein Vertrauen). Die Analyse gründet weiterhin auf die Daten des World Values Surveys, der durch die Kreuzung der Variablen eine hervorragende Möglichkeit bietet, die Einflussfaktoren aufzudecken.

Die nachfolgende Abbildung 16 veranschaulicht das Ergebnis der Analyse. Erkennbar wird, dass die finanzielle Situation der Befragten einen erheblichen Einfluss auf ihre Steuermoral ausübt. Befragte mit niedrigem Einkommen neigen eher dazu, Steuern zu hinterziehen. Auch die empfundene Zufriedenheit mit der finanziellen Situation wirkt sich offenbar auf die Steuermoral aus. Dieser Umstand überrascht nicht, lebt doch mehr als ein Viertel der Bevölkerung

193 Vgl. *IAW*, Monatsbericht des BMF, März 2005, S. 56.

unterhalb der Armutsgrenze.[194] Für diesen Bevölkerungsteil dürften sich mehr existentielle als moralische Fragen stellen.

Abbildung 16: Potentielle Einflussfaktoren auf die Steuermoral

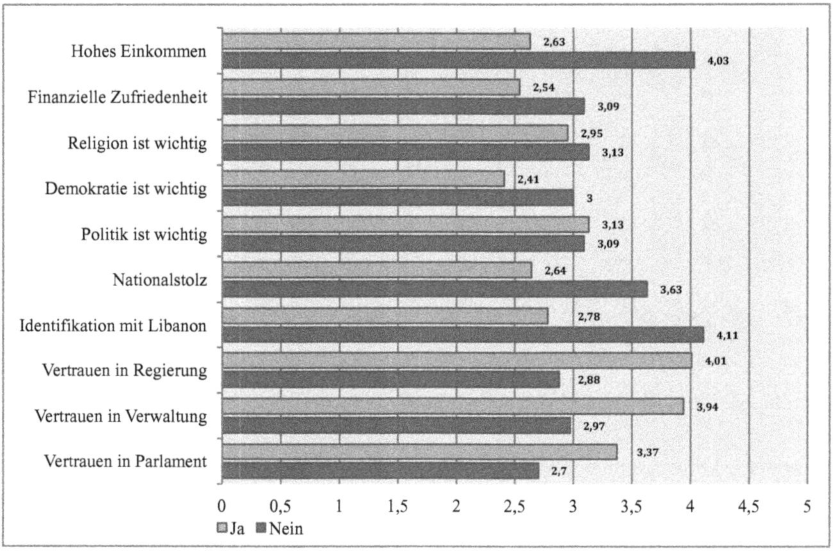

Quelle: Eigene Darstellung gemäß Daten des World Value Survey

Ebenso wenig überrascht es, dass die fehlende Identifikation mit dem Libanon als Nationalstaat zu verminderter Steuermoral führt. Sie ist vielmehr eine denklogische Folge des politischen Systems im Libanon, das sich an konfessioneller Zugehörigkeit orientiert. Diesem Systemverständnis ist immanent, dass ein Bevölkerungsteil sich durch die staatlichen Institutionen nicht repräsentiert fühlt, was sich auf das Steuerrechtsbewusstsein und damit auch auf die Steuermoral auswirkt. Überraschend ist demgegenüber, dass ein hohes Vertrauen in das nationale Parlament und die Regierung zu einer geringeren Steuermoral zu führen scheint. Betrachtet man allerdings die herrschenden politischen Gegebenheiten im Zeitpunkt der Befragung, so verdeutlicht sich das Bild. Um der Ausweitung des syrischen Bürgerkriegs auf den Libanon vorzubeugen, hatte das libanesische

194 Nach einer gemeinsamen Studie von den Vereinten Nationen (Entwicklungsprogramm) und des libanesischen Sozialministeriums aus dem Jahr 2008 waren ca. 28% der Libanesen von Armut betroffen; vgl. die Zusammenfassung *UNDP*, Poverty in Lebanon.

Parlament sein Mandat im Jahre 2013 eigenständig verlängert, was in weiten Teilen der Bevölkerung auf Unverständnis stieß. Eine handlungsfähige Regierung existierte nicht. Diese schwierige Vertrauenskrise spiegelt sich in der vorliegenden Befragung wider, sodass hieraus für hiesige Zwecke keine Schlüsse gezogen werden können und sollen.

6. *Zusammenfassende Bewertung*

Das libEStG wurde letztmalig im Jahre 1959 einer grundlegenden Modernisierung unterzogen. Der libanesische Gesetzgeber hat regelmäßig die Möglichkeit versäumt, die dringend erforderliche Neuordnung des Steuerrechts voranzutreiben. Die gelegentlichen Änderungen fokussierten sich regelmäßig auf Steuerbefreiungen im Zeichen des Wiederaufbaus nach dem Bürgerkrieg. Vereinzelt erfüllten sie auch Interessen politischer Akteure. In wesentlichen Bereichen gründet das geltende libanesische Steuerrecht deshalb noch auf Regelungen, die kurz nach dem Ende der französischen Kolonialherrschaft entstanden waren. Sie orientieren sich weitgehend am damaligen französischen Rechtssystem. Galten diese Regelungen seinerzeit als besonders fortschrittlich und liberal, berücksichtigen sie heute kaum noch die Erfordernisse der Rechtspraxis in einer sich stets fortentwickelnden und globalisierten Welt. Ihnen fehlt teilweise jeglicher Bezug zur Realität. Belegen lässt sich dies beispielsweise durch die Vorschrift des Art. 31 Abs. 2 libEStG, die von einem Familienbild ausgeht, das selbst im Nahen Osten und insbesondere im Libanon längst als überkommen gilt. Hiernach wird der Grundfreibetrag beiden Ehepartnern gewährt, wenn „auch die Ehefrau" einer steuerpflichtigen Tätigkeit nachgeht.

Durch eine missglückte Gesetzestechnik entstehen ferner häufig vermeidbare Probleme. Unklar ist zudem teilweise das kodifikationsinterne sowie kodifikationsübergreifende Verhältnis von Normen zueinander. So wird in der Literatur und Praxis Ministerialerlassen eine hohe Verbindlichkeit zuerkannt, wenngleich sie grundsätzlich, wie im deutschen Recht, gerichtlich nicht bindend sind. Für die Rechtspraxis besonders gravierend ist zudem, dass wenig verlässliche steuerrechtswissenschaftliche Quellen existieren. Vom Rechtsanwender werden daher zur Klärung einer Rechtsfrage regelmäßig hohe Anstrengungen gefordert, die richtigerweise von der Grundlagenforschung zu erbringen sind. Dem Bedürfnis des Rechtsanwenders nach Rechtssicherheit wird nicht entsprochen.

Mit Blick auf den Reifegrad des libanesischen Steuerrechts überrascht die miserable Qualität des äußeren Systems jedoch nicht. Denn das äußere System der

Steuerrechtsordnung setzt ein inhaltliches System voraus, dem es folgen muss.[195] Dieses wiederrum wird von Grundprinzipien getragen, die ordnungsstiftende Wirkung entfalten.[196] Grundprinzipien, wie das Leistungsfähigkeitsprinzip, werden aber im Libanon eher als politische Zielsetzung der Einkommensbesteuerung verstanden, denn als Auslegungsmaxime oder gar als Schranke der Steuergesetze interpretiert.

195 *Hey*, in Tipke/Lang, Steuerrecht, § 3 Rn. 5.
196 *Hey*, in Tipke/Lang, Steuerrecht, § 3 Rn. 11.

Kapitel 3. Behandlung der zwischenstaatlichen Unternehmenstätigkeit nach libanesischem Zivil- und Steuerrecht

Die organisatorische Abwicklung einer Geschäftsaktivität im Ausland wird entscheidend von den Bedingungen des ausländischen Privatrechts (Zivil-, Handels- und Gesellschaftsrecht) bestimmt. Dieses konkretisiert die zulässigen Organisationsformen, im Rahmen derer die unternehmerische Aktivität abgewickelt werden kann. Insoweit können vielfältige Besonderheiten bestehen, welche dem Rechtssystem des ausländischen Zielstaates eigen sind und die Wahl der Organisationsform beschränken. Diese privatrechtlichen Beschränkungen können jede Unternehmensaktivität betreffen; sie können aber auch insbesondere ausländische Unternehmungen erfassen und damit protektionistische Wirkung entfalten, wie dies beispielsweise bei der Sicherung einer Mindestbeteiligung oder der Einräumung entscheidender Funktionen für die eigenen Bürger und Akteure der Fall ist.[197] Gemeinsam haben sie, dass sie der internationalen Steuerplanung Grenzen setzen.

Die Ausweitung der Geschäftsaktivitäten einer deutschen Unternehmung in den Libanon ist folglich entlang des dort bestehenden Privatrechtsrahmens zu organisieren. Dabei kann im Ansatz festgestellt werden, dass der Libanon nur vereinzelt und in wenigen Bereichen (z.B. Handelsvertreterrecht) protektionistische Regelungen bereithält. Im Wesentlichen können deutsche Unternehmungen aber ihre Organisationsform frei wählen. Neben der Errichtung einer Zweigniederlassung oder der Einschaltung eines Handelsvertreters sind sie befugt, im Libanon Gesellschaften zu gründen. Eine (Mehrheits-) Beteiligung eines libanesischen Partners ist grundsätzlich nicht zwingend. Problematischer sind teilweise die für alle Unternehmungen geltenden Restriktionen, wie z.B. der erforderliche Mindestgesellschafterbestand zur Gründung einer libanesischen Kapitalgesellschaft.

Im Folgenden soll ein Überblick über Organisationsformen des libanesischen Privatrechts und ihre steuerrechtliche Qualifizierung aus libanesischer Sicht verschafft werden. Zudem sollen die Grundzüge ihrer Behandlung nach libanesischem Steuerrecht aufgezeigt werden. Dabei wird in der Darstellung aus Gründen der Übersichtlichkeit und zur Vermeidung von Querverweisen nach den steuerlichen Wertungen unterschieden.

---

197 *Strunk/Kaminski*, in: Praxisleitfaden int. Steuerrecht, S. 147.

A. Grenzüberschreitende Direktgeschäfte

I. Grundlagen

Ebenso wie in Deutschland gestattet der Libanon, dass ausländische Unternehmungen unmittelbar auf dem libanesischen Markt (AR: ʾašḫāṣ laysa lahum maḥal li-muzāwalat l-mehnā fī lubnān, أشخاص ليس لهم محل لمزاولة المهنة في لبنان) tätig werden. Es ist weder die Einschaltung eines inländischen libanesischen Partners (z.B. als Absatzmittler) noch die Errichtung einer festen Geschäftseinrichtung zwingend erforderlich. Deutsche Unternehmungen können daher ihre Geschäftsaktivität aus dem Inland heraus unmittelbar über die Grenze in Form eines Direktgeschäftes wahrnehmen. Das gilt auch für die Teilnahme an öffentlichen Ausschreibungen.

II. Steuerliche Behandlung

Engagiert sich ein deutsches Unternehmen unmittelbar auf dem libanesischen Markt in Form eines Direktgeschäfts, so kann es – ebenso wie libanesische Unternehmen – in Abhängigkeit von der Art der generierten Einkünfte unterschiedliche Einkommensteuertatbestände verwirklichen. Im Folgenden soll der libanesische Quellenzugriff bei Einkünften aus grenzüberschreitendem Handel sowie aus der Nutzungsüberlassung von Kapitalvermögen, von beweglichen und unbeweglichen Wirtschaftsgütern in seinen Grundzügen dargestellt werden.

1. Einkünfte aus grenzüberschreitendem Handel

Art. 2 libEStG erfasst sämtliche Einkünfte eines Steuerpflichtigen, die im Libanon verwirklicht worden sind. Erzielt daher die deutsche Unternehmung aus dem grenzüberschreitenden Handel zum Libanon Einkünfte, so verwirklicht sie im Grundsatz den Einkommensteuertatbestand des Art. 2 libEStG und unterliegt mit diesen libanesischen Einkünften der Steuerpflicht der ersten Schedule nach dem libEStG. Nach libanesischer Wertung begründet also auch die Warenlieferung und Dienstleistungserbringung aus Deutschland heraus einen hinreichenden Anknüpfungspunkt für den Quellensteuerzugriff (Liefergewinnbesteuerung). Abweichend von der in den Industriestaaten dominierenden Praxis und der damit auch in Deutschland herrschenden Rechtslage bei Direktgeschäften beschränkt der Libanon im Hinblick auf sein Territorialsystem seinen Quellensteuerzugriff nicht auf Vorgänge der Nutzungsüberlassung[198]. Dem Quellensteuerzugriff unterliegen auch Einkünfte aus grenzüberschreitenden Warenlieferungen und Dienstleistungserbringungen.

Für ausländische Unternehmen, die keine lokale Präsenz im Libanon unterhalten, gelten aber zusätzlich die Sondervorschriften der Art. 41 ff. libEStG.[199] Ähnlich wie die deutschen Vorschriften zur Besteuerung beschränkt Steuerpflichtiger (§§ 50 ff. EStG) wird die Steuer hiernach aus Vereinfachungs- und Sicherungsgründen im Wege des Steuerabzugs vom Bruttoertrag erhoben und einem gesonderten Steuersatz unterworfen. Eine Veranlagung findet nicht mehr statt, sodass durch die Tätigkeit veranlasste Aufwendungen unberücksichtigt bleiben. Erzielt die deutsche Unternehmung aus einem Direktgeschäft zum Libanon insgesamt einen Verlust, so bleibt dieser unberücksichtigt.

Die Bemessungsgrundlage wird pauschal aus dem im Inland erzielten Bruttobetrag ermittelt. Ihr Umfang ist uneinheitlich geregelt und hängt maßgeblich von der Art der erzielten Einkünfte ab: Grundsätzlich beträgt die pauschalierte Bemessungsgrundlage 15% des im Inland erzielten Bruttobetrages. Bei inländischen Einkünften, die der Steuerpflichtige aus der Erbringung von Dienstleistungen erzielt (AR: ṭaʿwiḍ ʿan l-ḫidmā, تعويض عن الخدمة , im Folgenden: *„Dienstleistungseinkünfte“*), erhöht sich der pauschalierte Umfang um 35% auf 50% des Bruttobetrages (Art. 42 libEStG).

Die Einkünftequalifikation ist indes problematisch, weil im Libanon weder eine gesetzliche noch eine verwaltungsseitige Definition des Dienstleistungsbegriffs existiert. In Grenzfällen scheint die libanesische Finanzverwaltung tendenziell danach abgrenzen zu wollen, ob der Dienstleistungscharakter des Engagements überwiegt. Diesen Schluss legt eine Verordnung des libanesischen Finanzministeriums aus dem Jahre 2010[200] nahe, die die Einkünftequalifikation zwecks Bestimmung des Umfangs der Bemessungsgrundlage i.S.d. Art. 41 libEStG für die Branche der Informationstechnologie zum Gegenstand hat. Hiernach soll die Veräußerung von Informationssystemen, die am kommerziellen Markt gehandelt werden, keine Dienstleistung i.S.d. Art. 41 libEStG darstellen. Demgegenüber führe die Veräußerung individuell gestalteter Informationslösungen sowie

198 Einkünfte aus Kapitalüberlassungen fallen nicht unter Art. 41 libEStG. Sie unterliegen der Besteuerung nach der dritten Schedule des libEStG.

199 Vgl. *Ṣāleḥ*, Grundlagen der libESt, Band I, S. 711 ff; *Farḥāt*, Die Steuerrechtsordnung, S. 106.

200 Verordnung Nr. 898/1 v. 08.04.2010, Amtsblatt der libanesischen Republik, 2010, Nr. 44 v. 23.09.2010, S. 5643 f.

die Überlassung eines Nutzungsrechts an Informationssystemen zu Dienstleistungseinkünften i.S.d. Regelung.

Die so ermittelte, pauschalierte Bemessungsgrundlage wird sodann mit einem proportionalen Steuersatz in Höhe von 15% besteuert. Da der Umfang der Bemessungsgrundlage von der Einkünftequalifikation bestimmt wird, variiert der effektive Steuersatz. Je nachdem, welche Einkunftsart der Steuerpflichtige im konkreten Einzelfall erzielt, ergeben sich unterschiedliche Steuerbelastungen. Für Dienstleistungseinkünfte beträgt die effektive Steuerbelastung 7,5%, für alle übrigen Einkünfte 2,25% des Bruttoertrags. Die verhältnismäßige Auswirkung der Steuer auf den erwirtschafteten Gewinn kann indes nicht abschließend ermittelt werden. Sie hängt vom Verhältnis des Gewinns zum Bruttoertrag („*Marge*“) ab. Es gilt: je höher die Differenz zwischen dem Bruttoertrag und dem Gewinn vor Steuern ist, desto geringer wirkt sich die steuerliche Belastung im Verhältnis zum Gewinn aus.

2. *Einkünfte aus der Überlassung von Kapitalvermögen*

Überlässt die deutsche Unternehmung Kapitalvermögen an eine im Libanon ansässige Person und erzielt sie hieraus (Zins-) Einkünfte, so unterliegt sie mit diesen Einkünften der Steuerpflicht der dritten Schedule nach Art. 69 ff. libEStG. Abweichend hiervon werden diese Einkünfte nach Maßgabe der vorstehend erläuterten Art. 41 ff. libEStG erfasst und unterliegen damit der Steuerpflicht der ersten Schedule nach dem libEStG, wenn die Vermögensüberlassung zur Berufstätigkeit einer natürlichen oder zum gewerblichen Zweck einer juristischen Person gehört. Ähnlich wie bei der Veräußerung von Kapitalgesellschaftsanteilen werden Zinseinkünfte in diesem Sinne nicht schon deshalb als gewerblich qualifiziert, weil sie einer gewerblich tätigen Unternehmung zugeordnet werden. Entscheidend ist vielmehr, ob die Gewerblichkeit des betroffenen Unternehmens aus der Erzielung von Zinseinkünften herrührt.[201]

3. *Einkünfte aus der Nutzungsüberlassung von Wirtschaftsgütern*

Erzielt die deutsche Unternehmung aus der Überlassung von beweglichen Wirtschaftsgütern an libanesischen Personen Einkünfte, so werden auch diese Einkünfte nach Maßgabe der vorstehend erläuterten Art. 41 ff. libEStG als gewerblich besteuert. Nicht entscheidend ist hierbei grundsätzlich, ob es sich um

---

201 Vgl. zum Ganzen *libFinMin*, Schreiben Nr. 535/S2 v. 30.07.2003.

materielle oder immaterielle Wirtschaftsgüter handelt.[202] Einkünfte einer deutschen Unternehmung aus der Überlassung unbeweglicher Wirtschaftsgüter unterliegen demgegenüber grundsätzlich nicht der Besteuerung nach dem libEStG, sondern der Besteuerung nach dem spezielleren libGebäudeStG.

B. Die Errichtung einer Betriebstätte

I. Betriebstättenbegriff im libanesischen Steuerrecht

Das libanesische Steuerrecht verzichtet nicht nur auf eine gesetzliche Definition des Betriebstättenbegriffs (AR: ʾal-munšiʾa d-dāʾima, المنشأة الدائمة oder ʾal-muʾasasa l-mustaqirā, المؤسسة المستقرة). Es ignoriert weitestgehend das Instrument der Betriebstätte als solches. Vereinzelt wird allerdings der Begriff des „inländischen Geschäftslokals" (vgl. Art. 41 libEStG) verwendet. Dieser ist mit dem Betriebstättenbegriff zumindest verwandt, wird doch unter einer Betriebstätte international regelmäßig nichts anderes als eine inländische Geschäftseinrichtung verstanden (vgl. z.B. § 12 AO). Sein Wertgehalt ist aber ein anderer. Er markiert gerade nicht die Schwelle, ab der ein Steueranspruch des libanesischen Quellenstaates aufgrund hinreichend enger wirtschaftlicher Verbindung begründet wird, weil nach libanesischem Rechtsverständnis bereits jedes grenzüberschreitende Direktgeschäft einen hinreichenden Anknüpfungspunkt für den Quellensteuerzugriff begründet.[203] Seine zentrale Funktion beschränkt sich vielmehr auf die Anwendbarkeit des Art. 41 libEStG, wonach das tatbestandliche Fehlen eines „inländischen Geschäftslokals" (AR: maḥal li-muzāwalat l-mehnā fī lubnān, محل لمزاولة المهنة في لبنان) mit den Rechtsfolgen belegt wird, dass die Einkommensteuerbemessungsgrundlage pauschal von den Bruttoeinnahmen ermittelt,[204] einem gesonderten Steuersatz unterworfen und die Einkommensteuer im Wege des abgeltenden Steuerabzugs erhoben wird. Ratio dieser Regelung ist es hierbei, die Durchsetzung des libanesischen Besteuerungsanspruchs in den Fällen sicherzustellen, in denen der Steuerpflichtige sich außerhalb der

---

202 Vgl. zur Überlassung eines Nutzungsrechts an Informationssystemen *libFinMin*, Verordnung Nr. 898/1 v. 08.04.2010, Amtsblatt der libanesischen Republik, 2010, Nr. 44 v. 23.09.2010, S. 5643 f, unter Art. 5 und 6.

203 Vgl. Kapitel 3.A.II.1., S. 72.

204 Ein wesentlicher Unterschied liegt in der Bemessungsgrundlage: Während Liefergewinneinkünfte gemäß Art. 42 libEStG dem Steuerabzug vom Bruttoertrag unterliegen, ermitteln Betriebstätten ihre Einkünfte nach allgemeinen Grundsätzen; vgl. zum Ganzen *Ṣāleḥ*, Grundlagen der libESt, Band 1, S. 711 ff; *Farḥāt*, Die Steuerrechtsordnung, S. 106.

fiskalischen Einflusssphäre befindet und inländische Vermögensgegenstände, auf die der Fiskus notfalls zurückgreifen kann, nicht vorhanden sind.

Trotz des zum Teil erheblichen Steuerbelastungsunterschieds, der sich aus der Anwendung der Art. 41 ff. libEStG ergeben kann, bleibt der Begriff des „inländischen Geschäftslokals" im Libanon konturlos. Weder enthält das libanesische Steuerrecht eine Legaldefinition, noch haben Rechtsprechung und Finanzverwaltung bis dato die Gelegenheit ergriffen, die Tragweite des Begriffs eindeutig zu klären. In der Literatur sind die betreffenden Ausführungen teilweise sehr konfus und nicht nachvollziehbar. *Ṣāleḥ*[205] erörtert beispielsweise den Betriebstättenbegriff, ohne dass hierbei ein Zusammenhang erkennbar ist. Andere beschränken ihre Ausführungen auf die Aufzählung von Regelbeispielen, bei denen „typischerweise" von einer Betriebstätte auszugehen ist.[206] Zu den Regelbeispielen zählten hiernach insbesondere jedes feste Geschäft (AR: maḥal, محل) oder Büro (AR: maktab, مكتب) sowie die Zweigniederlassung (AR: Fereʿ, فرع). Der Begriff der Betriebstätte ist im Libanon eng mit diesen Begriffen verbunden. Sie werden teilweise als Synonym verwendet.

1. *Errichtung einer Zweigniederlassung*

Deutsche Unternehmungen können Ihre Geschäftsaktivität über eine im Libanon installierte (abhängige) Zweigniederlassung (AR: Fereʿ, فرع) wahrnehmen (Art. 28 ff. libHGB).[207] Die Niederlassung ist zur Eintragung in das libanesische Handelsregister anzumelden (Art. 28 Abs. 1; 29 Abs. 1 libHGB). Zweigniederlassungen ausländischer Unternehmungen unterliegen der handelsrechtlichen Buchführungspflicht. Steuerlich begründen sie nach libanesischem Verständnis eine libanesische Betriebstätte der deutschen Stammunternehmung.

2. *Errichtung eines Repräsentationsbüros*

Ausländischen und damit auch deutschen Unternehmungen ermöglicht das libanesische Recht, ein Repräsentationsbüro (AR: maktab tamṯīlī, مكتب تمثيلي) im Inland zu unterhalten, ohne dass dadurch eine steuerliche Betriebstätte begründet wird. Repräsentationsbüros sind nach libanesischem Rechtsverständnis rechtlich

205 Grundlagen der libESt, Band I, S. 56.

206 Vgl. *Qṭayš/Hašem*, Besteuerung der libHoldingG und der libOffshoreG, S. 256; *Farḥāt*, Die Steuerrechtsordnung, S. 108; *Ṭarabiyeh*, Die Steuern vom Einkommen, S. 39.

207 Vgl. *Jaber*, Introduction to Business Law, S. 88 ff; *Ṭaha*, Grundlagen des Handelsrechts, S. 593.

unselbstständige Geschäftseinrichtungen eines Unternehmens, die regelmäßig als informelle Anlaufstelle für Geschäftspartner und Kunden fungieren oder für Zwecke der Marktbeobachtung und der Durchführung von Produktwerbung eingerichtet werden.[208] Sie nehmen nur vorbereitende und Hilfstätigkeiten wahr, werden selbst jedoch nicht unternehmerisch aktiv tätig und generieren somit auch keine Einkünfte. Hilfstätigkeiten in diesem Sinne sind beispielsweise die Pflege von Kundenbeziehungen, die Marktbeobachtung, die Informationsbeschaffung sowie die Werbeaktivität.[209] Die Gründung eines Repräsentationsbüros bedarf indes der Genehmigung des Wirtschaftsministeriums.

Steuerlich wird der grenzüberschreitende Leistungsaustausch trotz eines Stützpunktes im Libanon dort als Direktgeschäft qualifiziert und ist nach Maßgabe der Art. 41 ff. libEStG von der deutschen Unternehmung zu versteuern.[210] Unterhält also die deutsche Unternehmung ein Repräsentationsbüro im Libanon, so wird hierdurch nach libanesischem Verständnis grundsätzlich keine steuerliche Betriebstätte begründet. Voraussetzung hierfür ist, dass das Repräsentationsbüro keine Einkünfte generiert und damit ausschließlich passive (z.B. vorbereitende) Tätigkeiten erbringt. Durch die inländische Unternehmung im Libanon erzielte Einkünfte werden demzufolge nicht als Betriebstättenerfolg erfasst, sondern als Einkünfte aus Direktgeschäft besteuert. Wird allerdings das Repräsentationsbüro mit der Durchführung des grenzüberschreitenden Leistungsaustauschs in Verbindung gebracht, so wird insoweit eine steuerliche Betriebstätte angenommen.[211] Die Schwelle für die Zuordnung zum Repräsentationsbüro ist bedauerlicherweise nicht abschließend geklärt. Die Finanzverwaltung scheint aber hier sehr weite Grenzen zu setzen. So soll beispielsweise bereits eine Umqualifizierung in eine Betriebstätte erfolgen, wenn das Repräsentationsbüro ermächtigt ist, Verträge zu verhandeln oder die Gegenleistung für die von der deutschen Unternehmung erbrachte Leistung entgegenzunehmen.[212]

Durch diese Behandlung eines Repräsentationsbüros kann ein Verstoß gegen die Systematik der internationalen Besteuerung nicht konstatiert werden. Denn das Repräsentationsbüro übernimmt ausschließlich passive Tätigkeiten

---

208 Vgl. *Ṣāleḥ*, Grundlagen der libESt, Band I, S. 138; *Qṭayš/Hašem*, Besteuerung der libHoldingG und der libOffshoreG, S. 257.

209 Vgl. zum Ganzen *Ṣāleḥ*, Grundlagen der libESt, Band I, S. 138.

210 Vgl. Kapitel 3.A.II, S. 72.

211 Vgl. *libFinMin*, Verwaltungsanweisung, Nr. 2603/Ṣ1, v. 23.12.2002; *Ṣāleḥ*, Grundlagen der libESt, Band I, S. 138.

212 Vgl. *libFinMin*, Verwaltungsanweisung, Nr. 2603/Ṣ1, v. 23.12.2002; *Ṣāleḥ*, Grundlagen der libESt, Band I, S. 138.

und generiert keine eigenen Einkünfte. Selbst wenn also aus der Sicht des (deutschen) Ansässigkeitsstaat das Repräsentationsbüro als Betriebstätte qualifiziert wird, könnte ein unmittelbarer grenzüberschreitender Leistungsaustausch der inländischen Unternehmung zum Libanon als Direktgeschäft qualifiziert und besteuert werden, weil entscheidend dabei die autonome libanesische Wertung ist und es mangels einer Betriebstätte auch nicht auf eine Attraktivkraft ankommt.[213] Wird demgegenüber das Repräsentationsbüro mit der Ausführung der grenzüberschreitenden Leistungsbeziehung in Verbindung gebracht, so wird auch im Libanon eine Umqualifizierung vorgenommen und insoweit eine libanesische Betriebstätte angenommen.

Engagiert sich die deutsche Unternehmung regelmäßig auf dem libanesischen Markt in Form von Direktgeschäften, so kann es zwecks Marktbeobachtung und -präsenz vorteilhaft sein, wenn dort ein Repräsentationsbüro unterhalten wird. Dadurch kann auch in der Markterschließungsphase der Weg für einen späteren intensiveren Einstieg in den libanesischen Markt unkompliziert geebnet werden. Neben der steuerlichen Sonderstellung bietet die Errichtung eines Repräsentationsbüros die Vorteile, dass weder eine Kapitalausstattung benötigt wird noch eine Buchführungspflicht besteht.

3. *Bestellung eines Handelsvertreters oder Vertragshändlers*

Das Handelsvertreterrecht (AR: ʾa-tamṯīl t-tiǧarī, التمثيل التجاري) wird im Libanon durch das Dekretsgesetz Nr. 34 vom 05.08.1967 in der Fassung der Verordnung Nr. 9639 von 1975 („*libHVG*") geregelt. Als Handelsvertreter (AR: ʾal-mumaṯil t-tiǧarī, الممثل التجاري) wird hiernach im Libanon qualifiziert, wer aufgrund seiner gewöhnlichen und selbständigen Tätigkeit dauerhaft damit betraut ist, für einen anderen Unternehmer Geschäfte zu vermitteln oder in dessen Namen und auf dessen Rechnung abzuschließen (Art. 1 Abs. 1 libHVG). Dem Handelsvertreter gleichgestellt werden Vertragshändler, die das exklusive Recht zum Vertrieb von Produkten erhalten und auf eigene Rechnung tätig werden (Art. 1 Abs. 2 libHVG; AR: ʾal-muwazeʿ l-waḥid, الموزع الوحيد).[214]

Das libanesische Handelsvertreterrecht gestattet die Bestellung eines Handelsvertreters sowohl durch inländische als auch ausländische Unternehmungen.

213 Vgl. zum Attraktionsprinzip *Kluge*, Das int. Steuerrecht, Kapitel N, Rn. 2; *Reith*, Int. Steuerrecht, Rn. 4.378.

214 Vgl. zum Ganzen sowie zu den weiteren Regelungen zum Handelsvertreter *Detzer/Zwernemann*, Ausländisches Recht der Handelsvertreter und Vertragshändler, S. 255 ff.

Deutsche Unternehmungen können sich daher zur Abwicklung ihrer grenzüberschreitenden Geschäftsaktivität grundsätzlich eines libanesischen Handelsvertreters bedienen. Voraussetzung ist allerdings, dass der Handelsvertreter selbst ein libanesischer Staatsbürger ist. Denn die Tätigkeit als Handelsvertreter wird zivilrechtlich ausschließlich libanesischen Staatsbürgern vorbehalten (Art. 1 Abs. 3 libHVG). Bei Gesellschaften muss die Mehrheit der Gesellschafter aus libanesischen Staatsbürgern bestehen und das Kapital überwiegend Libanesen gehören (Art. 1 Abs. 4 Buchstabe a libHVG). Für die libanesische Aktiengesellschaft bestehen gemäß Art. 1 Abs. 4 Buchstabe b libHVG weitere Einschränkungen.[215] Die deutsche Unternehmung kann mithin aus zivilrechtlichen Gründen keinen eigenen Handelsvertreterbetrieb im Libanon – etwa durch Gründung einer dortigen Tochtergesellschaft – unterhalten.

Der libanesische Handelsvertreter wird im Libanon nicht als ständiger bzw. abhängiger Vertreter seiner deutschen Unternehmung qualifiziert. Er wird dort entsprechend seiner Rechtsform eigenständig besteuert. Die Rechtsbeziehungen zwischen der deutschen Unternehmung und dem libanesischen Endkunden sind Direktgeschäfte und unterliegen konzeptionell der Besteuerung nach Art. 41 ff. libEStG. Die libanesischen Behörden sehen aber in aller Regel von einer Besteuerung dieses Rechtsgeschäfts ab.

II. Steuerliche Behandlung im libanesischen Betriebstättenstaat

1. Grundlagen der Besteuerung bei Qualifikation als Betriebstätte

Unterhält die deutsche Unternehmung eine Geschäftseinrichtung im Libanon, die nach libanesischer Rechtswertung eine Betriebstätte begründet, so wird das erzielte Betriebstättenergebnis aus libanesischer Sicht der deutschen Stammunternehmung zugerechnet (Einheitsprinzip). Die libanesische Betriebstätte ist mangels rechtlicher Selbstständigkeit nicht steuerrechtsfähig. Als Steuersubjekt unterliegt die deutsche Stammunternehmung mit den Betriebstätteneinkünften der Steuerpflicht nach der ersten Schedule i.S.d. Art. 2 ff. libEStG.

Infolge der generellen Geltung des Quellenprinzips im Libanon wird für Zwecke der Besteuerung nach der ersten Schedule i.S.d. libEStG nicht zwischen beschränkter und unbeschränkter Steuerpflicht unterschieden. Auf die Besteuerung der deutschen Stammunternehmung kommen daher systemimmanent die allgemeinen Ermittlungs- und Erhebungsregelungen zu. Dabei regelt

215 Die Aktiengesellschaft darf nur Namensaktien herausgeben. Der Verwaltungsrat muss zu 2/3 aus libanesischen Staatsangehörigen bestehen.

Art. 11 Nr. 2 libEStG ausdrücklich, dass der Betriebstättengewinn grundsätzlich nach Maßgabe der Realgewinnmethode zu ermitteln ist. Insoweit wird die Besteuerung im Rahmen eines Veranlagungsverfahrens durchgeführt. Die libanesische Einkommensteuer wird grundsätzlich auf den Nettoertrag des Betriebstättenergebnisses erhoben. Abweichende Sondervorschriften, beispielsweise für Vergünstigungen, die die persönlichen Verhältnisse des Steuerpflichtigen berücksichtigen, dürfen nicht in Anspruch genommen werden.

Die Betriebstättengewinne unterliegen dem allgemeinen Einkommensteuertarif. Bei natürlichen Personen kann der progressive Steuertarif bis zu 21% betragen (Art. 32 Abs. 1 libEStG). Für Kapitalgesellschaften ist der Steuersatz demgegenüber proportional ausgestaltet und beträgt 15% (Art. 32 Abs. 2 libEStG). Bei Personengesellschaften entscheidet die Rechtsform des Gesellschafters über die Einschlägigkeit des Steuertarifs.[216]

2. *Besonderheit bei Stammhaus in Form einer Kapitalgesellschaft*

Wird die libanesische Betriebstätte von einer deutschen Stammunternehmung unterhalten, die als Kapitalgesellschaft organisiert ist, so werden die Betriebstätteneinkünfte zusätzlich der Besteuerung nach der dritten Schedule des libEStG unterworfen. Art. 72a Abs. 4 libEStG fingiert insoweit, dass die deutsche Kapitalgesellschaft im Libanon erzielte Betriebstätteneinkünfte unmittelbar aus dem Libanon heraus an ihre Gesellschafter weiterausschüttet. Diese fingierte Ausschüttung wird dann im Libanon besteuert. Mit dieser wird nach libanesischer Rechtswertung der Anteilseigner als Steuersubjekt belastet, wobei die deutsche Kapitalgesellschaft die Steuer im Wege des Abzugs einzubehalten und an die libanesische Finanzbehörde abzuführen hat.[217] Es ist dabei irrelevant, ob die Gewinne an das inländische Stammhaus transferiert oder auf Ebene der Betriebstätte thesauriert werden. Wird also das Auslandsengagement einer deutschen Kapitalgesellschaft im libanesischen Quellenstaat als Betriebstätte qualifiziert, so unterliegen die erzielten Betriebstätteneinkünfte dort einer steuerlichen Doppelbelastung. Zum einen werden sie von der Besteuerung nach der ersten Schedule des libEStG (Art. 2 ff. libEStG) erfasst; zum anderen unterliegen sie der Besteuerung nach der dritten Schedule des libEStG (Art. 72a Abs. 4 libEStG libEStG).

Die für den Anteilseigner steuerpflichtbegründende Ausschüttungsfiktion setzt tatbestandlich voraus, dass die deutsche Kapitalgesellschaft libanesische Betriebstätteneinkünfte erwirtschaftet (vgl. Art. 72a Abs. 4 libEStG). Nicht erforderlich

---

216 Vgl. Kapitel 2.B.II.3. e), S. 48.
217 Vgl. Kapitel 2.B.II.5. b), S. 55.

ist demgegenüber, dass ein formeller Ausschüttungsbeschluss vorliegt oder die Ausschüttung tatsächlich durchgeführt wird. Die libanesische Besteuerung beim Anteilseigner wird vielmehr schon durch die Tatbestandsverwirklichung der deutschen Kapitalgesellschaft (Erwirtschaftung libanesischer Betriebstätteneinkünfte) im Wege einer Fiktion zwingend ausgelöst. Diese Rechtskonstruktion zeigt zwar, dass die deutsche Kapitalgesellschaft nach libanesischer Wertung weiterhin als Einkünfteerzielungssubjekt fungiert und dem Anteilseigner eine fremde Tatbestandsverwirklichung im Wege des Zugriffs zugerechnet wird. Der Automatismus zwischen Tatbestandsverwirklichung auf Ebene der deutschen Kapitalgesellschaft und Besteuerung beim Anteilseigner hat auf der anderen Seite de facto zur Folge, dass die Abschirmwirkung der deutschen Kapitalgesellschaft für Zwecke der Besteuerung i.S.d. Art. 72a Abs. 4 libEStG ausgehebelt und damit das Trennungsprinzip durchbrochen wird. Im Ergebnis wird dadurch wirtschaftlich erreicht, dass die deutsche Kapitalgesellschaft transparent behandelt wird.

Die Bemessungsgrundlage wird aus den festgestellten libanesischen Betriebstätteneinkünften abzüglich der Steuer nach der ersten Schedule sowie 10% Rücklage[218] ermittelt. Sie wird mit einem proportionalen Steuertarif i.H.v. 10% belastet.

3. *Ergebnisermittlung und -zuordnung*

Aus der fehlenden Anerkennung der Betriebstätte als Steuersubjekt folgt die Notwendigkeit das erzielte Gesamtergebnis des Einheitsunternehmens auf beide Betriebsteile aufzuteilen (Ergebniszuordnung). Ähnlich wie in Deutschland soll aus libanesischer Sicht das Ergebnis nach seiner wirtschaftlichen Zugehörigkeit funktions- und verursachungsgerecht nach dem Fremdvergleichsgrundsatz (Art. 10 Nr. 2 Satz 1 libAO) aufgeteilt werden. Anders als in Deutschland[219] hält der Libanon aber keine verbindlichen oder sonstige verwaltungsseitige Rechtsquellen für die Aufteilung des erzielten Ergebnisses. Insoweit gilt aber grundsätzlich, dass der Libanon die OECD-Grundsätze für die Ergebnisabgrenzung bei Betriebstätten anerkennt, wenngleich der Libanon kein Mitglied der OECD ist.

Nachweisbare Aufwendungen der deutschen Stammunternehmung, die wirtschaftlich durch die Betriebstätte verursacht sind, sind regelmäßig abzugsfähig (vgl. Art. 7 Abs. 4 Nr. 3 libEStG). Der deutschen Stammunternehmung können ferner mittelbar Aufwendungen entstehen, z.B. durch Verwaltungstätigkeiten.

218 Libanesische Kapitalgesellschaften sind zivilrechtlich verpflichtet, 10% ihres Gewinns in eine Rücklage zurückzustellen. Eine Gewinnverwendung ist insoweit untersagt.

219 Betriebsstättengewinnaufteilungsverordnung, BGBl. I 2014, S. 1603.

Diese sogenannten Stammhausgemeinkosten sind im Libanon dem Grunde nach abzugsfähig. Der Höhe nach werden sie wie folgt berechnet:

$$\frac{\text{Summe der Aktivposten in der libanesischen Betriebstätte} \times \text{Aufwendungen der Stammunternehmung}}{\text{Summe der Aktivposten im Einheitsunternehmen}}$$

Ihre Abzugsfähigkeit wird allerdings auf 3% der Gesamteinkünfte der libanesischen Betriebstätte begrenzt.[220]

Indes wird der steuerpflichtige Gewinn nach der Realgewinnmethode ermittelt (Art. 11 Nr. 2 libEStG).[221] Betriebstätten deutscher Stammunternehmungen unterliegen im Libanon einer eigenständigen Buchführungspflicht.[222] Weitergehende Dokumentationspflichten bestehen nicht.

4. *Lieferungs- und Leistungsbeziehungen zur Stammunternehmung*

Lieferungs- und Leistungsbeziehungen zwischen der libanesischen Betriebstätte und ihrer deutschen Stammunternehmung werden wegen fehlender Eigenständigkeit der Betriebstätte grundsätzlich nicht anerkannt. Ein tatsächlich durchgeführter Leistungsaustausch ist der Höhe nach unter fremdüblichen Bedingungen (Fremdvergleichsgrundsatz) abzurechnen und zuzuordnen.[223] Auch für Verrechnungspreise hält der Libanon weder eine verbindliche Rechtsquelle noch eine verwaltungsseitig bindende Verrechnungspreisrichtlinie bereit. Dem Vernehmen nach erkennt die libanesische Finanzverwaltung aber in aller Regel die Ermittlung der Verrechnungspreise nach Maßgabe der OECD-Leitsätze für multinationale Unternehmen an.

Gesetzliche Dokumentationspflichten bestehen im Libanon nicht. Dennoch ist es hier empfehlenswert, ein Mindestmaß an Dokumentation der internen Preisermittlung einzuhalten, um bei Betriebsprüfungen Schwierigkeiten vorzubeugen.

---

220 Vgl. *libFinMin*, Verwaltungsanweisung Nr. 121/Ṣ1 v. 23.01.2003; *Ṣāleḥ*, Bilanzsteuerrecht, S. 194; *ders.*, Grundlagen der libESt, Band I, S. 754; *Ṭarabiyeh*, Die Steuern vom Einkommen, S. 119.

221 Vgl. Kapitel 2.B.II.3. d) (1) (a), S. 41.

222 *Ṣāleḥ*, Grundlagen der libESt, Band I, S. 747.

223 Vgl. *Ṣāleḥ*, Grundlagen der libESt, Band I, S. 746 ff.

C. Grenzüberschreitende Beteiligungsverhältnisse

I. Grundzüge des libanesischen Gesellschaftsrechts

Das libanesische Gesellschaftsrecht unterscheidet zwischen Handelsgesellschaften (AR: ʾA-šarika t-tiğariya, الشركة التجارية) einerseits und bürgerlichen Gesellschaften (AR: ʾA-šarika l-madaniya, الشركة المدنية) andererseits. Die Qualifikation der Gesellschaft als Handels- oder bürgerliche Gesellschaft richtet sich nach dem im Gesellschaftsvertrag verankerten Gesellschaftszweck.[224] Ist der Gesellschaftszweck auf die Ausübung einer Handelstätigkeit gerichtet, so handelt es sich um eine Handelsgesellschaft. Ist dieser demgegenüber auf die Ausübung einer nichtkaufmännischen, bürgerlichen Tätigkeit gerichtet, so liegt eine bürgerliche Gesellschaft vor. Bei Mischtätigkeiten liegt eine Handelsgesellschaft vor.[225] Übt die Gesellschaft eine Handelstätigkeit aus, obwohl der im Gesellschaftsvertrag verankerte Gesellschaftszweck ein bürgerlicher ist, so ist die tatsächlich ausgeübte Tätigkeit entscheidend.[226]

Anders als im deutschen Recht kennt das libanesische Recht die Gesellschaft bürgerlichen Rechts nicht als eigenständige Gesellschaftsform. Es sollen daher im Ansatz alle Gesellschaftsformen geeignet sein, bürgerliche Tätigkeiten auszuüben.[227] Das bedeutet im Ergebnis, dass auch der Gesellschaftszweck von Kapitalgesellschaften grundsätzlich bürgerlicher Natur sein kann. Für die libanesischen Aktiengesellschaften und Kommanditgesellschaften auf Aktien fingiert Art. 9 libHGB das Vorliegen einer Handelsgesellschaft, selbst wenn der Gesellschaftszweck ein bürgerlicher ist. Teilweise wird dies auch für die libanesische Gesellschaft mit beschränkter Haftung angenommen.[228]

Die konkrete Einordnung des Gesellschaftszwecks ist insbesondere in Grenzfällen (z.B. Vermögensverwaltung) mit erheblichen Erschwernissen behaftet: Zum einen existiert eine Legaldefinition der bürgerlichen Tätigkeit im libanesischen Recht nicht.[229] Hierunter werden im Allgemeinen solche Tätigkeiten erfasst, die

---

224 Vgl. *lib. Kassationsgericht*, Urteil v. 12.03.1963, mağmuʿat Ḥātem, Kapitel J 51, S. 40; *Ṭaha*, Grundlagen des Handelsrechts, S. 315; *Al-Bustāni*, Wirtschafts- und Gesellschaftsrecht, S. 306.

225 Vgl. *Ṭaha*, Grundlagen des Handelsrechts, S. 316.

226 Vgl. *Ṣāleḥ*, Grundlagen der libESt, Band I, S. 63; *Al-Bustāni*, Wirtschafts- und Gesellschaftsrecht, S. 306.

227 Vgl. *Al-Bustāni*, Wirtschafts- und Gesellschaftsrecht, S. 306.

228 Vgl. *Ṭaha*, Grundlagen des Handelsrechts, S. 318; *Nāssīf*, Die Enzyklopädie des Handelsrechts, Band VI: Die libSARL, S. 31.

229 *Ghosson*, Die bürgerlichen Gesellschaften im libanesischen Recht, S. 5.

nicht Handelstätigkeiten sind. Zum anderen enthält Art. 6 libHGB zwar eine gesetzliche Definition für die Handelstätigkeiten. Diese umschreibt jedoch nicht in abstrakter Weise die betroffenen Tätigkeiten, sondern zählt beispielhaft mehrere Tätigkeiten auf, die als Handelstätigkeiten nebst ihnen gleichgestellten Tätigkeiten fungieren. Klar ist aber, dass die Tätigkeiten der freien Berufe nicht als Handels-, sondern als bürgerliche Tätigkeiten zu qualifizieren sind.[230]

Ebenso wie das deutsche Recht kennt die libanesische Rechtsordnung die Unterscheidung zwischen Personen- und Kapitalgesellschaften.[231] Allerdings haben nach libanesischer Sicht alle Gesellschaftsformen eine eigene Rechtspersönlichkeit und sind folglich juristische Personen (Art. 45 libHGB). Sodass dieses Wesensmerkmal als Abgrenzungskriterium ausscheidet.

1. Personengesellschaften

Personengesellschaften (AR: Šarikāt l-ʾašḫāṣ، شركات الاشخاص) sind nach libanesischem Rechtsverständnis Vereinigungen von Personen, die einen gemeinsamen und gleichgelagerten Zweck verfolgen.[232] Sie sind gänzlich verselbständigt und stellen juristische Personen mit eigener Rechtspersönlichkeit dar (Art. 45 libHGB). Daher werden Rechtsbeziehungen zwischen dem Gesellschafter und der Personengesellschaft aus zivilrechtlicher Sicht grundsätzlich in vollem Umfange anerkannt. Die Gesamthand ist dem libanesischen Recht fremd. Wie das französische Recht,[233] kennt auch das libanesische Zivilrecht eine mehrheitliche Zuständigkeit an einem Recht ausschließlich in der Form des Miteigentums.

An einer Personengesellschaft können sich dem Grundsatz nach sowohl natürliche als auch juristische Personen beteiligen.[234] Ob auch juristische Personen in Form von Kapitalgesellschaften als persönlich haftende Gesellschafter fungieren können, ist im libanesischen Handelsrecht bis dato ungeklärt.

2. Kapitalgesellschaften

Übereinstimmend mit der deutschen Rechtslage stellen Kapitalgesellschaften (AR: Šarikāt l-ʾamwāl, شركات الأموال) nach libanesischem Verständnis privatrechtliche Körperschaften dar, die vom Bestand ihrer Mitglieder unabhängig

230 So auch *Ṣāleḥ*, Grundlagen der libESt, Band I, S. 63.
231 Vgl. *Ṣāleḥ*, Grundlagen der libESt, Band I, S. 64.
232 *Al-Bustāni*, Wirtschafts- und Gesellschaftsrecht, S. 306.
233 Vgl. hierzu *Hahn*, RIW 2008, 212.
234 Vgl. *Ṭaha*, Grundlagen des Handelsrechts, S. 275.

sind.[235] Sie sind gänzlich verselbständigt und stellen juristische Personen mit eigener Rechtspersönlichkeit dar (Art. 45 libHGB). Rechtsbeziehungen zwischen dem Gesellschafter und seiner Kapitalgesellschaft werden zivilrechtlich grundsätzlich anerkannt.

Das libanesische Kapitalgesellschaftsrecht hält kein kapitalistisches Rechtsvehikel bereit, dessen Anteile ausschließlich von einer Person gehalten werden können (Einperson-Kapitalgesellschaft),[236] vielmehr wird zur Gründung einer Kapitalgesellschaft in der Regel weitergehend eine Mindestanzahl (z.B. 3 bei Aktiengesellschaften) von Gesellschaftern vorausgesetzt. An einer Kapitalgesellschaft können sich im Übrigen sowohl natürliche als auch juristische Personen beteiligen.[237]

3. Überblick über die wesentlichen Gesellschaftsformen

a) Šarikat t-taḍāmun (Société en nom collectif)

Die Šarikat t-taḍāmun (AR: شركة التضامن) ist das libanesischen Pendant[238] zur französischen Société en nom collectif und damit auch zur deutschen OHG. Als Synonym für den Begriff Šarikat t-taḍāmun wird daher im Libanon der französische Begriff der Société en nom collectif („*SNC*") verwendet. Zur Vereinfachung soll nachfolgend von der libSNC gesprochen werden.

Die gesellschaftsrechtliche Behandlung der libSNC ergibt sich im Grundsatz aus den Regelungen der Art. 46 bis 76 libHGB sowie ergänzend aus den allgemeinen Vorschriften des libBGB. Die Vorschrift des Art. 46 libHGB charakterisiert die libSNC als eine Vereinigung von zwei oder mehr persönlich und gesamtschuldnerisch haftenden Personen, die unter gemeinschaftlicher Firma tätig wird. Dem ist neben der haftungsrechtlichen Komponente zu entnehmen, dass die Anzahl der beteiligten Personen keiner Höchstbeschränkung unterliegt.

Nach libanesischem Verständnis ist die libSNC den Personengesellschaften zuzuordnen.[239] Als juristische Person ist sie weitestgehend verselbständigt: Sie

235 *Al-Bustāni*, Wirtschafts- und Gesellschaftsrecht, S. 347 f.

236 Vgl. *Ṭaha*, Grundlagen des Handelsrechts, S. 275; *Nāssīf*, Die Enzyklopädie des Handelsrechts, Band VI: Die libSARL, S. 26.

237 Vgl. *Ṭaha*, Grundlagen des Handelsrechts, S. 275; *Nāssīf*, Die Enzyklopädie des Handelsrechts, Band VI: Die libSARL, S. 131.

238 Mit dem nachfolgend verwendeten Begriff „Pendant" ist keine (steuer-) rechtliche Qualifikation der Gesellschaft verbunden; er soll zunächst einen ersten Eindruck zur Einordnung der Gesellschaft innerhalb des libanesischen Rechtssystems vermitteln.

239 Vgl. *Nāssīf*, Die Enzyklopädie des Handelsrechts, Band II: Die SNC, S. 18.

wird als eigene und vollwertige Rechtsperson anerkannt und kann damit im eigenen Namen Rechte erwerben und Verbindlichkeiten eingehen.[240] Ihre Gründung erfordert nicht zwingend den Betrieb eines kaufmännischen Gewerbes.[241] Die Qualifizierung als Handelsgesellschaft richtet sich – wie bereits vorstehend ausgeführt – nach dem im Gesellschaftsvertrag vereinbarten Gesellschaftszweck bzw. nach dem tatsächlichen Betrieb der Gesellschaft.

b) Šarikat t-tawṣiya l-basiṭa (Société en commandite simple)

Die Šarikat t-tawṣiya l-basiṭa (AR: شركة التوصية البسيطة) ist das libanesischen Pendant zur französischen Société en commandite simple und damit auch zur deutschen KG. Als Synonym für die Šarikat t-tawṣiya l-basiṭa wird daher im Libanon der französische Begriff der Société en commandite simple („*SCS*") verwendet. Zur Vereinfachung soll nachfolgend von der libSCS gesprochen werden.

Die gesellschaftsrechtlichen Rahmenbedingungen der libSCS ergeben sich aus dem vierten Abschnitt des zweiten Buches, mithin aus den Art. 226 bis 237 libHGB.[242] Bei dieser Gesellschaftsform haftet eine Gesellschaftergruppe unbeschränkt (FR: associés commandités; AR: ʾa-šuraka' el-mufawaḍīn, الشركاء المفوضين), während eine andere Gesellschaftergruppe (FR: associés commanditaires AR: ʾa-šuraka' el-muwaṣīn, الشركاء الموصين) nur in Höhe des eingebrachten Vermögens in Anspruch genommen werden kann (Art. 226 libHGB). Ob eine beschränkt haftende Gesellschaft associés commandités sein kann und damit eine mit der deutschen GmbH&Co. KG vergleichbare Rechtsform zulässig ist, ist bis dato noch nicht abschließend geklärt oder höchstrichterlich entschieden. Klar ist demgegenüber, dass eine beschränkt haftende Gesellschaft beschränkt associés commanditaires sein kann.

Ähnlich wie bei der libSNC stellt die libSCS aus libanesischer Sicht eine Personengesellschaft dar, die als juristische Person weitestgehend verselbständigt ist.[243] Von der libSNC unterscheidet sich die libSCS nur dadurch, dass die

240 Vgl. statt vieler *Al-Bustāni*, Wirtschafts- und Gesellschaftsrecht, S. 280 ff.

241 *Nāssīf*, Die Enzyklopädie des Handelsrecht, Band II: Die SNC, S. 10.

242 Die Vorschriften des vierten Abschnitts im zweiten Buch enthalten zugleich Regelungen über die libanesische société en commandite par action („*SCA*", Šarikat t-tawṣiya l-musāhima, شركة التوصية المساهمة), die in ihrer Grundstruktur der deutschen KGaA ähnelt. Nach Art. 232 libHGB unterliegen die Aktionäre den Regelungen der libanesischen Aktiengesellschaft.

243 *Nāssīf*, Die Enzyklopädie des Handelsrechts, Band IV: Die libSCS und die libSEP, S. 19, 26; *Ṭaha*, Grundlagen des Handelsrechts, S. 386, Rn. 428; *'Īd/'Īd*, Der Mediator im Handelsrecht, Band II, S. 142.

Haftung eines Teils ihrer Gesellschafter, nämlich den associés commanditaires, beschränkt ist.[244] Die Vorschriften der libSNC (Art. 46 ff. libHGB) werden aber nicht allgemein, sondern nur punktuell für anwendbar erklärt. Sie gelten für die persönlich haftenden Gesellschafter, mithin die associés commandités (Art. 229 libHGB). Weiterhin wird auf die Gründungs- und Auflösungsvorschriften der libSNC verwiesen (Art. 231 libHGB).

c) Šarikat l-muḥaāṣa (Société en Participation)

Die Šarikat l-muḥaāṣa (Arabisch: شركة المحاصة) ist das libanesischen Pendant zur französischen Société en Participation und damit auch zur deutschen stillen Gesellschaft. Als Synonym für die Šarikat l-muḥaāṣa wird daher im Libanon der französische Begriff der Société en Participation („*SEP*") verwendet. Zur Vereinfachung soll nachfolgend von der libSEP gesprochen werden.

Den gesellschaftsrechtlichen Rahmen der libSEP bilden die Vorschriften des sechsten Buches im zweiten Abschnitt, mithin die Art. 247 bis 253 libHGB. Diese Vorschriften konzentrieren sich auf die Abgrenzung der libSEP von den übrigen Formen des gemeinschaftlichen Engagements und definieren nicht, was unter der libSEP nach libanesischem Verständnis zu verstehen ist. In Abgrenzung zu den übrigen Gesellschaftsformen existiert die libSEP nur zwischen den Vertragsparteien und bleibt Dritten gegenüber unbekannt (Art. 247 libHGB). Sie ist keine juristische Person (Art. 251 libHGB) und wird deshalb in der libanesischen Rechtsordnung nicht als Rechtssubjekt anerkannt. Sie ist folgerichtig nicht rechtsfähig und kann nicht am Rechtsverkehr teilnehmen.[245] Die libSEP wird nicht zur Eintragung in das Handelsregister angemeldet, hat keine Firma und ist weder buchführungs- noch publizitätspflichtig (Art. 250 libHGB).[246] Im Außenverhältnis werden Rechtsbeziehungen ausschließlich und unmittelbar mit demjenigen Gesellschafter begründet, der die konkrete Rechtshandlung vornimmt (Art. 252 libHGB), wenngleich er die Rechtshandlung im Innenverhältnis für Rechnung der Gesellschaft führt. Nur der handelnde Gesellschafter tritt nach Außen in Erscheinung. In der libanesischen Literatur wird die libSEP insoweit als „verdeckter" (AR: Šarika mustatera, شركة مستترة) Zusammenschluss von mindestens zwei Personen umschrieben, bei dem nur eine Vertragspartei nach

244 Vgl. *Al-Bustāni*, Wirtschafts- und Gesellschaftsrecht, S. 342.

245 *Nāssīf*, Die Enzyklopädie des Handelsrechts, Band IV: Die libSCS und die libSEP, S. 232 ff.

246 *'Īd/'Īd*, Der Mediator im Handelsrecht, Band II, S. 162.

Außen in Erscheinung tritt.[247] Sie wird den Personengesellschaften zugeordnet[248] und als Innengesellschaft qualifiziert (Art. 247 libHGB).[249]

Die aus dem Grundsatz der Vertragsfreiheit resultierende Gestaltungsfreiheit der Parteien reicht bei der libSEP sehr weit. Individuelle Wünsche der Kapitalgeber können daher weitestgehend durch entsprechende Vertragsgestaltung berücksichtigt werden. Nicht anerkannt wird allerdings ein umfassender Beteiligungsausschluss des Gesellschafters am Verlust.[250]

d) ʾA-šarika l-maḥdūdati l-masʾūlīa (Société à résponsabilité limitée)

Die ʾA-šarika l-maḥdūdati l-masʾūlīa (Arabisch: الشركة المحدودة المسؤولية) ist das libanesischen Pendant zur französischen Société à résponsabilité limitée und damit auch zur deutschen GmbH. Als Synonym für die ʾA-šarika l-maḥdūdati l-masʾūlīa wird daher im Libanon der französische Begriff der Société à résponsabilité limitée („*SARL*") verwendet. Zur Vereinfachung soll nachfolgend von der libSARL gesprochen werden.

Die libSARL hat ihre gesetzliche Grundlage im Gesetzesdekret über die ʾA-šarika l-maḥdūdati l-masʾūlīa Nr. 35 vom 05.08.1967 („*libSARLG*"), das als siebter Abschnitt dem zweiten Buch des libHGB hinzugefügt wurde. Sie ist eine Gesellschaft, für deren Verbindlichkeiten die Gesellschafter nur mit ihren Beiträgen haften (Art. 1 libSARLG) und ist daher mit der deutschen GmbH vergleichbar.[251] Anders als in Deutschland ist aber in der libanesischen Zivilrechtsliteratur sehr umstritten, ob die libSARL nach libanesischem Recht eine Personen- oder Kapitalgesellschaft darstellt. Die überwiegende Ansicht tendiert zur Anerkennung der libSARL als zwittriges Element zwischen der Personen- und der Kapitalgesellschaft.[252] Jedenfalls stellt die libSARL aber als juristische Person ein vollwertiges Rechtssubjekt dar.

---

247 *Al-ʿrayīni/Al-Fakī*, Das Handelsrecht, S. 411, Rn. 212.

248 *Nāssīf*, Die Enzyklopädie des Handelsrechts, Band IV: Die libSCS und die libSEP, S. 244.

249 Vgl. *Nāssīf*, Die Enzyklopädie des Handelsrechts, Band IV: Die libSCS und die libSEP, S. 247; *ʿĪd/ʿĪd*, Der Mediator im Handelsrecht, Band II, S. 162.

250 *Ṭaha*, Grundlagen des Handelsrechts, S. 398.

251 Die Vergleichbarkeit zur deutschen GmbH wird in der libanesischen Literatur häufig erwähnt, vgl. statt vieler *Ṭaha*, Grundlagen des Handelsrechts, S. 539.

252 Vgl. *ʿĪd/ʿĪd*, Der Mediator im Handelsrecht, Band II, S. 187; *Nāssīf*, Die Enzyklopädie des Handelsrechts, Band VI: Die libSARL, S. 21; *Al-Bustāni*, Wirtschafts- und Gesellschaftsrecht, S. 485; a.A. *Al-ʿrayīni/Al-Fakī*, Das Handelsrecht, S. 735.

Die libSARL nach libanesischem Recht kann grundsätzlich zu jedem gesetzlich erlaubten Zweck errichtet werden, der weder die öffentliche Ordnung verletzt noch gegen die guten Sitten verstößt.[253] Auch Freiberufler (z.B. Rechtsanwälte) können eine libSARL zur Berufsausübung errichten. Die gesetzliche Mindestkapitalausstattung beträgt gemäß Art. 7 libSARLG LBP 5 Mio. (~ EUR 2.500). Eine Höchstgrenze existiert demgegenüber nicht.[254]

Gesellschafter einer libSARL können natürliche und juristische Personen sein. Die Mindestanzahl der Gesellschafter beträgt drei Personen (Art. 5 Abs. 1, 1. Halbsatz libSARLG). Damit ist die Gründung einer Einperson-libSARL ausgeschlossen. Eine Mindestbeteiligung des jeweiligen Gesellschafters ist nicht erforderlich. Das libanesische Recht kennt zudem mit 20 Gesellschaftern eine Obergrenze für die Gesellschafteranzahl (Art. 5 Abs. 1, 1. Halbsatz libSARLG). Eine Erweiterung auf bis zu 30 Gesellschaftern ist nur für den Fall vorgesehen, dass die Überschreitung der Obergrenze auf einem Erwerb von Todes wegen beruht. (Art. 5 Abs. 1, 2. Halbsatz libSARLG). Wird die Obergrenze von 30 Gesellschaftern überschritten, so ermöglicht das libanesische Recht innerhalb einer zweijährigen Frist, dass die libSARL in eine libanesische Aktiengesellschaft umgewandelt wird. Andernfalls ist sie aufzulösen (Art. 5 Abs. 2 libSARLG).

e) ʾA-šarika l-muġfala (Société Anonyme)

Die ʾA-šarika l-muġfala (Arabisch: الشركة المغفلة) ist das libanesische Pendant zur französischen Société Anonyme und damit auch zur deutschen AG. Gleichbedeutend wird der Begriff ʾA-šarika l-musāhima (Arabisch: الشركة المساهمة) verwendet, der wörtlich als Aktiengesellschaft übersetzt werden kann. Als Synonym für den Begriff ʾA-šarika l-muġfala wird im Libanon der französische Begriff Société Anonyme („*SA*") verwendet. Zur Vereinfachung soll nachfolgend von der libSA gesprochen werden.

Die libSA ist eine Gesellschaftsform mit eigener Rechtspersönlichkeit, deren Grundkapital in fungible Aktien zerlegt und bei der die Haftung ihrer Mitglieder auf das gezeichnete Kapital beschränkt ist (Art. 77 libHGB). Ihre rechtlichen Grundlagen finden sich im dritten Abschnitt des zweiten Buches, mithin in den Art. 77 bis 225 des libHGB. Die libSA kann zu jedem beliebigen Zweck gegründet werden. Die gesetzliche Mindestkapitalausstattung beträgt gemäß Art. 83

253 *ʿĪd/ʿĪd*, Der Mediator im Handelsrecht, Band II, S. 190; *Sader*, libHGB, Art. 3 libSARLG, Rn. 372.

254 Kritisch *ʿĪd/ʿĪd*, Der Mediator im Handelsrecht, Rn. 464; *Al-ʿrayīni/Al-Fakī*, Das Handelsrecht, S. 741.

libHGB LBP 30 Mio. (~ EUR 18.500).[255] Der Zeichnungspreis einer Aktie darf LBP 1.000 (~ EUR 0,60) nicht unterschreiten (Art. 84, 1. Halbsatz libHGB).

Die Mindestanzahl der Mitglieder beträgt drei Personen (Art. 79 Abs. 1 libHGB), wobei eine gesetzliche Mindestbeteiligungsquote nicht existiert. Eine Mitgliedschaft können sowohl natürliche als auch juristische Personen erwerben.[256] Die Staatsangehörigkeit der Mitglieder ist im Grundsatz irrelevant, sodass auch ausländische Beteiligungen am Grundkapital möglich sind.[257] Eine Ausnahme besteht lediglich für die Beteiligung an einer libSA, wenn sie Aufgaben wahrnimmt, die im öffentlichen Interesse stehen (Art. 78 Abs. 3 libHGB). In diesem Falle muss ein Drittel der Anteile libanesischen Staatsbürgern zuzurechnen sein.[258]

f) ʾA-šarika l-qābiḍa (Holdinggesellschaft)

Die ʾA-šarika l-qābiḍa (Arabisch: الشركة القابضة) wird gesetzlich gleichbedeutend mit dem Begriff ʾA-šarika al-holding (Arabisch: الشركة الهولدينغ) verwendet. Zur Vereinfachung soll nachfolgend von der libHoldingG gesprochen werden.

Die libHoldingG hat kein Pendant im deutschen (Gesellschafts-) Recht. Denn anders als im deutschen hat das libanesische Rechtssystem ausdrückliche gesetzliche Vorschriften betreffend die Holdinggesellschaft. Gesellschaftsrechtlich verankert ist die libHoldingG nicht etwa im libHGB, sondern vielmehr in einem eigens hierfür erlassenen Dekret Nummer 45 vom 24.06.1983 betreffend das Regime von libHoldingG („*libHoldGG*"). Bei dieser Gesellschaft handelt es sich indes nicht um eine eigenständige Gesellschaftsform, die zu den vorgenannten Formen zusätzlich hinzukommt. Die libanesische Holdinggesellschaft stellt vielmehr nach allgemeiner Auffassung der libanesischen Literatur eine Unterform der libSA dar, deren Gegenstand auf die in Art. 2 libHoldGG enumerativ aufgezählten Tatbestände beschränkt ist.[259] Art. 5 libHoldGG ordnet insoweit die uneingeschränkte Anwendung der Vorschriften betreffend die libSA an, soweit das libHoldGG keine abweichenden Regelungen enthält.

---

255 Für bestimmte Tätigkeiten kann im Einzelfall eine gesonderte Regelung bestehen. So beträgt beispielsweise das Mindestkapital einer libSA, deren Gegenstand das Betreiben eines Versicherungsunternehmens ist, LBP 300 Mio. (~ EUR 185.000), vgl. hierzu *Al-ʿrayīni/Al-Fakī*, Das Handelsrecht, HGB, S. 450.

256 *Al-ʿrayīni/Al-Fakī*, Das Handelsrecht, HGB, S. 234.

257 Vgl. *Al-ʿrayīni/Al-Fakī*, Das Handelsrecht, S. 450.

258 Eine Reduzierung bis auf 20% durch das Wirtschaftsministerium ist in bestimmten Fällen möglich, vgl. *Al-ʿrayīni/Al-Fakī*, Das Handelsrecht, S. 451.

259 Vgl. statt vieler *Ṣāleḥ*, Grundlagen der libESt, Band II, S. 60.

Gegenstand einer Holdinggesellschaft kann hiernach sein:

- das Halten und Verwalten von Kapitalgesellschaftsanteilen (Nr. 1);
- die Übernahme der Geschäftsführung von Kapitalgesellschaften, an denen eine Beteiligung besteht (Nr. 2);
- die Kreditgewährung an und die Bürgschaftsübernahme für Kapitalgesellschaften, an denen eine Beteiligung von mindestens 20% besteht (Nr. 3);
- das Halten, Verwalten und die Nutzungsüberlassung von Rechten, insbesondere von Patenten, Lizenzen und Markenrechten (Nr. 4);
- das Halten und Verwalten von beweglichem und unbeweglichem Vermögen (Nr. 5).

Neben teilweisen Vereinfachungen in der Publizitätspflicht (vgl. z.B. Art. 5 Nr. 6 libHoldGG) bietet die Gründung einer Holdinggesellschaft vor allem steuerliche Anreize. So werden beispielsweise Ausschüttungen auf Beteiligungen an Holdinggesellschaften von der Besteuerung nach der dritten Schedule des libEStG grundsätzlich ausgenommen (Art. 6 Abs. 1 libHoldGG),[260] sodass die Gründung einer libSA in Form einer Holdinggesellschaft vornehmlich steuerlich motiviert sein wird.

g) ʾA-šarika l-maḥṣūr našāṭiha ḫāriǧ lubnān (Offshoregesellschaft)

Neben der Gründung einer Holdinggesellschaft gestattet der Libanon die Gründung einer sogenannten ʾA-šarika l-maḥṣūr našāṭiha ḫāriǧ lubnān (Arabisch: الشركة المحصور نشاطها خارج لبنان). Die ʾA-šarika l-maḥṣūr našāṭiha ḫāriǧ lubnān wird gesetzlich gleichbedeutend mit dem Begriff ʾA-šarika al-offshore (Arabisch: الشركة الاوف شور) verwendet. Zur Vereinfachung soll nachfolgend von der libanesischen Offshore-Gesellschaft oder der Offshore-Gesellschaft libanesischen Rechts („*libOffshoreGG*") gesprochen werden.

Ihre gesetzliche Grundlage hat die Offshore-Gesellschaft im Dekret Nr. 46 vom 24.06.1983 betreffend das Regime von Gesellschaften, die ausschließlich außerhalb des Libanon tätig sind („*libOffshoreGG*"). Wie schon bei der Holdinggesellschaft handelt es sich auch bei der Offshore-Gesellschaft nicht um eine eigenständige Gesellschaftsform, sondern vielmehr um eine Unterform der libSA (Art. 3 Abs. 1 libOffshoreGG), deren Gegenstand auf die in Art. 1 libOffshoreGG enumerativ aufgezählten Tatbestände beschränkt ist. Gemeinsam haben die Tatbestände des Art. 1 libOffshoreGG, dass sie als außerhalb des Libanon getätigt gelten. Hierzu gehören insbesondere:

---

260 *Qṭayš/Hašem*, Besteuerung der libHoldingG und der libOffshoreG, S. 179.

- Das Aushandeln von Verträgen betreffend Geschäfte, deren Umsetzung außerhalb des libanesischen Territorialgebiets erfolgt (Nr. 1);
- Geschäftsführung von Unternehmen sowie Dienstleistungen im Bereich der Informationstechnologie, wenn die Auftraggeber außerhalb des Libanon ansässig sind (Nr. 2);
- Betrieb eines Überseetransports (Nr. 3)
- Halten und Verwalten von Anteilen an Kapitalgesellschaften, deren Sitz sich außerhalb des libanesischen Territorialgebiets befindet (Nr. 4) usw.

Neben Vereinfachungen in der Publizitätspflicht (Art. 3 Nr. 8 libOffshoreGG) bietet die Gründung einer Holdinggesellschaft vor allem steuerliche Anreize.[261] Die Gründung einer Offshore-Gesellschaft wird daher vornehmlich steuerlich motiviert sein.

II. Steuerliche Behandlung

1. Grundlagen der Gesellschaftsbesteuerung im Libanon

Die Ertragsbesteuerung von Gesellschaften richtet sich im Wesentlichen nach Maßgabe der Regelungen des libEStG. Dabei werden alle Gesellschaftsformen denselben Regelungen unterworfen, sodass die zivilrechtliche Unterscheidung zwischen Handelsgesellschaften und bürgerlichen Gesellschaften keine unmittelbaren ertragsteuerlichen Auswirkungen hat.[262]

Einkünfte aus der operativen Tätigkeit sämtlicher Gesellschaftsformen werden von der Steuer der ersten Schedule erfasst. Steuersubjekt ist hiernach nicht nur die natürliche Person. Der persönliche Anwendungsbereich erstreckt sich vielmehr gemäß Art. 3 libEStG auch auf juristische Personen, wobei auch Personengesellschaften kraft gesetzlicher Anordnung als rechtsfähige juristische Personen gelten (Art. 45 libHGB). Dies manifestiert zudem die Vorschrift des Art. 4 Buchstabe a libEStG, die eine beispielhafte Aufzählung der steuerpflichtigen Personen enthält, indem sie ausdrücklich sämtliche Gesellschaftsformen der Einkommensteuerpflicht unterwirft. Trotzdem werden die Organisationsformen durch ein äußerst komplexes Zusammenspiel mehrerer Vorschriften steuerlich unterschiedlich behandelt. Wenn man die libSARL – entgegen einer in der gesellschaftsrechtlichen Literatur vertretenen Ansicht, wonach diese eine

261 Vgl. *Qṭayš/Hašem*, Besteuerung der libHoldingG und der libOffshoreG, S. 216.

262 Von bürgerlichen Gesellschaften wird z.B. gesellschaftsrechtlich und somit auch steuerlich keine Buchführung verlangt; vgl. *Ṣāleḥ*, Grundlagen der libESt, Band I, S. 64.

Personengesellschaft darstellt[263] – als Kapitalgesellschaft einordnet,[264] kann im Ausgangspunkt zwischen der Besteuerung von Personengesellschaften einerseits und Kapitalgesellschaften andererseits differenziert werden. Eine Optionsmöglichkeit besteht indes nicht. Ebenso wie im deutschen Steuerrecht entscheidet also die zivilrechtliche Organisationsform über das Besteuerungsregime.

Demgegenüber unterliegen die Einkünfte aus beweglichem Kapitalvermögen den Regelungen der Steuer der dritten Schedule nach dem libEStG. Hierunter fallen insbesondere die Gewinnausschüttungen und Ausbeuten aus den Kapitalgesellschaftsbeteiligungen.

2. *Besteuerung der Kapitalgesellschaften*

a) *Konzeptionelle Ausgestaltung*

Libanesische Kapitalgesellschaften stehen ihren Anteilseignern als eigenständige Steuersubjekte gegenüber (Trennungsprinzip). Bei ihnen thesaurierte Gewinne werden den Anteilseignern nicht zugerechnet (Abschirmwirkung). Erst im Ausschüttungsfall werden die Dividenden beim bezugsberechtigten Anteilseigner belastet (vgl. Art. 69 Nr. 1 libEStG). Demnach werden die libSARL und die libSA im libanesischen Sitzstaat grundsätzlich nach dem Kapitalgesellschaftskonzept besteuert. Aus der steuerlichen Eigenständigkeit folgt die Notwendigkeit, zwischen der steuerlichen Behandlung der libanesische Kapitalgesellschaft und ihrer Anteilseigner zu differenzieren. Weitergehend wird die Einkommensbesteuerung im Libanon auf der jeweiligen Ebene des Steuersubjekts in aller Regel durch ein souveränes, in sich geschlossenes System durchgeführt (Schedulenbesteuerung): Während die libanesische Kapitalgesellschaft mit ihrem operativen Gewinn der Steuerpflicht der ersten Schedule nach dem libEStG unterliegt, erfolgt die steuerliche Belastung der Dividenden auf Ebene des Anteilseigners nach Maßgabe der Steuer der dritten Schedule nach dem libEStG. Eine wiederholte Belastung mit der Steuer nach der ersten Schedule des libEStG auf Ebene des Anteilseigners ist ausgeschlossen (Art. 9 libEStG).

---

263 Vgl. *ʿĪd/ʿĪd*, Der Mediator im Handelsrecht, Band II, S. 187; *Nāssīf*, Die Enzyklopädie des Handelsrechts, Band VI: Die libSARL, S. 21; *Al-Bustāni*, Wirtschafts- und Gesellschaftsrecht, S. 485; a.A. *Al-ʿrayīni/Al-Fakī*, Das Handelsrecht, S. 735.

264 Die libanesische Finanzverwaltung qualifiziert die libSARL als Kapitalgesellschaft, vgl. *libFinMin*, Anleitung Nr. 619/Ṣ1 v. 19.03.1971.

(1) Ebene der libanesischen Kapitalgesellschaft

Erwirtschaftet die libanesische Kapitalgesellschaft Gewinne aus libanesischen Einkunftsquellen, so unterliegt sie damit der Steuerpflicht nach der ersten Schedule des libEStG (Art. 4 Buchstabe a i.V.m. Art. 3 libEStG). Mit ihren Auslandsgewinnen wird sie demgegenüber grundsätzlich nicht zur Besteuerung herangezogen, weil die Besteuerung im Libanon vom Quellenprinzip und Territorialitätsprinzip dominiert wird. Der proportionale Steuersatz beträgt 15% (Art. 32 Abs. 1 libEStG).

(2) Besteuerung auf Ebene des Anteilseigners

Bei der libanesischen Kapitalgesellschaft thesaurierte Gewinne unterliegen nicht der Besteuerung beim Anteilseigner (Trennungsprinzip). Bezieht der Anteilseigner Gewinnausschüttungen von der libanesischen Kapitalgesellschaft, so unterliegt er mit diesen Dividenden infolge inländischer Realisierung der libanesischen Einkommensteuerpflicht. Der ausgeschüttete Gewinn muss dabei nicht zwangsläufig aus Einkünften resultieren, die im Libanon erwirtschaftet wurden. Ausreichend für die inländische Realisierung ist vielmehr, dass der Gewinn aus einer nach libanesischem Recht errichteten Kapitalgesellschaft bezogen wird.

Im Grundsatz werden Dividendeneinkünfte nach der dritten Schedule des libEStG mit einem Steuersatz von 10% besteuert (Art. 69 Nr. 1 i.V.m. Art. 72a Abs. 1 libEStG). Abweichend beträgt der Steuersatz in den Fällen des Art. 72a Abs. 5 libEStG 5% der Dividendenerträge. Hierzu gehören insbesondere Dividenden einer an der Beiruter Börse gelisteten libSA. Für deutsche Investoren besonders relevant ist ferner die Ermäßigung auf 5% in den Fällen, in denen die libSA statuarisch mindestens 20% ihrer Anteile ausländischen Aktiengesellschaften vorbehält, die ihrerseits an einer Börse eines OECD-Mitgliedstaates gelistet sind und gehandelt werden. Deutschland ist Mitgliedstaat der OECD. Beteiligt sich also eine deutsche börsennotierte Aktiengesellschaft mit mindestens 20% an einer libSA, so unterliegen die erzielten Dividenden abweichend einer libanesischen Quellenbesteuerung i.H.v. 5%.

Bemessungsgrundlage ist die Bruttodividende ohne jedweden Abzug. Diese Einkünfte unterliegen dem Steuerabzug an der Quelle. Die ausschüttende libanesische Kapitalgesellschaft ist daher zum Einbehalt der Steuer verpflichtet, die anschließend an das Finanzamt abzuführen ist (Art. 75 Abs. 1 libEStG).

Abweichend hiervon unterliegen die Dividendeneinkünfte ausschließlich der Einkommensbesteuerung nach der ersten Schedule des libEStG, soweit sie dem betrieblichen Bereich zuzuordnen sind (Art. 70 Abs. 1 i.V.m. Art. 8 Abs. 1 libEStG). Bemessungsgrundlage ist der Nettogewinn i.S.d. Art. 6 libEStG. Der Steuersatz variiert in Abhängigkeit von Rechtsform des Bezugsberechtigten und Höhe des erzielten Nettogewinns.[265] Nach Auffassung der libanesischen Finanzjudikatur und der Finanzverwaltung werden Einkünfte aus beweglichem Kapitalvermögen dem betrieblichen Bereich zugeordnet und damit nach der ersten Schedule des libEStG besteuert, wenn sie aus der beruflichen Tätigkeit des Anteilseigners resultieren.[266] Das soll beispielsweise für Banken, Wertpapierhandelsunternehmen sowie sonstige Unternehmen im Finanzsektor gelten.[267] Im Umkehrschluss bedeutet das, dass Dividendeneinkünfte eines Unternehmens, dessen originäre Tätigkeit außerhalb des Finanzsektors liegt, regelmäßig der ausschließlichen Besteuerung nach der dritten Schedule des libEStG unterliegen. In diesem Falle werden die Einkünfte zur Vermeidung einer Doppelbelastung beim Anteilseigner aus der Bemessungsgrundlage für die Steuer der ersten Schedule nach dem libEStG abgezogen (Art. 9 und 8 Abs. 2 libEStG).

Durch das Nebeneinander von Besteuerung der Kapitalgesellschaft nach Maßgabe der Steuer der ersten Schedule und ihrer Gesellschafter nach Maßgabe der Steuer der dritten Schedule kommt es im Falle einer Gewinnausschüttung zur wirtschaftlichen Doppelbelastung der erwirtschafteten Einkünfte. Eine generelle Korrektur dieser Doppelbelastung – wie in § 8b KStG – nimmt das libanesische Steuerrecht nicht vor. Vielmehr gewährt es nur eine punktuelle Korrektur, die ihre Grundlage in der Vorschrift des Art. 9 libEStG findet. Hiernach werden Dividendeneinkünfte aus inländischen Schachtelbeteiligungen von der Bemessungsgrundlage der Steuer der ersten Schedule nach dem libEStG ausgenommen. Bezieht also eine libanesische Mutterkapitalgesellschaft von ihrer libanesischen Tochterkapitalgesellschaft Dividendeneinkünfte, so unterbleibt die Besteuerung nach der ersten Schedule des libEStG bei der dividendenberechtigten Muttergesellschaft. Demgegenüber verbleibt es bei der Besteuerung nach der dritten Schedule des libEStG.[268] Bei mehrstufigen Beteiligungsverhältnissen kann es deshalb zur Vervielfachung der Besteuerung auf Anteilseignerebene (Kaskadeneffekt) im Falle der Durchreichung der Dividende kommen. Das soll durch das folgende Beispiel verdeutlicht werden. Das Beispiel ist vereinfacht dargestellt, denn bei der libSARL ist die Beteiligung von mindestens drei Gesellschaftern notwendig.

---

265 Vgl. zur Bemessungsgrundlage und zum Steuersatz Kapitel 2.B.II.3. d), S. 39 ff.

266 Vgl. *lib. Conseil d'état*, Beschluss Nr. 15 v. 24.03.1997, nachzulesen bei *Ṣāleḥ*, Grundlagen der libESt, Band I, S. 626; *libFinMin*, Anleitung Nr. 510/S1 v. 07.06.1997; a.A. *Ṣāleḥ*, Grundlagen der libESt, Band I, S. 626 ff.

267 Vgl. *Farḥāt*, Die Steuerrechtsordnung, S. 301.

268 Vgl. *Ṣāleḥ*, Grundlagen der libESt, Band II, S. 29 ff.

Ausgangsbeispiel:

Die E-libSARL erzielt 100 Einheiten. Hierauf zahlt sie die Steuer nach der ersten Schedule des libEStG i.H.v. 15 Einheiten (15%). Die restlichen 85 Einheiten schüttet sie an ihre Muttergesellschaft T-libSARL aus.

Die Dividendeneinkünfte der T-libSARL unterliegen der Besteuerung nach der dritten Schedule des libEStG i.H.v. 8,5 Einheiten (10%). Eine Besteuerung nach der ersten Schedule des libEStG findet bei der T-libSARL nicht statt (Art. 9 libEStG).

Schüttet die T-libSARL ihrerseits die verbleibenden 76,5 Einheiten an ihre Muttergesellschaft M-libSARL aus, so unterliegen diese Einkünfte wieder einmal der Besteuerung nach der dritten Schedule des libEStG i.H.v. 7,65 Einheiten (10%). Eine Besteuerung nach der ersten Schedule des libEStG findet auch bei der M-libSARL nicht statt (Art. 9 libEStG). Bei weiteren Durchreichungen an höhere Ebenen wiederholt sich dieser Effekt.

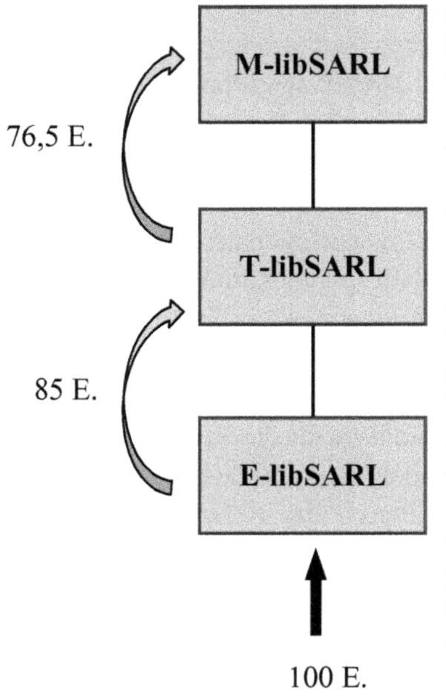

b) Besteuerungsregime bei ausgewählten Gesellschaften

Neben der libSA und der libSARL werden die libHoldingG und die libOffshoreG im Grundsatz dem libanesischen Besteuerungsregime von Kapitalgesellschaften unterworfen: Während die libanesische Kapitalgesellschaft mit ihrem operativen Gewinn der Steuerpflicht der ersten Schedule nach dem libEStG unterliegen, erfolgt die Besteuerung von Dividenden grundsätzlich auf Ebene des Anteilseigners nach Maßgabe der Steuer der dritten Schedule nach dem libEStG. Es gilt das Kapitalgesellschaftskonzept.

Die konkrete Besteuerung der Kapitalgesellschaften in Form der libHoldingG oder der libOffshoreG wird aber durch Sonderregelungen modifiziert, die weitestgehend von Steuerfreistellungen geprägt sind. Für die libHoldingG enthält das libHoldGG, für die libOffshoreG das libOffshoreGG steuerliche Regelungen, die ihnen eine steuerliche Sonderstellung unter den Kapitalgesellschaften einräumen. Im Folgenden soll ein Überblick über das Besteuerungsregime der beiden Gesellschaften dargestellt werden.

(1) Die ʾA-šarika l-qābiḍa (libHoldingG)

Die Einkünfte einer Kapitalgesellschaft in Form einer libHoldingG werden grundsätzlich von der Besteuerung nach der ersten Schedule des libEStG freigestellt (Art. 6 Abs. 1 libHoldGG).[269] Abweichend hiervon werden Einkünfte aus der Nutzungsüberlassung von Patenten (AR: Baraʾāt l-ʾiḫtirāʿ, براءات الإختراع) oder sonstigen urheberrechtlich geschützten Rechten (AR: Saʾer l-ḥuqūq l-maḥfūsa, سائر الحقوق المحفوظة) an libanesische Unternehmungen mit 10% belastet. Demgegenüber sind die Dividenden-Einkünfte der libHoldingG grundsätzlich nicht von der Steuer nach der dritten Schedule des libEStG befreit, die weiterhin im Wege des Abzugs bei der ausschüttenden (Tochter-) Gesellschaft erhoben wird.

Die Vorschrift des Art. 6 Abs. 1 libHoldGG ordnet zudem eine zusätzliche Befreiung der Ausschüttungen einer libHoldingG an ihre Anteilseigner von der Besteuerung nach der dritten Schedule des libEStG an. In persönlicher Hinsicht betrifft diese Steuerfreistellung also nicht die libHoldingG selbst, sondern ihre Anteilseigner.[270] Die libHoldingG ist deshalb nicht verpflichtet, die Steuer der dritten Schedule nach dem libEStG abzuziehen und an das Finanzamt abzuführen.

Ferner unterliegt die libHoldingG einer Pauschalbesteuerung (Art. 6 Abs. 2 Buchstabe h, Satz 1, Halbs. 1 libHoldGG). Die Höhe dieser Pauschalbesteuerung hängt von der Höhe des Eigenkapitals zzgl. der Rücklagen der libHoldingG ab. Dabei darf die Pauschalbesteuerung LBP 5 Mio. (~ EUR 3.000) nicht überschreiten (Art. 6 Abs. 2 Buchstabe h, Satz 1, Halbs. 2 libHoldGG). Für den Steuersatz gilt: Je höher das Eigenkapital, desto niedriger der Steuersatz. Dieser beträgt:

- 6% des Eigenkapitals zzgl. Rücklagen bei vorhandenem Eigenkapital zzgl. Rücklagen von bis LBP 50 Mio. (~ EUR 30.000);
- 4% des Eigenkapitals zzgl. Rücklagen bei vorhandenem Eigenkapital zzgl. Rücklagen zwischen LBP 50 Mio. (~ EUR 30.000) und LBP 80 Mio. (~ EUR 47.000);
- 2% des Eigenkapitals zzgl. Rücklagen bei vorhandenem Eigenkapital zzgl. Rücklagen ab LBP 80 Mio. (~ EUR 47.000).

269 Soweit diese Einkünfte in den Anwendungsbereich des Art. 9 libEStG fallen und schon deshalb von der Besteuerung nach der ersten Schedule des libEStG freigestellt sind, ist die Regelung in ihrem Anwendungsbereich begrenzt, vgl. *Ṣāleḥ*, Grundlagen der libESt, Band II, S. 110.

270 Vgl. *Qṭayš/Hašem*, Besteuerung der libHoldingG und der libOffshoreG, S. 179.

Abwandlung des Ausgangsbeispiels[271]**:**

Die M-libSARL sowie die T-libSARL sind in Abwandlung des Ausgangsbeispiels als libHoldingG organisiert.

Die E-libSARL zahlt weiterhin die Steuer nach der ersten Schedule des libEStG i.H.v. 15 Einheiten (15%). Auch die Dividendeneinkünfte der T-libHoldingG unterliegen weiterhin der Besteuerung nach der dritten Schedule des libEStG i.H.v. 8,5 Einheiten (10%). Eine Besteuerung nach der ersten Schedule des libEStG findet bei der T-libSARL nicht statt (Art. 9 libEStG).

Schüttet nun die T-libHoldingG ihrerseits die verbleibenden 76,5 Einheiten an ihre Muttergesellschaft M-libHoldingG aus, so unterliegen diese Einkünfte nicht der Besteuerung nach dem libEStG. Ungeachtet der Ausschüttungen unterliegt die T-libHoldingG einer jährlichen Pauschalbesteuerung zwischen 2 und 6% des Eigenkapitals zzgl. der Rücklagen.

Die weitere Ausschüttung durch die M-libHoldingG an ihre Anteilseigner unterliegt nicht der Besteuerung nach dem libEStG. Auch die M-libHoldingG unterliegt einer jährlichen Pauschalbesteuerung zwischen 2 und 6% des Eigenkapitals zzgl. der Rücklagen.

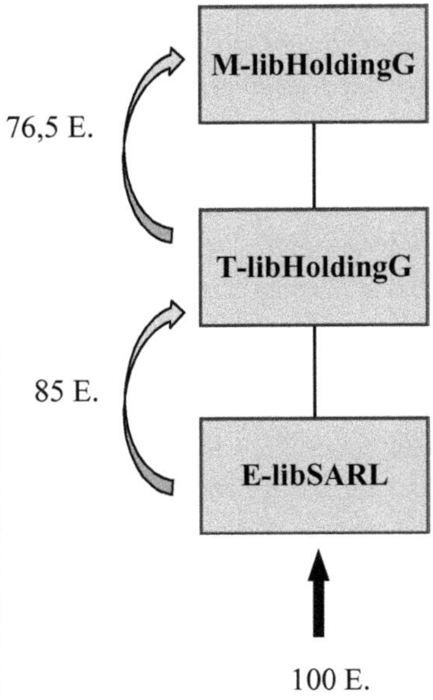

Bei mehrstufigen Beteiligungsverhältnissen erscheint die Zwischenschaltung einer libHoldingG geeignet, den konstatierten Kaskadeneffekt im Falle der Durchreichung von Dividenden zu unterbrechen. Bei zweistufigen Beteiligungsverhältnissen kann der Kaskadeneffekt sogar vollständig vermieden werden. Das gilt auch für den Fall, in dem – wie in der dargestellten Abwandlung – alle übergeordneten Kapitalgesellschaften als libHoldingG organisiert sind. Es ist dabei zu beachten, dass durch die steuerlichen Sonderregelungen zur libHoldingG steuersystematisch keine privilegierende Begünstigung statuiert wird. Vielmehr wird vergleichbar der deutschen Regelung des § 8b Abs. 1 KStG die Durchreichung in einem mehrstufigen Beteiligungsverhältnis grundsätzlich steuerfrei

271 Vgl. Kapitel 3.C.II.2.a) (2), S. 94.

gestellt.[272] Auf der anderen Seite darf nicht verkannt werden, dass die libHoldingG jährlich eine Pauschalsteuer in Höhe von maximal LBP 5 Mio. (~ EUR 3.000) abzuführen hat. Daher muss im Einzelfall untersucht werden, ob eine entsprechende Gestaltung mit libHoldingG sinnvoll erscheint oder ob dies nicht der Fall ist.

(2) ʾA-šarika l-maḥṣūr našāṭiha ḫāriǧ lubnān (libOffshoreG)

Die Einkünfte einer libSA in Form einer libOffshoreG werden grundsätzlich von der Besteuerung nach der ersten Schedule des libEStG freigestellt (Art. 4 Satz 1, Halbs. 1 libOffshoreGG). Das gilt nicht für den Gewinn, der durch Veräußerung von Wirtschaftsgütern des Anlagevermögens entsteht. Dieser Veräußerungsgewinn unterliegt weiterhin der Besteuerung nach Maßgabe des Art. 45 libEStG (Art. 8 libOffshoreGG).[273] Statt der Besteuerung nach der ersten Schedule des libEStG wird eine pauschalierte Steuer in Höhe von LBP 1 Mio. (~ EUR 600) erhoben (Art. 4 Satz 1, Halbs. 2 libOffshoreGG). Für Einkünfte aus der grenzüberschreitenden Kapitalüberlassung wird die libOffshoreG ebenso von der Steuer nach der dritten Schedule des libEStG befreit (Art. 6 Halbs. 2 libOffshoreGG).[274]

Ferner ordnet die Vorschrift des Art. 6 Halbs. 1 libOffshoreGG zusätzlich eine Befreiung der Ausschüttungen einer libOffshoreG von der Besteuerung nach der dritten Schedule des libEStG an. In persönlicher Hinsicht betrifft diese Steuerfreistellung also nicht die libOffshoreG selbst, sondern ihre Anteilseigner.[275] Die libOffshoreG ist – ähnlich wie schon bei der libHoldingG – deshalb nicht verpflichtet, die Steuer der dritten Schedule nach dem libEStG abzuziehen und an das Finanzamt abzuführen.

Hinzu kommen noch einige Steuerprivilegierungen, wie beispielsweise die erbschaft- und schenkungsteuerfreie Übertragung der Anteile an einer libOffshoreG (Art. 6 Halbs. 2 libOffshoreGG).[276]

c) Schuldrechtliche Lieferungs- und Leistungsbeziehungen

Schuldrechtliche Liefer- und Leistungsbeziehungen – beispielsweise in Form von Kauf-, Dienst-, Miet-, Pacht- oder Darlehensverträgen – zwischen der Kapitalgesellschaft und ihrem Anteilseigner werden im Libanon zivilrechtlich grundsätzlich

---

272 Vgl. zur deutschen Rechtslage *Gosch*, in Gosch, KStG, § 8b Rn. 1; *Herzig*, DB 2003, 1459.

273 Vgl. zur Besteuerung nach Art. 45 libEStG Kapitel 2.B.II.3. f), S. 48.

274 Eingehend *Qṭayš/Hašem*, Besteuerung der libHoldingG und der libOffshoreG, S. 341.

275 Vgl. *Qṭayš/Hašem*, Besteuerung der libHoldingG und der libOffshoreG, S. 334 f.

276 Vgl. zu den Steuerfreistellungen eingehend *Qṭayš/Hašem*, Besteuerung der libHoldingG und der libOffshoreG, S. 331 ff.

anerkannt (Trennungsprinzip). Anknüpfend an die zivilrechtliche Eigenständigkeit werden diese Gesellschaft-Gesellschafter-Rechtsbeziehungen auch steuerlich prinzipiell wie Rechtsbeziehungen zu Außenstehenden behandelt und damit dem Grunde nach anerkannt.[277] Der Höhe nach hängt ihre steuerliche Anerkennung aber davon ab, ob sie unter fremdüblichen Bedingungen (AR: qīmat ʿamaliyāt mušābiha bayna šaḫṣayn mustaqilayn wa ḍumn šurūṭ tanāfussiya kāmila, قيمة عمليات مشابهة بين شخصين مستقلين و ضمن شروط تنافسية كاملة) vereinbart und durchgeführt werden (Fremdvergleichsgrundsatz; Art. 10 Nr. 2 Satz 1 libAO). Grenzüberschreitende Gewinnverschiebungen zwischen verbundenen Personen (AR: ʾal-ʾašḫāṣ l-mutarābiṭīn, الأشخاص المترابطين) werden gemäß Art. 15 libEStG i.V.m. Art. 10 Nr. 2 Satz 1 libAO korrigiert.

Die Vorschrift des Art. 10 Nr. 2 Satz 3 libAO ermächtigt das libanesische Finanzministerium, die Anwendung des Fremdvergleichsgrundsatzes näher zu regeln. Von dieser Ermächtigung macht das libanesische Finanzministerium in Art. 2 bis 5 ihrer Entscheidung Nr. 453/1 vom 22. April 2009[278] Gebrauch. Nach Art. 2 Abs. 1, Halbs. 2 dieser Verwaltungsentscheidung sind Transaktionen (AR: ʿamaliyāt, عمليات) zwischen verbundenen Personen zu einem angemessenen Marktwert (AR: ʾal-qīma as-sawqiya l-ʿādila, القيمة السوقية العادلة) durchzuführen. Ein angemessener Marktwert bedeutet nach der Legaldefinition des Art. 2 Abs. 2 der erwähnten Entscheidung, dass die vereinbarte Vergütung oder das vereinbarte Entgelt fremdüblichen Bedingungen entsprechen muss. Trotz dieser grundsätzlichen Anerkennung des Fremdvergleichsgrundsatzes hält der Libanon weder eine verbindliche Rechtsquelle für die Verrechnungspreise noch eine verwaltungsseitig bindende Verrechnungspreisrichtlinie bereit. Dem Vernehmen nach erkennt die libanesische Finanzverwaltung in aller Regel die Ermittlung der Verrechnungspreise nach Maßgabe der OECD-Leitsätze für multinationale Unternehmen an, wenngleich der Libanon kein Mitglied der OECD ist.

Bemerkenswert ist ferner, dass der libanesische Conseil d´état in einer älteren Entscheidung annahm, dass das Finanzamt die Gewinnverschiebung i.S.d. Art. 15 libEStG nachweisen müsse.[279] Ob dies auch nach Erlass der relativ modernen libAO weiterhin gilt, ist noch ungeklärt.

Die Personen werden als verbunden angesehen, wenn eine Person kraft gesellschaftsrechtlicher Vereinbarung ein Aufsichts- und Leitungsrecht über eine

---

277 Vgl. *libFinMin*, Memorandum Nr. 354 v. 10.08.1955; *Ṣāleḥ*, Grundlagen der libESt, Band I, S. 746.

278 Amtsblatt der libanesischen Republik, 2009, Nr. 19 v. 30.04.2009, S. 2515 ff.

279 *lib. Conseil d´état*, Entscheidung Nr. 69 v. 28.04.1970, vgl. auch *Ṣāleḥ*, Grundlagen der libESt, Band I, S. 752 f.

andere Person ausüben kann (Art. 10 Nr. 2 Satz 2 libAO i.V.m. Art. 4 Abs. 1 bis 3 der Entscheidung Nr. 453/1). Das wiederrum wird bei Kapitalgesellschaften jedenfalls dann anzunehmen sein, wenn der Anteilseigner die Mehrheit am Kapital hält, aufgrund dessen er die Stimmrechtsmehrheit inne hat (Art. 4 Abs. 4 Buchstabe ā, Satz 1, Halbs. 1 der Entscheidung Nr. 453/1). Bei der Berechnung werden die Beteiligungen naher Angehöriger zusammengefasst (Art. 4 Abs. 5 der Entscheidung Nr. 453/1).

Übersteigt die zwischen verbundenen Personen vereinbarte Vergütung oder das vereinbarte Entgelt das, was fremde Dritte vereinbart hätten, so wird der übersteigende Teil auf Ebene der Kapitalgesellschaft dem Gewinn hinzugerechnet und der Besteuerung nach der ersten Schedule des libEStG unterworfen (Art. 15 libEStG). Im Ergebnis wirkt der übersteigende Teil als Gewinnverwendung nicht erfolgsmindernd. Auf Ebene des Anteilseigners ist eine Einkünftekorrektur demgegenüber aus libanesischer Sicht nicht zwingend. Gemäß Art. 5 der Entscheidung Nr. 453/1 ist eine Einkünftekorrektur nur auf Antrag des Steuerpflichtigen vorzunehmen, falls dieser ein berechtigtes Interesse vorbringen kann. Für den Fall, dass das Vereinbarte das, was fremde Dritte vereinbart hätten, unterschreitet, hält das libEStG keine ausdrückliche Regelung bereit. Es sollte aber in umgekehrter Weise parallel laufen.

3. *Besteuerung der libanesischen Personengesellschaften*

a) *Konzeptionelle Ausgestaltung*

Die Vorschrift des Art. 4 Buchstabe a libEStG statuiert eine Steuerpflicht nach der ersten Schedule für „sämtliche Gesellschaftsformen“ und damit auch für Personengesellschaften.[280] Wenngleich allerdings diese Regelung und die vollständige gesellschaftsrechtliche Verselbständigung von Personengesellschaften (mit Ausnahme der libSEP, vergleichbar einer stillen Gesellschaft) eine am Trennungsprinzip orientierte Besteuerung nahelegt, entschied sich der libanesische Steuergesetzgeber für einen anderen Weg, der seine Grundlage in der Regelung des Art. 35 libEStG findet.

Libanesische Rechtsgebilde in Form einer libSNC (vergleichbar einer OHG) oder libSCS (vergleichbar einer KG) unterliegen kraft ihrer Rechtsfähigkeit der Einkommensteuerpflicht der ersten Schedule nach dem libEStG (Art. 4 Buchstabe a libEStG). Der Umfang dieser Steuerpflicht beschränkt sich dabei auf die im Libanon erzielten Einkünfte (Quellensteuerprinzip; Territorialitätsprinzip). Daneben werden die Gesellschafter von der Vorschrift des Art. 35 Abs. 1 libEStG persönlich

280 Vgl. *Ṣāleḥ*, Grundlagen der libESt, Band I, S. 63; *Šīḥa*, Die Steuergesetze, S. 87.

verpflichtet, die Steuerschuld der Gesellschaft anteilig zu tragen. Das Ergebnis der zivilrechtsfähigen Personengesellschaft wird daher den Gesellschaftern entsprechend der gesellschaftsrechtlichen Vereinbarungen anteilig zugeordnet.[281] Ergänzend hierzu stellt Art. 35 Abs. 2 libEStG klar, dass „die dem Gesellschafter nach Abs. 1 der Vorschrift auferlegte Steuer in jedem Falle als Schuld der Gesellschaft" gilt. Dabei ist zu beachten, dass diese Regelung ihrem ausdrücklichen Wortlaut nach nur die Besteuerung der Gesellschafter einer libSNC und libSCS, nicht hingegen die Besteuerung der Gesellschafter einer libSEP betrifft, sodass letztlich die libSEP einem gesonderten Besteuerungsregime unterliegt.[282] Insgesamt lässt sich damit zwischen der Besteuerung zivilrechtsfähiger und der Besteuerung nicht zivilrechtsfähiger Personengesellschaften unterscheiden.

Verfahrensrechtlich werden die Gesellschafter der libSNC und libSCS persönlich verpflichtet, eine Steuererklärung über den sie betreffenden Gewinnanteil bei der zuständigen Finanzbehörde abzugeben (Art. 10 Abs. 4 libEStG). Das gilt jedoch nicht für die Associés commanditaires und insgesamt für Gesellschafter, die die Fähigkeit zur Beteiligung an einer Handelsgesellschaft nicht besitzen.[283] In diesen Fällen verbleibt es bei der Steuererklärungspflicht der Gesellschaft.

b) Einordnung in das System der Mitunternehmerschaften

Die Einordnung des Besteuerungskonzepts in das System der Mitunternehmerschaften erfordert, dass (1) die libanesischen Personengesellschaften transparent besteuert und (2) Vergütungen aus schuldrechtlichen Leistungsbeziehungen ihren Gesellschaftern zugerechnet werden.[284]

(1) Transparenzprinzip und Steuerrechtsfähigkeit der libSNC und libSCS

Ausgehend vom dargelegten Besteuerungskonzept für zivilrechtsfähige Personengesellschaften wird in der libanesischen Steuerliteratur konstatiert, dass die der Personengesellschaft verliehene Zivilrechtsfähigkeit von der Steuerrechtsordnung ausweislich des Art. 35 Abs. 1 libEStG nicht anerkannt werde.[285] Steuerlich besitze die Personengesellschaft keine eigenständige Rechtspersönlichkeit

---

281 Vgl. *Ṣāleḥ*, Grundlagen der libESt, Band II, S. 17.

282 *Ṭarabiyeh*, Die Steuern vom Einkommen, S. 39.

283 Das ist beispielsweise der Fall, wenn Insolvenz eintritt.

284 Vgl. *Scheffler*, Int. betriebswirtschaftliche Steuerlehre, S. 330.

285 Vgl. *Ṣāleḥ*, Grundlagen der libESt, Band II, S. 17 f., 252; *Farḥāt*, Die Steuerrechtsordnung, S. 127.

und könne folgerichtig kein Subjekt der libanesischen Einkommensteuer sein.[286] Vielmehr unterliege der Gesellschafter einer Personengesellschaft derselben steuerlichen Behandlung wie eine natürliche Person, die ein Einzelunternehmen betreibt.[287] Hierfür spreche die zivilrechtliche Unternehmereigenschaft des Gesellschafters einer Personengesellschaft. Auch finde diese Betrachtungsweise in der Regelung des Art. 10 Abs. 4 libEStG eine Stütze, wonach die Gesellschafter[288] einer Personengesellschaft persönlich verpflichtet sind, eine Steuererklärung über den sie betreffenden Gewinnanteil bei der zuständigen Finanzbehörde abzugeben. Demnach sei die Personengesellschaft transparent zu behandeln.

Inhaltlich spricht gegen die Sichtweise der libanesischen Literatur jedenfalls nicht, dass libanesische Personengesellschaften kraft gesetzlicher Anordnung juristische Personen und damit vollständig zivilrechtsfähig sind. Die Zivilrechtsfähigkeit ist im Allgemeinen weder Voraussetzung noch notwendige Folge der Steuerrechtsfähigkeit und damit ihrer steuerlichen Transparenz.[289] Für die Frage nach der Steuerrechtsfähigkeit kann nur entscheidend sein, ob die jeweilige Personengesellschaft Zuordnungssubjekt von steuerlichen Rechten und Pflichten sein kann.[290] Ausgangspunkt der Überlegungen muss demzufolge stets die unumstrittene[291] Einbeziehung von Personengesellschaften in den Kreis der Steuerpflichtigen durch Art. 4 Buchstabe a libEStG sein: Verleiht die Rechtsordnung einer Person die Steuerrechtsfähigkeit, so ordnet sie dieser zugleich Pflichten zu, mit denen auch Rechte verbunden sein können.[292] Folge der Verleihung der Steuerrechtsfähigkeit ist die Anerkennung - wenn auch nur konkludent - als Steuersubjekt. Die Eigenschaft als Steuersubjekt ist dann zwangsläufig verbunden mit der Steuerrechtsfähigkeit.[293]

Es bleibt allerdings zu klären, ob die Regelung des Art. 35 Abs. 1 libEStG - entsprechend der im Libanon vertretenen Auffassung - geeignet ist, die einmal konstatierte Steuerrechtsfähigkeit in einem zweiten Schritt zu entziehen. Dabei bestehen keine Bedenken dahingehend, dass die Konstruktion als Grundsatz-

286 Vgl. *Ṣāleḥ*, Grundlagen der libESt, Band II, S. 17f., 252; *Farḥāt*, Die Steuerrechtsordnung, S. 127.
287 Vgl. *Farḥāt*, Die Steuerrechtsordnung, S. 127.
288 *Farḥāt*, Die Steuerrechtsordnung, S. 127.
289 So auch *Rüsken*, in Klein, AO, § 33 Rn. 3.
290 *König*, in König, AO, § 33 Rn. 2; *Rüsken*, in Klein, AO, § 33 Rn. 3.
291 Vgl. *Ṣāleḥ*, Grundlagen der libESt, Band I, S. 63.
292 Ähnlich *Rüsken*, in Klein, AO, § 33 Rn. 3, der die Steuerpflichtigkeit und Steuerrechtsfähigkeit als zwei Facetten eines und desselben Tatbestandes sieht.
293 So *Seer*, in Tipke/Lang, Steuerrecht, § 6 Rn. 31.

Ausnahme-Verhältnis grundsätzlich möglich ist, wenngleich sie sehr künstlich erscheint. Es ist allerdings zweifelhaft, ob die hier in Rede stehende Vorschrift des Art. 35 Abs. 1 libEStG inhaltlich die Entziehung der Steuerrechtsfähigkeit zu ermöglichen vermag. Ihrem Wortlaut nach ordnet die Vorschrift eine persönliche Steuerpflicht für die Gesellschafter einer libSNC oder einer libSCS an. Dabei wird auf die Ebene der Personengesellschaft selbst kein Bezug genommen, sodass das vorstehende Ergebnis der libanesischen Literatur nur aus einer Auslegung der Vorschrift des Art. 35 Abs. 1 libEStG als Zurechnungsnorm resultieren kann. Gleichwohl wird diese Frage im Libanon ausgeblendet und nicht thematisiert. Ob durch die Anordnung des Art. 35 Abs. 1 libEStG die Einkünfte der Gesellschaft nach libanesischer Auffassung also unmittelbar dem Gesellschafter als originäre Einkünfte oder diesem vielmehr etwa auf einer zweiten Ebene zugerechnet werden, bleibt damit ungeklärt. Die vertretene Auffassung zur Steuerrechtsfähigkeit von Personengesellschaften dürfte aber nahelegen, dass man damit die unmittelbare Zurechnung favorisiert.

Eine unmittelbare Zurechnung an den Gesellschafter scheint zwar auf den ersten Blick im Widerspruch zur nach Art. 4 Buchstabe a libEStG festgestellten Steuerrechtsfähigkeit der Personengesellschaften zu stehen. Dies mag sich aber relativieren, wenn man mit *Hahn*[294] davon ausgeht, dass *„unterschiedlich gestufte Rechtsfähigkeiten denkbar"* sind. Der Wertgehalt des Rechtsfähigkeitsbegriffes im Libanon wäre also nicht deckungsgleich mit demselbigen in Deutschland, was in dem Umstand eine Stütze findet, dass die Gesellschafter einer Personengesellschaft für die Gesellschaftsschulden haften können, obschon diese zivilrechtsfähig ist.[295]

Die Gesamtbetrachtung der Vorschrift des Art. 35 libEStG legt dennoch das gegenteilige Ergebnis nahe: Die Vorschrift des Art. 35 Abs. 2 libEStG konstatiert unmissverständlich, dass „die dem Gesellschafter nach Abs. 1 der Vorschrift auferlegte Steuer in jedem Falle als Schuld der Gesellschaft" gilt. Dadurch wird erkennbar, dass die Steuerpflicht der Gesellschafter nach Art. 35 Abs. 1 libEStG die Steuerschuld der Personengesellschaft nicht ersetzen, sondern gerade unberührt lassen soll. Dafür spricht auch die Regelung des Art. 19 libAO, wonach die Gesellschafter persönlich und gesamtschuldnerisch für die Steuerschulden der Gesellschaft und der übrigen Gesellschafter haften. Es ist insoweit denkbar, dass Art. 35 Abs. 1 libEStG eine zusätzliche persönliche Steuerschuldnerschaft des Gesellschafters statuieren will, die neben der Gesellschaftsschuld besteht. Ebenso ist es aber auch denkbar und wohl sachgerechter, dass die von der Personengesellschaft

294 RIW 2008, 212.

295 So auch *Hahn*, RIW 2008, 212 zur Rechtslage bei der französischen SNC.

als Rechtsperson erwirtschafteten Einkünfte erst auf einer zweiten Ebene dem Gesellschafter zugerechnet werden. Insoweit besteht eine gewisse Vergleichbarkeit mit der deutschen Rechtslage, wo die Personengesellschaft in der Einheit ihrer Gesellschafter Einkünfte auf einer ersten Ebene erwirtschaften kann (§ 15 Abs. 1 Nr. 1 EStG), die aber dann anschließend den Gesellschaftern zugerechnet werden (§ 15 Abs. 1 Nr. 2 EStG). Anders als in Deutschland, wo eine Steuerschuld nur auf Ebene des Gesellschafters entsteht, leistet der Gesellschafter einer libanesischen Personengesellschaft auf die Steuerschulden der Personengesellschaft. Er ist in diesem Falle nur ein Entrichtungspflichtiger, der gegebenenfalls für die Nichtentrichtung haftet. Dieser Lösungsansatz hat sich inzwischen auch in Frankreich, wo die Rechtslage eine ähnliche ist, durchgesetzt.[296]

Die Auffassungen in der libanesischen Literatur tragen der grundlegenden Bedeutung der Frage nach der Steuerrechtsfähigkeit von Personengesellschaften insgesamt nicht gebührend Rechnung. Zahlreiche für die Besteuerung der Personengesellschaften wesentliche Fragen bleiben unbeantwortet. Ungeklärt bleibt vor allem, weshalb die Regelung des Art. 35 libEStG die Steuerrechtsfähigkeit der Personengesellschaften tangieren soll, stellt doch Art. 35 Abs. 2 libEStG ausdrücklich klar, dass diese selbst weiterhin als Steuerschuldner fungieren. Bisher hat sich aber weder die libanesische Rechtsprechung noch die libanesische Finanzverwaltung zu diesem Themenkomplex geäußert, sodass die vorstehenden Auffassungen der Steuerliteratur bis dato unwidersprochen blieben und allgemein als herrschende Rechtslage gelten. Nicht überraschend ist demgegenüber, dass jene Auffassungen mit der früher in Frankreich zur selben Thematik vertretenen These[297] weitestgehend übereinstimmen. Dass sich dort aber inzwischen eine Gegenauffassung durchgesetzt hat, wonach der Personengesellschaft eine gewisse Steuerrechtsfähigkeit zuerkannt wird, bleibt in der libanesischen Literatur unberücksichtigt. De lege ferenda wäre eine Orientierung an der aktuellen französischen Rechtslage naheliegend und angesichts der feststellbaren Tendenz libanesischer Autoren, die französische Rechtslage zu übernehmen, wohl auch wahrscheinlich. Es ist unabhängig von der rechtlichen Tragfähigkeit dieser Lösungsansätze klar, dass der aktuelle Lösungsansatz der libanesischen Literatur den eindeutigen Sinngehalt der Regelung des Art. 35 Abs. 2 libEStG konterkariert und damit nicht überzeugend ist. Die libanesischen Personengesellschaften sind demzufolge nach hier vertretener Auffassung Steuersubjekte für Zwecke

296 Vgl. hierzu *Hahn*, RIW 2008, 212.

297 Vgl. zur früheren und herrschenden Rechtslage in Frankreich zusammenfassend *Hahn*, RIW 2008, 212 m.w.N.

der Besteuerung nach der ersten Schedule des libEStG und damit grundsätzlich steuerrechtsfähig. Anders als im deutschen[298] Steuerrecht, wo die Gesamtheit der Gesellschafter in ihrer gesamthänderischen Verbundenheit den Tatbestand der Einkünfterzielung verwirklicht, realisiert demzufolge die libanesische Personengesellschaft selbst als Rechtsperson den Einkünfteerzielungstatbestand.

Fraglich bleibt hiernach, ob die Behauptung der libanesischen Steuerliteratur, die Besteuerung von Personengesellschaften sei im Libanon vom Transparenzprinzip geprägt, aufrecht erhalten bleiben kann. Für eine transparente Besteuerung wird zwar im Allgemeinen gefordert, dass die Tatbestandsverwirklichungen durch die Personengesellschaft selbst erfolgt und das Ergebnis den Gesellschaftern zugerechnet und von diesen versteuert wird.[299] Der Ausdruck „transparent" ist aber kein Bestandteil einer internationalen Steuerterminologie mit einem festen Wertgehalt.[300] Sein Wertgehalt kann in unterschiedlichen Jurisdiktionen variieren. Klar ist demgegenüber, dass der Wertgehalt des Transparenzprinzips im Libanon nicht mit dem in Deutschland übereinstimmt, sondern nur teilweise vergleichbar ist. In diesen Fällen wird in der Literatur der Ausdruck „semitransparent"[301] verwendet. Das erscheint sachgerecht, weil dadurch sprachlich zum Ausdruck kommt, dass die libanesischen Personengesellschaften nicht nach Maßgabe des Transparenzprinzips besteuert werden, wie dieses von der internationalen Rechtspraxis teilweise verstanden wird.

(2) Schuldrechtliche Liefer- und Leistungsbeziehungen

Schuldrechtliche Liefer- und Leistungsbeziehungen zwischen der Personengesellschaft und ihren Gesellschaftern werden infolge der Selbständigkeit der Personengesellschaft zivilrechtlich vollständig anerkannt. Steuerlich lässt sich im Libanon demgegenüber keine klare Linie erkennen, vielmehr wird die steuerliche Anerkennung dieser Leistungsbeziehungen punktuell bei Fehlen eines Systems versagt. Im Wesentlichen geht es hier um Geschäftsführungs- und Kapitalüberlassungsvereinbarungen zwischen der Personengesellschaft und ihren Gesellschaftern.

Gemäß Art. 7 Abs. 3 Nr. 5 libEStG dürfen „persönliche Aufwendungen" (AR: ʾa-nafaqāt š-šaḫṣiya, النفقات الشخصية) die Bemessungsgrundlage des Steuerpflichtigen nicht als Betriebsausgaben mindern. Hierunter fallen nach dem ausdrücklichen

298 Vgl. *BFH*, Urteil v. 25. 06.1984 - GrS. 4/82, BStBl. II 1984, 751.

299 Vgl. *Reiß*, in Kirchhof, EStG, § 15 Rn. 163; sowie ähnlich zur Lage bei der französischen SNC *Hahn*, RIW 2008, 212.

300 So auch *Hahn*, RIW 2008, 212.

301 Vgl. *Reiß*, in Kirchhof, EStG, § 15 Rn. 163; sowie ähnlich zur Lage bei der französischen SNC *Hahn*, RIW 2008, 212.

Wortlaut der Vorschrift „insbesondere Vergütungen, die ein Einzelunternehmen seinem Inhaber oder eine Personengesellschaft ihren Gesellschaftern für die Geschäftsführungstätigkeit gewährt."[302] Demnach qualifiziert das libanesische Steuerrecht Geschäftsführervergütungen an Personengesellschafter als auf Ebene der Personengesellschaft nichtabzugsfähige Aufwendungen. Der handelsbilanziell zulässige Abzug von Geschäftsführervergütungen (vgl. Art. 874 libBGB) wird aber nicht bereits auf Ebene der Personengesellschaft, sondern erst auf Ebene des Gesellschafters korrigiert, indem der entsprechende Betrag seiner Bemessungsgrundlage hinzugerechnet wird.[303]

Ob auch andere Tätigkeiten des Gesellschafters im Dienste seiner Gesellschaft als persönliche Aufwendungen qualifiziert werden und ihnen damit der steuerliche Abzug versagt wird, ist im Libanon ungeklärt. Hierfür spricht allerdings, dass die Regelung des Art. 874 libBGB, wonach Geschäftsführervergütungen an Gesellschafter einer Personengesellschaft privatrechtlich abzugsfähig sind. Hier werden Vergütungen aus sonstigen Tätigkeiten im Dienste der Gesellschaft mit der Geschäftsführertätigkeit gleichgesetzt.

Weiterhin werden Erträge aus Kapitalüberlassungen des Gesellschafters an seine Personengesellschaft steuerlich nicht zum Abzug zugelassen (Art. 7 Abs. 3 Nr. 1 libEStG). Auch diese Korrektur findet nicht bereits auf Ebene der Personengesellschaft, sondern erst auf Ebene ihres bezugsberechtigten Gesellschafters statt.[304] Ob darüber hinaus auch sonstige Nutzungsüberlassungen von beweglichen oder unbeweglichen Wirtschaftsgütern einer vergleichbaren Behandlung unterliegen, wird in der libanesischen Literatur ausgeblendet und nicht erörtert. Klar ist, dass eine ausdrückliche gesetzliche Regelung, wie dies bei den Geschäftsführervergütungen und Kapitalerträgen der Fall ist, fehlt.

Im Ergebnis ist zu konstatieren, dass der Libanon zwar grundsätzlich dem Mitunternehmerkonzept folgt. Der Wertgehalt des libanesischen Konzepts stimmt aber mit dem deutschen Konzept nur teilweise überein. Die Besteuerung von schuldrechtlichen Liefer- und Leistungsbeziehungen zwischen Gesellschafter und Personengesellschaft erfolgt nicht nach erkennbaren Leitlinien.

---

302 AR: minhā ʾal-mabāleġ ʾallati yaqtaṭiʿhā rab l-ʿamal aw-š- šarīk ʾağra lahu ʿan ʾidārat l-muʾasasa aw li-nafaqātihi l-ḫāsa, منها المبالغ التي يقتطعها رب العمل أو الشريك أجرة له عن إدارة المؤسسة أو لنفقاته الخاصة.

303 *Ṣāleḥ*, Grundlagen der libanesischen Einkommensteuer, Band I, S. 398; *Šaraf l-dīn*, Rechnungslegungsgrundsätze, S. 70.

304 *Ṣāleḥ*, Grundlagen der libanesischen Einkommensteuer, Band I, S. 580; *Šaraf l-dīn*, Rechnungslegungsgrundsätze, S. 70.

Kapitel 4. Besteuerung nach deutschem Steuerrecht

A. Grundlagen des deutschen Steuerrechts

I. Anknüpfungsmomente und Umfang der Besteuerung

1. Einkommen- und Körperschaftsteuer

In Deutschland basiert die Besteuerung des Einkommens auf dem Nebeneinander von Einkommen- und Körperschaftsteuer. Natürliche Personen unterliegen der unbeschränkten Einkommensteuerpflicht, wenn sie im Inland, mithin innerhalb der hoheitlichen Grenzen der Bundesrepublik Deutschland,[305] ihren Wohnsitz (§ 8 AO) oder gewöhnlichen Aufenthalt (§ 9 AO) haben (§ 1 Abs. 1 Satz 1 EStG). Körperschaften sind unbeschränkt körperschaftsteuerpflichtig, wenn sie ihre Geschäftsleitung (§ 10 AO) oder ihren Sitz (§ 11 AO) im Inland haben (§ 1 KStG).

Demnach knüpft die unbeschränkte Steuerpflicht in Abhängigkeit von der Rechtsform des Steuerpflichtigen an unterschiedliche Tatbestände an.[306] Leitlinie dieser Anknüpfungstatbestände ist die persönliche Beziehung des Steuerpflichtigen zum Inland (Ansässigkeits- bzw. Wohnsitzprinzip).[307] Der für den Besteuerungszugriff völkerrechtlich erforderliche Inlandsbezug wird somit durch persönliche Anknüpfungsmomente manifestiert.

Im Falle unbeschränkter Einkommen- bzw. Körperschaftsteuerpflicht wird das weltweite Gesamteinkommen der steuerpflichtigen Person besteuert (Universalitäts- bzw. Welteinkommensprinzip). Erfasst werden daher sowohl inländische als auch ausländische Einkünfte.[308] Fehlt eine persönliche Inlandsbindung und werden inländische Einkünfte i.S.d. § 49 EStG erzielt, so kommt eine beschränkte Einkommen- bzw. Körperschaftsteuerpflicht in Betracht (§ 1 Abs. 4 EStG, ggf. i.V.m. § 2 KStG). In diesem Falle werden ausschließlich die inländischen Quelleneinkünfte besteuert (Territorialitätsprinzip).[309]

305 Vgl. zum Inlandsbegriff *BFH*, Urteil v. 13.04.1989 - IV R 196/85, BStBl. II 89, 614.

306 *Frotscher*, Int. Steuerrecht, § 3 Rn. 154.

307 Vgl. *Schaumburg*, Int. Steuerrecht, Rn. 5.2.

308 *Frotscher*, Int. Steuerrecht, § 3 Rn. 166.

309 Vgl. *Schaumburg*, Int. Steuerrecht, Rn. 5.2 f. sowie 5.103 ff.

2. *Gewerbesteuer*

Neben der Einkommen- und Körperschaftsteuer erhebt Deutschland auf die Erträge einer inländischen Unternehmung eine Gewerbesteuer, soweit diese aus einer gewerblichen Tätigkeit stammen. Anknüpfungspunkt ist der Gewerbebetrieb. Durch die Gewerbesteuer soll den Gemeinden ein Äquivalent für die diesen durch den Betrieb eines Gewerbes entstehenden besonderen Lasten geboten werden (Äquivalenzprinzip).[310]

Bemessungsgrundlage der Gewerbesteuer ist der Gewerbeertrag, für dessen Ermittlung § 7 GewStG an den nach den Vorschriften des Einkommen- und Körperschaftsteuergesetzes zu ermittelnden Gewinn aus gewerblicher Tätigkeit anknüpft. Zwecks Wahrung des Äquivalenzgedankens wird der Betrag durch die sog. Kürzungsvorschrift des § 9 GewStG grundsätzlich um die Erträge aus Auslandstätigkeiten bereinigt, da jener Betrag wegen des Universalitätsprinzips auch ausländische Einkünfte inkludiert.[311] Korrespondierend sind durch die Hinzurechnungsvorschrift des § 8 GewStG bestimmte ausländische Verluste und steuerbegünstigte Ausschüttungen gewinnerhöhend zu berücksichtigen.

Die Gewerbesteuerthematik soll für Zwecke der nachfolgenden Ausführungen grundsätzlich ausgeblendet werden. Entsprechend dem Ziel der vorliegenden Arbeit werden ausschließlich Fragen des Einkommensteuerrechts thematisiert. In Problembereichen (z.B. Direktgeschäfte) soll gleichwohl ein kurzer Hinweis auf die Gewerbesteuer erfolgen.

II. Vermeidung der Doppelbesteuerung

1. *Grundlagen*

Bei Auslandsaktivitäten resultieren besondere Steuerbelastungsrisiken daraus, dass durch den Auslandsbezug des Geschäftsvorganges zwei souveräne Steuerhoheiten (hier: Deutschland und Libanon) tangiert werden.[312] Belasten nun beide Steuerhoheiten dieselbe Person und denselben Geschäftsvorgang mit Steuern, so kommt es zur (juristischen) Doppelbesteuerung, woraus Wettbewerbsverzerrungen

310 *BVerfG*, Urteil v. 24.01.1962 - 1 BvR 845/58, BVerfGE 13, 331; *ders.*, Beschluss v. 25.10.1977 - 1 BvR 15/75, BStBl. II 1978, 125; *Hofmeister*, in Blümich, EStG/KStG/GewStG, § 1 GewStG, Rn. 7 ff.

311 Vgl. *Jacobs*, Int. Unternehmensbesteuerung, S. 382.

312 Vgl. statt vieler *Schaumburg*, Int. Steuerrecht, Rn. 13.1 f.

erwachsen.[313] Die gebotene Vermeidung dieser Doppelbesteuerung kann bilateral durch den Abschluss von Doppelbesteuerungsabkommen („*DBA*") oder unilateral durch nationale Maßnahmen (vgl. § 34c EStG, § 26 KStG) erfolgen. Als Methoden zur Vermeidung der Doppelbesteuerung haben sich international die Freistellungs- und Anrechnungsmethode herauskristallisiert. Bei der Freistellungsmethode stellt der Ansässigkeitsstaat die ausländischen Einkünfte von der Besteuerung frei, indem diese keinen Eingang in die inländische Bemessungsgrundlage finden.[314] Dadurch wird die Wettbewerbsneutralität der Besteuerung im Sinne der Kapitalimportneutralität sichergestellt.[315] Bei der Anrechnungsmethode bezieht der Ansässigkeitsstaat zunächst die ausländischen Einkünfte in die inländische Bemessungsgrundlage ein und unterwirft sie der inländischen Besteuerung; anschließend wird die im Ausland erhobene Steuer auf die inländische Steuer angerechnet.[316] Die Wettbewerbsneutralität der Besteuerung wird hier im Sinne der Kapitalexportneutralität verwirklicht.[317]

Hiervon abzugrenzen sind Mehrfachbesteuerungen derselben Einkünfte bei unterschiedlichen Personen (wirtschaftliche Doppelbesteuerung bzw. Doppelbelastung), insbesondere im Falle von Gewinnausschüttungen und ihrer Belastung mit Körperschaftsteuer der Gesellschaft und Einkommensteuer bzw. Körperschaftsteuer des Gesellschafters. Ein Ausgleich erfolgt international gleichermaßen durch Freistellung oder Anrechnung.

Als Ansässigkeitsstaat vermeidet Deutschland die juristische Doppelbesteuerung vornehmlich auf bilateraler Ebene durch den Abschluss von DBA, um die Gegenseitigkeit sicherzustellen.[318] Es entspricht aktuell deutscher Abkommenspolitik, dass die Doppelbesteuerung weitgehend durch Freistellung vermieden wird.[319] Fehlt es im zwischenstaatlichen Verhältnis an einem DBA („*abkommensloser Fall*"), so kommen die nachrangigen (§ 2 AO; § 34c Abs. 6 EStG) unilateralen Maßnahmen zur Vermeidung der Doppelbesteuerung zum Tragen. Im

---

313 Vgl. *Jacobs*, Int. Unternehmensbesteuerung, S. 4 f.; *Schaumburg*, Int. Steuerrecht, Rn. 14.13; *Wagner*, in Blümich, EStG/KStG/GewStG, § 34c EStG, Rn. 8.

314 *Jacobs*, Int. Unternehmensbesteuerung, S. 11.

315 *Schaumburg*, Int. Steuerrecht, Rn. 14.26; zu den Neutralitätskonzepten eingehend: *Kluge*, Das int. Steuerrecht, Kapitel B, Rn. 59 ff.

316 *Jacobs*, Int. Unternehmensbesteuerung, S. 11.

317 *Schaumburg*, Int. Steuerrecht, Rn. 14.26.

318 *Kuhn*, in Herrmann/Heuer/Raupach, EStG/KStG, § 34c EStG, Rn. 1.

319 Vgl. *Lüdicke*, DBA-Politik der BRD, S. 63.

Fokus dieser Regelungen steht die Anrechnungsmethode,[320] die ihre gesetzliche Grundlage für den Bereich des Einkommensteuerrechts in den Vorschriften der §§ 34c, 34d EStG gefunden hat. Für den Bereich des Körperschaftsteuerrechts enthält § 26 KStG eine korrespondierende Regelung, die inhaltlich weitestgehend auf die Regelungen der §§ 34c, 34d EStG zurückverweist (vgl. § 26 Abs. 1 Satz 1 Nr. 1 KStG).

2. *Überblick zu den unilateralen Maßnahmen*

Wenngleich Deutschland ein dichtes Netz an DBA besitzt, fehlt es bislang an einer derartigen bilateralen Vereinbarung mit dem Libanon. Ergibt die Prüfung also, dass eine Doppelbesteuerung besteht, so wird zu eruieren sein, ob diese mittels unilateraler Maßnahmen des deutschen Ansässigkeitsstaates und insbesondere der Regelungen der §§ 34c, 34d EStG (ggf. i.V.m. § 26 Abs. 1 Satz 1 Nr. 1 KStG) vermieden werden kann. Für Kapitaleinkünfte kommt möglicherweise auch die Vorschrift des § 32d Abs. 5 Satz 1 EStG zum Zuge.

a) Anwendungsbereich des § 34c Abs. 1 EStG (ggf. i.V.m. § 26 Abs. 1 KStG)

Die Vorschrift des § 34c Abs. 1 EStG (ggf. i.V.m. § 26 Abs. 1 KStG) betrifft in persönlicher Hinsicht ausschließlich im Inland unbeschränkt steuerpflichtige Personen. Die inländische Berücksichtigung einer ausländischen – hier: libanesischen – Quellensteuer setzt weiterhin voraus, dass diejenige unbeschränkt steuerpflichtige Person, bei der die Steuer angerechnet werden soll, mit der Person rechtlich identisch ist, die die Quellensteuer auf eigene Rechnung entrichtet hat (direkte Steueranrechnung).[321] Die unbeschränkt steuerpflichtige Person muss also zugleich Schuldner der Quellensteuer sein (Steuersubjektidentität).[322]

In sachlicher Hinsicht erfordert § 34c Abs. 1 EStG (ggf. i.V.m. § 26 Abs. 1 KStG), dass im Inland und Ausland dieselben Einkünfte von der steuerlichen Belastung betroffen sind, mithin eine Identität des Abgabegegenstandes (Einkünfteidentität). Ausreichend ist dabei, dass zwischenstaatlich derselbe

---

320 Zu den wenigen Fällen, in denen die Freistellungsmethode bei unilateralen Maßnahmen angewandt wird, vgl. *Schaumburg*, Int. Steuerrecht, Rn. 15.2.

321 Vgl. *Frotscher*, Int. Steuerrecht, § 4 Rn. 269; *Schaumburg*, Int. Steuerrecht, Rn. 15.59; *Kuhn*, in Hermann/Heuer/Raupach, EStG/KStG, § 34c EStG, Rn. 61; *Burmester*, in Gassner/Lang/Lechner, Die Methoden zur Vermeidung der Doppelbesteuerung, S. 241 ff.

322 Vgl. *BFH*, Urteil v. 04.06.1991 - X R 35/88, BStBl. II 1992, 187; *Wagner*, in Blümich, EStG/KStG/GewStG, § 34c EStG, Rn. 32.

wirtschaftliche Vorgang erfasst wird. Nicht zwingend ist eine zwischenstaatlich identische Qualifikation der Einkünfte.[323]

b) *Weitere Voraussetzungen für eine Steueranrechnung nach § 34c Abs. 1 i.V.m. § 34d EStG (ggf. i.V.m. § 26 Abs. 1 KStG)*

Bei unbeschränkt Steuerpflichtigen, die mit ausländischen Einkünften in dem Staat, aus dem die Einkünfte stammen (Ursprungsstaat), zu einer der deutschen Einkommen- bzw. Körperschaftsteuer entsprechenden Steuer herangezogen werden, ist gemäß § 34c Abs. 1 EStG (ggf. i.V.m. § 26 Abs. 1 Satz 1 Nr. 1 KStG) die tatsächlich festgesetzte und gezahlte und um einen entstandenen Ermäßigungsanspruch gekürzte ausländische Steuer auf die deutsche Einkommensteuer anzurechnen, die auf die im Veranlagungszeitraum bezogenen Einkünfte aus diesem Staat entfällt. Was ausländische Einkünfte in diesem Sinne sind, ergibt sich dabei ausschließlich aus dem enumerativen[324] Einkünftekatalog des § 34d EStG.

Erzielt also eine inländische Person libanesische Einkünfte i.S.d. § 34d EStG und zahlt dieselbe Person auf diese libanesischen Einkünfte dort Quellensteuern, so werden die libanesischen Steuern bei Vorliegen der Tatbestandsvoraussetzungen des § 34c Abs. 1 i.V.m. § 34d EStG (ggf. i.V.m. § 26 Abs. 1 Satz 1 Nr. 1 KStG) auf die deutsche Einkommen- bzw. Körperschaftsteuer angerechnet, soweit die libanesische Quellensteuer im Zeitpunkt der inländischen Veranlagung festgesetzt und gezahlt worden ist (§ 34c Abs. 1 Satz 1 EStG). Diese Anrechnung wird allerdings nur bis zur Höhe der inländischen Steuer gewährt, die auf jene libanesischen Einkünfte entfällt (Anrechnungshöchstbetrag). Sonstige Auslandseinkünfte aus anderen Staaten („*Drittstaaten*") werden bei der Höchstbetragsberechnung nicht berücksichtigt (per country limitation).[325] Übersteigt die libanesische Quellensteuer diesen Anrechnungshöchstbetrag (Anrechnungsüberhang), so kann der übersteigende Teil nicht vor- oder rückgetragen werden. Insoweit verbleibt eine Doppelbesteuerung.[326] Der Steuerpflichtige kann aber nach einer Vorteilhaftigkeitsprüfung statt der Steueranrechnung den Steuerabzug nach § 34c Abs. 2 EStG

---

323 Vgl. zum Ganzen *Pohl*, in Blümich, EStG/KStG/GewStG, § 26 KStG, Rn. 58.

324 Vertreten wird teilweise, dass die Vorschrift des § 34d EStG lediglich Beispiele aufzählt. Angesichts des eindeutigen Wortlauts der Vorschrift („sind") wird für vorliegende Zwecke davon ausgegangen, dass die Aufzählung abschließend ist; vgl. *Jacobs*, Int. Unternehmensbesteuerung, S. 43.

325 Vgl. *Frotscher*, Int. Steuerrecht, § 4 Rn. 275; *Schaumburg*, Int. Steuerrecht, Rn. 15.114; *Burmester*, in Gassner/Lang/Lechner, Die Methoden zur Vermeidung der Doppelbesteuerung, S. 241 ff.

326 Vgl. *Schaumburg*, Int. Steuerrecht, Rn. 15.116.

beantragen. Diese Möglichkeit kommt auch im Falle eines inländischen Gesamtverlustes in Betracht (fehlendes inländisches Steuervolumen).

c) *Steuerabzug nach § 34c Abs. 2 oder 3 EStG*

Liegen die Tatbestandsvoraussetzungen des § 34c Abs. 1 EStG vor, kann der Steuerpflichtige gemäß § 34c Abs. 2 EStG beantragen, anstelle der Steueranrechnung nach § 34c Abs. 1 EStG (ggf. i.V.m. § 26 Abs. 1 Satz 1 Nr. 1 KStG) die libanesische Auslandssteuer von der inländischen Bemessungsgrundlage als Betriebsausgabe abziehen. Das wird er regelmäßig nur dann tun, wenn im Einzelfall die Vorteilhaftigkeit des Steuerabzugs im Vergleich zur Steueranrechnung feststeht, zumal die Steuerabzugsmethode nur die Doppelbesteuerung mildert, nicht hingegen vollständig vermeidet.[327] Typischerweise ist der Steuerabzug in den Fällen vorteilhaft, bei denen hohe Anrechnungsüberhänge entstehen (s.o.) oder eine deutsche Steuer infolge inländischer Verluste nicht anfällt. Im letzteren Falle wird durch den Steuerabzug die Anwendung der Verlustrücktrags- und Verlustvortragsregelung des § 10d EStG (ggf. i.V.m. § 8 Abs. 1 KStG) ermöglicht.[328]

In Abgrenzung zum Steuerabzug des § 34c Abs. 2 EStG greift der Steuerabzug des § 34c Abs. 3 EStG (ggf. i.V.m. § 26 Abs. 1 Satz 1 Nr. 1 KStG) gerade in den Fällen ein, bei denen eine Steueranrechnung nach § 34c Abs. 1 EStG ausgeschlossen ist, weil die ausländische Steuer

- nicht der deutschen Steuer entspricht,
- nicht in dem Staat erhoben wird, aus dem die Einkünfte stammen oder
- auf Einkünfte erhoben wird, die keine ausländischen Einkünfte i.S.d. § 34d EStG sind.

Der Steuerabzug des § 34c Abs. 3 EStG (ggf. i.V.m. § 26 Abs. 1 Satz 1 Nr. 1 KStG) wird von Amts wegen und ohne Antrag des Steuerpflichtigen berücksichtigt. Ein Wahlrecht besteht damit nicht.[329]

3. *Entsprechung zur deutschen Einkommen- bzw. Körperschaftsteuer*

Für eine Steueranrechnung nach § 34c Abs. 1 EStG (ggf. i.V.m. § 26 Abs. 1 Satz 1 Nr. 1 KStG) muss die im Libanon gezahlte Steuer der deutschen Einkommen- bzw. Körperschaftsteuer entsprechen. Das ist der Fall, wenn sie – ungeachtet ihrer Bezeichnung – der deutschen Einkommen- bzw. Körperschaftsteuer in

327 *Scheffler*, Int. betriebswirtschaftliche Steuerlehre, S. 183.
328 Vgl. zu den typischen Fällen *Schaumburg*, Int. Steuerrecht, Rn. 15.128.
329 *Wagner*, in Blümich, EStG/KStG/GewStG, § 34c EStG, Rn. 86.

ihrem materiell-rechtlichen Charakter gleichartig ist.[330] Entscheidend ist insoweit die Funktion und Belastungswirkung der libanesischen Steuer.[331]

Die Anlage 6 zu EStR 2012[332] mit der Überschrift *„Verzeichnis ausländischer Steuern in Nicht-DBA-Staaten, die der deutschen Einkommensteuer entsprechen"* enthält einen Katalog ausländischer Steuern, die nach Ansicht des Bundesfinanzministeriums der deutschen Einkommensteuer entsprechen. Gemäß diesem Katalog entsprechen folgende libanesische Steuern der deutschen Einkommensteuer: *„impôt sur le revenu (Einkommen- und Körperschafteuer)"*, *„impôt sur les immeubles bâtis (Steuer auf Mieteinkünfte)"*, *„distribution tax (Sondersteuer auf Dividendenzahlungen)"*. Während mit dem Ausdruck „impôt sur les immeubles bâtis" eindeutig die Besteuerung nach dem libGebäudeStG gemeint ist, bleibt fraglich, warum das BMF neben der „impôt sur le revenu" auch die „distribution tax" ausdrücklich als „Sondersteuer" erwähnt. Wie bereits oben dargelegt, ist die Besteuerung der Kapitalerträge nach der dritten Schedule des libEStG ein integraler Bestandteil der libanesischen Einkommensbesteuerung nach dem libEStG und damit der „impôt sur le revenu",[333] sodass die Erwähnung der „impôt sur le revenu", also der Besteuerung nach dem libEStG, bereits die Besteuerung von Kapitalerträgen inkludiert. Im Übrigen stellt die Steuer nach der dritten Schedule des libEStG keine „Sondersteuer auf Dividendenzahlungen" dar. Ihr Anwendungsbereich geht viel weiter; sie ist vielmehr mit der deutschen Besteuerung von Kapitaleinkünften vergleichbar.

Nach der fragwürdigen Rechtsprechung des BFH ist dieser Katalog angesichts der Abgrenzungsschwierigkeiten im Einzelfall als Typisierungsrichtlinie der Verwaltung bindend, sofern die Feststellung einer Plausibilitätsprüfung standhält.[334] Im Folgenden soll die Entscheidung des BMF zumindest auf ihre Plausibilität hin überprüft werden. Im Rahmen einer Gesamtwürdigung ist zu ermitteln, welche libanesische Steuer an das Steuergut Einkommen anknüpft und damit die Erwirtschaftungsphase belastet.

---

330 Vgl. *BFH*, Urteil v. 27.03.1996 - I R 49/95, BStBl. II 1997, 91; *Kuhn*, in Hermann/Heuer/Raupach, EStG/KStG, § 34c EStG, Rn. 62.

331 *Schaumburg*, Int. Steuerrecht, Rn. 15.102; *Gosch*, in Kirchhof, EStG, § 34c Rn. 19.

332 Schreiben v. 25.03.2013 - IV C 6 – S 2133/09/10001: 004, BStBl. I 2013, 276.

333 Vgl. Kapitel 2.B.II.5., S. 55 ff.

334 *BFH*, Urteil v. 31.10.1990 - I R 3/86, BStBl. II 1991, 610; vgl. auch *Kuhn*, in Hermann/Heuer/Raupach, EStG/KStG, § 34c EStG, Rn. 62.

(a) *Schedulenartige Konzeption als Entsprechungshindernis*

Das libanesische Einkommensteuerrecht wird durch das Nebeneinander vieler souveräner Einzelsteuersysteme charakterisiert (Schedulenbesteuerung). Vorab mag sich daher die Frage stellen, ob die schedulenartige Ausgestaltung der libanesischen Einkommensteuer ihrer Entsprechung zur deutschen Einkommen- bzw. Körperschaftsteuer von vornherein entgegensteht.

In der deutschen Steuerliteratur scheint es vereinzelt die Auffassung zu geben, eine schedulenartige Ausgestaltung der Besteuerung könne ihrer Entsprechung zur deutschen Einkommen- bzw. Körperschaftsteuer widersprechen.[335] Dem liegt möglicherweise der Gedanke zugrunde, dass der Ausgestaltung der Auslandssteuer als Schedulensteuer ein vom inländischen divergierendes Steuerrechtssystemverständnis immanent ist. Dann wird aber verkannt, dass die Bezeichnung „Schedulensteuer" vorerst nur Rückschlüsse auf das äußere Vehikel sowie allenfalls auf die fehlende vertikale Verrechnungsmöglichkeit, nicht hingegen auf ihren materiell-rechtlichen Charakter zulässt. Entscheidend muss aber nach wohl allgemeiner Auffassung sein, ob die Auslandssteuer ungeachtet ihrer Bezeichnung und äußeren Ausgestaltung in ihrer Funktion und Belastungswirkung der deutschen Einkommen- bzw. Körperschaftsteuer gleichartig ist.[336] Das wird regelmäßig der Fall sein, wenn die Auslandssteuer an die Phase der Einkommenserwirtschaftung als Steuergut anknüpft und damit die durch Erwerb zufließende Bereicherung mindert.[337] Dabei muss außer acht bleiben, ob der ausländische (Quellen-) Staat die Erwerbe zu einer einzigen Bemessungsgrundlage zusammenfasst oder vielmehr jeden einzelnen Erwerb gesondert besteuert.[338] Das gilt insbesondere, da das in Art. 3 Abs. 1 GG verankerte Prinzip der Gleichmäßigkeit der Besteuerung gebietet, dass die inländische Beurteilung losgelöst von Entscheidungen des ausländischen Gesetzgebers getroffen wird, um eine unterschiedliche Behandlung eines identischen Sachverhalts zu vermeiden.

Vor diesem Hintergrund besteht nach hier vertretener Auffassung kein Anlass für einen generalisierende Ausschluss aller Schedulensteuern aus dem Anwendungsbereich der §§ 34c Abs. 1 EStG, 26 Abs. 1 KStG. Vielmehr muss im Rahmen einer Gesamtwürdigung untersucht werden, ob jede einzelne Schedulensteuer

---

335 Vgl. *Roser*, in Gosch, KStG, § 26 Rn. 140, der als Beispiel fehlender Entsprechung zur deutschen Körperschaftsteuer – ohne Begründung – die „Schedulensteuern" nennt; einschränkend *Jacobs*, Int. Unternehmensbesteuerung, S. 59.

336 Vgl. *BFH*, Urteil v. 27.03.1996 - I R 49/95, BStBl. II 1997, 91; *Schaumburg*, Int. Steuerrecht, Rn. 15.102; *Gosch*, in Kirchhof, EStG, § 34c Rn. 19.

337 Vgl. zur Einkommenserwirtschaftung als Steuergut *Burmester*, StuW 1993, 221.

338 Ähnlich wohl auch *Gosch*, in Kirchhof, EStG, § 34c Rn. 19.

das Steuergut der Einkommenserwirtschaftung erfasst und damit in ihrer Belastungswirkung funktional der deutschen Einkommen- bzw. Körperschaftsteuer gleichartig ist.

(b) *Das libEStG*

Das libEStG enthält als Hauptkodifikation des libanesischen Einkommensteuerrechts mehrere Schedulensteuern. Die Steuer nach der ersten Schedule des libEStG belastet Gewinne aus den industriellen, kommerziellen und nichtkommerziellen Tätigkeiten. Erfasst und belastet wird hier die Leistungsfähigkeitssteigerung von allen Personen infolge gewerblicher und freiberuflicher Erwirtschaftung. Diese wichtigste libanesische (Einkommen-) Steuer knüpft an die Phase der Einkommenserwirtschaftung als Steuergut und entspricht in ihrer Funktion einerseits den Einkünften aus Gewerbebetrieb i.S.d. §§ 15 ff. EStG und andererseits den Einkünften aus selbständiger Tätigkeit i.S.d. § 18 EStG. Somit ist sie in ihrem materiell-rechtlichen Charakter sowohl der deutschen Einkommen- als auch Körperschaftsteuer gleichartig. Dasselbe gilt für die Steuer der zweiten Schedule, von der Löhne, Gehälter und Renten erfasst und belastet werden.

Durch die Steuer der dritten Schedule werden Erträge des beweglichen Kapitalvermögens erfasst. Die Steuer belastet im Groben dieselben Einkünfte, wie sie von § 20 EStG belastet werden. Damit knüpft auch diese Schedulensteuer an die Phase der Einkommenserwirtschaftung als Steuergut an. Dabei unterliegen die zu versteuernden Kapitalerträge dem Steuerabzug an der Quelle. Die Besteuerung wird unabhängig von persönlichen Merkmalen des Steuerpflichtigen erhoben. Ähnlich wie bei der deutschen Kapitalertragsteuer i.S.d. §§ 43 ff. EStG wird man deshalb der libanesischen Steuer nach der dritten Schedule einen Objektsteuercharakter beimessen.[339] Diese Steuer stellt insgesamt das libanesische Pendant zur deutschen Kapitalertragsteuer i.S.d. §§ 43 ff. EStG dar. Sie entspricht daher funktional und in ihrer Belastungswirkung der deutschen Einkommen- bzw. Körperschaftsteuer.

(c) *Das libGebäudeStG*

Nach Art. 1 libGebäudeStG sollen Gebäude, Bauwerke und Bauten sowie deren Bestandteile als solche belastet werden. Dies deutet prima facie darauf hin, dass die vorliegende Steuerart am statischen Vermögensbestand (Halten eines Gebäudes) als Steuergut, nicht hingegen an die Phase der Einkommenserwirtschaftung

339 Vgl. zur deutschen Kapitalertragsteuer, die als Erhebungsform der Einkommensteuer konzipiert ist, *Knaupp*, in Kirchhof, EStG, § 43 Rn. 1.

(Ertrag aus einem Gebäude) anknüpft.[340] Dieser Eindruck wird durch die Entstehungshistorie[341] dieses Steuergesetzes gestützt. Das libGebäudeStG entstand anders als das libEStG nicht aus der „Tamatu'e-Steuer"[342], sondern aus dem osmanischen „Werko al-moussakafat", das die Gebäude als Vermögensgegenstände belastete.[343] Bemessungsgrundlage war dabei der jeweils aktuelle Verkaufswert des Gebäudes.[344] Anschließend wurde das Gesetz mehrmals reformiert.

Eine nähere Untersuchung der aktuellen Fassung des libGebäudeStG, die auf die letzte grundlegende Reform im Jahre 1962 gründet, zeigt allerdings ein anderes Bild: Zwar erfasst das libGebäudeStG nach wie vor auf erster Stufe die Gebäude als Steuergegenstand. Gemäß Art. 24 libGebäudeStG unterliegt aber nur die Summe der Netto-Einkünfte aus der Nutzungsüberlassung der in Art. 1 libGebäudeStG genannten Steuergegenstände (z.B. Vermietung) der Besteuerung nach dem libGebäudeStG. Weiterhin wird ein Gebäude, das nicht genutzt wird und deshalb keine Einnahmen generiert, auf Antrag des steuerpflichtigen Eigentümers von der Besteuerung ausgenommen (Art. 15 und 16 libGebäudeStG). Summiert man die Anwendung vorstehender Regelungen, so erscheint der Wille des Reform-Gesetzgebers, im Ergebnis ausschließlich die Erträge aus der Nutzungsüberlassung zu besteuern, greifbar.[345] Trotz der misslungenen Dogmatik bleibt daher festzustellen, dass die Besteuerung nach dem libGebäudeStG jedenfalls im Ergebnis an die Phase der Einkommenserwirtschaftung anknüpft, sodass aktuell neben dem libEStG ein weiteres Steuergesetz existiert, das ebenfalls den Ertrag[346] belasten soll.

B. Besteuerung eines grenzüberschreitenden Direktgeschäftes

Die deutsche Unternehmung kann sich unmittelbar auf dem libanesischen Markt engagieren, indem sie auf der Grundlage von Einzelschuldverhältnissen Leistungen mit ihren libanesischen Partnern aus dem Inland heraus austauscht. Privatrechtlich sind diese Direktgeschäfte sowohl aus deutscher als auch aus

---

340 Vgl. zum Begriff und zur Funktion des Steuergutes im Steuerrecht eingehend *Burmester*, StuW 1993, 221.

341 Vgl. eingehend *Farḥāt*, Die Steuerrechtsordnung, S. 304 f.

342 Vgl. zur Historie des libEStG Kapitel 2.B.II.1., S. 33.

343 Vgl. *'Atwi*, öffentliche Finanzen, S. 189.

344 Vgl. *Farḥāt*, Die Steuerrechtsordnung, S. 304; *'Atwi*, öffentliche Finanzen, S. 189.

345 Vgl. *Farḥāt*, Die Steuerrechtsordnung, S. 306.

346 Als Ertrag- bzw. Einkommensteuer wird das libGebäudeStG auch aus libanesischer Sicht verstanden; So beispielhaft *'Atwi*, öffentliche Finanzen, S. 189; *Farḥāt*, Die Steuerrechtsordnung, S. 306.

libanesischer Sicht unproblematisch durchführbar. Im Folgenden sollen die ertragsteuerlichen Konsequenzen eines solchen Direktgeschäfts aus der Sicht des deutschen Außensteuerrechts untersucht werden.

I. Steuerrechtliche Qualifikation

Der Begriff des Direktgeschäfts ist im deutschen Außensteuerrecht ebenso wenig wie auf internationaler Ebene verbindlich oder gar gesetzlich definiert. Als Direktgeschäft wird regelmäßig der *„gewerbliche Leistungsaustausch über die Grenze ohne festen Stützpunkt im Abnehmerland“* verstanden.[347] Tauscht also die deutsche Unternehmung auf der Grundlage zivilrechtlicher Einzelschuldverhältnisse grenzüberschreitend Leistungen aus dem Inland heraus aus, ohne hierbei einen festen Stützpunkt im Libanon zu unterhalten, so liegt nach deutschem Verständnis in aller Regel ein Direktgeschäft vor. Begründet die grenzüberschreitende Leistungsbeziehung demgegenüber einen Stützpunkt im libanesischen Quellenstaat, so wird regelmäßig eine Betriebstätte i.S.d. § 12 AO vorliegen. Im Fokus der steuerrechtlichen Qualifikation steht daher die Abgrenzung zu den Geschäften, die als Betriebstätte zu qualifizieren sind. Aus diesem Grunde kann insoweit auf die folgenden Ausführungen zur steuerrechtlichen Qualifikation als Betriebstätte verwiesen werden.[348]

II. Steuerliche Behandlung im deutschen Ansässigkeitsstaat

Ist die unmittelbare Geschäftsentfaltung im Libanon nach deutscher Rechtswertung als grenzüberschreitendes Direktgeschäft zu klassifizieren, so unterliegt die tätige inländische Unternehmung mit den hieraus resultierenden (positiven und negativen) Einkünften aufgrund des Universalitätsprinzips je nach Organisationsform der deutschen Einkommen- oder Körperschaftsteuer (§ 1 Abs. 1 Satz 1 EStG; § 1 Abs. 1 KStG). Allfällige Erträge werden daher in die inländische Bemessungsgrundlage einbezogen.[349] Umgekehrt werden die durch die Geschäftstätigkeit veranlassten Aufwendungen als Betriebsausgaben zum Abzug zugelassen, soweit kein besonderes Abzugsverbot greift.[350]

---

347 Vgl. beispielsweise *Jacobs*, Int. Unternehmensbesteuerung, S. 245 f. und S. 371; *Brinkmann*, in Lüdicke/Sistermann, Unternehmenssteuerrecht, § 4 Rn. 181; *Kußmaul/Schäfer*, StuB 2002, 275.

348 Vgl. Kapitel 4.C.I., S. 129.

349 *Jacobs*, Int. Unternehmensbesteuerung, S. 375.

350 Vgl. *Strunk/Kaminski*, Praxisleitfaden int. Steuerrecht, S. 153.

1. *Besteuerung im Gewinnfall*

Für die ertragsteuerliche Bewertung eines Direktgeschäfts im Gewinnfall ist aus deutscher Sicht die konkrete Art der Einkünfte generierenden Tätigkeit entscheidend. Entsprechend der bereits erwähnten Industriestaatenpraxis[351] wird auch in Deutschland für Zwecke der Ertragsbesteuerung grundsätzlich zwischen dem Außenhandel einerseits und der Nutzungsüberlassung andererseits differenziert.[352]

a) *Außenhandel*

Nach deutscher Vorstellung entstehen ertragsteuerliche Konsequenzen beim Außenhandel in Form von Lieferungen und Dienstleistungen ausschließlich im Ansässigkeitsstaat des handelnden Unternehmers. Entsprechend der Industriestaatenpraxis[353] begründet also der Liefer- und Leistungsexport grundsätzlich keine zur Ertragsbesteuerung hinreichende sachliche Manifestation im ausländischen Quellenstaat.[354] Folgerichtig belastet Deutschland seinerseits bei Liefer- und Leistungsimport die Erträge aus der grenzüberschreitenden Warenlieferung und Dienstleistungserbringung nicht mit deutscher Einkommen- oder Körperschaftsteuer. Gesetzlich dokumentiert wird dies durch die fehlende Aufnahme entsprechender Einkünfte in den enumerativen Katalog des § 49 Abs. 1 EStG (ggf. i.V.m. § 8 Abs. 1 KStG). Eine Liefergewinnsteuer, wie sie im Libanon gemäß Art. 41 ff. libEStG erhoben wird, ist dem deutschen Steuerrecht fremd. Ausnahmen bestehen jedoch für gewisse Dienstleistungen, welche einen sehr engen Bezug zum Inland aufweisen.[355]

Im umgekehrten und hier relevanten Fall des Liefer- und Leistungsexportes werden die Erträge aus Direktgeschäften grundsätzlich bei der ansässigen Unternehmung in die deutsche Bemessungsgrundlage der Einkommen- oder Körperschaftsteuer einbezogen. Ausgehend von dem vorstehend beschriebenen Verständnis rechnet Deutschland eine allfällige Liefergewinnsteuer des ausländischen Quellenstaates nicht auf die deutsche Einkommensteuer an. Eine

---

351 Vgl. Kapitel 1.B.II.2., S. 10.

352 Vgl. *Wotschofsky*, RIW 2005, 30.

353 Als Industriestaaten werden hier mit *Jacobs* (Int. Unternehmensbesteuerung, S. 371) diejenigen Staaten verstanden, „*die eine nahezu gleichgelagerte Wirtschaftsentwicklung und einen in etwa ausgeglichenen Handelsverkehr aufweisen.*"

354 *Jacobs*, Int. Unternehmensbesteuerung, S. 247; 375.

355 Das wird beispielsweise bei Einkünften aus inländischen unterhaltenden Darbietungen angenommen; vgl. § 49 Abs. 1 Nr. 9 EStG.

Steueranrechnung nach § 34c Abs. 1 EStG (ggf. i.V.m. § 26 Abs. 1 KStG) scheitert regelmäßig bereits am Vorliegen ausländischer Einkünfte i.S.d. § 34d EStG, dessen enumerativer Katalog korrespondierend zur Vorschrift des § 49 Abs. 1 EStG Liefergewinne nicht enthält. Aus demselben Grunde scheitert auch der Steuerabzug nach § 34 Abs. 2 EStG. Das Gesagte gilt freilich nicht für diejenigen Einkünfte aus Dienstleistungen, die Deutschland kehrseitig als Quellenstaat ausnahmsweise besteuert (vgl. z.B. § 34d Nr. 8 Buchstabe c i.V.m. § 49 Abs. 1 Nr. 9 EStG).

Wie bereits oben[356] ausgeführt, erhebt der Libanon als Quellenstaat im Rahmen seiner völkerrechtlich verbürgten Souveränität entgegen diesem deutschen Verständnis eine Liefergewinnsteuer (Art. 41 ff. libEStG). Damit kollidieren zwei abweichende Steuersysteme, sodass es im Ergebnis regelmäßig zu einer Doppelbesteuerung kommt. Bestünde mit dem libanesischen Quellenstaat ein DBA, so unterlägen Liefergewinne als Unternehmensgewinne ausschließlich der Besteuerung im deutschen Ansässigkeitsstaat (vgl. Art. 7 Abs. 1 Satz 1, Halbsatz 1 OECD-MA).[357] Im Ergebnis würde also das vorstehend erläuterte deutsche Systemverständnis bestätigt. Ein DBA besteht aber gerade nicht. Deshalb kann die Doppelbesteuerung ausschließlich durch unilaterale Maßnahmen des deutschen Ansässigkeitsstaates vermieden werden. Außer in den Fällen des § 34d Nr. 8 Buchstabe c EStG wird eine Steueranrechnung nach §§ 34c Abs. 1, 34d EStG (ggf. i.V.m. § 26 Abs. 1 KStG) aber regelmäßig am Fehlen ausländischer Einkünfte i.S.d. § 34d EStG scheitern. Dasselbe gilt für den Steuerabzug nach § 34c Abs. 2 EStG.

Fehlen ausländische Einkünfte i.S.d. § 34d EStG, so kommt allenfalls ein Steuerabzug nach § 34c Abs. 3, Alt. 3 EStG (ggf. i.V.m. § 26 Abs. 1 KStG) in Betracht. Hiernach kann die im Libanon festgesetzte und gezahlte Steuer bei der Ermittlung der deutschen Einkünfte abgezogen werden, soweit eine Anrechnung nach § 34c Abs. 1 EStG (ggf. i.V.m. § 26 Abs. 1 KStG) mangels ausländischer Einkünfte i.S.d. § 34d EStG scheitert. Engagiert sich also eine deutsche Unternehmung im Libanon in Form von Direktgeschäften und wird dieses Engagement dort gemäß Art. 41 ff. libEStG besteuert, so wird die im Libanon erhobene Liefer- bzw. Leistungsgewinnsteuer – mit Ausnahme der Fälle des § 34d Nr. 8 Buchstabe c EStG – von der deutschen Bemessungsgrundlage der inländischen Unternehmung wie eine Betriebsausgabe abgezogen (§§ 34c Abs. 3, Alt. 3 EStG). In diesen Fällen wird die festgestellte Doppelbesteuerung zwar gemildert, aber nicht vollständig vermieden.[358]

---

356 Vgl. Kapitel 3.A.II.1., S. 72.

357 Vgl. ausführlich *Wotschofsky*, RIW 2005, 30.

358 Vgl. *Schaumburg*, Int. Steuerrecht, Rn. 15.19.

b) Nutzungsüberlassungen

Anders als beim Außenhandel erkennt Deutschland bei Nutzungsüberlassungen – sowohl von Kapital als auch von Wirtschaftsgütern – den Zugriff des libanesischen Quellenstaates grundsätzlich an, weil dadurch eine engere Verbindung zur dortigen Volkswirtschaft entsteht. Folgerichtig erfasst Deutschland als Quellenstaat Einkünfte aus Nutzungsüberlassungen, wie dies beispielsweise bei den Einkünften aus § 49 Abs. 1 Nr. 5 Buchstabe a und Nr. 6 EStG der Fall ist. Im Gegenzug wird im Falle eines Leistungsexportes für die infolge des Welteinkommensprinzips erfassten Erträge aus Direktgeschäften zum Libanon wahlweise eine Anrechnung der libanesischen Quellensteuer, z.B. nach §§ 34c Abs. 1, 34d Nr. 6 und Nr. 7 EStG, oder ein Steuerabzug nach § 34c Abs. 2 EStG gewährt, sodass in diesen Fällen infolge der niedrigeren Besteuerung im Libanon in der Regel das inländische Steuerniveau erhalten bleibt.

c) Gewerbesteuer

Das GewStG enthält keine Kürzungsvorschrift für grenzüberschreitende Direktgeschäfte. Daher unterliegen die Liefergewinne im Inland in vollem Umfang der Gewebesteuer.[359] Allerdings ist zu berücksichtigen, dass der Abzug der im Libanon entrichteten Liefergewinnsteuer von der einkommensteuerlichen Bemessungsgrundlage gemäß § 34c Abs. 2 und 3 EStG (nicht aber eine Steueranrechnung gemäß § 34c Abs. 1 EStG) wegen § 7 GewStG auf die Bemessungsgrundlage der Gewerbesteuer durchschlägt.[360] Diese mindert sich entsprechend.

2. Besteuerung im Verlustfall

Erzielt die deutsche Unternehmung aus dem grenzüberschreitenden Direktgeschäft zum Libanon insgesamt Verluste, so werden diese Verluste im libanesischen Quellenstaat steuerlich nicht berücksichtigt, wenngleich ein etwaiger Gewinn besteuert wird. Im deutschen Ansässigkeitsstaat mindern sie infolge des geltenden Universalitätsprinzips dem Grundsatz nach die Bemessungsgrundlage der Einkommen- bzw. Körperschaftsteuer. Sie können deshalb regelmäßig mit anderen (ggf. inländischen) positiven Einkünften des Steuerpflichtigen saldiert werden (Verlustausgleich i.S.d. § 2 EStG).[361] Übersteigen die erzielten Verluste aus dem Direktgeschäft die Gewinne des inländischen Unternehmens, so

359 Vgl. *Jacobs*, Int. Unternehmensbesteuerung, S. 382 ff.

360 Vgl. *Jacobs*, Int. Unternehmensbesteuerung, S. 384.

361 Vgl. zum Ganzen *Scheffler*, Int. betriebswirtschaftliche Steuerlehre, S. 253.

kann die steuerpflichtige Unternehmung wahlweise einen Verlustvortrag oder -rücktrag gemäß § 10d EStG (ggf. i.V.m. § 8 Abs. 1 KStG) vornehmen.

Unter Durchbrechung des vorstehend erläuterten Grundsatzes schränkt die Vorschrift des § 2a EStG (ggf. i.V.m. § 8 Abs. 1 KStG) den Verlustausgleich nach § 2 EStG für abschließend bestimmte negative Einkünfte mit Bezug zu einem Drittstaat ein.[362] Verluste i.S.d. § 2a Abs. 1, Satz 1 EStG dürfen ausschließlich mit ausländischen Einkünften der jeweils selben Art aus demselben Staat ausgeglichen werden (per country limitation). Nur in diesem Umfang sind sie auch rück- und unbeschränkt vortragsfähig.[363] Bei der Anwendung der Regelung des § 2a EStG sind Drittstaaten die Staaten, die nicht Mitgliedstaaten der Europäischen Union sind (§ 2a Abs. 2a Satz 1 Nr. 1 EStG) und auf die das Abkommen über den Europäischen Wirtschaftsraum („*EWR-Staat*") nicht anwendbar ist (§ 2a Abs. 2a Satz 2 EStG). Der Libanon ist weder Mitgliedstaat der Europäischen Union noch ein EWR-Staat. Mithin handelt es sich beim Libanon um einen Drittstaat im Sinne der Vorschrift des § 2a EStG, sodass der Anwendungsbereich des § 2a EStG auch für Einkünfte aus dem Libanon grundsätzlich eröffnet ist.

Von der Verlustausgleichsbeschränkung des § 2a EStG werden ausschließlich negative Einkünfte erfasst, die sich aus in § 2a Abs. 1 Satz 1 Nr. 1 bis 7 EStG abschließend aufgezählten Einkunftsquellen ergeben. Bei der Verlustzuordnung zu den entsprechenden Einkunftsquellen kommt es in Umkehrung der isolierenden Betrachtungsweise (§ 49 Abs. 2 EStG) allein auf die im Ausland verwirklichten Besteuerungsmerkmale an.[364] Eine etwaige Umqualifizierung nach inländischem Steuerrecht bleibt unberücksichtigt.

Eine genaue Betrachtung der Tatbestände des § 2a Abs. 1 Nr. 1 bis 7 EStG zeigt allerdings, dass die Verlustausgleichsbeschränkung bei grenzüberschreitenden Direktgeschäften in Form von Außenhandel generell nicht zur Anwendung gelangt.[365] Vornehmlich sollen nämlich Einkünfte aus passiven oder volkswirtschaftlich nicht förderungswürdigen (Drittstaats-) Betriebstätten erfasst werden (§ 2a Abs. 1 Nr. 2 und Abs. 2 EStG). Die Vorschrift des § 2a Abs. 1 EStG enthält aber in Nr. 5, 6 und 7 EStG durchaus Tatbestände, die den Direktgeschäften in Form von Nutzungsüberlassungen zuzuordnen sind. Erzielt also eine deutsche

---

362 Die Vereinbarkeit dieser Regelung mit Europarecht (Kapitalverkehrsfreiheit i.S.d. Art. 63 AEUV) wird teilweise bezweifelt, vgl. *Littkowski/Lindscheid*, IStR 2009, 225; die weit überwiegende Literatur bejaht aber die Vereinbarkeit mit Europarecht, vgl. statt vieler *Gosch*, in Kirchhof, EStG, § 2a Rn. 15.

363 *Gosch*, in Kirchhof, EStG, § 2a Rn. 1.

364 *Gosch*, in Kirchhof, EStG, § 2a Rn. 11.

365 *Scheffler*, Int. betriebswirtschaftliche Steuerlehre, S. 253.

Unternehmung Einkünfte aus der Nutzungsüberlassung zum Libanon i.S.d. § 2a Abs. 1 Satz 1 Nr. 5, 6 oder 7 EStG, so unterbleibt regelmäßig eine Verlustverrechnung im Inland. Verluste, die aus einer Warenlieferung oder Dienstleistungserbringung resultieren, werden demgegenüber im Inland regelmäßig steuerlich berücksichtigt.

C. Errichtung rechtlich unselbständiger Einheiten

Die deutsche Unternehmung kann sich auf dem libanesischen Markt durch Errichtung einer fest installierten, rechtlich unselbständigen Einheit engagieren, die wirtschaftlich aber teilweise verselbstständigt sein kann. Diese Auslandseinheit kann sachlichen (z.B. Zweigniederlassung) oder personellen Charakter (z.B. abhängiger Handelsvertreter) annehmen. Im Fokus stehen die steuerlichen Begriffe der „Betriebstätte" und des „ständigen" und „abhängigen Vertreters". Im Folgenden sollen die ertragsteuerlichen Konsequenzen eines Engagements mittels Betriebstätte aus der Sicht des deutschen Außensteuerrechts untersucht werden.

I. Steuerrechtliche Qualifikation

Ob das unternehmerische Auslandsengagement des deutschen Stammhauses eine (ausländische) Betriebstätte begründet, wird für Zwecke der deutschen Ertragsbesteuerung ausschließlich durch die Vorschriften des nationalen, deutschen Außensteuerrechts bestimmt.[366] Aus der Qualifizierung als Betriebstätte folgt aus deutscher Sicht die Anerkennung des libanesischen Besteuerungszugriffs auf den Betriebstättenerfolg, letztlich mit der Konsequenz, dass die libanesische Quellensteuer wahlweise nach Maßgabe der §§ 34c Abs. 1, 34d Nr. 2 Buchstabe a EStG (ggf. i.V.m. § 26 Abs. 1 KStG) auf die deutsche Einkommen- bzw. Körperschaftsteuer angerechnet oder von dieser gemäß Art. 34c Abs. 2 EStG (ggf. i.V.m. § 26 Abs. 1 KStG) abgezogen wird.

Demnach ist vorab zu klären, ob das jeweilige Engagement aus deutscher Sicht als Betriebstätte i.S.d. § 12 Satz 1 AO zu qualifizieren ist oder ob dies nicht der Fall ist. Erst anschließend können die inländischen Steuerfolgen dieses Engagements im Einzelnen festgestellt werden. Im Folgenden sollen ausgehend vom deutschen Betriebstättenbegriff ausgewählte Organisationsformen auf ihre

366 Vgl. *Jacobs*, Int. Unternehmensbesteuerung, S. 299; *Kluge*, Das int. Steuerrecht, Kapitel N, Rn. 11; *Haiß*, in Grotherr, Handbuch der int. Steuerplanung, S. 31; *Richter*, Die Besteuerung int. Geschäftsbeziehungen, S. 64; *Wotschofsky*, RIW 2005, 30.

Qualifikation als Betriebstätte untersucht werden, um allfällige zwischenstaatliche Qualifikationskonflikte herauszuarbeiten.

1. Betriebstättenbegriff

a) Betriebstätte i.S.d. § 12 AO

Im deutschen Steuerrecht wird die Betriebstätte definiert als *„jede feste Geschäftseinrichtung oder Anlage, die der Tätigkeit eines Unternehmens dient"* (§ 12 Satz 1 AO). Geschäftseinrichtungen können körperliche Gegenstände oder eine Zusammenfassung solcher Gegenstände sein, die geeignet sind, Grundlage einer Unternehmenstätigkeit zu sein.[367] Fest ist die Geschäftseinrichtung in diesem Sinne, wenn sie örtlich fixiert ist; eine mechanische Verankerung mit der Erdoberfläche ist indes nicht erforderlich.[368] Die dienende Funktion wird angenommen, wenn die Geschäftseinrichtung für eine gewisse Dauer zu unternehmerischen Zwecken benutzt wird. Zu diesen eindeutigen Tatbestandsmerkmalen des § 12 Satz 1 AO wird von der h.M. zusätzlich verlangt, dass der Unternehmer über die Geschäftseinrichtung eine nicht nur vorübergehende Verfügungsmacht hat.[369] Demnach wird der innerstaatliche Betriebstättenbegriff dadurch gekennzeichnet, dass dem Steuerpflichtigen örtlich fixierte Gegenstände oder Räumlichkeiten zur ständigen Benutzung zur Verfügung stehen, über die er nicht nur vorübergehende Verfügungsmacht besitzt.[370]

Die Vorschrift des § 12 Satz 2 AO ergänzt die vorstehend dargestellte allgemeine Definition um einen Katalog von Regelbeispielen.[371] Hiernach sind insbesondere als Betriebstätte anzusehen die Stätte der Geschäftsleitung, Zweigniederlassungen, Geschäftsstellen, Fabrikations- oder Werkstätten, Warenlager, Ein- oder Verkaufsstellen, Bergwerke, Steinbrüche oder andere stehende,

---

367 *BFH*, Urteil v. 03.02.1993 – I R 80-81/91, BStBl. II 1993, 462; *ders.*, Urteil v. 30.10.1996 – II R 12/92, BStBl. II 1997, 12; *Koenig*, in Koenig, AO, § 12 Rn. 6.

368 Vgl. *BFH*, Urteil v. 08. März 1988 – VIII R 270/81; BFH/NV 1988, 735.

369 Vgl. *BFH*, Urteil v. 11.10.1989 – I R 77/88, BStBl. II 1990, 166; *Koenig*, in Koenig, AO, § 12 Rn. 11; *Gersch*, in Klein, AO, § 12 Rn. 5; *Schaumburg*, Int. Steuerrecht, Rn. 5.114 f.; *Frotscher*, Int. Steuerrecht, Rn. 416; a.A. *Wassermeyer*, in Drenseck/Seer in FS Kruse, S. 590.

370 Vgl. *Koenig*, in Koenig, AO, § 12 Rn. 2.

371 Es ist im Einzelnen umstritten, ob bei den in § 12 Satz 2 AO aufgezählten Formen zusätzlich die Tatbestandsmerkmale des allgemeinen Betriebstättenbegriffs erfüllt sein müssten (Betriebstättenbeispiele) oder ob sich dies erübrigt (Betriebstättenfiktionen); vgl. dazu *Jacobs*, Int. Unternehmensbesteuerung, S. 305 f. m.w.N; *Heinsen*, in Löwenstein/Looks, Betriebsstättenbesteuerung, Rn. 87 ff.

örtlich fortschreitende oder schwimmende Stätten der Gewinnung von Bodenschätzen sowie Bauausführungen oder Montagen, auch örtlich fortschreitende oder schwimmende, wenn (a) die einzelne Bauausführung oder Montage oder (b) eine von mehreren zeitlich nebeneinander bestehenden Bauausführungen oder Montagen oder (c) mehrere ohne Unterbrechung aufeinander folgende Bauausführungen oder Montagen länger als sechs Monate dauern.

b) Ständiger Vertreter i.S.d. § 13 AO

Der Betriebstätte weitestgehend gleichgestellt wird im deutschen Außensteuerrecht der ständige Vertreter. Ein ständiger Vertreter ist *„eine Person, die nachhaltig die Geschäfte eines Unternehmens besorgt und dabei dessen Sachweisungen unterliegt"* (§ 13 Satz 1 AO). Es kann sich hierbei um eine natürliche oder juristische Person handeln.[372] Ebenso können Personengesellschaften als ständiger Vertreter einer deutschen Unternehmung fungieren.[373] Erforderlich ist, dass der Vertreter ein Geschäft des Unternehmens besorgt. Als Geschäftsbesorgung kommt jede rechtsgeschäftliche und tatsächliche Tätigkeit wirtschaftlicher Art in Betracht, bei der der Vertreter anstelle des Geschäftsherrn Handlungen für dessen Betrieb vornimmt.[374] Kennzeichnendes und wichtigstes Abgrenzungsmerkmal eines ständigen Vertreters ist seine sachliche Weisungsgebundenheit.[375] Insoweit muss der Wille des Geschäftsherrn das Handeln des Vertreters maßgeblich bestimmen.[376]

Die Vorschrift des § 13 Satz 2 AO zählt einige besonders praxisrelevante Regelbeispiele ständiger Vertretung auf. Hiernach ist ständiger Vertreter insbesondere eine Person, die für ein Unternehmen nachhaltig (1) Verträge abschließt, vermittelt oder Aufträge einholt oder (2) einen Bestand von Gütern oder Waren unterhält und davon Auslieferungen vornimmt. Zu dem erfassten Personenkreis gehören beispielsweise Angestellte sowie selbständige Handelsvertreter[377] oder Versicherungsagenten.[378]

---

372 *Drüen*, in Tipke/Kruse, AO/FGO, § 13 AO, Rn. 2.

373 *Musil*, in Hübschmann/Hepp/Spitaler, AO/FGO, § 13 AO, Rn. 5a; *Lüdicke*, in Lademann, EStG, § 49 Rn. 301.

374 *Schaumburg*, Int. Steuerrecht, Rn. 5.156 f m.w.N.

375 Vgl. *BFH*, Urteil v. 28.06.1972 – I R 35/70, BStBl. II 1972, 785; *Frotscher*, Int. Steuerrecht, Rn. 442.

376 *BFH*, Urteil v. 12.04.1978 – I R 136/77, BStBl. II 1978, 494; *Drüen*, in Tipke/Kruse, AO/FGO, § 13 AO, Rn. 5.

377 *BFH*, Urteil v. 27.11.1963 - I 335/60 U, BStBl. III 1964, 76; *Musil*, in Hübschmann/Hepp/Spitaler, AO/FGO, § 13 AO, Rn. 16.

378 *BFH*, Urteil v. 14.07.1971 – I R 127/68, BStBl. II 1971, 776.

2. *Steuerrechtliche Qualifikation ausgewählter Organisationsformen*

a) Zweigniederlassung

Deutsche Unternehmungen können ihre Geschäftsaktivität über eine im Libanon installierte (abhängige) Zweigniederlassung wahrnehmen (Art. 28 ff. libHGB).[379] Die libanesische Zweigniederlassung ist ein privatrechtlich unselbständiger Teil der deutschen Stammunternehmung, der aber durch eine Geschäftseinrichtung räumlich, organisatorisch sowie wirtschaftlich selbständig agiert und für eine gewisse Dauer eingerichtet ist. Sie entspricht in ihrer Struktur der deutschen Zivilrechtsvorstellung einer Zweigniederlassung.[380] Für Zwecke der deutschen Ertragsbesteuerung wird eine libanesische Zweigniederlassung daher regelmäßig unproblematisch den Tatbestand des § 12 Satz 1 AO erfüllen und deshalb als Betriebstätte qualifiziert werden (vgl. § 12 Satz 2 Nr. 2 AO). Unterhält die deutsche Unternehmung im Libanon also eine Zweigniederlassung, so wird hierdurch sowohl nach libanesischem als auch nach deutschem Verständnis eine steuerliche Betriebstätte begründet. Ein Qualifikationskonflikt liegt damit nicht vor.

b) Repräsentationsbüro

Die deutsche Unternehmung kann für ihre regelmäßigen Geschäftsaktivitäten zum Libanon ein libanesisches Repräsentationsbüro errichten, das beispielsweise als informelle Kontakt- bzw. Anlaufstelle für Kunden fungiert. Dadurch stehen der deutschen Unternehmung Räumlichkeiten zur ständigen Benutzung bereit, über die sie jedenfalls nicht nur vorübergehende Verfügungsmacht besitzt. Das libanesische Repräsentationsbüro wird daher grundsätzlich und in aller Regel sämtliche Voraussetzungen einer Betriebstätte i.S.d. § 12 Satz 1 AO erfüllen.[381] Soweit das Repräsentationsbüro für den Wareneinkauf eingesetzt wird, kommt daneben die Einschlägigkeit des § 12 Satz 2 Nr. 6 AO in Betracht.

Für Zwecke der Beurteilung, ob eine Betriebstätte i.S.d. § 12 Satz 1 AO vorliegt, bleibt indes unberücksichtigt, dass das libanesische Repräsentationsbüro vorbereitende Hilfstätigkeiten wahrnimmt und damit betriebswirtschaftlich *„außerhalb der Kernzone der Unternehmenstätigkeit"*[382] agiert. Entscheidend ist, dass das libanesische Repräsentationsbüro als rechtlich unselbständiger Betriebsteil der deutschen Unternehmung durch eine räumlich abgegrenzte Geschäftseinrichtung

---

379 Vgl. *Jaber*, Introduction to Business Law, S. 88 ff; *Ṭaha*, Grundlagen des Handelsrechts, S. 593.

380 Vgl. *Hopt*, in Baumbach/Hopt, HGB, § 13 Rn. 3.

381 Vgl. *Baranowski*, IWB Fach 3, Deutschland, Gruppe 2, S. 619.

382 Vgl. *Baranowski*, IWB Fach 3, Deutschland, Gruppe 2, S. 619.

organisatorisch und wirtschaftlich selbständig tätig wird. Insoweit unterscheidet sich der inländische vom abkommensrechtlichen Betriebstättenbegriff. Im Abkommensrecht werden diese sog. „Hilfsbetriebstätten" fiktiv nicht als Betriebstätten behandelt (vgl. Art. 5 Abs. 4 Buchstaben e und f OECD-MA),[383] um eine an der Wertschöpfung orientierte sachgerechte Aufteilung des Besteuerungsrechts zu gewährleisten.[384] Da ein DBA zwischen Deutschland und dem Libanon jedoch nicht besteht, kommt der abkommensrechtliche Begriff nicht zur Anwendung.

Vor diesem Hintergrund wird ein libanesisches Engagement der deutschen Unternehmung mittels eines Repräsentationsbüros regelmäßig als Betriebstätte i.S.d. § 12 AO anzusehen sein. Da das Repräsentationsbüro aus libanesischer Quellenstaatssicht keine Betriebstätte darstellt,[385] ist festzuhalten, dass auf dieser Ebene ein zwischenstaatlicher Qualifikationskonflikt vorliegt, der jedoch für die deutsche Besteuerung folgenlos ist.

c) Handelsvertreter und Vertragshändler

Deutsche Unternehmungen können ferner für ihre Geschäftsaktivitäten zum Libanon einen libanesischen Handelsvertreter bestellen, der im Rahmen seiner selbständigen Tätigkeit dauerhaft damit betraut ist, für die deutsche Unternehmung Geschäfte zu vermitteln oder in ihrem Namen und auf ihre Rechnung abzuschließen (Art. 1 Abs. 1 libHVG). Für Zwecke der deutschen Ertragsbesteuerung kann der libanesische Handelsvertreter eine ständige Vertretung der deutschen Unternehmung i.S.d. § 13 AO darstellen, wenn er an die Weisungen der deutschen Unternehmung gebunden ist (persönliches Abhängigkeitsverhältnis) und an ihrer Stelle Handlungen vornimmt, die für gewöhnlich in ihren Betrieb fallen.[386] Da der Handelsvertreter aus libanesischer Quellenstaatssicht keine Betriebstätte darstellt, ist festzuhalten, dass auf dieser Ebene ein zwischenstaatlicher Qualifikationskonflikt vorliegt, der aufgrund der libanesischen Quellensteuerung aller Inlandseinkünfte nicht zu steuerlichen Problemen führt.

Für den Vertragshändler, der im eigenen Namen und auf eigene Rechnung die Produkte der deutschen Unternehmung im Libanon vertreibt, gilt das Vorstehende nicht. Dieser wird regelmäßig weder zu Vertragsverhandlungen noch

---

383 Vgl. *Wassermeyer*, in Denseck/Seer, FS Kruse, S. 589; *Musil*, in Hübschmann/Hepp/Spitaler, AO/FGO, § 12 AO, Rn. 47a.

384 Vgl. *Görl*, in Vogel/Lehner, DBA, Art. 5 Rn. 91 ff; *Wassermeyer*, Analyse der steuerlichen Einflussfaktoren grenzüberschreitender Vertriebsalternativen inländischer KapG, S. 194 ff.

385 Vgl. Kapitel 3.B.I.2., S. 77.

386 *BFH*, Urteil v. 27.11.1963 - I 335/60 U, BStBl. III 1964, 76.

zu Vertragsabschlüssen für die inländische Unternehmung ermächtigt sein. Das Abhängigkeitsverhältnis ist weniger ausgeprägt als beim Handelsvertreter. In der Regel wird hier sowohl aus deutscher als auch aus libanesischer Sicht keine Betriebstätte der deutschen Unternehmung anzunehmen sein.

Daneben können auch weisungsabhängige Arbeitnehmer unter den Voraussetzungen als ständige Vertreter eine libanesische Betriebstätte begründen.

II. Steuerliche Behandlung im deutschen Ansässigkeitsstaat

1. Besteuerung im Gewinnfall

Ergibt die steuerrechtliche Qualifikation, dass das grenzüberschreitende Engagement der deutschen Unternehmung zum Libanon nach deutscher Rechtswertung mittels einer Betriebstätte (§§ 12 und 13 AO) realisiert wird, so wird der dort erzielte Betriebstättengewinn unmittelbar der inländischen Stammunternehmung zugerechnet (Einheitsprinzip).[387] Als Folge des Universalitätsprinzips geht der Betriebstättengewinn im Rahmen der unbeschränkten Steuerpflicht in die inländische Bemessungsgrundlage der Einkommen- bzw. Körperschaftsteuer ein (§ 1 EStG; § 1 KStG).[388] Der Betriebstättenerfolg wird unter fiktiver Verselbständigung der Betriebstätte (vgl. § 49 Abs. 1 Nr. 2 Buchstabe a), Art. 7 Abs. 2 OECD-MA) nach deutschem Recht, namentlich nach den handelsrechtlichen Grundsätzen ordnungsgemäßer Buchführung und steuerlichen Modifikationen ermittelt. Infolge der rechtlichen Unselbständigkeit einer Betriebstätte ist bei der Bestimmung des Besteuerungsumfangs und -zeitpunkts irrelevant, ob die Gewinne an das inländische Stammhaus transferiert oder auf Ebene der Betriebstätte thesauriert werden.[389]

Mit diesem Betriebstättengewinn unterliegt die deutsche Stammunternehmung auch im libanesischen Quellenstaat regelmäßig der Einkommensbesteuerung. In diesen Fällen entsteht durch das Nebeneinander von unbeschränkter Steuerpflicht im deutschen Stammhausstaat und Quellenbesteuerung im libanesischen Betriebstättenstaat eine internationale Doppelbesteuerung im Bereich der Einkommen- bzw. Körperschaftsteuer. Diese Doppelbesteuerung wird im deutschen Stammhausstaat mangels DBA regelmäßig unilateral im Wege der Steueranrechnung oder des Steuerabzugs vermieden bzw. gemildert, weil Deutschland infolge seiner inländischen Qualifizierung des Engagements als Betriebstätte den

---

387 Vgl. *Jacobs*, Int. Unternehmensbesteuerung, S. 466 f.

388 Vgl. *Scheffler*, Int. betriebswirtschaftliche Steuerlehre, Rn. 4.3.3.1.2.

389 Vgl. zum Ganzen *Scheffler*, Int. betriebswirtschaftliche Steuerlehre, S. 276 f.

libanesischen Besteuerungszugriff auf den Betriebstättengewinn grundsätzlich anerkennt. Bei Vorliegen der Tatbestandsvoraussetzungen der §§ 34c Abs. 1, 34d Nr. 2 Buchstabe a EStG (ggf. i.V.m. § 26 Abs. 1 KStG) wird eine Anrechnung der libanesischen Quellensteuern auf die im Inland geschuldete Steuer oder alternativ ein Steuerabzug gemäß § 34c Abs. 2 EStG ermöglicht.[390] Fehlt eine Voraussetzung, so kommt ein Steuerabzug i.S.d. § 34c Abs. 3 EStG in Betracht.

Ausgehend von der Annahme, dass nach deutschem Verständnis eine unbeschränkt steuerpflichtige Stammunternehmung ausländische Betriebstätteneinkünfte i.S.d. § 34d Nr. 2 Buchstabe a EStG, § 12 AO aus dem Libanon erzielt, soll nachfolgend die inländische Behandlung der libanesischen Quellensteuern bei übereinstimmender Qualifikation sowie im Falle des Qualifikationskonflikts geprüft werden. Dabei wird zu beachten sein, dass Betriebstätteneinkünfte im Libanon zum Teil von mehreren Schedulen des libEStG erfasst und damit belastet werden.

a) Behandlung der Quellensteuer bei übereinstimmender Qualifizierung

(1) Behandlung der libanesischen Quellensteuer nach der ersten Schedule des libEStG

Qualifiziert der libanesische Quellenstaat die Einkünfte der deutschen Stammunternehmung seinerseits und damit übereinstimmend mit der deutschen Wertung als Betriebstätteneinkünfte, so werden diese dort der Besteuerung nach der ersten Schedule i.S.d. Art. 2 ff. libEStG unterworfen. Steuerpflichtiger und damit Schuldner dieser Steuer ist die deutsche Stammunternehmung, die aus deutscher Sicht die libanesischen Betriebstätteneinkünfte i.S.d. § 34d Nr. 2 Buchstabe a EStG erzielt. Da neben dieser Steuersubjektidentität auch dieselben Einkünfte erfasst werden, also eine Einkünfteidentität vorliegt, ist der persönliche und sachliche Anwendungsbereich der Vorschrift des § 34c Abs. 1 EStG (ggf. i.V.m. § 26 Abs. 1 KStG) grundsätzlich eröffnet. Die gegenständliche Quellensteuer entspricht ferner – wie bereits oben[391] dargestellt – der deutschen Einkommen- bzw. Körperschaftsteuer und wird im libanesischen Ursprungsstaat der Einkünfte erhoben. Demzufolge wird die festgesetzte und gezahlte Quellensteuer nach der ersten Schedule des libEStG in den Fällen übereinstimmender Qualifikation gemäß §§ 34c Abs. 1, 34d Nr. 2 Buchstabe a EStG (ggf. i.V.m. § 26 Abs. 1 KStG) auf die in Deutschland geschuldete Steuer regelmäßig unproblematisch angerechnet.

---

390 Vgl. zu den Voraussetzungen Kapitel 4.A.II.2., S. 115.

391 Vgl. oben unter Kapitel 4.A.II.3. (a), S. 119.

Auf Antrag kann die deutsche Stammunternehmung deshalb auch einen Steuerabzug gemäß § 34c Abs. 2 EStG vornehmen.

(2) Behandlung der libanesischen Quellensteuer nach der dritten Schedule des libEStG

Wird die libanesische Betriebstätte von einer deutschen Stammunternehmung unterhalten, die als Kapitalgesellschaft organisiert ist, so werden die Betriebstättengewinne im libanesischen Quellenstaat zusätzlich der Besteuerung nach der dritten Schedule des libEStG unterworfen, weil gesetzlich fingiert wird, dass die deutsche Kapitalgesellschaft den erzielten Betriebstättengewinn unmittelbar aus dem Libanon heraus an ihre Gesellschafter weiterausschüttet (Art. 72a Abs. 4 libEStG). Mit der anfallenden Ausschüttungssteuer wird nach libanesischer Rechtswertung der Anteilseigner als Steuersubjekt belastet, wobei die deutsche Kapitalgesellschaft die Steuer im Wege des Abzugs einzubehalten und an die libanesische Finanzbehörde abzuführen hat. Im deutschen Stammhausstaat ist wegen des Trennungsprinzips zwischen der Berücksichtigung der libanesischen Ausschüttungssteuer auf Ebene des Anteilseigners und ihrer Berücksichtigung auf Ebene der deutschen Kapitalgesellschaft zu differenzieren.

(a) *Berücksichtigung auf Ebene des Anteilseigners*

Denkbar ist zunächst eine inländische Berücksichtigung der libanesischen Ausschüttungssteuer auf Ebene des Anteilseigners gemäß §§ 34c EStG, 26 Abs. 1 KStG. Soweit der inländische Anteilseigner, bei dem die fiktiven Ausschüttungen besteuert werden, eine natürliche Person ist und die Anteile an der libanesischen Kapitalgesellschaft im Privatvermögen hält, scheidet eine unilaterale Berücksichtigung nach § 34c EStG schon deshalb aus, weil er nach deutscher Rechtswertung im Falle tatsächlicher Ausschüttung nur Einkünfte aus Kapitalvermögen erzielen kann und diese vom sachlichen Anwendungsbereich der Norm ausgenommen sind (§ 34c Abs. 1 Satz 1, Halbsatz 2 EStG). Stattdessen kommt aber eine unilaterale Berücksichtigung der libanesischen Ausschüttungssteuer nach § 32d Abs. 5 Satz 1 EStG in Betracht. Hiernach wird eine ausländische Steuer insoweit auf die in Deutschland geschuldete Steuer angerechnet, als sie auf ausländische Kapitaleinkünfte entfällt. Da gegenständlich sowohl die „dividendenzahlende" Kapitalgesellschaft als auch der Anteilseigner Inländer sind, handelt es sich um einen rein inländischen Sachverhalt. Es fehlt daher an „ausländischen" Kapitaleinkünften, sodass eine inländische Berücksichtigung nach § 32d Abs. 5 Satz 1 EStG ausscheidet. Im Übrigen hat der inländische Anteilseigner bei fehlender Ausschüttung keine im Inland steuerbaren Einkünfte, sodass es schon hieran fehlt.

Auch im Falle betrieblich gehaltener Anteile durch die inländische natürliche Person scheitert eine grundsätzlich mögliche Steueranrechnung an fehlenden Auslandseinkünften (§§ 32d Abs. 1 Satz 1, 20 Abs. 8, 34d Abs. 1 EStG). Sofern der Anteilseigner eine Körperschaft ist, fehlt es gleichermaßen an Auslandseinkünften. Zudem wären bezogene Dividenden grundsätzlich steuerbefreit, sodass kein Anrechnungsvolumen vorläge (§§ 1 Abs. 1, 8b Abs. 1 und 3, 26 Abs. 1 KStG). Demzufolge bleibt die libanesische Ausschüttungssteuer auf Ebene des (inländischen) Anteilseigners unberücksichtigt.

(b) *Unilaterale Berücksichtigung auf Ebene der Kapitalgesellschaft*

Denkbar ist ferner eine inländische Berücksichtigung der libanesischen Ausschüttungssteuer auf Ebene der deutschen Stammhaus-Kapitalgesellschaft gemäß §§ 34c EStG, 26 Abs. 1 KStG. Erforderlich ist zunächst, dass der Anwendungsbereich dieser unilateralen Vorschriften in persönlicher und sachlicher Hinsicht überhaupt eröffnet ist, mithin die Subjekt- und Objektidentität vorliegt. Für die notwendige Personenidentität ist indes entscheidend, wer die Steuer schuldet, mithin in wessen Namen und auf wessen Rechnung die Steuer gezahlt wird.[392] Irrelevant ist dabei, in welcher Form die Steuer erhoben wird.[393] Die Personenidentität wird also nicht dadurch gestört, dass die ausländische Steuer im Wege des Abzugs durch einen Dritten, aber für Rechnung des Steuerpflichtigen, einbehalten und an die Finanzbehörde abgeführt wird.[394] Zwar ist die deutsche Kapitalgesellschaft vorliegend verpflichtet, die Steuer nach der dritten Schedule des libEStG einzubehalten und an die libanesische Finanzbehörde abzuführen. Schuldner der libanesischen Ausschüttungssteuer ist aber nicht die deutsche Kapitalgesellschaft, sondern ausschließlich der hinter der Kapitalgesellschaft stehende Anteilseigner (vgl. Art. 75 libEStG). Insoweit fehlt es an der Steuersubjektidentität. Bei formaljuristischer Betrachtung scheidet somit die inländische Berücksichtigung dieser Ausschüttungssteuer bei der deutschen Kapitalgesellschaft mangels Eröffnung des persönlichen Anwendungsbereichs der Vorschriften des §§ 34c EStG, 26 Abs. 1 KStG regelmäßig aus.[395]

392 *Frotscher*, in Frotscher/Maas, KStG/GewStG/UmwStG § 26 KStG, Rn. 31.

393 *Prokisch*, in Kirchhof/Söhn/Mellinghoff, EStG, § 34c, Rn. B 20.

394 Vgl. *BFH*, Urteil v. 05.02.1992 – I R 9/90, BStBl. II 1992, 607; *Gosch*, in Kirchhof, EStG, § 34c Rn. 2; *Frotscher*, in Frotscher/Maas, KStG/GewStG/UmwStG § 26 KStG, Rn. 31.

395 Eine Berücksichtigung nach § 32d Abs. 5 Satz 1 EStG kommt ebenso wenig in Betracht, da die deutsche Kapitalgesellschaft selbst Betriebstätteneinkünfte, nicht hingegen Kapitaleinkünfte erzielt.

(c) *Bedenken gegen das Ergebnis der formaljuristischen Prüfung*

Nach dem Gesagten bliebe bei formaljuristischer Betrachtung die libanesische Ausschüttungssteuer sowohl auf Ebene des (deutschen) Anteilseigners als auch auf Ebene der (deutschen) Kapitalgesellschaft im Inland regelmäßig unberücksichtigt, mit der Folge, dass die libanesische Ausschüttungssteuer definitiv wird. Im Folgenden wird zu klären sein, ob es bei diesem Ergebnis verbleiben kann oder ob es vielmehr einer wertenden Betrachtung bedarf, die sich ggf. an wirtschaftlichen Gesichtspunkten orientiert.

(aa) *Verfassungsrechtliche Bedenken*

In diesem Zusammenhang stellt sich zunächst die Frage nach der Verfassungskonformität des Ergebnisses dieser formaljuristischen Betrachtung. Denkbar ist ein Verstoß gegen den allgemeinen Gleichheitssatz des Art. 3 Abs. 1 GG. Nach ständiger Rechtsprechung des BVerfG[396] gebietet der allgemeine Gleichheitssatz *„dem Gesetzgeber, wesentlich Gleiches gleich und wesentlich Ungleiches ungleich zu behandeln"* und gilt dabei gleichermaßen *„für ungleiche Belastungen wie auch für ungleiche Begünstigungen"*, sodass auch ein ungleicher Begünstigungsausschluss untersagt ist.[397] Für den Bereich des Steuerrechts wird daraus das Erfordernis der Gleichmäßigkeit der Besteuerung entnommen, das seinerseits *„das Gebot der Ausrichtung der Steuerlast am Prinzip der finanziellen Leistungsfähigkeit und das Gebot der Folgerichtigkeit"*[398] als Leitlinien und Schranken für den weitreichenden Entscheidungsspielraum des Gesetzgebers bei der Auswahl von Steuerquellen und der konkreten Ausgestaltung von Steuergesetzen anordnet.[399] Jeder Inländer soll also gemessen an seiner eigenen finanziellen Leistungsfähigkeit gleichmäßig zur Finanzierung der allgemeinen Staatsaufgaben herangezogen werden.[400] Dabei muss bei der Ausgestaltung von Steuergesetzen *„die einmal getroffene Belastungsentscheidung folgerichtig im Sinne der Belastungsgleichheit umgesetzt werden.*

---

396 *BVerfG*, Beschluss v. 15.07.1998 - 1 BvR 1554/89, BVerfGE 98, 365; *ders.*, Beschluss v. 16.03.2005 – 2 BvL 7/00 –, BVerfGE 112, 268; *ders.*, Beschluss v. 21.06.2006 – 2 BvL 2/99 –, BVerfGE 116, 164; *ders.*, Beschluss v. 06.07.2010 - 2 BvL 13/09, BStBl. II 2011, 318 m.w.N.

397 *Koenig*, in Koenig, AO, § 3 Rn. 60.

398 *BVerfG*, Beschluss v. 21.06.2006 – 2 BvL 2/99 –, BVerfGE 116, 164; *ders.*, Beschluss v. 06.07.2010 - 2 BvL 13/09, BStBl. II 2011, 318.

399 Vgl. hierzu *Eckhoff*, in Kube/Mellinghoff/Morgenthaler, Leitgedanken des Rechts, § 148 Rn. 7; *Koenig*, in Koenig, AO, § 3 Rn. 60 ff.

400 Vgl. *BVerfG*, Beschluss v. 07.11.2006 - 1 BvL 10/02, BStBl. II 2007, 192; *Koenig*, in Koenig, AO, § 3 Rn. 75.

Ausnahmen von einer solchen folgerichtigen Umsetzung bedürfen eines besonderen sachlichen Grundes."[401]

Der deutsche Gesetzgeber hat sich, anknüpfend an persönliche Merkmale des Steuerpflichtigen, für die Besteuerung nach dem Welteinkommensprinzip als Ausgangstatbestand entschieden (§ 1 Abs. 1 EStG; § 1 Abs. 1 KStG). Ausländische Einkünfte unterliegen daher neben ihrer regelmäßigen Besteuerung im Quellenstaat grundsätzlich auch der deutschen Besteuerung, sodass es systembedingt zur steuerlichen Mehrfachbelastung kommt. Als Ausgleich beschränkt der deutsche Gesetzgeber anschließend seinen steuerlichen Zugriff durch uni- und bilaterale Maßnahmen zur Vermeidung der Doppelbesteuerung. Diese Beschränkung stellt zwar eine Konsequenz der Grundentscheidung des deutschen Gesetzgebers für die Besteuerung nach dem Welteinkommensprinzip dar, um eine ungerechtfertigte Überbesteuerung zu vermeiden.[402] Ob sie aber vom in Art. 3 Abs. 1 GG verankerten Gebot zur Besteuerung nach der Leistungsfähigkeit auch verfassungsrechtlich abverlangt[403] wird und hierin ein „Gebot zur Verhinderung jedweder Doppelbesteuerung" gesehen werden kann, ist strittig.[404] Das kann aber hier dahingestellt bleiben, da schon zweifelhaft ist, ob ein „wesentlich gleicher" Sachverhalt vorliegt, wenn im libanesischen Quellenstaat auf deutsche Anteilseigner einer deutschen Kapitalgesellschaft „durchgegriffen" wird, dies insbesondere da der Libanon selbst Kapitalgesellschaften nach dem Kapitalgesellschaftsprinzip (Trennungsprinzip) besteuert und eine Abschirmwirkung zwischen Gesellschaft und Gesellschafter annimmt. Jedenfalls liegt aber ein sachlicher, rechtfertigender Grund vor. Denn die (Mehr-) Belastung ist nicht allein dem Rechtsträger Deutschland zuzurechnen, sondern ergibt sich aus dem Zusammenwirken zweier Staaten (Deutschland/Libanon).

Im Übrigen ist zu berücksichtigen, dass im Libanon, entgegen der international-steuerrechtlichen Systematik, zusätzlich zur libanesischen Betriebstät-

---

401 *BVerfG*, Beschluss v. 06.07.2010 - 2 BvL 13/09, BStBl. II 2011, 318.

402 So die Regierungsbegründung zum StÄndG v. 20.08.1980 zu § 34c EStG, BT-Drucks. 8/3648, S. 19.

403 Vgl. *Staats*, in Rödder/Herlinghaus/Neumann, KStG, § 26 Rn. 24; *Lieber*, in Hermann/Heuer/Raupach, EStG/KStG, § 26 KStG, Rn. 4; Vgl. *Roser*, in Gosch, KStG, § 26 Rn. 9; *Siegers*, in Dötsch/Pung/Möhlenbrock, KSt, § 26 KStG, Rn. 1.

404 Zustimmend: *Schaumburg*, Int. Steuerrecht, Rn. 14.6; *Krause*, IFSt-Schrift Nr. 405, 16 f.; ablehnend: *Staats*, in Rödder/Herlinghaus/Neumann, KStG, § 26 Rn. 24; jedenfalls für beschränkt Steuerpflichtige ablehnend: *BFH*, Urteil v. 14.02.1975 – VI R 210/72, BStBl. II 1975, 497; für Erbschaftsteuer ablehnend: *EuGH*, Urteil v. 12.02.2009, C-67/08, Slg. 2009, I-883; *BFH*, Urteil v. 19.06.2013 – II R 10/12, BStBl. II 2013, 746.

tenbesteuerung eine libanesische Kapitalertragsteuer mit daraus folgendem Kapitalertragsteueraufkommen aufgrund fiktiver Gewinnausschüttung der deutschen Stammhaus-Kapitalgesellschaft anfällt. Während die libanesische Betriebstättensteuer in Deutschland systemgerecht angerechnet wird, erfolgt vor allem mangels tatsächlicher Ausschüttung und fehlender deutscher Ausschüttungsbesteuerung keine Anrechnung der fiktiven Ausschüttungssteuer. Angesichts der Vielfalt ausländischer Zivil- und Steuerrechtsordnungen muss die bei gesetzlichen Regelungen ohnehin erforderliche Verallgemeinerung vorliegend weiterreichen. Denn anders als bei bilateralen Vereinbarungen fehlt dem deutschen Ansässigkeitsstaat bei unilateralen Maßnahmen zur Vermeidung der Doppelbesteuerung die Möglichkeit, sich mit dem jeweiligen ausländischen Quellenstaat abzustimmen, um die individuellen Besonderheiten des ausländischen Rechtssystems zu berücksichtigen. Dem ist quasi immanent, dass unilaterale Maßnahmen keine „Optimallösung"[405] darstellen können, sodass individuelle Besonderheiten des ausländischen Rechts grundsätzlich außer Acht bleiben dürfen.

Vor diesem Hintergrund liegt in der fehlenden inländischen Anrechnung der libanesischen Ausschüttungssteuer nach hier vertretener Auffassung kein Verfassungsverstoß vor.

(bb) *Widerspruch zur Ratio der unilateralen Maßnahmen*

Das Ergebnis der formaljuristischen Prüfung ist – auch ohne Verfassungsverstoß – mit Blick auf die Ratio der §§ 34c EStG, 26 KStG fragwürdig. Die Vorschriften sollen die internationale Doppelbesteuerung, die aufgrund der Geltung des Welteinkommensprinzips eintritt, vermeiden. Sie enthalten dabei nur Regelungen für die rechtliche Doppelbesteuerung, bei der zwei oder mehrere Steuerhoheitsträger dieselben Einkünfte (Einkünfteidentität) bei derselben Person (Personenidentität) im selben Veranlagungszeitraum der Besteuerung unterwerfen.[406] Nicht erfasst wird hingegen die sogenannte Doppelbelastung (wirtschaftliche Doppelbesteuerung), bei der dieselben Einkünfte bei verschiedenen Personen mit Steuern belastet werden.[407]

Wenn die libanesische Ausschüttungssteuer bei der vorliegenden Sachverhaltskonstellation weder auf Ebene des deutschen Anteilseigners noch auf Ebene der deutschen Kapitalgesellschaft berücksichtigt werden kann und damit

405 So die Regierungsbegründung zum StÄndG v. 20.08.1980 zu § 34c EStG, BT-Drucks. 8/3648, S. 19.

406 *Prokisch*, in Kirchhof/Söhn/Mellinghoff, EStG, § 34c, Rn. A 7.

407 *Kuhn*, in Hermann/Heuer/Raupach, EStG/KStG, § 34c EStG, Rn. 1.

definitiv wird, verbleibt im zwischenstaatlichen Verhältnis zwar bei formaler Betrachtung eine wirtschaftliche Doppelbesteuerung. Durch den Automatismus zwischen fiktiver Gewinnausschüttung des libanesischen Betriebstättengewinns auf Ebene der deutschen Kapitalgesellschaft und libanesische Besteuerung des Anteilseigners im Wege des Steuerabzugs wird die Abschirmwirkung der deutschen Kapitalgesellschaft für Zwecke der Besteuerung i.S.d. Art. 72a Abs. 4 lib-EStG aber *faktisch* ausgehebelt, wodurch eine der transparenten Besteuerung der deutschen Kapitalgesellschaft vergleichbare Lage geschaffen wird. Das libanesische System weicht insoweit von der deutschen[408] Wertung ab. Es zeigt sich also, die (Selbst-) Beschränkung des deutschen Steuerzugriffs durch §§ 34c EStG, 26 KStG schlägt dann fehl, wenn dem ausländischen Besteuerungszugriff ein dem deutschen fremdes Steuerrechtsverständnis zugrunde liegt. Der deutsche Gesetzgeber geht damit bei §§ 34c EStG, 26 KStG typisierend von dem Fall aus, in dem die ausländische Steuerrechtsordnung konzeptionell ein dem deutschen vergleichbares Steuersystemverständnis verfolgt. Das aber blendet die Vielfalt ausländischer Steuerrechtsordnungen aus und ersetzt sie durch eine eindimensionale – nur am deutschen Systemverständnis orientierte – Betrachtung. In diesen Fällen verfehlen die Vorschriften der §§ 34c EStG, 26 KStG ihre Bestimmung und laufen sinn- und zweckwidrig leer.[409]

(d) *Wertende Betrachtung*

Vor diesem Hintergrund sind die vorliegenden Regelungen der §§ 34c EStG, 26 KStG einer harmonisierenden, am Sinn und Zweck orientierten (teleologischen) Auslegung zuzuführen. Eine teleologische Auslegung auf Ebene des Anteilseigners wird indes regelmäßig deshalb ihr Ziel verfehlen, weil dieser nach deutscher Rechtswertung überhaupt keine Einkünfte erzielt, auf die er die libanesische Steuer anrechnen könnte. Probleme ergäben sich auch dann, wenn der Anteilseigner kein Inländer ist.

Ansetzen ließe sich aber beim Erfordernis der Subjektidentität auf Ebene der deutschen Kapitalgesellschaft. Möglicherweise ist statt der formaljuristischen Betrachtung eine wirtschaftliche Auslegung des Tatbestandsmerkmals „Subjektidentität" angezeigt.[410] Eine entsprechend wirtschaftliche Auslegung des

408 Vgl. zur deutschen Sichtweise Kapitel 4.C.II.1. a) (2) (a), S. 136.

409 So auch *Geurts*, in Ernst&Young, KStG, § 26 Rn. 39.

410 Vgl. *BMF*, Schreiben v. 28.05.1998, BStBl. I 1998, 557; *Schaumburg*, Int. Steuerrecht, Rn. 15.59; *Kuhn*, in Hermann/Heuer/Raupach, EStG/KStG, § 34c EStG, Rn. 61; *Prokisch*, in Kirchhof/Söhn/Mellinghoff, EStG, § 34c, Rn. B 31.

Tatbestandsmerkmals wird in der deutschen Steuerliteratur[411] jedenfalls für die Fälle diskutiert und überwiegend verlangt, bei denen infolge eines zwischenstaatlichen Qualifikationskonflikts unterschiedliche Subjekte zur Besteuerung herangezogen werden. Begründet wird dies mit dem Zweck des Identitätserfordernisses: Das Identitätserfordernis soll vornehmlich sicherstellen, dass die zwischenstaatliche Doppelbesteuerung, nicht hingegen die zwischenstaatliche Doppelbelastung vermieden wird und sei damit Ausdruck der Ratio der §§ 34c EStG, 26 KStG. Belasse man es bei der formaljuristischen Auslegung, so verbleibe die Doppelbesteuerung regelmäßig bestehen. Das aber widerspreche gerade dem Sinn und Zweck des Identitätserfordernisses.[412] Deshalb wird im Ergebnis eine deutsche Kapitalgesellschaft auch dann eine ausländische Steuer anrechnen können, wenn sie nach ausländischer Rechtswertung als Personengesellschaft transparent behandelt und demzufolge ihr Gesellschafter zur Besteuerung herangezogen wird.[413] Rechtstechnisch wird die Steuer des Gesellschafters in eine Steuer der Gesellschaft und umgekehrt umgedeutet.[414]

Für eine wirtschaftliche Auslegung dieses Tatbestandsmerkmals hat sich ferner der X. Senat des Bundesfinanzhofes in seinem Urteil vom 04.06.1991[415] ausgesprochen. In dem dort entschiedenen Fall war die inländische Anrechnung einer schweizerischen Verrechnungssteuer strittig, die eine schweizerische GmbH wegen Ausschüttungen an eine deutsche KG zu entrichten hatte. Dabei war ungeklärt, ob die Steuer nach schweizerischer Rechtswertung Quellensteuercharakter hat oder ob die schweizerische GmbH selbst Steuerschuldnerin war. Der BFH ließ aber diese Frage als nach seiner Ansicht irrelevant offen. Bei der Bestimmung der Subjektidentität komme es darauf an, von wem die Steuer wirtschaftlich als dem Gläubiger der steuerbaren Leistung getragen wird. Entscheidend sei mithin, wem die Steuerlast letztlich verbleibt. Das sei in dem

---

411 Vgl. *Schaumburg*, Int. Steuerrecht, Rn. 15.59; *Siegers*, in Dötsch/Pung/Möhlenbrock, KSt, § 26 KStG, Rn. 118 ff.; *Kuhn*, in Hermann/Heuer/Raupach, EStG/KStG, § 34c EStG, Rn. 61; *Prokisch*, in Kirchhof/Söhn/Mellinghoff, EStG, § 34c, Rn. B 31; *Handzik*, in Littmann/Bitz/Pust, EStR, § 34c Rn. 16; *Haase*, IStR 2010, 45; wohl auch *Wagner*, in Blümich, EStG/KStG/GewStG, § 34c EStG, Rn. 35; a.A., aber mit demselben Ergebnis *Geurts*, in Ernst&Young, KStG, § 26 Rn. 41.

412 Vgl. oben Kapitel 4.C.II.1. a) (2) (c) (bb), S. 141.

413 So auch *Pohl*, in Blümich, EStG/KStG/GewStG, § 26 KStG, Rn. 25; *Frotscher*, in Frotscher/Maas, KStG/GewStG/UmwStG, § 26 KStG, Rn. 33; *Geurts*, in Ernst&Young, KStG, § 26 Rn. 38 ff.

414 *Wagner*, in Blümich, EStG/KStG/GewStG, § 34c EStG, Rn. 35; *Prokisch*, in Kirchhof/Söhn/Mellinghoff, EStG, § 34c, Rn. B 31; *Haase*, IStR 2010, 45.

415 X R 35/88 , BStBl. II 1992, 187.

entschiedenen Fall der inländische Dividendenempfänger (deutsche KG bzw. mittelbar die Gesellschafter der KG).

Der Lösungsansatz des BFH und der herrschenden Lehre, das Tatbestandsmerkmal „Subjektidentität" wirtschaftlich auszulegen, flexibilisiert den Anwendungsbereich der §§ 34c EStG, 26 KStG, indem es die inländische Behandlung der im Ausland erhobenen Steuer von ihrer konkreten Ausgestaltung durch den ausländischen Gesetzgeber entbindet. Das inländische Schicksal wird also losgelöst von der Frage beurteilt, welches Konzept der ausländische Steuergesetzgeber seiner Einkommensbesteuerung konkret zugrunde legt. Eine Übereinstimmung des ausländischen mit dem inländischen Steuerrechtsverständnis ist damit nicht mehr erforderlich. Das trägt der Vielfalt ausländischer Rechtsordnungen Rechnung und ermöglicht letztlich, dass die zwischenstaatliche Doppelbesteuerung bei einer viel breiteren Gruppe von Steuerpflichtigen – auch unilateral – behoben werden kann. Denn das de lege lata in Deutschland herrschende Steuersystem ist zwar weltweit häufig vertreten. Auf der anderen Seite legen viele für Deutschland wichtige Handelspartner ihrer Gesellschaftsbesteuerung entweder ein abweichendes Konzept zugrunde oder gewähren überdies eine Optionsmöglichkeit. Auch ein weltweiter Vergleich lässt nicht die klare Tendenz erkennen, der Einkommensbesteuerung läge typischerweise das deutsche Steuerrechtssystemverständnis zugrunde. Entlang dem Sinn und Zweck des Identitätserfordernisses erscheint es daher sachgerecht, die Subjektidentität nach wirtschaftlichen Gesichtspunkten zu bestimmen.[416]

Zu klären bleibt, ob die zusätzliche Besteuerung des Anteilseigners nach Art. 72a Abs. 4 libEStG bei wirtschaftlicher Betrachtung in eine Steuer der deutschen Kapitalgesellschaft umgedeutet und deshalb dort gemäß §§ 34c EStG, 26 KStG berücksichtigt werden kann. Dann müsste die libanesische Ausschüttungssteuer wirtschaftlich, mithin ungeachtet ihres Rechtscharakters, den (fiktiven) Dividendenbezug auf Ebene der deutschen Kapitalgesellschaft erfassen und die dort damit einhergehende Leistungsfähigkeitssteigerung belasten. Vorliegend wird ein libanesischer Besteuerungszugriff durch automatisierte Gewinnzuweisungen an den (ggf. deutschen) Anteilseigner begründet, indem die Gewinnausschüttung fingiert

---

416 So auch *RFH*, Urteil v. 12.12.1930, RStBl. 1930, 444, BMF v. 28.05.1998, BStBl. I 1998, 557; *Schaumburg*, Int. Steuerrecht, Rn. 15.59; *Siegers*, in Dötsch/Pung/Möhlenbrock, KSt, § 26 KStG, Rn. 118 ff.; *Kuhn*, in Hermann/Heuer/Raupach, EStG/KStG, § 34c EStG, Rn. 61; *Prokisch*, in Kirchhof/Söhn/Mellinghoff, EStG, § 34c, Rn. B 31; *Handzik*, in Littmann/Bitz/Pust, EStR, § 34c Rn. 16; *Haase*, IStR 2010, 45; wohl auch *Wagner*, in Blümich, EStG/KStG/GewStG, § 34c EStG, Rn. 35; a.A., aber mit demselben Ergebnis *Geurts*, in Ernst&Young, KStG, § 26 Rn. 41.

wird. Das bedeutet zwar, dass im Ansatz die Leistungsfähigkeitssteigerung des Anteilseigners erfasst werden soll. Eine nähere Betrachtung zeigt aber, dass die für den Anteilseigner steuerpflichtbegründende Ausschüttungsfiktion tatbestandlich voraussetzt, dass die deutsche Kapitalgesellschaft libanesische Betriebstätteneinkünfte erwirtschaftet (vgl. Art. 72a Abs. 4 libEStG). Nur so kann der für den libanesischen Besteuerungszugriff völkerrechtlich erforderliche Anknüpfungsmoment – wenngleich künstlich wirkend – überhaupt konstruiert werden. Denn die Erwirtschaftung von libanesischen Betriebstätteneinkünften ist der einzig denkbare völkerrechtliche Anknüpfungsmoment für eine libanesische Quellenbesteuerung. Wirtschaftlich soll diese Erwirtschaftung letztlich erfasst werden; sie ist die steuerbare Leistung, obgleich der Libanon auf eine fingierte Gewinnausschüttung abstellt. Wenn aber sowohl nach libanesischer als auch nach deutscher Wertung die Erwirtschaftung libanesischer Betriebstätteneinkünfte tatbestandlich ausschließlich durch die deutsche Kapitalgesellschaft verwirklicht werden kann, dann ist sie auch Gläubiger der steuerbaren Leistung. Irrelevant ist dabei, dass der Libanon die Betriebstättenbesteuerung (1. Schedule) von der fiktiven Gewinnausschüttungsbesteuerung (3. Schedule) formal trennt.

Dass die deutsche Kapitalgesellschaft aus libanesischer Sicht *faktisch* transparent besteuert werden soll, zeigt die Ratio der zusätzlichen Besteuerung i.S.d. Art. 72a Abs. 4 libEStG. Art. 72a Abs. 4 libEStG soll ermöglichen, dass die steuerliche Gesamtbelastung im libanesischen Betriebstättenstaat ungeachtet der Organisationsform des (aus libanesischer Sicht) ausländischen Stammhauses auf vergleichbarem Niveau bleibt. Erzielt also eine deutsche Stammunternehmung in Form einer Kapitalgesellschaft libanesische Betriebstätteneinkünfte, so soll die Gesamtsteuerbelastung im Libanon ein Niveau erreichen, das sie belastet hätte, würde sie die Form einer Personengesellschaft bekleiden. Dadurch sollen mitunter gestalterische Anreize begrenzt werden, die außerhalb des Einflussbereichs des libanesischen Gesetzgebers verortet sind. Der künstliche Besteuerungszugriff sichert die Gleichmäßigkeit der Besteuerung aus libanesischer Sicht, ohne das libanesische Steuersystemverständnis in Frage zu stellen. Das deutet ebenfalls darauf hin, dass eigentlich die Erwirtschaftung libanesischer Betriebstätteneinkünfte, nicht hingegen die Ausschüttung besteuert werden soll.

In die Erwägungen einzubeziehen ist ferner ein Vergleich des gegenständlichen Sachverhalts zu den Fällen, bei denen ein Subjektqualifikationskonflikt vorliegt. Wenngleich die deutsche Kapitalgesellschaft bei der gegenständlichen libanesischen Besteuerung nicht transparent behandelt wird und damit ein Subjektqualifikationskonflikt nicht vorliegt, so besteht de facto dieselbe

Interessenlage.[417] Durch den Automatismus zwischen fiktiver Ausschüttung auf Ebene der deutschen Kapitalgesellschaft und Besteuerung beim Anteilseigner wird die Abschirmwirkung der deutschen Kapitalgesellschaft für Zwecke der Besteuerung i.S.d. Art. 72a Abs. 4 libEStG faktisch ausgehebelt, wodurch eine der transparenten Besteuerung der deutschen Kapitalgesellschaft vergleichbare Lage geschaffen wird. Behandelt man nun diese beiden Fallgruppen unterschiedlich, so würde die Frage, ob die ausländische Steuer im Inland berücksichtigt wird oder nicht, ausschließlich davon abhängen, wie der ausländische Steuergesetzgeber seine Einkommensbesteuerung letztlich konkret konzipiert. Das kann aber kein sachgerechtes Abgrenzungskriterium sein. Entscheidend muss vielmehr sein, dass auch hier das Identitätserfordernis entgegen seiner Intention die zwischenstaatliche Doppelbesteuerung zementiert.[418] Insofern ist die Argumentation auf die gegenständliche Sachverhaltskonstellation übertragbar. Vor diesem Hintergrund ist eine Umdeutung der gegenständlichen Ausschüttungssteuer in eine Steuer auf die libanesischen Betriebstätteneinkünfte auf Ebene der deutschen Kapitalgesellschaft angezeigt und damit eine Anrechnung der libanesischen Ausschüttungssteuer bei der deutschen Kapitalgesellschaft möglich.

Im Übrigen liegen die Voraussetzungen für eine Anrechnung i.S.d. §§ 34c Abs. 1 EStG, 26 KStG vor. Insbesondere ist auch die Einkünfteidentität zu bejahen, zumal eine zwischenstaatlich übereinstimmende Einkünftezuordnung hierfür nicht erforderlich ist. Entscheidend ist vielmehr, dass derselbe wirtschaftliche Vorgang sowohl im Inland als auch im Ausland besteuert wird.[419] Wie bereits vorstehend dargelegt, wird bei der vorliegenden Sachverhaltskonstellation nach hier vertretener Auffassung aus wirtschaftlicher Sicht die Erwirtschaftung libanesischer Betriebstätteneinkünfte besteuert. Insoweit wird durch die teleologische Auslegung die Mehrfachbelastung vermieden.

b) Behandlung der Quellensteuern bei Qualifikationskonflikt

Denkbar ist weiterhin, dass der libanesische Quellenstaat das grenzüberschreitende Engagement der inländischen Stammunternehmung abweichend qualifiziert. Im Wesentlichen sind drei praxisrelevante Alternativen erkennbar, die im Folgenden näher beleuchtet werden. Dabei soll insbesondere untersucht werden, wie eine libanesische Quellensteuer im deutschen Ansässigkeitsstaat zu behandeln ist.

---

417 Vgl. oben Kapitel 4.C.II.1. a) (2) (c) (bb), S. 141.

418 Vgl. oben Kapitel 4.C.II.1. a) (2) (c) (bb), S. 141.

419 Vgl. *Pohl*, in Blümich, EStG/KStG/GewStG, § 26 KStG, Rn. 58.

(1) Inländische Behandlung infolge Qualifizierung als Direktgeschäft

Der libanesische Quellenstaat kann das grenzüberschreitende Engagement der inländischen Stammunternehmung abweichend als Direktgeschäft qualifizieren und deshalb den Liefergewinn nach Maßgabe der Art. 41 ff. libEStG besteuern.[420] Das wird der Fall sein, wenn die deutsche Unternehmung im Libanon kein „Geschäftslokal" i.S.d. §§ 41 ff. libEStG unterhält (z.B. bei libanesischen Montage- und Bauausführungen).[421] Mit dieser Liefer- und Leistungsgewinnsteuer i.S.d. §§ 41 ff. libEStG wird nach libanesischer Rechtswertung die deutsche Stammunternehmung als Steuersubjekt belastet, wobei die auszahlende libanesische Stelle die Steuer im Wege des Abzugs einzubehalten und an die libanesische Finanzbehörde abzuführen hat.

Nach deutscher Rechtswertung, die für die unilaterale Berücksichtigung der libanesischen Steuer gemäß § 34c EStG (ggf. i.V.m. § 26 Abs. 1 KStG) maßgeblich ist, werden die Einkünfte von der unbeschränkt steuerpflichtigen deutschen Stammunternehmung erzielt und bei dieser belastet. Da zudem für die notwendige Subjektidentität irrelevant ist, dass ein Dritter die libanesische Steuer im Wege des Abzugs einbehält,[422] ist die Subjektidentität und damit der persönliche Anwendungsbereich der Vorschrift des § 34c EStG (ggf. i.V.m. § 26 Abs. 1 KStG) in den gegenständlichen Sachverhaltskonstellationen zu bejahen. Klärungsbedürftig ist aber, ob die sachliche Anwendbarkeit der Vorschrift des § 34c EStG (ggf. i.V.m. § 26 Abs. 1 KStG) eröffnet ist. In Deutschland und im Libanon werden dieselben Einkünfte belastet, sodass eine Identität des Abgabegegenstandes dem Grunde nach vorliegt. Eine entsprechende Identität der Höhe nach liegt demgegenüber deshalb nicht vor, weil die Bemessungsgrundlagen infolge zwischenstaatlich divergierender Ermittlungsvorschriften[423] voneinander abweichen. Das ist aber unschädlich, weil die libanesische Liefer- und Leistungsgewinnsteuer nur von den Bruttoeinnahmen erhoben wird, die ihrerseits in die deutsche Bemessungsgrundlage eingehen.[424] Insoweit wird der sachliche

420 Wie bereits oben unter Kapitel 3.A.II, S. 72 ausführlich erläutert, handelt es sich bei der Besteuerung nach Art. 41 ff. libEStG um eine besondere Ermittlungs- und Erhebungsform der Besteuerung nach der ersten Schedule des libEStG.

421 Vgl. zum Begriff des Geschäftslokals Kapitel 3.B.I, S. 76.

422 Vgl. *BFH*, Urteil v. 05.02.1992 – I R 9/90, BStBl. II 1992, 607; *Gosch*, in Kirchhof, EStG, § 34c Rn. 2.

423 Zur Ermittlung der Bemessungsgrundlage der libanesischen Liefergewinnsteuer vgl. Kapitel 3.A.II, S. 72.

424 Vgl. *BFH*, Urteil v. 02.02.1994 – I R 66/92, BStBl. II 1994, 727; *Wagner*, in Blümich, EStG/KStG/GewStG, § 34c EStG, Rn. 43; *Gosch*, in Kirchhof, EStG, § 34c Rn. 3.

Anwendungsbereich des § 34c EStG (ggf. i.V.m. § 26 Abs. 1 Satz 1 Nr. 1 KStG) regelmäßig eröffnet sein.

Für die inländische Behandlung dieser libanesischen Quellensteuer kann zunächst festgestellt werden, dass der Anwendungsbereich des § 34c EStG (ggf. i.V.m. § 26 Abs. 1 Satz 1 Nr. 1 KStG) grundsätzlich sowohl in persönlicher (Subjektidentität) als auch in sachlicher Hinsicht (Einkünfteidentität) eröffnet ist. Fraglich bleibt, ob die weiteren tatbestandlichen Voraussetzungen für eine Anrechnung der libanesischen Steuer i.S.d. § 34c Abs. 1 EStG (ggf. iV.m. § 26 Abs. 1 Satz 1 Nr. 1 KStG) vorliegen. Ungeachtet der libanesischen Qualifikation des Engagements und der damit einhergehenden Qualifikation der Einkünfte verbleibt es aus deutscher Sicht dabei, dass das Auslandsengagement eine Betriebstätte ist und die deutsche Stammunternehmung daher Betriebstätteneinkünfte i.S.d. § 34d Nr. 2 Buchstabe a EStG erwirtschaftet. Im Übrigen handelt es sich bei der Liefergewinnsteuer i.S.d. Art. 41 ff. libEStG um eine besondere Ermittlungs- und Erhebungsform der Steuer der ersten Schedule nach dem libEStG. Wie bereits oben festgestellt, stellt die Steuer der ersten Schedule des libEStG das libanesische Pendant zur deutschen Einkommen- und Körperschaftsteuer dar.[425] Damit entspricht die im Libanon erhobene Liefergewinnsteuer der deutschen Einkommen- und Körperschaftsteuer dar. Schließlich wird die deutsche Stammunternehmung mit libanesischen Einkünften im Libanon, also in dem Staat, aus dem die Einkünfte stammen, zu einer der deutschen Einkommensteuer entsprechenden Steuer herangezogen. Dadurch wird die unbeschränkt steuerpflichtige Stammunternehmung mit den Betriebstätteneinkünften im libanesischen Betriebstättenstaat, also in dem Staat, aus dem die Einkünfte stammen, zu einer der deutschen Einkommensteuer entsprechenden Steuer herangezogen. In den hier behandelten Sachverhaltskonstellationen werden die Voraussetzungen für eine Steueranrechnung im deutschen Stammhausstaat nach §§ 34c Abs. 1 Satz 1 (ggf. i.V.m. § 26 Abs. 1 KStG) regelmäßig erfüllt sein. Damit kann der Steuerpflichtige wahlweise auch den Steuerabzug i.S.d. § 34c Abs. 2 EStG geltend machen.

(2) Behandlung des Sonderfalls Repräsentationsbüro

Unterhält die deutsche Unternehmung im Libanon ein Repräsentationsbüro, so wird hierdurch nach dortigem Verständnis keine Betriebstätte begründet, solange das libanesische Repräsentationsbüro selbst keine Einkünfte erzielt.[426]

---

425 Vgl. zur generellen Entsprechung der Besteuerung nach dem libEStG mit der deutschen Einkommen- bzw. Körperschaftsteuer Kapitel 4.A.II.3. (b), S. 120.

426 Vgl. Kapitel 3.B.I.2., S. 77.

Durch die deutsche Unternehmung erzielte Einkünfte werden gesondert als Direktgeschäfte qualifiziert und nach Maßgabe der Liefer- und Leistungsgewinnsteuer i.S.d. §§ 41 ff. libEStG belastet. Nach deutschem Verständnis begründet das Engagement mittels eines Repräsentationsbüros demgegenüber eine Betriebstätte i.S.d. § 12 Satz 1 AO.[427]

Dieser festgestellte Qualifikationskonflikt entfaltet für Direktgeschäfte des Stammhauses keine steuerrelevanten Auswirkungen, weil die (libanesische) Betriebstätte nach deutschem Verständnis keine Attraktivkraft ausstrahlt.[428] Ein im Libanon durch die deutsche Unternehmung unmittelbar erzielter Gewinn wird vielmehr auch aus deutscher Sicht als Direktgeschäft qualifiziert. Das bedeutet, dass ein deutsches Unternehmen, das ein Repräsentationsbüro und damit eine Betriebstätte i.S.d. § 12 AO unterhält, seine Direktgeschäfte in Deutschland weiterhin als solche zu versteuern hat. Der Gewinn stellt grundsätzlich keinen Betriebstättengewinn dar. Es ergeben sich dann dieselben steuerlichen Folgen, die sich bei übereinstimmender Qualifikation des deutschen Engagements als Direktgeschäft ergeben.[429]

Nur Gewinne, die der libanesischen Betriebstätte in Form des Repräsentationsbüros im Wege fiktiver Verselbständigung (analog Art. 7 Abs. 2 OECD-MA) zugeordnet werden, sind aus deutscher Sicht Betriebstätteneinkünfte. Insoweit konzediert Deutschland einen Steueranspruch des libanesischen Quellenstaates und rechnet die libanesische Quellensteuer auf die deutsche Einkommen- bzw. Körperschaftsteuer i.S.d. §§ 34c Abs. 1, 34d Nr. 2 Buchstabe a EStG (ggf. i.V.m. § 26 Abs. 1 KStG) an. Für den Fall, in dem Deutschland die Einkünfte dem Repräsentationsbüro zuordnet, während der Libanon ein Direktgeschäft annimmt, kann auf die vorstehenden Ausführungen zur entsprechenden „Behandlung der libanesischen Quellensteuer infolge Qualifizierung als Direktgeschäft" verwiesen werden.[430]

(3) Behandlung bei Bestellung eines Handelsvertreters

Wird eine libanesische Handelsvertretung für die deutsche Unternehmung im Libanon tätig, so liegt nach deutschem Verständnis regelmäßig eine ständige Vertretung i.S.d. § 13 AO vor. Die Einkünfte der Handelsvertretung sind der deutschen Stammunternehmung zuzurechnen (Einheitsprinzip). Nach libanesi-

---

427 Vgl. zur steuerlichen Qualifikation Kapitel 4.C.I.2. b), S. 132.

428 Vgl. *Kluge*, Das int. Steuerrecht, Kapitel N, Rn. 2; *Reith*, Int. Steuerrecht, Rn. 4.378.

429 Vgl. Kapitel 4.B.II.1., S. 124.

430 Vgl. Kapitel 4.C.II.1. b) (1), S. 147.

schem Verständnis begründet das Engagement mittels eines libanesischen Handelsvertreters demgegenüber keine libanesische Betriebstätte.

Gewinne, die dem libanesischen Handelsvertreter im Wege einer verursachungsgerechten Aufteilung des Gesamtgewinns des Unternehmens (analog Art. 7 Abs. 2 i.V.m. Art. 5 Abs. 6 OECD-MA) zugeordnet werden, sind aus deutscher Sicht Betriebstätteneinkünfte. Insoweit anerkennt Deutschland einen Steueranspruch des libanesischen Quellenstaates, den dieser aber mangels Betriebstätte nicht wahrnimmt. Fällt bei der Lieferung oder Leistung an den Endabnehmer die Steuer für Direktgeschäfte i.S.d. Art. 41 ff. libEStG an, so kann diese gemäß i.S.d. §§ 34c Abs. 1, 34d Nr. 2 Buchstabe a) EStG (ggf. i.V.m. § 26 Abs. 1 KStG) angerechnet werden.

2. *Besteuerung im Verlustfall*

Infolge der Geltung des Universalitätsprinzips findet nicht nur ein positives, sondern grundsätzlich auch ein negatives Betriebstättenergebnis Eingang in die inländische Bemessungsgrundlage der Einkommen- bzw. Körperschaftsteuer. Betriebstättenverluste können deshalb im Grundsatz mit anderen (ggf. inländischen) positiven Einkünften des steuerpflichtigen Stammhauses saldiert werden (Verlustausgleich i.S.d. § 2 EStG).[431] Übersteigen die erzielten Betriebstättenverluste die Gewinne des inländischen Stammhauses, kann die steuerpflichtige Unternehmung wahlweise einen Verlustvortrag oder -rücktrag gemäß § 10d EStG (ggf. i.V.m. § 8 Abs. 1 KStG) vornehmen.

In Ausnahme zum Grundsatz dürfen Verluste aus einer libanesischen Betriebstätte gemäß § 2a Abs. 1 Satz 1 Nr. 2 EStG (ggf. i.V.m. § 8 Abs. 1 KStG) ausschließlich mit Betriebstättengewinne aus dem Libanon ausgeglichen und nur in diesem Umfang rück- und vorgetragen werden (per country limitation), wenn die libanesische Betriebstätte keine vom Steuerpflichtigen nachgewiesene aktive Tätigkeit i.S.d. § 2a Abs. 2 Satz 1 EStG, sondern eine passive oder volkswirtschaftlich nicht förderungswürdige Tätigkeit ausübt.[432] Durch die abschließende Aufzählung der aktiven, nicht jedoch der passiven Tätigkeiten in § 2a Abs. 2 Satz 1 EStG wird dieser Ausnahmefall zum Regelfall erhoben. Als aktive Tätigkeit i.S.d. § 2a Abs. 2 Satz 1 EStG gelten indes *„die Herstellung oder Lieferung von Waren, außer Waffen, die Gewinnung von Bodenschätzen sowie die Bewirkung gewerblicher Leistungen […], soweit diese nicht in der Errichtung oder dem Betrieb von Anlagen,*

---

431 *Scheffler*, Int. betriebswirtschaftliche Steuerlehre, S. 281.

432 Vgl. *Jacobs*, Int. Unternehmensbesteuerung, S. 469; im Übrigen zur Einordnung des Libanon als Drittstaat bereits oben unter Kapitel 4.B.II.2., S. 127.

die dem Fremdenverkehr dienen, oder in der Vermietung oder der Verpachtung von Wirtschaftsgütern einschließlich der Überlassung von Rechten, Plänen, Mu-stern, Verfahren, Erfahrungen und Kenntnissen bestehen". Weiterhin wird das „*unmittelbare Halten einer Beteiligung von mindestens einem Viertel am Nennkapital einer Kapitalgesellschaft, die ausschließlich oder fast ausschließlich die vorgenannten Tätigkeiten zum Gegenstand hat, sowie die mit dem Halten der Beteiligung in Zusammenhang stehende Finanzierung [...] als Bewirkung gewerblicher Leistungen* [angesehen], *wenn die Kapitalgesellschaft weder ihre Geschäftsleitung noch ihren Sitz im Inland hat*".

Erzielt demzufolge ein deutsches Unternehmen libanesische Betriebstättenverluste aus passiver Tätigkeit, so bleiben diese Verluste im Inland steuerlich unberücksichtigt (sog. finale Verluste), sofern nicht gleichartige libanesische Betriebstättengewinne nachfolgen. Im Vorfeld einer Investition mittels libanesischer Betriebstätte sollte daher vor allem mit Blick auf Anlaufverluste untersucht werden, ob die Betriebstätteneinkünfte nach den Umständen des Einzelfalls aus passiver Tätigkeit i.S.d. § 2a EStG stammen. Bei hohen Anlaufverlusten und passiver Tätigkeit kann im Einzelfall die Gründung einer libanesischen Kapitalgesellschaft vorteilhaft sein. Die Vereinbarkeit dieser Regelung mit höherrangigem Recht ist im Übrigen umstritten.[433]

D. Beteiligung an rechtlich verselbständigten Rechtsgebilden

Die deutsche Unternehmung kann sich auf dem libanesischen Markt durch Errichtung eines rechtlich verselbständigten Rechtsgebildes engagieren. Das Rechtsgebilde kann unter Beachtung der jeweils im Libanon geltenden Restriktionen und entlang dem Wunsch der investierenden Unternehmung wahlweise in Form einer Kapital- oder Personengesellschaft ausgestaltet werden. Im Folgenden sollen die ertragsteuerlichen Konsequenzen einer nach libanesischem Recht gegründeten Gesellschaft aus der Sicht des deutschen Außensteuerrechts eruiert werden, deren Gesellschafter deutsche Steuerinländer sind. Es wird dabei davon auszugehen sein, dass sowohl der Sitz als auch die Geschäftsleitung der Gesellschaft sich im Libanon befinden.

I. Steuerrechtliche Qualifikation

In der Bundesrepublik Deutschland basiert die Gesellschaftsbesteuerung auf einem dualen System, das zwischen Rechtsgebilden mit körperschaftlicher Struktur

433 Vgl. *Wagner*, in Blümich, EStG/KStG/GewStG, § 2a EStG, Rn. 21 ff.

und Rechtsgebilden, die als Personengesellschaften organisiert sind, differenziert.[434] Körperschaftlich strukturierte Rechtsgebilde unterliegen als eigenständige Steuersubjekte der proportionalen Körperschaftsteuer (§ 1 Abs. 1 KStG). Anteilseigner und Körperschaft stehen sich als eigenständige Steuersubjekte gegenüber; sie verfügen steuerlich über getrennte Vermögenssphären.[435] Es gilt das Kapitalgesellschaftskonzept. Personengesellschaften sind hingegen weder Subjekte der Körperschaft- noch der Einkommensteuer. Ihre Einkünfte werden von der Gesellschaft als Gewinnermittlungssubjekt ermittelt (§ 15 Abs. 1 Nr. 1 EStG) und dann unmittelbar dem Gesellschafter zugerechnet und dort besteuert (§ 15 Abs. 1 Nr. 2 EStG). Dies entspricht einer Besteuerung nach dem Mitunternehmerkonzept.[436] Im deutschen Steuerrecht entscheidet also die zivilrechtliche Organisationsform über die Steuersubjektfähigkeit des Rechtsgebildes.[437]

Die vorstehend erläuterte Rechtsformabhängigkeit der Unternehmensbesteuerung ist eine konzeptionelle Grundentscheidung des deutschen Steuergesetzgebers, die sich nicht auf inländische Rechtsgebilde beschränkt. Sie erstreckt sich vielmehr auf die Behandlung ausländischer und damit libanesischer Rechtsgebilde.[438] Zentrale Frage bei zwischenstaatlichen Beteiligungsverhältnissen zum Libanon ist daher, ob das jeweilige libanesische Rechtsgebilde unter die Vorschriften der §§ 1 bis 3 KStG zu subsumieren ist und damit für Zwecke der Besteuerung eine Abschirmwirkung gegenüber dem inländischen Gesellschafter entfaltet, oder ob dies nicht der Fall ist.[439] Es geht also um die Frage nach der Steuersubjektqualifikation. Von der Beantwortung dieser Frage hängen letztlich die weiteren ertragsteuerlichen Konsequenzen ab.

1. Grundlagen der Steuersubjektqualifikation

a) Qualifikation nach der lex fori

Für die Steuersubjektqualifikation eines libanesischen Rechtsgebildes ist es grundsätzlich denkbar, auf die zivilrechtliche bzw. steuerrechtliche Behandlung

434 Vgl. *Hennrichs*, in Tipke/Lang, Steuerrecht, § 10 Rn. 1.

435 Vgl. *Hey*, in Tipke/Lang, Steuerrecht, § 11 Rn. 1.

436 Vgl. statt vieler *Hey*, in Tipke/Lang, Steuerrecht, § 11 Rn. 1; *Scheffler*, Besteuerung der grenzüberschreitenden Unternehmenstätigkeit, S. 226.

437 Vgl. *BFH*, Beschluss des großen Senats v. 25.06.1984 - GrS. 4/82, BStBl. II 1984, 751.

438 Vgl. *BMF*, Schreiben v. 24.12.1999, IV B 4 - S 1300 - 111/99, BStBl. I 1999, 1076; *Frotscher*, Int. Steuerrecht, § 9 Rn. 334; *Piltz*, Die PersG im IStR der BRD, S. 57 m.w.N; speziell für PersG *Schaumburg*, Int. Steuerrecht, Rn. 18.66.

439 Vgl. *Kluge*, Das int. Steuerrecht, Kapitel N, Rn. 121.

im Libanon abzustellen; sog. Qualifikation nach der lex causae.[440] Aufgrund der Vielfalt der ausländischen Zivil- und Steuerrechtsordnungen wäre jedoch eine unterschiedliche Behandlung eines identischen Sachverhalts zweifelsohne unvermeidbar, was eine Verletzung des verfassungsrechtlichen Grundsatzes der Gleichmäßigkeit der Besteuerung zur Folge hätte.[441] Daher bleibt die Zivil- und/oder Steuerrechtsfähigkeit des ausländischen Rechtsgebildes im ausländischen Errichtungsstaat für deutsche Besteuerungszwecke unberücksichtigt.[442]

Die steuerliche Qualifikation eines ausländischen Rechtsgebildes kann sich nur nach dem Recht desjenigen Staates richten, der über die steuerliche Erfassung der Besteuerungsgrundlagen im Einzelfall entscheidet; sog. Qualifikation nach der lex fori.[443] Geht es also um die Beurteilung der rechtlichen Stellung des inländischen Gesellschafters oder um die Anwendung oder Auslegung deutscher Steuerrechtsnormen, wird das ausländische Rechtsgebilde ausschließlich nach der Wertung des deutschen Steuerrechts zu qualifizieren sein. Dies hat bereits der Reichsfinanzhof grundlegend in seinem Urteil vom 12.02.1930[444] betreffend eine venezolanische Personengesellschaft entschieden. Der Bundesfinanzhof[445], die Finanzverwaltung[446] sowie die herrschende Ansicht im Schrifttum[447] hat sich dem grundsätzlich angeschlossen.

---

440 Vgl. zu den denkbaren Möglichkeiten der Klassifizierung die übersichtliche Aufzählung bei *Machens*, Ausländische PersG im int. Steuerrecht, S. 51.

441 So *Müller/Wangler*, IStR 2003, 145; vgl. zu weiteren Argumenten *Kluge*, Das int. Steuerrecht, Kapitel N, Rn. 124 m.w.N.

442 Vgl. statt vieler *Debatin*, BB 1988, 1155; *Müller/Wangler*, IStR 2003, 145.

443 Vgl. *Frotscher*, Int. Steuerrecht, § 9 Rn. 332; *Piltz*, Die PersG im IStR der BRD, S. 59.

444 Urteil v. 12.02.1930 - VI A 899/27, RFHE 27, 73. Im Schrifttum wird häufig von der „Venezuela-Entscheidung“ gesprochen.

445 *BFH*, Urteil v. 20.08.2008 - I R 34/08, BStBl. 2009 II, S. 263.

446 *BMF*, Schreiben v. 19.03.1976, RIW/AWD 1976, 305; *ders.*, Schreiben v. 01.12.1980, DB 1981, 139; *ders.*, Schreiben v. 19.03.2004, IV B 4-S 1301 USA-22/04, BStBl. I 2004, 411.

447 *Kluge*, Das int. Steuerrecht, Kapitel N Rn. 123 ff.; *Schänzle/Engel*, in Mössner, Steuerrecht int. tätiger Unternehmen, Rn. 5.15; *Jacobs*, Int. Unternehmensbesteuerung, S. 393; *Debatin*, BB 1988, 1155; *Hey*, in Burmester/Endres, FS Debatin, S. 135; *Roser*, in Gosch, KStG, § 8 Rn. 20; *Müller/Wangler*, IStR 2003, 145; *Djanani/Brähler/Waldbach*, IStR 2011, 317. Eine andere Ansicht vertritt *Oppermann*, DB 1988, 1469, der die Wertung des deutschen Zivilrechts als maßgeblich erachtet.

b) Rechtstypenvergleich

Ausgehend von der herrschenden Meinung richtet sich die steuerliche Qualifikation ausländischer und damit auch libanesischer Rechtsgebilde für deutsche Besteuerungszwecke nach den Wertungen des deutschen Steuerrechts. Da die ausländischen Organisationsformen der deutschen Rechtsordnung jedoch in der Regel fremd sind, ist darauf abzustellen, ob das jeweilige ausländische Rechtsgebilde in seiner materiellrechtlichen Struktur und wirtschaftlichen Stellung mit einem inländischen Rechtsgebilde vergleichbar ist („*Rechtstypenvergleich*").[448] Die für diesen Vergleich maßgebliche rechtliche Struktur des ausländischen Rechtsgebildes ergibt sich aus den rechtlichen Rahmenbedingungen des ausländischen Errichtungsstaates. Einem derartigen Vergleich ist es daher immanent, dass die zivilrechtlichen Gegebenheiten des ausländischen Staates im Vorfeld ermittelt werden.[449] Erst auf einer zweiten Stufe ist sodann zu prüfen, ob ein inländisches Gebilde mit vergleichbaren Eigenschaften existiert („*konkreter Typenvergleich*") oder ob es jedenfalls dem Typus einer deutschen Körperschaft oder Personengesellschaft entspricht („*abstrakter Typenvergleich*").[450] Dabei können nur solche Gebilde miteinander verglichen werden, die eine analoge wirtschaftliche Stellung in der jeweiligen Rechtsordnung einnehmen. Das bedeutet, dass libanesische Erwerbsgesellschaften nur mit den entsprechenden deutschen Erwerbsgesellschaften zu vergleichen sind.[451] In Betracht kommen also vorliegend die Kapital- und Personenhandelsgesellschaften. Als klassisches Leitbild für Kapitalgesellschaften wird die AG erachtet, während die OHG als Leitbild der Personenhandelsgesellschaften dient.[452]

c) Kriterien zur Einordnung des Rechtsgebildes

Die Zuordnung des ausländischen Rechtsgebildes zu einem vergleichbaren inländischen Rechtstyp erfordert auf der ersten Stufe die Würdigung der rechtlichen und wirtschaftlichen Struktur des jeweiligen Rechtsgebildes im (libanesischen) Errichtungsstaat. Bei jedem in Frage stehenden Rechtsgebilde ist eine Gesamtschau

---

448 Vgl. grundlegend *RFH*, Urteil v. 12.02.1930 - VI A 899/27, RFHE 27, 73; *BFH*, Urteil v. 20.08.2008 - I R 34/08, BStBl. 2009 II, S. 263; *BMF*, Schreiben v. 19.03.2004, IV B 4-S 1301 USA-22/04, BStBl. I 2004, 411; *Henkel*, in Mössner, Steuerrecht int. tätiger Unternehmen, Rn. 6.6; *Jacobs*, Int. Unternehmensbesteuerung, S. 394; *Müller/Wangler*, IStR 2003, 145.

449 Vgl. *Debatin*, BB 1988, 1155.

450 Vgl. *Schnittker*, in Wassermeyer/Richter/Schnittker, PersG im int. Steuerrecht, Rn. 4.14.

451 *Hey*, in Burmester/Endres, FS Debatin, S. 135; *Schnittker/Lemaitre*, FR 2003, 485.

452 Vgl. *Müller/Wangler*, IStR 2003, 145; *Kübler/Assmann*, Gesellschaftsrecht, S. 22.

der rechtlichen und wirtschaftlichen Rahmenbedingungen vorzunehmen. Vorab muss aber geklärt werden, welche rechtlichen und wirtschaftlichen Eigenschaften sich dazu eignen, die zwischenstaatliche Vergleichbarkeit der Rechtsgebilde herauszukristallisieren.

In der bereits erwähnten Venezuela Entscheidung[453] hatte der Reichsfinanzhof einen Katalog typenspezifischer Merkmale herausgearbeitet, anhand derer die Zuordnung des Rechtsgebildes erfolgen sollte. Bei Personengesellschaften stehe die Person der Gesellschafter im Vordergrund. Die Gesellschafter führen die Geschäfte selbst, haften persönlich und können die Gesellschaftsanteile nicht frei übertragen. Kapitalgesellschaften seien hingegen dadurch gekennzeichnet, dass die Gesellschafter den Gläubigern nicht persönlich haften und an der Geschäftsführung nicht aufgrund ihrer Gesellschafterstellung beteiligt sind. Die Stellung der Gesellschafter gründe sich weniger auf eine innere Verbundenheit mit den Mitgesellschaftern als auf das Bestreben, Kapital nutzbringend anzulegen. Die Gesellschaftsanteile seien zudem nicht frei übertragbar.

An diesen Maßstäben orientiert sich die Rechtsprechung[454], die Finanzverwaltung[455] und die herrschende Ansicht im Schrifttum[456] bis dato, wobei sie teilweise ergänzt oder fortentwickelt wurden. Gleichwohl ist nicht eindeutig geklärt, welche Kriterien im Einzelnen herangezogen werden können, denn die Aussagekraft einzelner Kriterien wird gelegentlich in Frage gestellt.[457] Diesbezüglich vermag auch die Rechtsprechung des Bundesfinanzhofes[458] keine Klarheit zu verschaffen, greift doch das höchstinstanzliche Gericht nicht auf einen festen Kriterienkatalog zurück.[459]

---

453 *RFH*, *Urteil* v. 12.02.1930 - VI A 899/27, RFHE 27, 73.

454 *BFH*, Urteil v. 28.07.1982 - I R 196/79, BStBl. II 1983, 77; *ders.*, Urteil v. 03.02.1988 - I R 134/84, BStBl. II 1988, 588; *ders.*, Urteil v. 01.07.1992 - I R 6/92, BStBl. II 1993, 222; *ders.*, Urteil v. 16.12.1998 - I R138/97, BStBl. II 1999, 437; *ders.*, Urteil v. 20.08.2008 - I R 34/08, BStBl. 2009 II, S. 263.

455 *BMF*, Schreiben v. 19.03.2004, IV B 4-S 1301 USA-22/04, BStBl. I 2004, 411.

456 Vgl. statt vieler *Schnittker*, in Wassermeyer/Richter/Schnittker, PersG im int. Steuerrecht, Rn. 4.14; *Philipp*, IStR 2010, 204; *Henke/Lang*, IStR 2001, 514.

457 Vgl. *Graffe*, in Dötsch/Pung/Möhlenbrock, Die Körperschaftsteuer, § 1 KStG, Rn. 87a; *Henkel*, RIW 1991, 565.

458 *BFH*, Urteil v. 28.07.1982 - I R 196/79, BStBl. II 1983, 77; *ders.*, Urteil v. 03.02.1988 - I R 134/84, BStBl. II 1988, 588; *ders.*, Urteil v. 01.07.1992 - I R 6/92, BStBl. II 1993, 222; *ders.*, Urteil v. 16.12.1998 - I R138/97, BStBl. II 1999, 437; *ders.*, Urteil v. 20.08.2008 - I R 34/08, BStBl. 2009 II, S. 263.

459 So auch *Schnittker*, in Wassermeyer/Richter/Schnittker, PersG im int. Steuerrecht, Rn. 4.21.

Dass die Abgrenzungskriterien des RFH nicht im Sinne eines feststehenden und abschließenden Kriterienkatalogs verstanden werden können, ergibt sich aber schon aus dem Sinn und Zweck des Typenvergleichs. Greift man auf einen feststehenden Kriterienkatalog zurück, so liegt es nahe, dass wirtschaftlich ungleiche Sachverhalte gleich behandelt werden oder umgekehrt, was ein Verstoß gegen den in Art. 3 Abs. 1 GG verankerten Grundsatz der Gleichmäßigkeit der Besteuerung darstellen würde. Es ist nämlich nicht auszuschließen, dass ein Umstand, der nicht in den Kriterienkatalog einbezogen wird – möglicherweise infolge eines Zusammenspiels mit einem anderen Umstand – eine Situation schafft, die die wirtschaftliche Stellung des Rechtsgebildes ohne Berücksichtigung dieses Umstandes maßgeblich ändert. Eine derartige Situation kann sich daraus ergeben, dass ein zu berücksichtigendes Kriterium im Einzelfall weniger ausgeprägt ist, während ein bisher unberücksichtigtes Kriterium in einer Weise ausgeprägt ist, die – wegen eines Zusammenspiels mit anderen Kriterien – eine andere Beurteilung erfordert.

Will man die Grenze zwischen Personengesellschaften und Körperschaften ziehen, so sind im Grundsatz diejenigen rechtlichen Merkmale entscheidend, die die strukturellen Unterschiede der beiden Gesellschaftsarten unter besonderer Berücksichtigung des zu qualifizierenden Rechtsgebildes manifestieren. Dabei kann es nicht auf einen festen Kriterienkatalog ankommen. Vielmehr muss das ausländische Rechtsgebilde zielorientiert auf die Erfüllung typenspezifischer Merkmale untersucht werden.

Im Ergebnis kann konstatiert werden, dass ein einheitlicher allgemeingültiger Kriterienkatalog nicht feststehen kann. Entscheidend kann nur eine Gesamtbetrachtung des Einzelfalles sein. Gleichwohl dienen die in der Steuerlehre herangezogenen Kriterien der Orientierung. Für sich gesehen können sie das Vorliegen einer bestimmten Gesellschaftsart indizieren. Sie stellen die grundsätzlichen Abgrenzungskriterien der Gesellschaftsarten dar. Sollten sich allerdings im Einzelfall Merkmale herauskristallisieren, deren Einbeziehung als erforderlich erscheint, so werden sie nachfolgend in die Betrachtung einbezogen.

(1) Wesen des Rechtsgebildes

Die Personengesellschaft sollte historisch betrachtet der Vereinigung einer kleinen Zahl von Personen dienen, die einen gemeinsamen und gleichgelagerten Zweck verfolgen. Charakteristisch für die Gründung einer Personengesellschaft ist daher ein enges persönliches Vertrauensverhältnis zwischen den beteiligten

Gesellschaftern; es stellt jedoch keine Voraussetzung dar.[460] Ihr Fundament bildet also das Intuitus personae.[461] Sie ist grundsätzlich nicht umfassend verselbständigt; sie besitzt keine eigene Vermögenssphäre. Das Gesellschaftsvermögen ist Gesamthandsvermögen der Gesellschafter.[462] Die Gesellschafter haften gesamthänderisch mit ihrem Privatvermögen.

Körperschaften sind ihrem Wesen nach auf eine große Anzahl von Mitgliedern angelegt. Sie sind umfassend verselbständigt; sie besitzen eine eigene Vermögenssphäre. Die Gesellschafter haften grundsätzlich nicht für die Verbindlichkeiten der Gesellschaft (Trennungsprinzip).

(2) Geschäftsführung

Bei inländischen Personengesellschaften ist die Geschäftsführung und Vertretung der Gesellschaft zwingend den persönlich haftenden Gesellschaftern vorbehalten, vgl. z.B. § 114 HGB. Die Organstellung ist damit an die gesamthänderische Beteiligung gebunden; sie ist Ausdruck der Mitgliedschaft.[463] Dem liegt der Gedanke zugrunde, dass die Herrschaft und persönliche Haftung grundsätzlich vereint sein sollen.[464] Unzulässig ist demzufolge die Übertragung der Organkompetenz an gesellschaftsfremde Dritte in der Weise, dass die Gesellschafter von der Geschäftsführung ausgeschlossen werden.[465] Ein tragendes Prinzip von Personengesellschaften ist daher der Grundsatz der Selbstorganschaft. Bei inländischen Kapitalgesellschaften können demgegenüber gesellschaftsfremde Dritte mit der Geschäftsführung und Vertretung der Gesellschaft betraut werden. Dies bedeutet, dass die Geschäftsführung und Vertretung von besonderen Organen wahrgenommen werden, deren Mitglieder nicht zwingend eine Gesellschafterfunktion innehaben müssen.[466] Gleichwohl ist eine Personalunion zwischen Organ- und Gesellschafterstellung nicht ausgeschlossen.[467] Kapitalgesellschaften unterliegen damit dem Grundsatz der Dritt- oder Fremdorganschaft.

---

460 Vgl. zum Ganzen *Jacobs*, Int. Unternehmensbesteuerung, S. 483.

461 *Wiedemann*, Gesellschaftsrecht I, § 2 I 1.

462 Vgl. *Rehm*, in Wassermeyer/Richter/Schnittker, PersG im int. Steuerrecht, Rn. 1.12.

463 *Rawert*, Münchener Kommentar zum HGB, § 114 Rn. 1.

464 *Müller*, in Müller/Rödder, Beck´sches Handbuch der AG, § 1 Rn. 80.

465 Vgl. *Kindl*, Gesellschaftsrecht, § 2 Rn. 4.

466 Vgl. zum Vorstand einer AG §§ 76 Abs. 3, 77 AktG, sowie zur Geschäftsführung bei der GmbH §§ 6 Abs. 3, 35 GmbHG.

467 Vgl. *Seibt*, in Schmidt/Lutter, AktG, § 76 Rn. 24.

(3) Haftung

Zu den essentiellen Strukturelementen einer Kapitalgesellschaft zählt die beschränkte Haftung ihrer Gesellschafter. Personengesellschaften werden hingegen dadurch gekennzeichnet, dass zumindest ein Gesellschafter persönlich und unbeschränkt haftet.

Obgleich dieses Kriterium ein „Wesenskern" der Abgrenzung ist, wird ihm die Relevanz teilweise abgesprochen.[468] Die Trennschärfe sei insbesondere bei Mischformen verloren gegangen. Die GmbH & Co. KG stelle eine Personengesellschaft dar, wenngleich „faktisch" eine persönliche Haftung der hinter der Gesellschaft stehenden Gesellschafter ausgeschlossen ist. Dem ist jedoch entgegenzuhalten, dass es nicht um die hinter der Komplementär-GmbH stehenden Gesellschafter geht. Entscheidend ist einzig, ob zumindest ein beteiligter Gesellschafter unbeschränkt mit seinem gesamten Vermögen haftet. Dies ist für die GmbH als Komplementärin zu bejahen. Dass sie aber ihrerseits die „Weitergabe" der Haftung an die hinter ihr stehenden Gesellschafter verhindert, hat keine Relevanz. Auch kann es nicht um die faktische Haftung gehen.[469] Hingewiesen sei an dieser Stelle lediglich auf den Fall, in dem eine insolvente natürliche Person als Komplementär einer KG agiert. Auch hier erlangt der Gläubiger seine Leistung faktisch nicht. Gleichwohl bezweifelt niemand, dass der Gesellschafter persönlich haftet. Vor diesem Hintergrund bestehen keine Zweifel an der Relevanz dieses Kriterium.

(4) Übertragbarkeit der Anteile

Die freie Übertragbarkeit der Gesellschaftsanteile wird in der Literatur häufig als weiteres zentrales Wesensmerkmal einer Kapitalgesellschaft gesehen,[470] denn die Anteile an einer inländischen Kapitalgesellschaft können im Grundsatz ohne Zustimmung der übrigen Mitgesellschafter frei auf Dritte übertragen werden. Diese grundsätzliche Dispositionsfähigkeit kann jedoch durch den Gesellschaftsvertrag einer GmbH (§ 15 Abs. 5 GmbHG) oder die Satzung einer AG (§ 68 Abs. 2 Satz 1 AktG) beschränkt werden. Genau umgekehrt verhält es sich bei inländischen Personengesellschaften. Anteilsübertragungen sind im Regelfall ohne Zustimmung der Mitbeteiligten nicht realisierbar, weil es sich hierbei um ein Grundlagengeschäft handelt.[471] Der Gesellschaftsvertrag kann aber eine andere Regelung vorsehen. Unverkennbar ist allerdings das

---

468 *Henkel*, RIW 1991, 565.

469 Ähnlich auch schon *Schnittker/Lemaitre*, GmbHR 2003, 1314.

470 Vgl. *Hey*, RIW 1992, 921; *Schnittker/Lemaitre*, FR 2003, 485.

471 Vgl. *Schnittker/Lemaitre*, FR 2003, 485.

gegensätzliche Regel-Ausnahme-Verhältnis[472], das unzweifelhaft ein taugliches und geeignetes Abgrenzungsmerkmal bereitstellt.[473]

(5) Gewinnzuteilung

Als weiteres Abgrenzungsmerkmal wird die Gewinnzuteilung gesehen. Gewinnzuteilung meint in diesem Zusammenhang die Gewinnverteilung dem Grunde nach, nicht hingegen die Verteilung der Höhe nach oder die Verfügbarkeit über den Gewinn.[474] Bei Personengesellschaften wird der Gewinn dem Beteiligten periodisch zugeteilt, ohne dass es hierbei eines formellen Gesellschafterbeschlusses bedarf. Typischerweise erhält der Beteiligte seinen Anteil am Gewinn an der Personengesellschaft durch Gutschrift auf seinem Beteiligungskonto.[475] Nur die Gewinnverteilung der Höhe nach sowie die Verfügbarkeit hängt von einem Gesellschafterbeschluss ab. Bei Kapitalgesellschaften wird der Gewinn hingegen nur auf Grund eines formellen Ausschüttungsbeschlusses zugeteilt.[476]

(6) Kapitalaufbringung und Kapitalerhaltung

Voraussetzung für die Gründung einer inländischen Körperschaft ist, dass die Gesellschafter der Gesellschaft Eigenkapital bereitstellen. Hierfür sieht das Gesetz regelmäßig einen Mindesteinsatz von Kapital vor. Demgegenüber erfordert die Beteiligung an einer inländischen Personengesellschaft keine kapitalmäßige Beteiligung am Gesellschaftskapital. Darüber hinaus können Gesellschafter einer Personengesellschaft ihre Einlage in Form von Dienstleistungen erbringen, während dies bei der Beteiligung an einer Körperschaft unzulässig ist (vgl. § 7 Abs. 3 GmbHG, § 27 Abs. 2 Halbs. 2 AktG).

Die Existenz der UG als Sonderform der GmbH, bei der die Mindesteinlage nur einen Euro beträgt (§ 5a GmbHG), schmälert die Aussagekraft der Kapitalaufbringungsgrundsätze als Abgrenzungskriterium. Da die Kapitalaufbringungsgrundsätze und die Kapitalerhaltungsregeln zusammen erst den Rechtfertigungsgrund für die Haftungsbeschränkung der GmbH-Gesellschafter bilden,[477] sind sie nur im

472 *K. Schmidt*, Gesellschaftsrecht, § 8 IV, S. 210; *Schnittker/Lemaitre*, FR 2003, 485.

473 A.A. beispielsweise *Schnittker*, in Wassermeyer/Richter/Schnittker, PersG im int. Steuerrecht, Rn. 4.27.

474 *Schnittker*, in Wassermeyer/Richter/Schnittker, PersG im int. Steuerrecht, Rn. 4.27.

475 Vgl. *Hey*, in Burmester/Endres, FS Debatin, S. 141; *Schnittker/Lemaitre*, FR 2003, 485.

476 Vgl. *Köhler*, in Kessler/Kröner/Köhler, Konzernteuerrecht, § 7 Rn. 12.

477 So schon *Heidinger*, DNotZ 2005, 97.

Zusammenhang mit der Haftungsbeschränkung zu sehen. Ihnen kommt wenig bis keine eigenständige Bedeutung zu.

(7) Lebensdauer

Vor dem Inkrafttreten des Handelsrechtsreformgesetzes im Jahre 1998[478] wurde die Lebensdauer der Gesellschaft als geeignetes Abgrenzungskriterium anerkannt. Bis dato wurde nämlich eine inländische Personengesellschaft im Falle des Todes, der Kündigung oder der Insolvenz eines Beteiligten aufgelöst, soweit keine abweichende vertragliche Vereinbarung bestand (vgl. §§ 131, 132 HGB a.F.). Entgegen der Lage bei einer Kapitalgesellschaft hing also das Fortbestehen inländischer Personengesellschaften von Umständen ab, die in der Person des Gesellschafters eintreten.[479] Durch die Reform wurde diese Rechtslage für Personenhandelsgesellschaften dahingehend geändert, dass die erwähnten gesellschafterbezogenen Aspekte nur noch zum Ausscheiden des jeweiligen Gesellschafters führen (§ 131 HGB n.F.), was eine signifikante Annäherung an die für Kapitalgesellschaften geltende unbegrenzte Lebensdauer bedeutet.[480] Gleichwohl wird dieses Kriterium zurecht teilweise für geeignet erachtet.[481] Denn eine ähnliche Regelung indiziert auch weiterhin eine starke innere Verbundenheit der Gesellschafter. Keine Aussagekraft hat dieses Kriterium für den umgekehrten Fall, in dem die ausländische Rechtsordnung eine derartige Regelung nicht kennt.[482]

(8) Formale Gründungsvoraussetzungen

Als Rechtsträger entstehen inländische Personengesellschaften bereits mit Abschluss eines wirksamen Gesellschaftsvertrages.[483] Irrelevant ist dabei, ob die Gesellschaft in das Handelsregister eingetragen wurde. Die Handelsregistereintragung bewirkt gemäß § 123 Abs. 1 HGB lediglich, dass die Gesellschaft spätestens zu diesem Zeitpunkt gegenüber Dritten, also im Außenverhältnis, wirksam wird.[484] Kapitalgesellschaften entstehen hingegen regelmäßig erst mit ihrer Eintragung im Handelsregister, mithin durch einen öffentlichen Akt. Aus

---

478 BGBl. I 1998, 1474.

479 Vgl. *Schnittker/Lemaitre*, FR 2003, 485; *Möbus*, Ausgewählte Besteuerungsfragen und Gestaltungsmöglichkeiten, S. 97.

480 Zum Ganzen *Köhler*, in Kessler/Kröner/Köhler, Konzernsteuerrecht, § 7 Rn. 14.

481 *BMF*, Schreiben v. 19.03.2004, IV B 4-S 1301 USA-22/04, BStBl. I 2004, 411.

482 So auch *Schnittker/Lemaitre*, FR 2003, 485.

483 Vgl. *Schmidt*, in MüKo zum HGB, § 123 Rn. 3.

484 Vgl. *Hillmann*, in Ebenroth/Boujong/Joost/Stohn, HGB, § 123 Rn. 11; *Schmidt*, in MüKo zum HGB, § 125 Rn. 108.

den divergierenden Entstehungszeitpunkten wird ein weiteres Abgrenzungskriterium hergeleitet.[485] Teilweise wird jedoch die Geeignetheit des Kriteriums deshalb bezweifelt, weil Kapitalgesellschaften bereits ab ihrer Errichtung als Vorgesellschaften bestehen.[486] Dieser Einwand überzeugt jedoch nicht. Vorliegend kann es nur um die Entstehung der Kapitalgesellschaft als vollwertige juristische Person gehen. Das Steuerrecht behandelt zumindest die Vorgründungsgesellschaften nicht wie Kapitalgesellschaften, sondern vielmehr entsprechend der für Personengesellschaften geltenden Maßstäbe.

d) Idealtypus oder Realtypus als Vergleichssubjekt

Noch nicht eindeutig geklärt ist die Frage nach dem maßgeblichen Subjekt des vorzunehmenden Vergleichs. Erwogen wird entweder die Klassifizierung nach Maßgabe des ausländischen gesetzlichen Leitbildes („*Idealtypus*") oder auf Basis der individuellen gesellschaftsvertraglichen Ausgestaltung der Auslandsgesellschaft („*Realtypus*").[487] Im ersteren Fall entspricht dies einer abstrakt-generellen, im letzteren einer konkret-individuellen Betrachtung.

Die wohl herrschende Auffassung in der Literatur hält einen Vergleich mit dem Realtypus und damit eine konkret-individuelle Betrachtung für sachgerecht.[488] Im Hinblick auf inländische Sachverhalte habe der Gesetzgeber typisierend auf die Rechtsform abstellen können, weil er die zulässigen Abweichungen vom zivilrechtlichen Leitbild kannte. Bei Auslandsgesellschaften sei dies schon wegen der Mannigfaltigkeit der Rechtsgebilde ausgeschlossen.[489] Zudem trage die abstrakt-generelle Betrachtungsweise der Flexibilität des ausländischen Gesellschaftsrechts nicht genügend Rechnung, was dem Grundsatz der Gleichmäßigkeit der Besteuerung zuwiderlaufe. Zumal das ausländische Gesellschaftsrecht sehr liberal

485 Vgl. *Möbus*, Ausgewählte Besteuerungsfragen und Gestaltungsmöglichkeiten, S. 98.
486 Vgl. *Schnittker*, in Wassermeyer/Richter/Schnittker, PersG im int. Steuerrecht, Rn. 4.38.
487 Vgl. *Schnittker*, in Wassermeyer/Richter/Schnittker, PersG im int. Steuerrecht, Rn. 4.16; *Henke/Lang*, IStR 2001, 514.
488 Vgl. *Hey*, in Burmester/Endres, FS Debatin, S. 138; *Piltz*, Die PersG im IStR der BRD, S. 71; *Jacobs*, Int. Unternehmensbesteuerung, S. 394; *Machens*, Ausländische PersG im int. Steuerrecht, S. 70; *Möbus*, Ausgewählte Besteuerungsfragen und Gestaltungsmöglichkeiten, S. 100.
489 So erstmals *Hey*, in Burmester/Endres, FS Debatin, S. 139.

ausgestaltet und der Unterschied zwischen dem Ideal- und Realtypus beträchtlich sein könne.[490]

Gestützt auf einige Aussagen des Bundesfinanzhofes[491] wird behauptet, dass die höchstrichterliche Rechtsprechung demgegenüber zu einer generell-abstrakten Betrachtung tendiere.[492] Eine eindeutige Äußerung des BFH fehlt jedoch nach wie vor. Indes wäre eine abstrakt-generelle Betrachtung jedenfalls insoweit folgerichtig, als auch für Zwecke der inländischen Besteuerung an die zivilrechtlichen Organisationsformen angeknüpft wird. Ferner trägt diese Betrachtungsweise zur Rechtssicherheit bei, da ein bestimmtes Rechtsgebilde in allen denkbaren Fallkonstellationen einheitlich klassifiziert wird.[493]

Im Gesellschaftsvertrag vereinbarte Abweichungen vom Idealtypus des jeweiligen Rechtsgebildes können im Extremfall durchaus dazu führen, dass das gesetzliche Leitbild zu einer gänzlich anderen Erscheinungsform mutiert.[494] Die konkreten Regelungen des Gesellschaftsvertrages beeinflussen also die tatsächliche und wirtschaftliche Struktur des Rechtsgebildes in nicht unerheblicher Weise. Daher überzeugt die herrschende Auffassung, wenn sie eine angemessene Würdigung der gesellschaftsvertraglichen Vereinbarungen verlangt. Auf der anderen Seite darf nicht verkannt werden, dass auch das deutsche Gesellschaftsrecht zum Teil erhebliche Abweichungen vom Leitbild des Gesetzes gestattet. In Kenntnis dieser Dispositionsmöglichkeiten entschied sich der deutsche Gesetzgeber für eine duale Unternehmensbesteuerung, die sich nach der zivilrechtlichen Organisationsform richtet, ohne hierbei konkrete gesellschaftsvertragliche Vereinbarungen zu berücksichtigen. Genau das Gegenteil bewirkt jedoch die postulierte Heranziehung des Realtypus als Vergleichssubjekt: Die gesellschaftsrechtlichen Vereinbarungen werden ausschließlich herangezogen, während die zivilrechtliche Konzeption der Organisationsform unbeachtet bleibt. Damit wird die gesetzgeberische Grundentscheidung unterwandert. Im Extremfall birgt dies zudem die Gefahr, dass ein Rechtsgebilde, das in seinem Errichtungsstaat vollumfänglich

---

490 Vgl. *Hey*, in Burmester/Endres, FS Debatin, S. 139; *Machens*, Ausländische PersG im int. Steuerrecht, S. 70; *Henke/Lang*, IStR 2001, 514.

491 Nicht entscheidend sei dagegen die Gestaltung der inneren Verhältnisse der Gesellschaft im Einzelfall, etwa die Anzahl der Gesellschafter oder Anteilsinhaber und deren tatsächliches Verhalten, solange sie nur als Vertreter der Gesellschaft auftreten.

492 So schon *Hey*, in Burmester/Endres, FS Debatin, S. 138; aber auch *Machens*, Ausländische PersG im int. Steuerrecht, S. 68; *Möbus*, Ausgewählte Besteuerungsfragen und Gestaltungsmöglichkeiten, S. 99.

493 *Henke/Lang*, IStR 2001, 514.

494 Vgl. dazu die Extrembeispiele bei *Henke/Lang*, IStR 2001, 514.

wie eine bestimmte inländische Gesellschaftsart konzipiert ist, wegen abweichender gesellschaftsvertraglicher Vereinbarungen einer anderen inländischen Gesellschaftsart zugeordnet wird.[495] Im Übrigen leuchtet nicht ein, weshalb für ausländische Rechtsgebilde andere Maßstäbe gelten sollen, wenn doch gerade durch den Rechtstypenvergleich eine unterschiedliche Behandlung eines wirtschaftlich identischen Sachverhalts verhindert werden soll.[496] Demnach bestehen erhebliche Bedenken hinsichtlich einer individuell-konkreten Betrachtung.

Damit soll jedoch nicht zwangsläufig gesagt sein, dass der vorgefundene Idealtypus der Auslandsgesellschaft als Vergleichssubjekt dienen soll, obwohl die Argumente der wohl herrschenden Ansicht vollends überzeugen. Denkbar erscheint allerdings ein Mittelweg, bei dem das fragliche Abgrenzungsmerkmal zweistufig betrachtet wird. Auf der ersten Stufe ist die gesetzliche Ausgestaltung (abstrakt) des jeweiligen, fraglichen Merkmals im Ausland zu untersuchen. Sind keine Abweichungen von der gesetzlichen Ausgestaltung desselben Merkmals in Deutschland vorhanden oder ist die ausländische Rechtsordnung sogar restriktiver als die Deutsche, verbleibt es bei dieser abstrakten Betrachtung. Dadurch kann auf dieser Ebene sichergestellt werden, dass die Inanspruchnahme von Dispositionsmöglichkeiten, die auch das deutsche Recht gewähren würde, nicht berücksichtigt wird. Gewährt die ausländische Rechtordnung aber weitergehende Dispositionsmöglichkeiten als das deutsche Gesellschaftsrecht, so müssen die im konkreten Fall in Anspruch genommenen Möglichkeiten berücksichtigt werden. In diesem Falle hat auf einer zweiten Stufe eine individuell-konkrete Betrachtung zu erfolgen.

Bei dem vorgeschlagenen Konzept werden die individuellen Vereinbarungen außer Acht gelassen, solange die deutsche Rechtsordnung entsprechende Vereinbarungen für eine bestimmte Gesellschaftsart zulässt. Hierfür spricht nicht nur, dass der deutsche Gesetzgeber - wie oben gezeigt - bei der Ausgestaltung der Unternehmensbesteuerung sich vom Gesamtkonzept der jeweiligen Gesellschaftsform leiten ließ. Auch der Sinn und Zweck des Vergleichs, nämlich die ausländische Gesellschaft

---

495 Wird beispielsweise im konkreten Gesellschaftsvertrag vereinbart, dass ein Gesellschafter die organschaftliche Vertretungsmacht inne hat, so kann hieraus nicht unmittelbar der Schluss gezogen werden, es handle sich um ein den Personengesellschaften vergleichbares Gebilde. Insoweit müsste beachtet werden, dass auch im deutschen Kapitalgesellschaftsrecht die Wahrnehmung von Organkompetenzen durch Gesellschafter nicht ausgeschlossen wird. Das Prinzip der Fremdorganschaft hindert nicht die Personalunion zwischen Gesellschafter- und Organstellung, vgl. Kapitel 4.D.I.1. c) (2), S. 157.

496 Vgl. dazu oben Kapitel 4.D.I.1. a), S. 153.

ihrem „Wesen" nach („*Wesenstypisierung*") einer Kapital- oder Personengesellschaft zuzuordnen, mit dem Ziel, das Rechtsgebilde entsprechend seinem deutschen Äquivalent zu besteuern, spricht dafür. Denn das Wesen eines Rechtsgebildes wird nicht ausschließlich durch die konkreten gesellschaftsvertraglichen Vereinbarungen, sondern zugleich auch durch die abstrakten rechtlichen Rahmenbedingungen des Errichtungsstaates bestimmt. Diese Vorgehensweise ist ferner praktikabel und trägt vor allem zur Rechtssicherheit bei. Sie findet auch in der Rechtsprechung des BFH[497] eine Stütze, wenn er auf eine „*Gesamtwürdigung der maßgebenden ausländischen Bestimmungen über die Organisation und Struktur der Gesellschaft*" abstellt.

Vor diesem Hintergrund kann im Ergebnis kein einheitliches Vergleichssubjekt feststehen. Entsprechend der Mannigfaltigkeit der ausländischen Rechtsordnungen sollte das Vergleichssubjekt dynamisch bestimmt werden. Für die nachfolgende Prüfung libanesischer Rechtsgebilde kann naturgemäß nur die erste, abstrakte Stufe eruiert werden. Es soll allerdings auf die bestehenden Dispositionsmöglichkeiten hingewiesen und ggf. eingegangen werden.

2. *Die Steuersubjektqualifikation libanesischer Rechtsgebilde in der deutschen Rechtsprechung, Finanzverwaltung und Literatur*

Soweit ersichtlich, existieren keine gerichtlichen Entscheidungen über die Qualifizierung libanesischer Rechtsgebilde. Auch die Finanzverwaltung hat sich bis dato zu dieser Frage nicht geäußert. Insbesondere finden die libanesischen Rechtsgebilde in der Tabelle 1 der sog. Betriebstätten-Verwaltungsgrundsätze[498] keine Erwähnung.

3. *Steuersubjektfähigkeit ausgewählter Rechtsgebilde des libanesischen Rechts nach deutschem Steuerrecht*

a) *Šarikat t-taḍāmun („libSNC") im Rechtstypenvergleich*

(1) Ermittlung der gesellschaftsrechtlichen Eigenschaften

(a) *Geschäftsführung*

Das Geschäftsführungskonzept der libSNC (libanesische Société en nom collectif)[499] ergibt sich aus den Vorschriften der Art. 56 bis 62 libHGB. Im Grundsatz steht die Geschäftsführung sämtlichen Gesellschaftern gemäß Art. 56 libHGB gemeinsam zu (Gesamtgeschäftsführungsbefugnis), wobei jeder geschäftsführende

497 *BFH*, Urteil v. 20.08.2008 - IR 34/08, DStR 2008, 2151.

498 Vgl. *BMF*, Schreiben v. 24.12.1999 - IV B 4 - S 1300 - 111/99, BStBl. 1999, 1076.

499 Vgl. Kapitel 3.C.I.3. a), S. 87.

Gesellschafter allein und ohne Mitwirkung der übrigen Gesellschafter für die Gesellschaft handeln kann (Einzelvertretungsbefugnis).[500] Die übrigen Gesellschafter können nach Art. 61 Satz 1 libHGB der Vornahme eines Geschäfts widersprechen. Macht ein geschäftsführender Gesellschafter von seinem Widerspruchsrecht Gebrauch, wird gemäß Satz 2 der Vorschrift durch einen Mehrheitsbeschluss entschieden, ob das Geschäft unterbleibt.[501] Alternativ können auch einzelne Gesellschafter oder fremde Dritte mit der Geschäftsführung betraut werden, mit der Folge, dass Geschäftsführungsmaßnahmen ausschließlich von diesen ergriffen werden können. Die (ggf. übrigen) Gesellschafter sind dann von der Geschäftsführung und Vertretung der Gesellschaft vollständig ausgeschlossen.[502] Ihnen steht gemäß Art. 888 libBGB nur dann ein Widerspruchsrecht zu, wenn und soweit die Geschäftsführungsmaßnahmen den Gesellschaftszweck überschreiten oder gegen Gesetze verstoßen.[503] Deshalb geht die wohl herrschende Ansicht in der libanesischen Literatur davon aus, dass dem Geschäftsführer eine organschaftliche Stellung (représentation organique) zukommt.[504]

(b) *Gesellschaftsvermögen / Haftung*

Als juristische Person mit vollwertiger Rechtspersönlichkeit besitzt die libSNC eine eigene Vermögenssphäre. Die Vermögensgegenstände werden der Gesellschaft als solcher, nicht hingegen den Gesellschaftern gemeinschaftlich zugerechnet. Das Privatvermögen der Gesellschafter ist daher von dem Gesellschaftsvermögen rechtlich und tatsächlich zu trennen (Trennungsprinzip).[505] Für Gesellschaftsverbindlichkeiten haften gleichwohl die Gesellschafter persönlich und unbeschränkt mit ihrem Privatvermögen.[506] Sie können grundsätzlich von den Gläubigern der Gesellschaft persönlich in Anspruch genommen werden. Ihre Einstandspflicht für die Gesellschaftsschulden beschränkt sich dabei nicht auf die Höhe der Beteiligung; sie erstreckt sich auf die gesamte Schuld („*gesamtschuldnerische Haftung*").[507] Die Natur dieser gesamtschuldnerischen Haftung ist indes umstritten. Vereinzelt

500 Vgl. *Nāssīf*, Die Enzyklopädie des Handelsrechts, Band II: Die SNC, S. 83 und 89.
501 Vgl. *Nāssīf*, Die Enzyklopädie des Handelsrechts, Band II: Die SNC, S. 89.
502 Vgl. Nāssīf, Die Enzyklopädie des Handelsrechts, Band II: Die SNC, S. 93.
503 Vgl. *Nāssīf*, Die Enzyklopädie des Handelsrechts, Band II: Die SNC, S. 93, 134 ff.
504 Vgl. zum Streit eingehend *Nāssīf*, Die Enzyklopädie des Handelsrechts, Band II: Die SNC, S. 94 f.
505 Vgl. *Nāssīf*, Die Enzyklopädie des Handelsrechts, Band II: Die SNC, S. 7.
506 *Libanesisches Kassationsgericht*, Urteil v. 27.06.1963, maǧmuʿ*at Bāz* 195, 79; *ʿĪd/ʿĪd*, Der Mediator im Handelsrecht, Band II, S. 78.
507 Vgl. *Nāssīf*, Die Enzyklopädie des Handelsrechts, Band II: Die SNC, S. 41.

wird vertreten, dass es sich bei der Schuld um eine einfache zivilrechtliche Gesamtschuld handelt. Die wohl herrschende Ansicht in der Literatur geht demgegenüber von einer gesamtschuldnerischen Bürgschaft bzw. Garantie aus.[508]

(c) *Übertragbarkeit der Anteile*

Vorbehaltlich abweichender Regelungen des Gesellschaftsvertrages ist die Beteiligung an einer libSNC ohne die Zustimmung sämtlicher Gesellschafter nicht übertragbar (Art. 55 Abs. 1 libHGB). Es besteht jedoch die Möglichkeit, ohne Zustimmung der übrigen Mitgesellschafter einem nichtbeteiligten Dritten die Beteiligung derart zu überlassen, dass dieser an den Nutzungen des Gesellschaftsanteils berechtigt wird (Art. 55 Abs. 2 libHGB). Diese im Allgemeinen als „*Al-Radif*" (AR: الرديف) bezeichnete Gestaltungsmöglichkeit bewirkt nach libanesischem Rechtsverständnis, dass der Dritte zwar an der Gesellschaft keine mitgliedschaftliche Position erlangt, er dennoch vermögensrechtlich gegenüber dem Hauptbeteiligten so gestellt wird, als wäre er beteiligt.[509] Der Dritte partizipiert rechnerisch und damit wirtschaftlich an den Wertveränderungen der Beteiligung. Ob eine abweichende vertragliche Gestaltung derart möglich ist, dass beispielsweise die Haftung des Dritten auf seine Einlage beschränkt wird, ist unklar.

(d) *Gewinnzuteilung*

Der Gewinnanteil wird dem Gesellschafter einer libSNC jährlich zugeteilt, ohne dass es eines formellen Gesellschafterbeschlusses bedarf.[510] Fehlt eine Gewinnabrede im Gesellschaftsvertrag, so richtet sich die Gewinnaufteilung nach der Beteiligung am Kapital der Gesellschaft und nicht nach Köpfen.[511]

(e) *Kapitalaufbringung*

Zum notwendigen Mindestinhalt des Gesellschaftsvertrages über die Errichtung einer libSNC nach libanesischem Recht gehört die Verpflichtung der Gesellschafter,

---

508 *Nāssīf*, Die Enzyklopädie des Handelsrechts, Band II: Die SNC, S. 41 m.w.N.

509 Vgl. *ʿĪd/ʿĪd*, Der Mediator im Handelsrecht, S. 377; *Ṭaha*, Grundlagen des Handelsrechts, S. 328; *Al-ʿrayīni/Al-Fakī*, Das Handelsrecht, S. 377; *Al-Bustāni*, Wirtschafts- und Gesellschaftsrecht, S. 319; *Sader*, Die Handelsgesellschaften, § 55 libHGB, Rn. 18, S. 50 f.

510 Vgl. *Al-ʿrayīni/Al-Fakī*, Das Handelsrecht, S. 393; *Al-Bustāni*, Wirtschafts- und Gesellschaftsrecht, S. 325.

511 Vgl. *Ṭaha*, Grundlagen des Handelsrechts, S. 286 m.w.N.

Beiträge zu erbringen.[512] Der Inhalt der Beitragsverpflichtung kann allerdings nach Belieben der Gesellschafter vertraglich bestimmt werden, weil keine gesetzliche Pflicht zur Bereitstellung eines Mindestvermögens, mithin zur Kapitalaufbringung, besteht. Zu letzter Konsequenz bedeutet dies, dass jede Form von Bargeld-, Sach- oder Dienstleistung zum Gegenstand der Beitragsverpflichtung gemacht werden kann.[513]Auch das Ansehen eines Gesellschafters im Handelsverkehr stellt gemäß Art. 850 libBGB einen tauglichen Beitragsgegenstand dar.

(f) *Lebensdauer*

Die gesetzlichen Auflösungsgründe, die für alle Gesellschaftsformen gleichermaßen gelten, sind in Art. 64 libHGB aufgeführt. Inhaltlich enthält diese Vorschrift also vor die Klammer gezogene Regelungen, die sämtliche Gesellschaftsformen betreffen. Ihre systematische Stellung im zweiten Abschnitt des zweiten Buches, der die Regelungen über die libSNC kodifiziert, ist daher verfehlt. Als allgemeine Vorschrift sollte Art. 64 libHGB richtigerweise dem ersten Abschnitt des zweiten Buches angegliedert werden.

Nach der allgemeinen Vorschrift des Art. 64 libHGB wird eine Gesellschaft aufgelöst:

- durch Ablauf der im Gesellschaftsvertrag bestimmten Laufzeit (Art. 64 Abs. 1 Nr. 1 libHGB);
- durch Erreichen des Gesellschaftszwecks (Art. 64 Abs. 1 Nr. 2 libHGB);
- durch Unmöglichkeit der Erfüllung des Gesellschaftszwecks (Art. 64 Abs. 1 Nr. 3 libHGB);
- durch gerichtliche Entscheidung auf Verlangen eines Gesellschafters bei Vorliegen triftiger Gründe (Art. 64 Abs. 2 libHGB).

Neben diesen allgemeinen Auflösungsgründen existieren in Art. 65 libHGB spezielle Gründe, die zur Auflösung der libSNC führen. Danach wird eine Gesellschaft aufgelöst:

- durch Kündigung, wenn eine Laufzeit nicht vereinbart ist (Art. 65 Abs. 1 Nr. 1 libHGB);
- durch Verlust der Beteiligtenfähigkeit (Art. 65 Abs. 1 Nr. 2 libHGB);
- durch Insolvenz eines Gesellschafters (Art. 65 Abs. 1 Nr. 3 libHGB).

512 *Ṭaha*, Grundlagen des Handelsrechts, S. 275.
513 *'Īd/'Īd*, Der Mediator im Handelsrecht, Band II, S. 86.

Die übrigen Gesellschafter können die Fortführung der Gesellschaft beschließen (Art. 65 Abs. 2 Satz 1 libHGB). In diesem Falle ist nach Art. 65 Abs. 2 Satz 2 libHGB die Publizität erforderlich. Darüber hinaus besteht die Möglichkeit der abweichenden vertraglichen Vereinbarung.[514] Ferner ergibt sich aus Art. 66 libHGB, dass der Tod eines Gesellschafters kein Auflösungsgrund ist, soweit keine abweichende vertragliche Regelung vorliegt.

(g) *Formale Gründungsvoraussetzungen*

Der Gründungsvertrag einer libSNC kann gemäß Art. 47 libHGB durch eine privatrechtliche (FR: sous seing privé) oder eine öffentliche Urkunde (FR: acte authentique) geschlossen werden. Mangels besonderer Bestimmungen entsteht die libSNC gemäß dem Grundsatz des Art. 848 libBGB durch Abschluss eines Gesellschaftsvertrages.[515] Der Gesellschaftsvertrag bedarf gemäß Art. 43 libHGB der Schriftform.

(2) Einordnung mittels Gesamtwürdigung

Ausgehend von den ermittelten gesellschaftsrechtlichen Eigenschaften ist zunächst zu untersuchen, ob die libSNC in ihren wesentlichen Zügen einer bestimmten inländischen Organisationsform entspricht. In Betracht kommt ein Vergleich mit der deutschen OHG i.S.d § 105 ff. HGB, nimmt doch die libSNC im Gesamtgefüge des libanesischen Gesellschaftsrechts wirtschaftlich eine der deutschen OHG parallele Stellung ein. Dies darf jedoch nicht darüber hinwegtäuschen, dass die beiden Gesellschaftsformen nicht in allen wesentlichen Strukturelementen übereinstimmen. Das für die OHG tragende und zwingende Prinzip der Selbstorganschaft wird bei der libSNC durchbrochen, indem die Möglichkeit eröffnet wird, gesellschaftsfremde Dritte mit der Geschäftsführung zu betrauen (Prinzip der Fremdorganschaft). Auch die Anerkennung als juristische Person ist der deutschen OHG wesensfremd. Zwar verlangt auch der konkrete Typenvergleich nicht, dass eine genaue Entsprechung in allen denkbaren Merkmalen vorliegt, sondern lässt es genügen, wenn die für das vergleichbare deutsche Gebilde typischen Merkmale feststellbar sind.[516] Dem Geschäftsführungskonzept

---

514 *lib. Berufungsgericht Beirut*, 1. Zivilkammer, Urteil v. 06.02.1996, ʾA-našra Al-qaḍāiya 1996, S. 601; *Nāssīf*, Die Enzyklopädie des Handelsrechts, Band IV: Die libSCS und die libSEP, S. 174.

515 Vgl. *Al-ʿrayīni/Al-Fakī*, Das Handelsrecht, S. 304; *Ṭaha*, Grundlagen des Handelsrechts, S. 300.

516 *Piltz*, Die PersG im IStR der BRD, S. 68 f.; *Schnittker*, in Wassermeyer/Richter/Schnittker, PersG im int. Steuerrecht, Rn. 4.14.

als zentrales körperschaftliches Element ist jedoch ein derart hohes Gewicht beizumessen,[517] dass es infolgedessen gerechtfertigt erscheint, die direkte Vergleichbarkeit mit der deutschen OHG abzulehnen. Ein weiteres deutsches Rechtsgebilde, das Ähnlichkeiten mit der libSNC aufweist, ist nicht ersichtlich. Damit ist zunächst festzustellen, dass die libSNC keine Entsprechung in der deutschen Rechtsordnung findet.

In Ermangelung eines vergleichbaren deutschen Rechtsgebildes ist für die Einordnung der libSNC entscheidend, ob sie sich auf der Grundlage einer Gesamtwürdigung der Merkmale mehr dem abstrakten Typus einer Personen- oder dem einer Kapitalgesellschaft nähert. Eindeutig für eine kapitalistische Struktur und damit für die Einordnung als Kapitalgesellschaft spricht, dass die organschaftliche Geschäftsführungs- und Vertretungsbefugnis nicht ausschließlich einem unbeschränkt haftenden Gesellschafter vorbehalten ist. Weiterhin wird in der libanesischen Literatur als Schwächung des personellen Charakters der libSNC gesehen, dass der Tod eines Gesellschafters nicht zwingend zur Beendigung der Gesellschaft führt.[518] Es bleibt festzuhalten, dass auch die deutsche OHG als typische Personenhandelsgesellschaft diese Schwäche aufzeigt.

Auf der anderen Seite weist die libSNC wesentliche Züge einer Personengesellschaft auf. So entsteht sie bereits mit Abschluss eines wirksamen Gesellschaftsvertrages, die Beteiligung ist grundsätzlich nicht übertragbar, ihre Gründung bedarf nicht der Erbringung eines Mindestkapitals. Auch das Merkmal der unbeschränkten Haftung deutet zunächst auf eine personalistische Struktur hin. Mit Blick auf die herrschende Auffassung der libanesischen Literatur, wonach die Stellung eines libSNC-Gesellschafters haftungsrechtlich derjenigen eines Garanten bzw. Bürgen entspricht, zeigen sich allerdings gewisse Parallelen zur deutschen UG nach § 5a GmbHG. Bei dieser Gesellschaftsform werden die Gesellschafter wegen der rechtsformbedingten Kapitalknappheit üblicherweise in Rechtsbeziehungen einbezogen, indem sie für die jeweilige Verbindlichkeit bürgen oder der Schuld beitreten.[519] Dennoch geht auch die Haftung des Gesellschafters einer libSNC insoweit über diejenige des UG-Gesellschafters hinaus, als sie sich bei neuen Gesellschaftsverbindlichkeiten kontinuierlich und automatisch erweitert.[520] Diese rechtliche Nuance wird besonders relevant, berücksichtigt man, dass der

517 So auch *Hey*, RIW 1992, 921; *Philipp*, IStR 2010, 204; *Möbus*, Ausgewählte Besteuerungsfragen und Gestaltungsmöglichkeiten, S. 74.

518 *Al-ʿrayīni/Al-Fakī*, Das Handelsrecht, S. 378.

519 Vgl. *Axmann/Deister*, NJW 2009, 2941.

520 So auch schon zur deutschen OHG *Steitz*, in Henssler/Strohn, Gesellschaftsrecht, § 128 HGB, Rn. 2.

unbeschränkt haftende Gesellschafter bei der libSNC nicht notwendigerweise die organschaftliche Geschäftsführungsbefugnis innehaben muss. Im Übrigen weist auch das Haftungskonzept von Gesellschaftern einer deutschen OHG nicht unerhebliche Parallelen zur Bürgenhaftung auf.[521] Demzufolge sprechen die besseren Gründe für den personellen Charakter der Haftungsstruktur der libSNC.

Im Lichte vorstehender Analyse bleibt festzuhalten, dass die libSNC durch das Geschäftsführungskonzept zwar ein kapitalistisches Element trägt, alle übrigen Merkmale sind aber personenbezogen. Rechnerisch überwiegt damit eindeutig der personelle Charakter. Auch die Gesamtwürdigung nach der Gewichtung der Merkmale ergibt eine klare Zuordnung der libSNC zu den Personengesellschaften. Weitestgehend anerkannt ist nämlich, dass keinem der Merkmale eine allein ausschlaggebende Bedeutung zukommen kann. Genau dies wird aber erreicht, ordnet man die libSNC als Körperschaft ein. Vor diesem Hintergrund entspricht die libSNC aus Sicht des deutschen Steuerrechts mehr dem Typus einer Personen- als dem einer Kapitalgesellschaft. Dies stimmt im Ergebnis mit der libanesischen Einordnung überein, wonach die libSNC eine Personengesellschaft darstellt, wenngleich teilweise bestimmte Regelungen als den personalisierten Charakter vernachlässigende Bestimmungen kritisiert werden.

Abbildung 17: Tabellarische Zusammenfassung bei der libSNC

Abgrenzungskriterium	**PersG**	**KapG**
1. Geschäftsführung		×
2. Haftung	×	
3. Übertragbarkeit der Anteile	~	~
4. Gewinnzuteilung	×	
5. Kapitalaufbringung/-erhaltung	×	
6. Lebensdauer	×	
7. Gründungsvoraussetzungen	×	

521 Vgl. *BGH*, Urteil v. 20.04.1967 - ZR II 220/65, BGHZ 47, 376; *Steitz*, in Henssler/Strohn, Gesellschaftsrecht, § 128 HGB, Rn. 2.

b) *Šarikat t-tawṣīa l-basiṭa („libSCS") im Rechtstypenvergleich*

(1) Ermittlung der gesellschaftsrechtlichen Eigenschaften

(a) *Geschäftsführung*

Die libSCS (Société en comandite simple)[522] wird durch einen oder mehrere Geschäftsführer vertreten. Die Geschäftsführung steht gemäß Art. 56 i.V.m. Art. 229 libHGB im Grundsatz den persönlich haftenden Gesellschaftern gemeinsam zu (Gesamtgeschäfts-führung). Von mehreren Geschäftsführern ist jeder einzelvertretungsbefugt. Ebenso wie bei der libSNC sollen auch fremde Dritte mit der Geschäftsführung betraut werden können.[523] Die Kommanditisten sind demgegenüber von der Geschäftsführung und damit von der Vertretung der Gesellschaft ausgeschlossen (Art. 230 Abs. 1 libHGB). Auch eine rechtsgeschäftliche Vertretungsmacht kann einem Kommanditisten nach dem eindeutigen Wortlaut der Vorschrift des Art. 230 Abs. 1 libHGB nicht erteilt werden. Nach wohl herrschender Auffassung soll der Ausschluss jedoch nur für die Vertretung der Gesellschaft im Außenverhältnis gelten.[524] Im Innenverhältnis dürfe der Kommanditist Geschäftsführungsaufgaben übernehmen.

(b) *Haftung*

Parallel zur Rechtslage bei der libSNC ist die libSCS selbst als juristische Person Trägerin des Gesellschaftsvermögens. Das Privatvermögen der Gesellschafter ist von dem Gesellschaftsvermögen rechtlich und tatsächlich zu trennen. Den Gesellschaftsgläubigern gegenüber haftet daher zunächst die libSCS selbst mit ihrem Vermögen. Daneben haften aber auch die Komplementäre persönlich und unbeschränkt. Für sie gelten dieselben Regelungen, die die Gesellschafter einer libSNC betreffen (Art. 230 Abs. 1 libHGB). Die Kommanditisten haften demgegenüber nur in Höhe ihrer Vermögenseinlage (Art. 226 libHGB) und somit beschränkt.

---

522 Vgl. Kapitel 3.C.I.3. b), S. 88.

523 Vgl. *ʿĪd/ʿĪd*, Der Mediator im Handelsrecht, Band II, S. 150; *Ṭaha*, Grundlagen des Handelsrechts, S. 387.

524 Vgl. statt vieler *Nāssīf*, Die Enzyklopädie des Handelsrechts, Band IV: Die libSCS und die libSEP, S. 112 f. m.w.N.; *ʿĪd/ʿĪd*, Der Mediator im Handelsrecht, Band II, S. 154; *Ṭaha*, Grundlagen des Handelsrechts, S. 389.

(c) *Übertragbarkeit der Anteile*

Ob die Gesellschaftsbeteiligung an einer libSCS übertragbar ist, regeln die Vorschriften des libHGB über die libSCS nicht.[525] Nach allgemeiner Auffassung in der libanesischen Literatur sind insoweit die für die libSNC geltenden Regelungen[526] entsprechend anzuwenden.[527] Dies ergebe sich aus dem Charakter der libSCS als Personengesellschaft, der durch den Verweis des Art. 231 libHGB auf die für die libSCS geltenden Prinzipien zum Ausdruck komme.

(d) *Gewinnzuteilung*

Ebenso wie bei der libSNC wird der Gewinnanteil dem Gesellschafter einer libSCS jährlich zugeteilt.[528]

(e) *Kapitalaufbringung*

Die Gesellschafter einer libSCS sind nicht verpflichtet, die Gesellschaft mit einem Mindestvermögen auszustatten. Ihnen obliegt dennoch eine Beitragspflicht, welche durch den Gesellschaftsvertrag begründet wird und dessen Gegenstand grundsätzlich frei bestimmbar ist.[529] Allerdings ist unklar, ob auch Kommanditisten Beiträge in Form von Dienstleistungen erbringen können. Dagegen spricht zwar der Wortlaut des Art. 226 libHGB, welcher Kommanditisten als Gesellschafter definiert, die *„Gelder"*[530] bereitstellen, auf deren Umfang ihre Haftung sich beschränkt. Die wohl herrschende Meinung hält es dennoch für zulässig, soweit die Dienstleistung keine Geschäftsführungstätigkeit beinhaltet.[531] Die Frage, wie dies mit dem eindeutigen Wortlaut des Art. 226 libHGB im Einklang steht, wird nicht erörtert.

---

525 *Nāssīf*, Die Enzyklopädie des Handelsrechts, Band IV: Die libSCS und die libSEP, S. 27.

526 Vgl. Kapitel 4.D.I.3. a) (1) (c), S. 166.

527 Vgl. *Nāssīf*, Die Enzyklopädie des Handelsrechts, Band IV: Die libSCS und die libSEP, S. 27 f.; *Ṭaha*, Grundlagen des Handelsrechts, S. 386.

528 Vgl. *ʿĪd/ʿĪd*, Der Mediator im Handelsrecht, Band II, S. 155 Rn. 433.

529 *ʿĪd/ʿĪd*, Der Mediator im Handelsrecht, Band II, S. 144, Rn. 426; *Nāssīf*, Die Enzyklopädie des Handelsrechts, Band IV: Die libSCS und die libSEP, S. 62.

530 In der arabischen Fassung spricht die Norm von *„Al-māl"* (المال), das mit Geld oder Geldmittel übersetzt werden kann.

531 *Lib. Kassationsgericht*, Urteil v. 26.03.1960, ʾA-našra Al-qaḍāiya 1960, 81; *Nāssīf*, Die Enzyklopädie des Handelsrechts, Band IV: Die libSCS und die libSEP, S. 64; *Sader*, libHGB, Art. 226, Rn. 232; *ʿĪd/ʿĪd*, Der Mediator im Handelsrecht, Band II, S. 144;

(f) *Lebensdauer*

Für die libSCS bestehen keine speziellen Auflösungsgründe. Art. 231 libHGB verweist ausdrücklich auf die Auflösungsgrundsätze der libSNC, sodass die dortigen Ausführungen sinngemäß gelten.[532]

(g) *Formale Gründungsvoraussetzungen*

Die Gründungsformalitäten für eine libSCS entsprechen denjenigen, die für eine libSNC gelten.[533]

(2) Einordnung mittels Gesamtwürdigung

Anhand der dargestellten gesellschaftsrechtlichen Eigenschaften ist nun zu prüfen, ob die libSCS eine konkrete deutsche Entsprechung findet. Schon die Haftungsverfassung der libSCS legt es hierbei nahe, sie mit der deutschen KG i.S.d. §§ 161 ff. HGB zu vergleichen. Ebenso wie bei dem Vergleich der libSNC mit der deutschen OHG steht diesem direkten Vergleich entgegen, dass bei der libSCS gesellschaftsfremde Dritte die organschaftliche Geschäftsführung und Vertretung der Gesellschaft unter Ausschluss sämtlicher Gesellschafter wahrnehmen können, mithin der Grundsatz der Fremdorganschaft gilt. Wesensprägend ist für die deutsche KG als Personengesellschaft demgegenüber der Grundsatz der Selbstorganschaft.

Mangels vergleichbarer Organisationsform ist für die Einordnung der libSCS nun entscheidend, ob sie mehr dem abstrakten Typus einer Personen- oder einer Kapitalgesellschaft entspricht. Während die Geltung des Grundsatzes der Fremdorganschaft auf die Einordnung als Kapitalgesellschaft hindeutet, sprechen die Nichtübertragbarkeit der Anteile, die Gewinnzuteilung sowie die formalen Gründungsvoraussetzungen für die Einordnung als Personengesellschaft. Zu letzterem zählt auch das Merkmal der Kapitalaufbringung, wenn man sich an der herrschenden Meinung in der libanesischen Literatur orientiert, wonach der Kommanditist seine Einlage grundsätzlich mittels Dienstleistungen erbringen kann. Auch das Merkmal der Haftung spricht hierfür, wenngleich der Kommanditist nur beschränkt haftet. Das Vorliegen einer Personengesellschaft setzt insoweit nicht stets voraus, dass alle Gesellschafter persönlich und unbeschränkt haften. Ausreichend ist aus deutscher Sicht grundsätzlich, dass mindestens ein Beteiligter

---

a.A. *Ṭaha*, Grundlagen des Handelsrechts, S. 384; *Al-ʿrayīni/Al-Fakī*, Das Handelsrecht, S. 401.

532 Vgl. Kapitel 4.D.I.3. a) (1) (f), S. 167.

533 Vgl. *Ṭaha*, Grundlagen des Handelsrechts, S. 300.

persönlich und unbeschränkt neben der Gesellschaft selbst haftet. Dies zeigt sich gerade in der Existenz der KG nach §§ 161 ff. HGB und ihrer Qualifizierung als Personengesellschaft. Auf der anderen Seite ist dem Merkmal der Lebensdauer eine neutrale Stellung einzuräumen. Es spricht weder für das Vorliegen einer Personen- noch einer Kapitalgesellschaft.[534]

Die vorstehenden Ausführungen haben gezeigt, dass die libSCS durch die Geltung des Grundsatzes der Fremdorganschaft nur ein kapitalistisches Element trägt. Insoweit entspricht die Situation jener der libSNC. Daher ist die libSCS mit Blick auf die dortigen Ausführungen[535] als Personengesellschaft einzuordnen.

Abbildung 18: Tabellarische Zusammenfassung bei der libSCS

Abgrenzungskriterium	**PersG**	**KapG**
1. Geschäftsführung		×
2. Haftung	×	
3. Übertragbarkeit der Anteile	~	~
4. Gewinnzuteilung	×	
5. Kapitalaufbringung/-erhaltung	×	
6. Lebensdauer	×	
7. Gründungsvoraussetzungen	×	

c) Šarikat l-muḥaāṣa („libSEP") im Rechtstypenvergleich

(1) Ermittlung der gesellschaftsrechtlichen Eigenschaften

Den gesellschaftsrechtlichen Rahmen der Société en Participation nach libanesischem Recht[536] bilden die Vorschriften des sechsten Buches im zweiten Abschnitt, mithin die Art. 247 bis 253 libHGB. Diese Vorschriften konzentrieren sich auf die Abgrenzung der libSEP von den übrigen Formen des gemeinschaftlichen Engagements und definieren nicht, was unter der libSEP nach libanesischem Verständnis zu begreifen ist. In Abgrenzung zu den übrigen Gesellschaftsformen existiert die libSEP nur zwischen den Vertragsparteien und bleibt Dritten gegenüber unbekannt (Art. 247 libHGB). Sie ist keine juristische Person (Art. 251 libHGB) und wird deshalb in der libanesischen Rechtsordnung nicht als Rechtssubjekt anerkannt. Sie ist folgerichtig nicht rechtsfähig und kann

534 Vgl. hierzu Kapitel 4.D.I.3. a) (2), S. 169.

535 Vgl. Kapitel 4.D.I.3. a) (2), S. 169.

536 Vgl. Kapitel 3.C.I.3. c), S. 89.

nicht am Rechtsverkehr teilnehmen.[537] Die libSEP wird nicht zur Eintragung in das Handelsregister angemeldet, hat keine Firma und ist weder buchführungs- noch publizitätspflichtig.[538] Im Außenverhältnis werden Rechtsbeziehungen ausschließlich und unmittelbar mit demjenigen Gesellschafter begründet, der die konkrete Rechtshandlung vornimmt (Art. 252 libHGB), wenngleich er die Rechtshandlung im Innenverhältnis für Rechnung der Gesellschaft führt. Nur der handelnde Gesellschafter tritt nach außen in Erscheinung. In der libanesischen Literatur wird die libSEP insoweit als „verdeckter" Zusammenschluss von mindestens zwei Personen umschrieben, bei dem nur eine Vertragspartei nach Außen in Erscheinung tritt.[539] Sie wird den Personengesellschaften zugeordnet[540] und als Innengesellschaft qualifiziert (Art. 247 libHGB).[541]

Die aus dem Grundsatz der Vertragsfreiheit resultierende Gestaltungsfreiheit der Parteien reicht bei der libSEP sehr weit. Individuelle Wünsche der Kapitalgeber können daher weitestgehend durch entsprechende Vertragsgestaltung berücksichtigt werden. Nicht anerkannt wird allerdings ein umfassender Beteiligungsausschluss des Gesellschafters am Verlust.[542] In diesem Falle ist die Gesellschaft gemäß Art. 895 libBGB nichtig.[543] Es liegt regelmäßig ein (partiarisches) Darlehen vor.[544]

(a) *Geschäftsführung*

Die Geschäftsführung der libSEP obliegt nach libanesischem Verständnis den Gesellschaftern gemeinschaftlich, soweit keine abweichende gesellschaftsvertrag-

---

537 *Nāssīf*, Die Enzyklopädie des Handelsrechts, Band IV: Die libSCS und die libSEP, S. 232 ff.

538 Vgl. *ʿĪd/ʿĪd*, Der Mediator im Handelsrecht, Band II, S. 163; *Nāssīf*, Die Enzyklopädie des Handelsrechts, Band IV: Die libSCS und die libSEP, S. 265.

539 *Al-ʿrayīni/Al-Fakī*, Das Handelsrecht, S. 411.

540 *Nāssīf*, Die Enzyklopädie des Handelsrechts, Band IV: Die libSCS und die libSEP, S. 244.

541 Vgl. *Nāssīf*, Die Enzyklopädie des Handelsrechts, Band IV: Die libSCS und die libSEP, S. 247; *ʿĪd/ʿĪd*, Der Mediator im Handelsrecht, Band II, S. 162.

542 *lib. Berufungsgericht Beirut*, 1. Kammer, Beschluss v. 20.12.1988, ʾA-našra Al-qaḍāiya 1988, S. 653; *Nāssīf*, Die Enzyklopädie des Handelsrechts, Band IV: Die libSCS und die libSEP, S. 282.

543 *Nāssīf*, Die Enzyklopädie des Handelsrechts, Band IV: Die libSCS und die libSEP, S. 334.

544 *Nāssīf*, Die Enzyklopädie des Handelsrechts, Band IV: Die libSCS und die libSEP, S. 282.

liche Vereinbarung getroffen wurde.[545] In aller Regel wird allerdings vereinbart, dass ein Gesellschafter die Geschäfte führt (geschäftsführender Gesellschafter), während die übrigen Gesellschafter von der Geschäftsführung ausgeschlossen werden und damit „verdeckt" bleiben.[546]

(b) *Gesellschaftsvermögen/Haftung*

Mangels Rechtsfähigkeit hat die libSEP nach libanesischem Recht keine eigene Vermögenssphäre und damit kein eigenes Gesellschaftsvermögen.[547] Die Vermögensgegenstände können auf Basis vertraglicher Vereinbarungen frei zugeordnet werden. Neben der üblichen Zuordnung an den geschäftsführenden Gesellschafter besteht die Möglichkeit, das Vermögen gemeinschaftlich in einer der Gesamthand ähnlichen Form (AR: Al-Māl 'A-chā'iʿ, المال الشائع) zu halten.[548] Fehlt eine entsprechende Abrede im Gesellschaftsvertrag, so verbleiben die Vermögensgegenstände im Eigentum des jeweiligen Gesellschafters, der sie eingebracht hat. Dem geschäftsführenden Gesellschafter werden sie dann nur zur Nutzung überlassen.[549]

Gemäß Art. 252 libHGB wird nur derjenige Gesellschafter im Außenverhältnis berechtigt und verpflichtet, der die konkrete Rechtshandlung vornimmt. Von den Gläubigern des geschäftsführenden Gesellschafters können weder die übrigen Gesellschafter noch die stille Gesellschaft als solche persönlich in Anspruch genommen. Die Haftung trifft demzufolge grundsätzlich nur den geschäftsführenden Gesellschafter.

(c) *Übertragbarkeit der Anteile*

Die Mitgliedschaft an der libSEP ist nach dem gesetzlichen Idealtypus weder rechtsgeschäftlich übertragbar noch vererbbar.[550] Eine abweichende gesellschaftsvertragliche Vereinbarung soll zwar grundsätzlich zulässig sein. Ihre Wirksamkeit hängt allerdings entscheidend davon ab, ob sie ein Zustimmungserfordernis

---

545 Vgl. *ʿĪd/ʿĪd*, Der Mediator im Handelsrecht, Band II, S. 168.

546 Vgl. *ʿĪd/ʿĪd*, Der Mediator im Handelsrecht, Band II, S. 168.

547 *Ṭaha*, Grundlagen des Handelsrechts, S. 417, (Rn. 217); *Nāssīf*, Die Enzyklopädie des Handelsrechts, Band IV: Die libSCS und die libSEP, S. 234.

548 Vgl. *Ṭaha*, Grundlagen des Handelsrechts, S. 418.

549 *Ṭaha*, Grundlagen des Handelsrechts, S. 419.

550 *Nāssīf*, Die Enzyklopädie des Handelsrechts, Band IV: Die libSCS und die libSEP, S. 246 f.

aller übrigen Gesellschafter enthält.[551] Fehlt die Zustimmung der übrigen Gesellschafter, so scheitert die gesellschaftsrechtliche Übertragung der Mitgliedschaft.

(d) *Gewinnzuteilung*

Da die libSEP nach libanesischem Verständnis vornehmlich nur für die Durchführung eines konkreten Projekts geeignet ist, wird regelmäßig nur darauf abgestellt, dass der Gewinn und Verlust in Abhängigkeit von der gesellschaftsvertraglichen Vereinbarung nach Abschluss des Projekts den Gesellschaftern zugeteilt wird.[552] Ungeachtet der zeitlichen Komponente ist entscheidend, dass der Gewinnanteil dem Gesellschafter einer libSEP zugeteilt, ohne dass es eines formellen Gesellschafterbeschlusses bedarf. Verbleibt nach Abschluss des Projekts ein Verlust, so besteht im Grundsatz eine Nachschusspflicht des (stillen) Gesellschafters. Die Nachschusspflicht kann aber gesellschaftsvertraglich abbedungen werden.[553]

(e) *Kapitalaufbringung*

Ähnlich wie schon bei der libSNC und libSCS kann der Inhalt der bestehenden Beitragspflicht nach Belieben der Gesellschafter vertraglich bestimmt werden. Es wird jede Form von Bargeld-, Sach- oder Dienstleistung akzeptiert.[554]

(f) *Lebensdauer*

Die libSEP wird durch die allgemeinen Auflösungsgründe des Art. 64 libHGB[555] aufgelöst.[556] Darüber hinaus bestehen keine speziellen Regelungen. Insbesondere findet Art. 66 libHGB bei der libSEP keine Anwendung, sodass der Tod des stillen Gesellschafters zwingend zur Auflösung der Gesellschaft führt (Art. 910 libBGB).[557]

---

551 *Nāssīf*, Die Enzyklopädie des Handelsrechts, Band IV: Die libSCS und die libSEP, S. 246.

552 *Nāssīf*, Die Enzyklopädie des Handelsrechts, Band IV: Die libSCS und die libSEP, S. 336 ff.

553 *Nāssīf*, Die Enzyklopädie des Handelsrechts, Band IV: Die libSCS und die libSEP, S. 337.

554 Vgl. *Libanesisches Kassationsgericht*, Urteil v. 20.02.1956, ʾA-našra Al-qaḍāiya 1956, 371; *Ṭaha*, Grundlagen des Handelsrechts, S. 417; *Nāssīf*, Die Enzyklopädie des Handelsrechts, Band IV: Die libSCS und die libSEP, S. 291.

555 Vgl. hierzu Kapitel 4.D.I.3. a) (1) (f), S. 167.

556 *Nāssīf*, Die Enzyklopädie des Handelsrechts, Band IV: Die libSCS und die libSEP, S. 245.

557 Vgl. *Al-ʿrayīni/Al-Fakī*, Das Handelsrecht, S. 424.

(g) *Formale Gründungsvoraussetzungen*

Die libSEP kommt durch Abschluss eines Gesellschaftsvertrages zustande.[558] Der Vertrag bedarf nicht der Schriftform i.S.d. Art. 43 libHGB.

(2) Gesamtwürdigung

Aufbauend auf den ermittelten gesellschaftsrechtlichen Merkmalen ist zunächst zu prüfen, ob die libSEP eine inländische Entsprechung findet. In Betracht kommt ein direkter Vergleich mit der stillen Gesellschaft i.S.d §§ 230 ff. HGB, da beide Gesellschaftsformen Innengesellschaften ohne Gesamthandsvermögen sind.[559] Zudem nimmt die libSEP im Gesamtgefüge des libanesischen Gesellschaftsrechts wirtschaftlich eine der stillen Gesellschaft deutschen Rechts parallele Stellung ein, was vor allem durch ihre Regelung im libHGB zum Ausdruck kommt. Bei genauer Analyse bestehen hinsichtlich der direkten Vergleichbarkeit beider Rechtsformen jedoch erhebliche Zweifel. Die stille Gesellschaft nach deutschem Recht wird dadurch gekennzeichnet, dass eine Person (stiller Gesellschafter) sich mit einer Vermögenseinlage am Handelsgewerbe einer anderen Person (Geschäftsinhaber) beteiligt (§ 230 Abs. 1 HGB). Demgegenüber ist die libSEP nicht auf die Beteiligung an einem Handelsgewerbe einer anderen Person beschränkt, wenngleich ihre Regelung im libHGB dies prima facie vermuten lässt. Gegenstand des Gesellschaftsvertrages können vielmehr auch sonstige Tätigkeiten sein. Fehlt es an der Beteiligung an einem Handelsgewerbe, so ist das Gesellschaftsverhältnis nach deutschem Rechtsverständnis regelmäßig als Innengesellschaft Bürgerlichen Rechts i.S.d. §§ 705 ff. BGB („*Innen-GbR*") zu qualifizieren.[560]

Selbst wenn aber im konkreten Fall[561] eine Beteiligung an einem Handelsgewerbe besteht, kann die unmittelbare Vergleichbarkeit mit einem stillen Gesellschaftsverhältnis deutschen Rechts nicht ohne Weiteres bejaht werden. Deutliche

---

558 *Nāssīf*, Die Enzyklopädie des Handelsrechts, Band IV: Die libSCS und die libSEP, S. 301.

559 Vgl. zur parallel bei der libSEP nach französischem Recht bestehenden Problematik *Becker*, Die atypisch stille Gesellschaft als Outbound Finanzierungsalternative, S. 178.

560 *BGH*, Urteil v. 22.06.1981 - II ZR 94, 80, NJW 1982, 99; *Schubert*, in Oetker, HGB, § 230 Rn. 24.

561 Die Berücksichtigung der vertraglichen Vereinbarung ist nach hier vertretener Ansicht deshalb möglich, weil die libanesische Rechtsordnung weitergehende Dispositionsmöglichkeiten (nämlich Beteiligung an einem Handelsgewerbe oder an einer bürgerlichrechtlichen Tätigkeit) gewährt, während das deutsche Recht eher restriktiv (nur Beteiligung an einem Handelsgewerbe) wirkt.

Unterschiede sind insbesondere bei der Rechtsstellung der Gesellschafter festzustellen. Anders als bei der stillen Gesellschaft, wo die Geschäftsführung nach der gesetzlichen Grundkonzeption ausschließlich von dem Geschäftsinhaber wahrgenommen wird,[562] obliegt sie bei der libSEP nach libanesischem Recht grundsätzlich den Gesellschaftern gemeinschaftlich. Diese gemeinschaftliche Geschäftsführungsbefugnis wird bei der libSEP dadurch kompensiert, dass im Außenverhältnis jeder Gesellschafter für seine eigenen Rechtshandlungen berechtigt und verpflichtet wird. Einer derartigen Kompensation bedarf es bei der stillen Gesellschaft nicht, weshalb nur der Geschäftsinhaber für die Verbindlichkeiten seines Handelsgewerbes haftet (§ 230 Abs. 2 HGB). Ferner wird die von dem stillen Gesellschafter in Erfüllung seiner Förderungspflicht zu leistende Einlage nach deutschem Rechtsverständnis nicht gemeinschaftliches Gesellschaftsvermögen, sondern geht in das Vermögen des Geschäftsinhabers über (§ 230 Abs. 1 HGB). Anders beurteilt es die libanesische Rechtsordnung, wo die Gesellschafter der libSEP grundsätzlich Eigentümer der geleisteten Einlagen bleiben. Es kann allerdings gesellschaftsvertraglich vereinbart werden, dass die Einlagegenstände im gemeinschaftlichen Eigentum der Gesellschafter stehen.

Die Gesamtschau der gesellschaftsrechtlichen Eigenschaften deutet mehr auf eine direkte Vergleichbarkeit der libSEP mit der Innen-GbR als mit der stillen Gesellschaft.[563] Bei der Innen-GbR treten die Gesellschafter nicht als Einheit nach Außen in Erscheinung. Im Außenverhältnis schließt jeder Gesellschafter die Geschäfte im eigenen Namen ab und haftet allein für die Verbindlichkeiten. Es wird typischerweise kein Gesellschaftsvermögen gebildet.[564] Auch ihre Rechtsfähigkeit wird in der Regel angezweifelt.[565] Alle vorgenannten Eigenschaften spiegeln sich bei der libSEP in ihrer gesetzlichen Grundkonzeption wider. Daher erscheint die Vergleichbarkeit mit der Innen-GbR sachgerechter und damit vorzugswürdig. Da weitergehend in der libanesischen Literatur regelmäßig die Geltung der libSEP für die Abwicklung eines einzigen Projekts angenommen

---

562 Vgl. statt vieler *Blaurock*, in Blaurock, Handbuch stille Gesellschaft, § 4 Rn. 4.6.

563 So zur parallel bei der libSEP nach französischem Recht bestehenden Problematik im Ergebnis auch *Hellio/Thill*, Steuern in Frankreich, S. 69.

564 Ob die Innen-GbR überhaupt ein Gesellschaftsvermögen haben kann, ist umstritten; ablehnend *RG*, Urteil v. 20.02.1941 – II 99/40 , RGZ 166, 160; *BGH*, Urteil v. 22.06.1981 - II ZR 94, 80, NJW 1982, 99; *Ballerstedt*, JuS 1963, 253; zustimmend *Westermann*, in Erman, BGB, § 705 Rn. 67; *Schöne*, in Beck'scher Onlinekommentar BGB, § 705 Rn. 138.

565 Vgl. *Schmidt*, NJW 2001, 993, *ders.*, Gesellschaftsrecht, § 43 II, S. 1289; ablehnend *Beuthien*, NZG 2011, 161.

wird, müsste konkreter von einer Innen-GbR in Form der Metaverbindung gesprochen werden.

Abbildung 19: Tabellarische Zusammenfassung bei der libSEP

Abgrenzungskriterium	**PersG**	**KapG**
1. Geschäftsführung		×
2. Haftung	×	
3. Übertragbarkeit der Anteile	×	
4. Gewinnzuteilung	×	
5. Kapitalaufbringung/-erhaltung	×	
6. Lebensdauer	×	
7. Gründungsvoraussetzungen	×	

Ungeachtet vorstehender Ausführungen kann eine direkte Vergleichbarkeit mit der stillen Gesellschaft durch entsprechende Ausgestaltung des Gesellschaftsvertrages sichergestellt werden. Systematisch ist die stille Gesellschaft als eine besondere Erscheinungsform der Innen-GbR zu verstehen.[566] Eine Innen-GbR ist dabei dann eine stille Gesellschaft, wenn der Gesellschaftsvertrag seinem Inhalt nach die Mindestanforderungen der §§ 230 ff. HGB erfüllt. Eine entsprechende Ausgestaltung wird durch die weitreichende Gestaltungsfreiheit bei der libSEP ermöglicht. Fehlt es bei der konkreten Ausgestaltung an einem typusbildenden Merkmal[567] bei sonst weitgehender Vergleichbarkeit mit der stillen Gesellschaft, so entspricht die libSEP der Innen-GbR als Grundform.[568]

Im Ergebnis ist zu konstatieren, dass die libSEP dem Grundsatz nach einer deutschen Innen-GbR entspricht. Weicht ihre vertragliche Ausgestaltung im konkreten Fall jedoch von der gesetzlichen Grundkonzeption ab, so ist im Einzelfall zu prüfen, ob gegebenenfalls eine stille Gesellschaft vorliegt. Vor diesem Hintergrund entspricht die libSEP aus der Sicht des deutschen Rechts zweifelsohne dem Typus einer Personengesellschaft.

566 Vgl. *Schmidt*, in Müko zum HGB, § 230 Rn. 6; *Beuthien*, NZG 2011, 161.

567 Vgl. hierzu *Schubert*, in Oetker, HGB, § 230 Rn. 9.

568 Vgl. beispielsweise zum Fehlen der Beteiligung an einem Handelsgewerbe *BGH*, Urteil v. 22.06.1981 - II ZR 94, 80, NJW 1982, 99; *Schmidt*, in MüKo zum HGB, § 230 Rn. 19.

d) ʾA-šarika l-maḥdūdati l-masʾūlīa („libSARL") im Rechtstypenvergleich

(1) Die gesellschaftsrechtlichen Eigenschaften

(a) *Geschäftsführung*

Die Vertretung und Geschäftsführung der libSARL (Société à responsabilité limitée)[569] wird durch die Vorschriften der Art. 16 bis 21 libSARLG markiert. Nach Art. 16 Abs. 1 und 2 libSARLG wird die libSARL durch einen oder mehrere Geschäftsführer vertreten, die zwingend natürliche Personen sein müssen (Art. 16 libSARLG). Irrelevant ist hingegen, ob der Geschäftsführer die libanesische Staatsbürgerschaft besitzt.[570] Ausweislich des Wortlauts des Art. 16 Abs. 1 libSARLG kann die Geschäftsführung von gesellschaftsfremden Dritten wahrgenommen werden. Damit unterliegt die libSARL dem Grundsatz der Fremdorganschaft. Im Übrigen gelten dieselben Maßstäbe, die für die libSNC gelten.[571]

(b) *Haftungsverfassung*

Ebenso wie die libSNC und die libSCS besitzt die libanesische libSARL als juristische Person eine eigene Vermögenssphäre und ist damit Zurechnungssubjekt sämtlicher Vermögensgegenstände. Es gilt auch hier das Trennungsprinzip. Für Gesellschaftsverbindlichkeiten haften die Gesellschafter - anders als bei den vorgenannten Gesellschaften - grundsätzlich nicht persönlich mit ihrem Privatvermögen. Ihre Haftung ist auf den erbrachten Beitrag beschränkt (Art. 1 libSARLG). Den Gesellschaftsgläubigern gegenüber haftet die Gesellschaft mit dem gesamten Gesellschaftsvermögen.[572]

(c) *Übertragbarkeit der Anteile*

An gesellschaftsfremde Dritte sind die Anteile an einer libSARL dem Grundsatz nach nicht übertragbar. Abweichend hiervon können die Anteile mit Zustimmung von Anteilsinhabern, die gemeinsam mindestens dreiviertel des Kapitals abbilden, übertragen werden (Art. 15 Abs. 1 libSARLG). Gemäß Art. 15 Abs. 3 Satz 1 libSARLG hat die Gesellschaft selbst ein gesetzliches Vorkaufsrecht. Nimmt die Gesellschaft ihr Vorkaufsrecht nicht innerhalb von fünfzehn Tagen nach Mitteilung der Veräußerungsabsicht wahr oder lehnt sie es ab, so steht den übrigen Gesellschaftern das Vorkaufsrecht zu (Art. 15 Abs. 3 Satz 1 libSARLG).

---

569 Vgl. Kapitel 3.C.I.3. d), S. 90.

570 Vgl. dazu *Nāssīf*, Die Enzyklopädie des Handelsrechts, Band VI: Die libSARL, S. 209.

571 So *Nāssīf*, Die Enzyklopädie des Handelsrechts, Band VI: Die libSARL, S. 227.

572 Vgl. zum Ganzen *ʿĪīd/ʿĪīd*, Der Mediator im Handelsrecht, S. 178.

Das zweitrangige Vorkaufsrecht der Gesellschafter kann nur innerhalb von dreißig Tagen ausgeübt werden.

Demgegenüber können die Anteile an einer libSARL grundsätzlich vererbt und geerbt werden (Art. 14 Abs. 1 Satz 1 libSARLG). Abweichend davon kann der Gesellschaftsvertrag gemäß Art. 14 Abs. 1 Satz 2 libSARLG regeln, dass die Gesellschaft im Einzelfall darüber befinden kann, ob die Anteile vererbbar sind. Dieses Wahlrecht kann allerdings nur innerhalb von zwei Monaten nach dem Tod des Erblassers ausgeübt werden (Art. 14 Abs. 1 Satz 3 libSARLG).

(d) *Gewinnzuteilung*

Die Zuteilung eines Gewinnanteils an den Gesellschafter einer libanesischen libSARL hängt von einem jährlich zu fassenden Beschluss der Gesellschafterversammlung ab.[573]

(e) *Kapitalaufbringung und Kapitalerhaltung*

Die Gründung einer libSARL setzt voraus, dass die Gründungsgesellschafter Stammkapital durch Einlagen aufbringen. Ähnlich wie bei der deutschen GmbH soll die Kapitalaufbringungspflicht die fehlende persönliche Haftung der Gesellschafter kompensieren.[574] Die Einlageverpflichtung kann gemäß Art. 9 Abs. 1 Satz 1 libSARLG in Bargeld- oder Sachleistung bestehen. Eine Vereinbarung, wonach ein oder mehrere Gesellschafter ihre Einlage in Form von Dienstleistungen erbringen können, ist demgegenüber gemäß Art. 9 Abs. 1 Satz 2 libSARLG unzulässig.[575]

Die gesetzliche Mindestkapitalausstattung beträgt gemäß Art. 7 libSARLG LBP 5 Mio. (~ EUR 2.500). Eine Höchstgrenze existiert demgegenüber nicht.[576] Die Stammeinlage muss in voller Höhe einbezahlt werden (Volleinzahlungsgebot; Art. 8 libSARLG). Das Stammkapital der libSARL ist in gleiche Geschäftsanteile aufzuteilen, wobei jeder Gesellschafter bereits bei der Gründung ein oder mehrere Geschäftsanteile besitzen kann. Eine Verbriefung der Anteile ist nicht gestattet, Art. 3 libSARLG.

---

573 *Al-ʿrayīni/Al-Fakī*, Das Handelsrecht, S. 797; *Ṭaha*, Grundlagen des Handelsrechts, S. 572.; Nāssīf, Die Enzyklopädie des Handelsrechts, Band VI: Die libSARL, S. 337 f.

574 *ʿĪd/ʿĪd*, Der Mediator im Handelsrecht, S. 192 f.

575 *ʿĪd/ʿĪd*, Der Mediator im Handelsrecht, S. 192 f.

576 Kritisch *ʿĪd/ʿĪd*, Der Mediator im Handelsrecht, Band II, S. 192; *Al-ʿrayīni/Al-Fakī*, Das Handelsrecht, S. 741.

(f) *Lebensdauer*

Neben den allgemeinen Auflösungsgründen des Art. 64 libHGB[577] wird eine libSARL aufgelöst:

- durch gerichtliche Entscheidung nach einer einjährigen Frist, wenn das Grundkapital die Mindestausstattung von 5 Mio. LBP unterschreitet (Art. 7 Abs. 2 libSARLG);
- durch Überschreitung der Obergrenze von dreißig Gesellschaftern (Art. 5 Abs. 2 libHGB);[578]
- durch Eintritt eines im Gründungsvertrag vereinbarten Ereignisses.[579]

Anders als bei der libSNC wird die libSARL nicht aufgelöst, wenn der Gesellschafter verstirbt.[580]

(g) *Formale Gründungsvoraussetzungen*

Die libanesische libSARL entsteht als vollwertiger Rechtsträger in Gestalt einer juristischen Person, wenn sie die zwingenden Mindestanforderungen des Art. 8 libSARLG erfüllt. Hiernach gilt die Gesellschaft als in ihrer endgültigen Gestalt gebildet, nachdem die Einlage auf einem Bankkonto eingezahlt, der Wert der Geschäftsanteile bestimmt und verteilt wurde.

(2) Einordnung im Rahmen des Rechtstypenvergleichs

Ausgehend von den ermittelten gesellschaftsrechtlichen Eigenschaften ist nun zunächst zu klären, ob die libSARL in ihren wesentlichen Zügen einer bestimmten deutschen Organisationsform entspricht. Nach häufig vertretener Auffassung in der libanesischen Literatur stellt die libSARL das libanesische Pendant zur deutschen GmbH dar.[581] Diese Annahme resultiert mutmaßlich aus der unmittelbaren Übersetzung der Gesellschaftsbezeichnung aus dem Arabischen (ʾA-šarika l-maḥdūdati l-masʾūlīa, الشركة المحدودة المسؤولية) in die deutsche

---

577 Vgl. hierzu Kapitel 4.D.I.3. a) (1) (f), S. 167.

578 Die Gesellschaft wird jedoch nach Ablauf einer Zweijahres-Frist ohne Rechtsformwechsel aufgelöst. Die Unterschreitung der Untergrenze von drei Gesellschaftern soll nach vertretener Ansicht in der libanesischen Literatur ebenfalls zur Auflösung der Gesellschaft führen; vgl. *ʿĪd/ʿĪd*, Der Mediator im Handelsrecht, Band II, S. 226.

579 Vgl. *ʿĪd/ʿĪd*, Der Mediator im Handelsrecht, Band II, S. 472.

580 *Al-ʿrayīni/Al-Fakī*, Das Handelsrecht, S. 803; *ʿĪd/ʿĪd*, Der Mediator im Handelsrecht, Band II, S. 227.

581 Vgl. beispielsweise *Ṭaha*, Grundlagen des Handelsrechts, S. 539; *ʿĪd/ʿĪd*, Der Mediator im Handelsrecht, Band II, S. 176; *Al-ʿrayīni/Al-Fakī*, Das Handelsrecht, S. 723.

Sprache als „Gesellschaft mit beschränkter Haftung“. Die übereinstimmende Bezeichnung darf allerdings nicht dazu verleiten, die libSARL ohne weitere Würdigung der gesellschaftsrechtlichen Merkmale mit der deutschen GmbH gleichzusetzen,[582] zumal die hinter der Bezeichnung stehende rechtliche Struktur jedenfalls in den durch die Bezeichnung nicht deklarierten Eigenschaften gänzlich abweichen kann. Sie dokumentiert aber vorliegend, dass beide Organisationsformen haftungsabschirmende Vehikel darstellen und damit wirtschaftlich eine ähnliche Funktion in der jeweiligen Rechtsordnung wahrnehmen. Daraus rechtfertigt sich jedenfalls der direkte Vergleich mit der deutschen GmbH. Stellt man nun die rechtlichen Eigenschaften der beiden Gesellschaften gegenüber, so sind Übereinstimmungen nicht in allen wesentlichen Bereichen festzustellen. An gesellschaftsfremde Dritte sind die Anteile an einer libSARL dem Grundsatz nach nicht übertragbar, es sei denn, eine qualifizierte Mehrheit der Gesellschafter stimmt zu. Da die Anteilsübertragung ein wesentliches kapitalistisches Merkmal der deutschen GmbH ist, kann eine direkte Vergleichbarkeit nicht angenommen werden. Im Ergebnis findet sich keine unmittelbare Parallele zur libSARL in der deutschen Rechtsordnung.

Vor diesem Hintergrund ist für die Einordnung der libSARL zu eruieren, ob sie auf der Grundlage einer strukturellen Gesamtwürdigung mehr dem abstrakten Typus einer Personengesellschaft oder dem einer Kapitalgesellschaft entspricht. Eindeutig für eine personelle Struktur und damit für die Einordnung als Personengesellschaft spricht, dass die Anteilsübertragung im Grundsatz ausgeschlossen ist. Denn die Möglichkeit zur Anteilsübertragung ist ein wesentliches kapitalistisches Merkmal, das der libSARL fehlt. Auf der anderen Seite weist die libSARL aber auch wesentliche Züge einer Kapitalgesellschaft auf. So sind die Anteile grundsätzlich vererbbar, ihre Gründung bedarf der Erbringung eines Mindestkapitals, eine persönliche Haftung der Gesellschafter ist grundsätzlich ausgeschlossen. Wenngleich die libSARL damit Merkmale einer Kapital- und einer Personengesellschaft vereint, so erscheint es sachgerecht, die libSARL den Kapitalgesellschaften zuzuordnen. Zumal auch teilweise bei der deutschen GmbH eine personalistische Prägung angenommen wird.[583] Im Übrigen überwiegt auch rechnerisch kapitalistische Charakter der libSARL.

582 Ähnlich zum Vergleich der LLC mit der deutschen GmbH *Möbus*, Ausgewählte Besteuerungsfragen und Gestaltungsmöglichkeiten, S. 104.

583 Vgl. *Merkt*, in Müko zum GmbHG, § 13 Rn. 12.

Abbildung 20: Tabellarische Zusammenfassung bei der libSARL

Abgrenzungskriterium	PersG	KapG
1. Geschäftsführung		×
2. Haftung		×
3. Übertragbarkeit der Anteile	×	
4. Gewinnzuteilung		×
5. Kapitalaufbringung/-erhaltung		×
6. Lebensdauer		×
7. Gründungsvoraussetzungen		×

e) *ʾA-šarika l-muġfala („libSA") im Rechtstypenvergleich*

(a) *Geschäftsführung*

Die Geschäftsführung der libSA (Société Anonyme)[584] obliegt dem „Conseil d'administration" (AR: Maǧles l-ʾidāra، مجلس الإدارة), also einem Verwaltungsrat, der geringstenfalls aus drei und höchstenfalls aus zwölf Mitgliedern besteht (Art. 144 libHGB). Als Verwaltungsratsmitglied können sowohl natürliche als auch juristische Personen bestellt werden.[585] Zwingende Voraussetzung ist nach Art. 147 libHGB jedoch, dass das jeweilige Mitglied selbst Aktien der Gesellschaft hält, wobei deren Anzahl in den Statuten frei bestimmt werden kann. Die Verwaltungsratsmitglieder werden prinzipiell von der Aktionärshauptversammlung (FR: assemblées générales des actionnaires; AR: ʾA-ǧamʿiya l-ʿumūmiya lel-musāhimīn, الجمعية العمومية للمساهمين) für eine Amtsdauer von höchstens drei Jahren gewählt. Die ersten Amtsinhaber können allerdings statutarisch für eine Amtsdauer von höchstens fünf Jahren bestellt werden (Art. 146, 149 libHGB).[586] Jedes Verwaltungsratsmitglied kann ad nutum von der Aktionärshauptversammlung abberufen werden (Art. 150 libHGB).[587] Geschäftsführungsentscheidungen können die Verwaltungsratsmitglieder nur gemeinschaftlich mit einfacher Stimmenmehrheit treffen (Gesamtgeschäftsführung).[588]

---

584 Vgl. Kapitel 3.C.I.3. e), S. 91.

585 Vgl. *Al-ʿrayīni/Al-Fakī*, Das Handelsrecht, S. 530.

586 Vgl. zum Ganzen *ʿĪd/ʿĪd*, Der Mediator im Handelsrecht, Band II, S. 376 ff.

587 Vgl. hierzu die ausführliche Darstellung bei *Al-ʿrayīni/Al-Fakī*, Das Handelsrecht, S. 561.

588 Vgl. *ʿĪd/ʿĪd*, Der Mediator im Handelsrecht, Band II, S. 375; *Nāssīf*, Die Enzyklopädie des Handelsrechts, Band II: Die SNC, S. 91.

Der Verwaltungsrat wählt einen Vorsitzenden, den sog. „Président du Conseil d'administration" (AR: Ra'īs mağlis l-'idara, رئيس مجلس الإدارة). Neben der Leitung und Organisation der Arbeit des Verwaltungsrats vertritt dieser die libSA im Außenverhältnis (Art. 157 libHGB). Zudem übernimmt er gemäß Art. 153 libHGB die Aufgaben des „Directeur générale" (AR: al-mudir l-ʿaām, المدير العام) und damit die laufende Führung des Betriebs. Auf seinen Vorschlag kann ein Dritter, der weder Verwaltungsratsmitglied noch Aktionär zu sein braucht, mit den Aufgaben des Directeur générale betraut werden. Dieser handelt im Verantwortungskreis und für Rechnung des Verwaltungsratsvorsitzenden (Art. 153 libHGB).

Die geschäftsführenden Organe der Gesellschaft werden von einem Aufsichtsrat, den sog. „commissaires de surveillance" (AR: Mufawadū l-Murāqaba, مفوضو المراقبة) überwacht, dessen Mitglieder für eine Amtsdauer von einem Jahr von der Aktionärsversammlung ernannt werden (Art. 172 libHGB). Zusätzlich bestellt das Gericht, in dessen Bezirk die Gesellschaft registriert ist, einen Experten für Rechnungslegung als weiteres Mitglied. Eine Mindest- oder Höchstanzahl von Mitgliedern existiert nicht.

(b) *Haftungsverfassung*

Die Haftungsverfassung der libSA entspricht in den hier relevanten Aspekten derjenigen der libSARL.[589] Die libSA ist als solche Zuordnungssubjekt der Vermögensgegenstände; es gilt das Trennungsprinzip. Eine persönliche Inanspruchnahme der Aktionäre für Verbindlichkeiten der Gesellschaft ist ausgeschlossen. Sie haften nur bis zur Höhe des von ihnen gezeichneten Kapitals (Art. 77 libHGB). Den Gesellschaftsgläubigern gegenüber haftet das gesamte Gesellschaftsvermögen.

(c) *Übertragbarkeit der Anteile*

Die Mitgliedschaftsrechte an der libSA in der Gestalt von Aktien sind grundsätzlich fungibel. Beschränkungen bestehen ausschließlich für die Verwaltungsratsmitglieder, deren Aktien bei Bekleidung des Amtes eingezogen werden (Art. 147 libHGB).

589 Vgl. Kapitel 4.D.I.3. d) (1) (b), S. 183.

(d) *Gewinnzuteilung*

Die Zuteilung eines Gewinnanteils an den Gesellschafter einer libSA hängt von einem jährlich zu fassenden Beschluss der Aktionärshauptversammlung ab (Art. 196 Abs. 1 libHGB).[590]

(e) *Kapitalaufbringung*

Die Gründung einer libSA setzt voraus, dass diese mit Grundkapital ausgestattet ist. Die gesetzliche Mindestanforderung an die Eigenkapitalausstattung beträgt gemäß Art. 83 libHGB LBP 30 Mio. (ca. EUR 14.500).[591] Eine Höchstgrenze existiert demgegenüber nicht. Das Grundkapital wird in fungible Aktien zerlegt, die auf mindestens LBP 1.000 (ca. EUR 0,50) lauten (Art. 84 libHGB). Anders als bei der deutschen AG[592] müssen die Gründer (FR: Fondateur; AR: ʾal-muʾasisīn, المؤسسين) einer libSA nicht sämtliche Aktien übernehmen. Es besteht vielmehr bereits im Gründungsstadium die Möglichkeit, dass das Publikum durch die Übernahme entsprechender Einlageverpflichtung Aktien zeichnen kann (sog. Stufengründung).

Die Stammeinlage muss nicht in voller Höhe einbezahlt werden. Es genügt, dass 1/4 des Nennbetrags jeder Aktie eingezahlt wird. Die Einlageverpflichtung kann in Bargeld- oder Sachleistung bestehen.[593] Eine Vereinbarung, wonach ein oder mehrere Gesellschafter ihre Einlage in Form von Dienstleistungen erbringen können, ist demgegenüber strittig.[594]

(f) *Lebensdauer*

Neben den allgemeinen Auflösungsgründen des Art. 64 libHGB[595] statuiert Art. 216 libHGB für die libSA spezielle Auflösungsgründe. Danach wird die libSA aufgelöst:

590 *Al-ʿrayīni/Al-Fakī*, Das Handelsrecht, S. 632 m.w.N.

591 Für Versicherungsunternehmen bestehen Sonderregelungen, wonach das Gründungskapital mindestens LBP 300 Mio. (~ EUR 185.000) betragen muss, vgl. *Al-ʿrayīni/Al-Fakī*, Das Handelsrecht, S. 450.

592 Vgl. hierzu *Ammon*, in Heidel, Aktienrecht und Kapitalmarktrecht, § 2 AktG, Rn. 19.

593 *Ṭaha*, Grundlagen des Handelsrechts, S. 414.

594 *ʿĪd/ʿĪd*, Der Mediator im Handelsrecht, Band II, S. 248; *Ṭaha*, Grundlagen des Handelsrechts, S. 414.

595 Vgl. hierzu Kapitel 4.D.I.3. a) (1) (f), S. 167.

- durch Ablauf der im Gesellschaftsvertrag bestimmten Laufzeit, Erreichung des Gesellschaftszwecks oder Unmöglichkeit der Erreichung des Gesellschaftszwecks (Art. 216 Abs. 1 libHGB);
- durch qualifizierten Mehrheitsbeschluss (Zweidrittelmehrheit) der Aktionärsversammlung, bei der mindestens dreiviertel der Aktionäre anwesend sein müssen (Art. 216 Abs. 2, 1. Alt.; 202 und 204 libHGB);
- durch Eintritt eines im Gründungsvertrag vereinbarten Ereignisses (Art. 216 Abs. 2, 2. Alt. libHGB).

(g) *Formale Gründungsvoraussetzungen*

Die libSA entsteht als vollwertiger Rechtsträger in Gestalt einer juristischen Person, wenn sie die zwingenden Mindestanforderungen des Gesetzes zur Gründung einer libSA erfüllt.[596] Hiernach gilt die Gesellschaft als in ihrer endgültigen Gestalt gebildet, nachdem die Gesellschaft im Handelsregister eingetragen worden ist.

(1) Gesamtwürdigung

Anhand der dargestellten gesellschaftsrechtlichen Eigenschaften ist nun zu prüfen, ob die libSA eine konkrete inländische Entsprechung findet. Die libSA ist das libanesische Pendant zur deutschen AG, weil sie wirtschaftlich eine ähnliche Funktion in der libanesischen Rechtsordnung wahrnimmt. Daraus rechtfertigt sich jedenfalls der direkte Vergleich mit der deutschen AG. Dass aber die organschaftliche Vertretungsmacht zwingend von einem Gesellschafter (Prinzip der Selbstorganschaft) wahrzunehmen ist deutet auf das Vorliegen einer Personengesellschaft hin. Allerdings gilt auch hier , dass keinem der Merkmale eine allein ausschlaggebende Bedeutung zukommen kann. Die libSA weist wesentliche Züge einer Kapitalgesellschaft auf und ist daher den Kapitalgesellschaften zuzuordnen.

596 Zur Rechtslage vor der endgültigen Gründung (Vor-libSARL; AR: ʾA-šarika taḥta t-tʾsīs, الشركة تحت التأسيس) vgl. Art. 79 Abs. 3 libHGB sowie *ʿĪd/ʿĪd*, Der Mediator im Handelsrecht, Band II, S. 239 f.; *Al-ʿrayīni/Al-Fakī*, Das Handelsrecht, S. 439 f.

Abbildung 21: Tabellarische Zusammenfassung bei der libSA

Abgrenzungskriterium	PersG	KapG
1. Geschäftsführung	×	
2. Haftung		×
3. Übertragbarkeit der Anteile		×
4. Gewinnzuteilung		×
5. Kapitalaufbringung/-erhaltung		×
6. Lebensdauer		×
7. Gründungsvoraussetzungen		×

f) ʾA-šarika l-qābiḍa („libHoldingG") und ʾA-šarika l-maḥṣūr našāṭiha ḫāriǧ lubnān („libOffshoreG") im Rechtstypenvergleich

Bei der ʾA-šarika l-qābiḍa (libHoldingG)[597] und ʾA-šarika l-maḥṣūr našāṭiha ḫāriǧ lubnān (libOffshoreG)[598] handelt es sich nicht um eigenständige Gesellschaftsformen, sondern um Unterformen der libSA.[599] Ihre rechtliche und wirtschaftliche Struktur entspricht daher weitgehend derjenigen der libSA. Sie unterscheiden sich von der libSA vornehmlich durch ihre steuerliche Sonderstellung. Da die steuerliche Behandlung im Libanon aber für Zwecke der steuerlichen Qualifikation von Gesellschaften unerheblich ist, kann an dieser Stelle auf die vorstehenden Ausführungen zur Qualifizierung der libSA verwiesen werden. Im Ergebnis sind also die libHoldingG und die libOffshoreG kapitalistisch geprägt und entsprechen im Wesentlichen einer deutschen Kapitalgesellschaft.

4. Zusammenfassung der Ergebnisse

Die vorstehende Analyse zeigt, dass die Qualifikation der hier untersuchten libanesischen Rechtsgebilde regelmäßig mit der libanesischen Einordnung übereinstimmt. Wird das Auslandsengagement der deutschen Unternehmung mittels einer libanesischen Kapitalgesellschaft in Form einer libSARL oder SA abgewickelt, so liegt nach hier vertretener Auffassung auch nach deutscher Rechtswertung eine Kapitalgesellschaft vor.

---

597 Vgl. Kapitel 3.C.I.3. f), S. 92.

598 Vgl. Kapitel 3.C.I.3. g), S. 93.

599 Vgl. zur Holdinggesellschaft: Kapitel 3.C.I.3. f), S. 92; sowie zur Offshoregesellschaft: Kapitel 3.C.I.3. g), S. 93.

Libanesische Kapitalgesellschaften in Form einer libSA, libSARL, libHoldingG oder einer libOffshoreG entsprechen nach hier vertretener Auffassung dem Typus einer deutschen Kapitalgesellschaft. Libanesische Personengesellschaften in Form der libSNC und libSCS entsprechen demgegenüber nach hier vertretener Auffassung dem Typus einer deutschen Personengesellschaft. Die libSEP nimmt eine Zwitterstellung zwischen der stillen Gesellschaft i.S.d. §§ 230 ff. HGB und der Innen-GbR i.S.d. §§ 705 ff. BGB ein. Ihrem gesetzlichen Leitbild nach ist sie wohl mit der sogenannten Metaverbindung vergleichbar.

II. Steuerliche Behandlung im deutschen Gesellschafterstaat bei Beteiligung an intransparenten libanesischen Rechtsgebilden

In Übereinstimmung mit der libanesischen Rechtswertung werden die libSARL und libSA nach hier vertretener Auffassung auch im Inland als Kapitalgesellschaften anerkannt. Beteiligt sich also eine inländische Unternehmung an einer entsprechenden libanesischen Kapitalgesellschaft, so sind im Inland die innerstaatlichen Steuerrechtsnormen anzuwenden, die den Bestand einer Kapitalgesellschaft voraussetzen. Diesen Steuerrechtsnormen liegt im deutschen Gesellschafterstaat übereinstimmend mit der Situation im libanesischen Gesellschaftsstaat das Kapitalgesellschaftskonzept zugrunde, demzufolge die libanesische Kapitalgesellschaft ihrem inländischen Anteilseigner als eigenständiges Steuersubjekt gegenübersteht (Trennungsprinzip). Ausgehend von dieser übereinstimmenden Qualifikation sollen die steuerliche Behandlung im inländischen Ansässigkeitsstaat des Gesellschafters im Gewinn- und Verlustfall dargestellt und Problembereiche herausgearbeitet werden. Es wird dabei davon auszugehen sein, dass sowohl der Sitz als auch die Geschäftsleitung der Kapitalgesellschaft sich im Libanon befinden.

1. *Die Besteuerung im Gewinnfall*

In Deutschland sind libanesische Kapitalgesellschaften mangels Geschäftsleitung (§ 10 AO) oder Sitz (§ 11 AO) nicht unbeschränkt körperschaftsteuerpflichtig. Eine beschränkte Körperschaftsteuerpflicht kann sich ergeben, wenn sie inländische Einkünfte i.S.d. § 49 EStG i.V.m. § 8 Abs. 1 KStG erzielen (§ 2 Nr. 1 KStG). Bei der libanesischen Kapitalgesellschaft thesaurierte Gewinne unterliegen nicht der Besteuerung beim inländischen Anteilseigner. Diese Gewinne werden gegen die deutsche Besteuerung „abgeschirmt" (Abschirmwirkung als Folge des Trennungsprinzips).[600]

Bezieht der deutsche Anteilseigner offene oder verdeckte Gewinnausschüttungen von der libanesischen Kapitalgesellschaft, so wird sein Welteinkommen im Rahmen der unbeschränkten Steuerpflicht (§ 1 KStG; § 1 EStG) entsprechend erhöht. Irrelevant ist hierbei, ob Zahlungen tatsächlich ins Inland fließen.[601] Da der Anteilseigner auch bereits im Libanon der Steuer der dritten Schedule nach dem libEStG unterlag, entsteht eine Doppelsteuerung. Ihre Vermeidung richtet sich nach den Regelungen der §§ 34c, 34d EStG (ggf. i.V.m. § 26 Abs. 1 KStG).

Durch das Nebeneinander von libanesischer Steuerpflicht der Kapitalgesellschaft und inländischer Steuerpflicht des Gesellschafters entsteht zudem eine internationale Doppelbelastung des ausgeschütteten Gewinns, die sich wegen der fehlenden Subjektidentität nicht im Wege der Steueranrechnung nach §§ 34c, 34d EStG (ggf. i.V.m. § 26 Abs. 1 KStG) beseitigen lässt.[602]

(1) Natürliche Person als Anteilseigner

Hält eine natürliche Person die Anteile an der libanesischen Kapitalgesellschaft in ihrem Betriebsvermögen, so werden die Dividenden aufgrund des Teileinkünfteverfahrens zu 40% von der inländischen Einkommensteuer befreit (§ 3 Nr. 40 Satz 1 Buchstabe d) EStG). Zur Vermeidung der internationalen Doppelbelastung werden also nur 60% der Gewinne zur inländischen Besteuerung herangezogen. Im Gegenzug wird der Betriebsausgabenabzug nur zu 60% gewährt (§ 3c Abs. 2 EStG). Das Gesagte gilt auch für natürliche Personen, die ihre Beteiligung an der libanesischen Kapitalgesellschaft im Gesamthandsvermögen einer Personengesellschaft halten.[603]

Zur Vermeidung der internationalen Doppelbesteuerung kann der inländische Anteilseigner grundsätzlich die libanesische Steuer der dritten Schedule nach dem libEStG in vollem Umfang auf die deutsche Einkommensteuer anrechnen (§ 34c Abs. 1, 6 EStG), zumal die Gewinnausschüttungen der libanesischen Kapitalgesellschaft ausländische Einkünfte i.S.d.§ 34d Nr. 2 Buchstabe a Nr. 6 EStG darstellen. Der Höhe nach beschränkt sich aber die Anrechnung auf den Anrechnungshöchstbetrag, bei dessen Berechnung zu berücksichtigen ist, dass die Gewinnausschüttungen im Inland nur zu 60% erfasst werden. Entstehen

600 Vgl. *Niehus/Wilke*, Die Besteuerung der KapG, S. 4.
601 Vgl. *Henkel*, in Mössner, Steuerrecht int. tätiger Unternehmen, Rn. 6.69.
602 Vgl. *Burmester*, Unternehmensfinanzierung im int. Steuerrecht, Rn. 24.
603 Vgl. zum Ganzen *Jacobs*, Int. Unternehmensbesteuerung, S. 429.

Anrechnungüberhänge, kann der Steuerpflichtige alternativ den Steuerabzug nach § 34 Abs. 2 EStG beantragen. In diesem Falle sind 60% der libanesischen Steuer von der deutschen Bemessungsgrundlage abzuziehen.

(2) Kapitalgesellschaft als Anteilseigner

Ist der Anteilseigner eine Kapitalgesellschaft mit über 10%-Beteiligung, so sind die Dividenden zwecks Vermeidung körperschaftsteuerlicher Mehrfachbelastungen (Doppelbelastung, Kaskadeneffekt) im Inland grundsätzlich steuerfrei (§ 8b Abs. 1, 4 KStG).[604] Gemäß § 8b Abs. 5 Satz 1 KStG gelten aber 5% der libanesischen Dividenden als nichtabziehbare Betriebsausgaben, sodass im Ergebnis nur 95% von der Körperschaftsteuer befreit sind. Im Gegenzug wird die Anwendung der allgemeinen Regelung des § 3c Abs. 1 EStG ausgeschlossen (§ 8 Abs. 5 Satz 2 KStG). Aufwendungen, die im unmittelbaren wirtschaftlichen Zusammenhang mit den steuerfreien Einnahmen stehen, können daher uneingeschränkt abgezogen werden. Das ist für den steuerpflichtigen Anteilseigner dann von Vorteil, wenn der tatsächliche Beteiligungsaufwand (z.B. Finanzierungsaufwand) höher ist als 5% der Dividende, da auch der überschießende Teil steuermindernd wirkt. Ist der Beteiligungsaufwand hingegen geringer als 5% der Dividende, entsteht eine Mehrbelastung.[605] Die vorstehenden Ausführungen gelten auch dann, wenn die Beteiligung an der libanesischen Kapitalgesellschaft mittelbar über eine oder mehrere Personengesellschaften gehalten wird (§ 8b Abs. 6 Satz 1 KStG).

Eine Anrechnung der libanesischen Steuer, die auf 5% der libanesischen Dividenden erhoben wird, auf die deutsche Steuer gemäß § 26 Abs. 1 Satz 1 Nr. 1 KStG i.V.m. § 34c Abs. 1 EStG ist deshalb ausgeschlossen, weil es sich bei der sogenannten Schachtelstrafe um ein pauschaliertes Abzugsverbot i.H.v. 5% handelt (§ 8b Abs. 5 KStG i.V.m. § 3c Abs. 1 EStG).

2. Die Besteuerung im Verlustfall

Verluste, die auf Ebene der libanesischen Kapitalgesellschaft entstehen, können dem Anteilseigner aufgrund des Trennungsprinzips nicht zugerechnet und damit nicht mit positiven Erträgen des Anteilseigners unmittelbar verrechnet werden. Eine grenzüberschreitende Organschaft zwischen der libanesischen Kapitalgesellschaft (Organgesellschaft) und ihrem deutschen Anteilseigner (Organträger) ist ausgeschlossen, da es am erforderlichen EU-, EWR- Bezug fehlt (§§14, 17 Satz 1 KStG).

---

604 Vgl. *Gosch*, in Gosch, KStG, § 8b Rn. 1.

605 Vgl. *Henkel*, in Mössner, Steuerrecht int. tätiger Unternehmen, Rn. 6.73.

In Betracht kommt allerdings eine mittelbare Verlustverrechnung durch Teilwertabschreibung auf die Beteiligung des Anteilseigners. Gemäß § 6 Abs. 1 Nr. 2 Satz 2 EStG kann der niedrigere Teilwert einer Beteiligung aufgrund einer voraussichtlich dauernden Wertminderung angesetzt werden. Eine voraussichtlich dauernde Wertminderung liegt dann vor, „*wenn der Teilwert nachhaltig unter den maßgeblichen Buchwert gesunken ist und deshalb aus Sicht des Bilanzstichtags aufgrund objektiver Anzeichen ernstlich mit einem langfristigen Anhalten der Wertminderung gerechnet werden muss.*“[606] Nicht nachhaltig sind nach der einschlägigen Rechtsprechung des BFH[607] beispielsweise solche Verluste, die in der Anlaufphase typischerweise entstehen.

Ob die tatbestandsmäßige Teilwertabschreibung aufwandswirksam wirkt und dadurch die intendierte mittelbare Verlustverrechnung ermöglicht wird, hängt von der konkreten Rechtsform des inländischen Anteilseigners ab: Wird die Beteiligung an der libanesischen Kapitalgesellschaft von einer deutschen Kapitalgesellschaft gehalten, so bleiben Gewinnminderungen aufgrund einer Teilwertabschreibung vollständig unberücksichtigt (§ 8b Abs. 3 Satz 3 KStG). Das gilt auch dann, wenn die Beteiligung an der libanesischen Kapitalgesellschaft mittelbar über eine Mitunternehmerschaft gehalten wird (§ 8 Abs. 6 Satz 1 KStG).

Wird die Beteiligung an der libanesischen Kapitalgesellschaft hingegen im Betriebsvermögen einer natürlichen Person gehalten, so können Gewinnminderungen im Zusammenhang mit einer Teilwertabschreibung infolge der korrespondierenden Besteuerung nach dem Teileinkünfteverfahren nur zu 60% steuermindernd berücksichtigt werden (§ 3c Abs. 2 EStG). Das gilt auch, wenn die natürliche Person die Beteiligung im Betriebsvermögen einer Personengesellschaft hält. Diese Möglichkeit der mittelbaren Verlustverrechnung wird allerdings in Drittstaatsfällen dadurch eingeschränkt, dass Gewinnminderungen nur mit positiven Einkünften der jeweils selben Art aus demselben Staat verrechnet werden dürfen (§ 2a Abs. 1 Nr. 3 Buchstabe a EStG). Als Drittstaaten werden Staaten verstanden, die nicht Mitgliedstaat der Europäischen Union sind (§ 2a Abs. 2a Satz 1 Nr. 1 EStG). Gemäß § 2a Abs. 2 Satz 2 EStG ist diese Verlustabzugsbeschränkung dann nicht anzuwenden, wenn der Steuerpflichtige nachweist, dass die libanesische Kapitalgesellschaft entweder seit ihrer Gründung oder während der letzten fünf Jahre vor und in dem Veranlagungszeitraum, in dem die negativen Einkünfte bezogen werden, ein aktive Tätigkeit ausgeübt hat.

---

606 *BFH*, Urteil v. 21.09.2011 – I R 89/10, BStBl. II 2014, 612 m.w.N.

607 Urteil v. 21.09.2011 – I R 104/84, BStBl. II 1989, 274.

3. *Schuldrechtliche Leistungsbeziehungen*

Schuldrechtliche Leistungsbeziehungen zwischen inländischem Anteilseigner und seiner libanesischen Kapitalgesellschaft werden aufgrund des geltenden Trennungsprinzips in Deutschland steuerlich grundsätzlich anerkannt. Der interne Leistungsaustausch wird unter Zugrundelegung eines Fremdvergleichs versteuert. Die steuerliche Behandlung entspricht insoweit derjenigen von grenzüberschreitenden Direktgeschäften mit Fremdunternehmen.[608] Vom inländischen Anteilseigner bezogene Vergütungen (z.B. Zinsen) sind im Rahmen seiner unbeschränkten Steuerpflicht in Deutschland zu versteuern. Mit diesen unterliegt der inländische Anteilseigner der libanesischen Quellenbesteuerung; sie mindern im Gegenzug den Umfang der Bemessungsgrundlage bei der libanesischen Kapitalgesellschaft.

Weicht die schuldrechtliche Vereinbarung davon ab, was zwischen fremden Dritten üblich ist, so ist der unangemessene Teil aus deutscher Sicht nicht betrieblich, sondern durch das Gesellschaftsverhältnis veranlasst. Unter Zugrundelegung eines Fremdvergleichs (dealing at arm´s length) ist dann eine Korrektur der Gewinnverlagerung im Wege verdeckter Gewinnausschüttung bzw. Einlage vorzunehmen (§ 8 Abs. 3 KStG; ggf. §1 AStG).[609] Dasselbe gilt - wie bereits erörtert[610] - aus libanesischer Sicht. Trotz dieser zwischenstaatlich weitgehend harmonisierten Vorgehensweise, kann es zu Abweichungen in der Beurteilung kommen, was fremdüblich ist.

4. *Die Besteuerung im Falle der Zwischenschaltung von Basisgesellschaften*

Abweichende Besteuerungswirkungen ergeben sich allerdings, soweit die libanesische Kapitalgesellschaft als niedrig besteuerte Basisgesellschaft qualifiziert wird. In Ausnahme zum Grundsatz wird hier die Abschirmwirkung der libanesischen Kapitalgesellschaft aus deutscher Sicht unter bestimmten Voraussetzungen durchbrochen. Thesaurierte Gewinne werden dann dem inländischen Anteilseigner zugerechnet und dort besteuert.[611] Für die Durchbrechung der Abschirmwirkung und der damit einhergehenden Erfassung beim inländischen Anteilseigner existiert im deutschen Steuerrecht indes kein einheitliches Konzept. Insbesondere

---

608 Vgl. *Scheffler*, Besteuerung der grenzüberschreitenden Unternehmenstätigkeit, S. 221 ff.

609 *Burmester*, Unternehmensfinanzierung im int. Steuerrecht, Rn. 27.

610 Vgl. Kapitel 3.C.II.2. c), S. 102.

611 *Burmester*, Unternehmensfinanzierung im int. Steuerrecht, Rn. 26.

handelt es sich beim Begriff der Basisgesellschaft (anders als bei Annahme einer Zwischengesellschaft) um einen gesetzlich nicht definierten Typusbegriff.[612] Als Basisgesellschaft wird typischerweise verstanden, *„eine rechtlich selbständige Gesellschaft in einem Niedrigsteuerland, die von natürlichen oder juristischen Personen in einem Hochsteuerland beherrscht wird und ihnen zur Ausnutzung des internationalen Steuergefälles dient."*[613]

Will man die Regelungen des deutschen Steuerrechts zur Behandlung von Basisgesellschaften nun strukturieren, so kristallisieren sich zwei Wege heraus: Zum einen kann die steuerliche Selbständigkeit der libanesischen Kapitalgesellschaft aberkannt werden (Durchgriffsbesteuerung). Hier sind insbesondere die Normen zum Scheingeschäft (§ 41 Abs. 2 AO), zum Treuhandverhältnis (§ 39 AO), und zum Missbrauch der rechtlichen Gestaltungsmöglichkeiten (§ 42 AO) relevant. Zum anderen kann an der steuerlichen Selbständigkeit der libanesischen Kapitalgesellschaft festgehalten werden, um im zweiten Schritt die thesaurierten Gewinne gemäß §§ 7 ff. AStG dem inländischen Anteilseigner hinzuzurechnen (Zugriffsbesteuerung).[614] Diese sogenannte Hinzurechnungsbesteuerung setzt voraus, dass das ausländische Rechtsgebilde, an dem Inländer zu mehr als 50% beteiligt sind, seinem Typus nach körperschaftlich strukturiert (Rechtstypenvergleich) ist (§ 7 Abs. 1 AStG), eine passive Geschäftstätigkeit ausübt (§ 8 Abs. 1 AStG) und im ausländischen Staat einer niedrigen Besteuerung (§ 8 Abs. 3 AStG, weniger als 25%) unterliegt.

Ob die Voraussetzungen für eine Durchgriffs- oder eine Zugriffsbesteuerung vorliegen, entscheidet sich grundsätzlich nach den Umständen des Einzelfalles. Im Verhältnis zum Libanon werden allerdings bei einer Beteiligung von Steuerinländern an einer libanesischen Kapitalgesellschaft die Regelungen der §§ 7 ff. AStG zur Hinzurechnungsbesteuerung relevant sein, weil der Libanon die libanesischen Kapitalgesellschaften grundsätzlich mit 15% Körperschaftsteuer niedrig i.S.d. § 8 Abs. 3 AStG besteuert. Erzielt nun die libanesische Kapitalgesellschaft, an der Inländer mit mehr als 50% beteiligt sind, zudem keine aktiven Einkünfte i.S.d. § 8 Abs. 1 AStG, so greift die Hinzurechnungsbesteuerung i.S.d. § 7 Abs. 1 AStG ein. Das wird insbesondere bei Vermögensverwaltungs-, Patentverwertungs-, und Finanzierungsgesellschaften regelmäßig der Fall sein, weil diese typischerweise keine aktiven Einkünfte i.S.d. § 8 Abs. 1 AStG erwirtschaften.[615]

612 *Henkel*, in Mössner, Steuerrecht int. tätiger Unternehmen, Rn. 7.8; *Schaumburg*, Int. Steuerrecht, Rn. 10.23.

613 *Morgenthaler*, IStR 2000, 289.

614 Vgl. zum Ganzen *Jacobs*, Int. Unternehmensbesteuerung, S. 399.

615 Vgl. *Henkel*, in Mössner, Steuerrecht int. tätiger Unternehmen, Rn. 7.64.

Nicht ausgeschüttete Gewinne der libanesischen Kapitalgesellschaft werden dann beim inländischen Anteilseigner hinzugerechnet und voll versteuert (§ 10 Abs. 2 Satz 1; 3 AStG).

Eine generelle Qualifizierung der libHoldingG und der libOffshoreG als Zwischengesellschaften i.S.d. § 8 Abs. 1 AStG ist trotz ihrer teilweise vollständigen Freistellung von der libanesischen Einkommensbesteuerung indes nicht möglich. Die libHoldingG kann beispielsweise als Patentverwertungsgesellschaft fungieren und damit Zwischeneinkünfte i.S.d. § 8 Abs. 1 AStG erzielen. Sie kann aber auch als Beteiligungsunternehmen (Holding) fungieren und Gewinnausschüttungen, also aktive Einkünfte i.S.d. § 8 Abs. 1 Nr. 8 AStG, erwirtschaften. Ferner kann sie auch eine gemischte Tätigkeit wahrnehmen. Im letzteren Falle sind die aktiven und passiven Einkünfte funktional aufzuteilen (§§ 8 Abs. 1, 9 AStG).[616] Auch die libOffshoreG ist grundsätzlich geeignet, passive oder aktive Einkünfte zu erzielen. Im Vorfeld einer Investition mittels einer Beteiligung an libanesischen Kapitalgesellschaft, z.B. in Form der libSA, libSARL, libHoldingG, libOffshoreG, muss daher insbesondere untersucht werden, ob die Einkünfte nach den Umständen des Einzelfalls Zwischeneinkünfte i.S.d. § 8 Abs. 1 AStG sind. Der Entlastungsbeweis einer tatsächlichen wirtschaftlichen Tätigkeit i.S.d. § 8 Abs. 2 AStG ist im Verhältnis zum Libanon nicht möglich, da der Libanon kein EU- oder EWR-Staat ist.

III. Steuerliche Behandlung im deutschen Gesellschafterstaat bei Beteiligung an transparenten libanesischen Rechtsgebilden

Die libSNC und libSCS werden im libanesischen Gesellschaftsstaat und im deutschen Gesellschafterstaat übereinstimmend als Personengesellschaften qualifiziert. Ergibt die Steuersubjektqualifikation wie hier, dass das libanesische Rechtsgebilde nach deutscher Rechtswertung als Personengesellschaft anzusehen ist, so scheitert die Subsumtion dieser Rechtsgebilde unter die Vorschriften der §§ 1 bis 3 KStG. Das bedeutet, dass diese Gebilde für deutsche Besteuerungszwecke nur Gewinnermittlungssubjekte (§ 15 Abs. 1 Satz 1 EStG), nicht aber Steuerpflichtsubjekte sind. Steuerpflichtig sind nur die dahinter stehenden inländischen Gesellschafter (§ 15 Abs. 1 Satz 2 EStG). Diesen werden die Besteuerungsgrundlagen anteilig zugerechnet. Es gilt das Transparenzprinzip. Ausgehend von dieser übereinstimmenden Qualifikation sollen die steuerliche Behandlung im inländischen Ansässigkeitsstaat des Gesellschafters im Gewinn- und Verlustfall dargestellt und Problembereiche herausgearbeitet werden. Es

---

616 Vgl. *Henkel*, in Mössner, Steuerrecht int. tätiger Unternehmen, Rn. 7.64.

wird dabei davon auszugehen sein, dass sowohl der Sitz als auch die Geschäftsleitung der Personengesellschaft sich im Libanon befinden.

1. Die Besteuerung im Gewinnfall

Die libanesische Personengesellschaft ist mangels voller Steuersubjekteigenschaft aus deutscher Sicht weder einkommen- noch körperschaftsteuerpflichtig. Der inländische Gesellschafter unterliegt in Anknüpfung an seine Ansässigkeit entweder als natürliche Person der deutschen unbeschränkten Einkommen- (§ 1 Abs. 1 EStG) oder als Körperschaft der deutschen unbeschränkten Körperschaftsteuerpflicht (§ 1 KStG). Die Steuerpflicht erstreckt sich dabei auf sein gesamtes Welteinkommen (Welteinkommensprinzip) und damit auch auf den anteiligen Gewinn aus der libanesischen Personengesellschaft. Die Ermittlung des Gewinnanteils des inländischen Gesellschafters erfolgt dabei nach Maßgabe der deutschen Gewinnermittlungsgrundsätze, abgeleitet aus der Handelsbilanz bzw. Steuerbilanz der Personengesellschaft (§ 15 Abs. 1 Satz 1 EStG) und sodann den Gesellschaftern anteilig zugrechnet.

Dreh und Angelpunkt der deutschen Besteuerung von Einkünften aus Personengesellschaften beim Gesellschafter ist die Regelung des § 15 Abs. 1 Satz 1 Nr. 2 EStG. Diese Vorschrift ordnet an, dass der Gewinn einer OHG, einer KG und einer anderen Gesellschaft, bei der der Gesellschafter als Unternehmer (Mitunternehmer) des Betriebs anzusehen ist, nicht bei der Gesellschaft versteuert wird, sondern anteilig zu den Einkünften aus Gewerbebetrieb der Gesellschafter gehört (§ 15 Abs. 1 Satz 1 Nr. 2 Halbsatz 1 EStG).[617] Dem Mitunternehmer-Gesellschafter wird also sein Gewinnanteil unmittelbar zugerechnet; er ist mit diesem Gewinnanteil steuerpflichtig.[618] Zu den steuerpflichtigen Einkünften gehören neben dem Gewinnanteil auch die vom Gesellschafter aus schuldrechtlichen Leistungsbeziehungen mit der Personengesellschaft bezogenen Vergütungen (Sondervergütungen; § 15 Abs. 1 Satz 1 Nr. 2, Halbs. 2 EStG).[619] Technisch wird dies durch eine zweistufige Gewinnermittlung (sog. additive Gewinnermittlung, § 15 Abs. 1 Satz 1 Nr. 1 i.V.m. 15 Abs. 1 Satz 1 Nr. 2 Halbsatz 1 und Halbsatz 2 EStG) umgesetzt.[620] Erhält der Gesellschafter also neben seinem Gewinnanteil Vergütungen von seiner libanesischen Gesellschaft für die Nutzungsüberlassung von Wirtschaftsgütern oder Kapital oder für die Zurverfügungstellung seiner Arbeitskraft, so sind

617 *Reiß*, in Kirchhof, EStG, § 15 Rn. 162.
618 Vgl. statt vieler *Reiß*, in Kirchhof, EStG, § 15 Rn. 162.
619 *Schänzle/Engel*, in Mössner, Steuerrecht int. tätiger Unternehmen, Rn. 5.23.
620 Vgl. *Scheffler*, Int. betriebswirtschaftliche Steuerlehre, S. 329.

diese Einkünfte als Sondervergütungen den gewerblichen Einkünften zuzuordnen und in seiner Sonderbilanz zu erfassen. Das additive Ergebnis der Gesamtbilanz der Personengesellschaft (erste Stufe, ggf. zzgl. der Ergänzungsbilanzen) und der Sonderbilanz (zweite Stufe) ergibt den Erfolg der Mitunternehmung.

Die erläuterten Besteuerungsgrundsätze von Mitunternehmerschaften nach § 15 Abs. 1 Satz 1 Nr. 1 i.V.m. Nr. 2 EStG gelten auch für Einkünfte eines inländischen Gesellschafters aus einer ausländischen – hier libanesischen – Personengesellschaft. Allgemein anerkannt ist insoweit, dass die Vorschrift des § 15 Abs. 1 Satz 1 Nr. 2 EStG sich nicht nur auf Einkünfte aus inländischen Personengesellschaften beschränkt.[621] Sie erfasst neben der OHG und KG ausdrücklich auch „andere Gesellschaften", bei denen der Gesellschafter als Mitunternehmer des Betriebs anzusehen ist. Ausländische Gesellschaften, die im Rahmen des Rechtstypenvergleichs als Personengesellschaften eingestuft wurden und bei denen die Gesellschafter aufgrund von Mitunternehmerinitiative und -risiko nach deutscher Steuerwertung als Mitunternehmer anzusehen sind, stellen anerkanntermaßen andere Gesellschaften i.S.d. Vorschrift dar. Wenngleich das libanesische Steuerrecht zur Aufstellung von Sonderbilanzen die Mitunternehmer der libanesischen Personengesellschaften nicht verpflichtet, so muss dies der inländische Mitunternehmer dennoch tun.[622]

a) Subjektive Zurechnung beim inländischen Gesellschafter

Gemäß § 15 Abs. 1 Satz 1 Nr. 2 Halbsatz 1 EStG sind die Gewinnanteile nur dann den (inländischen) Gesellschaftern als Einkünfte aus Gewerbebetrieb zuzurechnen, wenn die Gesellschafter als Unternehmer (Mitunternehmer) des Betriebs anzusehen sind. Für die subjektive Zurechnung ist demzufolge die Gesellschafterstellung allein nicht ausreichend.[623] Es gilt: Nicht jede Personengesellschaft ist zugleich eine Mitunternehmerschaft.[624] Voraussetzung für die subjektive Zurechnung an den Gesellschafter ist, dass dieser die Rechtsposition eines Mitunternehmers (Mitunternehmerstellung) innehat.

Mitunternehmer i.S.d. § 15 Abs. 1 Satz 1 Nr. 2 EStG ist nach ständiger Rechtsprechung, wer als Gesellschafter einer Personengesellschaft oder als Teilhaber

---

621 Vgl. statt vieler *BFH*, Urteil v. 13.09.1989 - I R 117/87, BStBl. II 1990, 57; Urteil v. 27.02.1991 - I R 15/89, BStBl. II 1991, 444.

622 Vgl. *Jacobs*, Int. Unternehmensbesteuerung, S. 496 m.w.N.

623 *BFH*, Beschluss v. 03.05.1993 - GrS. 3/92, BStBl. II 1993, 616; *Reiß*, in Kirchhof, EStG, § 15 Rn. 206; a.A. *Knobbe-Keuk*, Gesellschaft und Mitunternehmerschaft, § 9 Abs. 2 S. 3b und c, S. 384 ff.

624 *Hennrichs*, in Tipke/Lang, Steuerrecht, § 10 Rn. 25.

eines vergleichbaren Gemeinschaftsverhältnisses Mitunternehmerrisiko trägt und Mitunternehmerinitiative entfaltet.[625] Mitunternehmerrisiko bedeutet die *„Teilnahme am Erfolg oder Misserfolg"* der gemeinschaftlichen Tätigkeit und wird *„regelmäßig durch Beteiligung am Gewinn und Verlust sowie an den stillen Reserven des Anlagevermögens einschließlich eines Geschäftswerts vermittelt"*.[626]

Mitunternehmerinitiative bedeutet *„die Teilnahme an unternehmerischen Entscheidungen, wie sie z.B. Gesellschaftern oder diesen vergleichbaren Personen als Geschäftsführern, Prokuristen oder anderen leitenden Angestellten obliegen"*.[627] *„Beide Merkmale können im Einzelfall mehr oder weniger ausgeprägt sein. Ein geringeres mitunternehmerisches Risiko kann durch eine besonders starke Ausprägung des Initiativrechts ausgeglichen werden und umgekehrt. Beide Merkmale müssen jedoch vorliegen. Ob dies zutrifft, ist unter Berücksichtigung aller die rechtliche und wirtschaftliche Stellung einer Person insgesamt bestimmenden Umstände zu würdigen (vgl. BFH-Urteil vom 25. April 2006 VIII R 74/03, BFHE 213, 358, BStBl II 2006, 595). Die Kriterien für die Annahme einer freiberuflichen Mitunternehmerschaft unterscheiden sich nicht von denen einer gewerblichen Mitunternehmerschaft (vgl. BFH-Urteil vom 08.04.2008 VIII R 73/05, BFHE 221, 238, BStBl II 2008, 681 m.w.N.)"*.[628]

Übereinstimmend mit der inländischen Rechtslage lässt sich aus der Einordnung der libSNC und libSCS als Personengesellschaft noch nicht herleiten, ob die beteiligten Gesellschafter als Mitunternehmer i.S.d. § 15 Abs. 1 Satz 1 Nr. 2 EStG anzusehen sind. Im Folgenden wird daher die Frage untersucht, ob der inländische Gesellschafter einer libSNC oder libSCS, die nach dem gesetzlichen Leitbild gestaltet sind, regelmäßig als Mitunternehmer anzusehen ist. Dabei wird aber auch der Fall eruiert, bei dem ein inländischer Fremdgeschäftsführer einer entsprechenden Gesellschaft erfolgsbeteiligt ist.

(1) Mitunternehmerstellung des Gesellschafters einer libSNC

Beteiligt sich ein Inländer als Gesellschafter an einer libanesischen libSNC, so partizipiert er am Gesamtergebnis der Betätigung einschließlich der stillen Reserven und des Geschäftswerts. Zwar ist das Vermögen im Außenverhältnis nach libanesischer Rechtswertung ausschließlich der libSNC selbst als Rechtsträger

625 Vgl. statt vieler *BFH*, Beschluss v. 25.06.1984 - GrS. 4/82, BStBl. II 1984, 751; *Hennrichs*, in Tipke/Lang, Steuerrecht, § 10 Rn. 35; *Haep*, in Hermann/Heuer/Raupach, EStG/KStG, § 15 EStG, Rn. 304.

626 So grundlegend *BFH*, Beschluss v. 25.06.1984 - GrS. 4/82, BStBl. II 1984, 751.

627 So grundlegend *BFH*, Beschluss v. 25.06.1984 - GrS. 4/82, BStBl. II 1984, 751.

628 *FG Düsseldorf*, Urteil v. 19.09.2013 - 11 K 3968/11 F, EFG 2014, 840.

und juristische Person zuzurechnen. Der Gesellschafter erhält aber spätestens bei der Auseinandersetzung seinen Anteil am Ergebnis. Das ist für eine Teilhabe am Erfolg oder Misserfolg des Unternehmens ausreichend.[629] Deshalb ist dieser Umstand für die Beurteilung der Frage, ob der Gesellschafter Mitunternehmerrisiko übernimmt, grundsätzlich unerheblich. Für die Übernahme von Mitunternehmerrisiko spricht zudem, dass der inländische Gesellschafter für die Gesellschaftsverbindlichkeiten mit seinem Privatvermögen persönlich haftet. Ist der inländische Gesellschafter gemäß dem gesetzlichen Leitbild der libSNC zugleich Geschäftsführer (vgl. Art. 56 libHGB), so entfaltet er kraft seiner weitreichenden Entscheidungsbefugnisse zudem Mitunternehmerinitiative.[630] Der Gesellschafter einer libSNC wird daher regelmäßig Mitunternehmer i.S.d. § 15 Abs. 1 Satz 1 Nr. 2 EStG sein.

Fehlt dem inländischen Gesellschafter aufgrund abweichender gesellschaftsvertraglicher Vereinbarungen die Befugnis zur Geschäftsführung, so ist fraglich, ob er Mitunternehmerinitiative entfaltet. Das wird nur dann der Fall sein, wenn er das betriebliche Geschehen anderweitig beeinflussen kann. Weitestgehend anerkannt ist insoweit, dass die mitgliedschaftlichen Verwaltungsrechte, wie sie beispielsweise dem Gesellschafter einer deutschen OHG nach § 118 HGB oder demjenigen einer deutschen KG nach §§ 164, 166 HGB zustehen, ausreichen.[631] Das muss auch für die Beteiligung an einer ausländischen Gesellschaft gelten.

Die libanesische Rechtsordnung gewährt den Gesellschaftern einer libSNC, die von der Geschäftsführung ausgeschlossen sind, umfassende Kontrollrechte. Gegenstand dieser Kontrollrechte sind das Informations- und Auskunftsrecht über Angelegenheiten der Gesellschaft, das Einsichtsrecht in Geschäftsunterlagen sowie die Übermittlung der Jahresabschlüsse.[632] Ein Widerspruchsrecht besteht demgegenüber nur für außergewöhnliche Geschäfte, die außerhalb der Befugnisse des Geschäftsführers stehen. Unverkennbar ist insoweit die Parallelität zu den Rechten nach § 118 HGB.[633] Da diese Rechte nach libanesischem

629 So auch *Reiß*, in Kirchhof, EStG, § 15 Rn. 208; vgl. zur Auseinandersetzung bei der SNC *ʿĪd/ʿĪd*, Der Mediator im Handelsrecht, Band II, S. 134 ff.

630 Vgl. *BFH*, Beschluss v. 25.06.1984 - GrS. 4/82, BStBl. II 1984, 751; *Haep*, in Hermann/Heuer/Raupach, EStG/KStG, § 15 EStG, Rn. 310.

631 Vgl. statt vieler *BFH*, Urteil v. 01.08.1996 - VIII R 12/94, BStBl. II 1997, 272; *Haep*, in Hermann/Heuer/Raupach, EStG/KStG, § 15 EStG, Rn. 370; *Dötsch*, in Dötsch u.a., Die PersG im Steuerrecht, S. 7 ff.

632 Vgl. *lib. Berufungsgericht Beirut*, 1. Zivilkammer, Urteil v. 21.03.1989, Kapitel 201, S. 679; *ʿĪd/ʿĪd*, Der Mediator im Handelsrecht, Band II, S. 102.

633 Vgl. dazu *Finckh*, in Henssler/Strohn, Gesellschaftsrecht, § 118 HGB, Rn. 3 ff.

Verständnis zudem unabdingbar sind (Art. 889 libBGB), entfaltet der Gesellschafter einer libSNC regelmäßig Mitunternehmerinitiative. Im Ergebnis wird also der inländische Gesellschafter einer libanesischen libSNC in aller Regel Mitunternehmer i.S.d. § 15 Abs. 1 Satz 1 Nr. 2 EStG sein.

(2) Mitunternehmerstellung des Gesellschafters einer libSCS

Die Rechtsstellung des persönlich haftenden Gesellschafters einer libSCS entspricht derjenigen des Gesellschafters einer libSNC. Für diesen gelten daher die vorstehenden Ausführungen entsprechend. Er wird regelmäßig Mitunternehmer i.S.d. § 15 Abs. 1 Satz 1 Nr. 2 EStG sein.

Zu einer abweichenden Beurteilung kann es aber möglicherweise beim Kommanditisten kommen. Dieser trägt zwar Mitunternehmerrisiko, indem er am laufenden Gewinn und Verlust bis zur Höhe seiner Einlage und spätestens bei der Auseinandersetzung an den stillen Reserven des Anlagevermögens einschließlich des Geschäftswerts beteiligt wird.[634] Ob der Kommanditist aber Mitunternehmerinitiative entfalten kann, ist angesichts seines generellen Ausschlusses aus der Geschäftsführung (Art. 230 Abs. 1 libHGB) klärungsbedürftig. Hierfür wird schon die Möglichkeit zur Ausübung von Gesellschafterrechten als ausreichend erachtet, *„die wenigstens den Stimm-, Kontroll- und Widerspruchsrechten angenähert sind, die einem Kommanditisten nach dem HGB zustehen“*.[635] Art. 230 Abs. 3 libHGB gewährt dem Kommanditisten ausdrücklich ein Aufsichtsrecht über die Tätigkeiten des Geschäftsführers, das Recht, Empfehlungen auszusprechen und Tätigkeiten im Innenverhältnis zu genehmigen, die von der Vertretungsmacht des Geschäftsführers nicht erfasst sind. Weitergehend wird in der libanesischen Rechtsliteratur ein Informations- und Auskunftsrecht über Angelegenheiten der Gesellschaft, das Einsichtsrecht in Geschäftsunterlagen sowie die Übermittlung der Jahresabschlüsse angenommen.[636] Insoweit sei zwischen der Geschäftsführung im Innenverhältnis (AR: Aʿmāl l-idāra ʾa-dāḫiliya, أعمال الإدارة الداخلية) und der Vertretung im Außenverhältnis (AR: Aʿmāl l-idāra l-ḫāriğiya, أعمال الإدارة الخارجية) zu differenzieren.[637] Diese Befugnisse verleihen dem Kommanditisten

---

634 Vgl. hierzu *BFH*, Urteil v. 29.04.1981 - IV R 131/78, BStBl. II 1981, 663 sowie zur Gewinnbeteiligung des Kommanditisten *ʿĪd/ʿĪd*, Der Mediator im Handelsrecht, Band II, S. 155 und 158.

635 Vgl. statt vieler *BFH*, Beschluss v. 25.06.1984 - GrS. 4/82, BStBl. II 1984, 751.

636 Vgl. *ʿĪd/ʿĪd*, Der Mediator im Handelsrecht, Band II, S. 154, *Nāssīf*, Die Enzyklopädie des Handelsrechts, Band IV: Die libSCS und die libSEP, S. 109 f.

637 *Nāssīf*, Die Enzyklopädie des Handelsrechts, Band IV: Die libSCS und die libSEP, S. 113; *ʿĪd/ʿĪd*, Der Mediator im Handelsrecht, Band II, S.

einer libSCS eine vergleichbare Rechtsstellung, wie sie der Kommanditist i.S.d. HGB innehat. Demzufolge wird der inländische Kommanditist einer libSCS in aller Regel Mitunternehmer i.S.d. § 15 Abs. 1 Satz 1 Nr. 2 EStG sein.

(3) Mitunternehmerstellung des Fremdgeschäftsführers einer libSNC oder libSCS

Nach libanesischem Rechtsverständnis gilt bei Personengesellschaften der Grundsatz der Fremdorganschaft. Gesellschaftsfremde Dritte können die organschaftliche Geschäftsführung und Vertretung der Gesellschaft unter Ausschluss sämtlicher Gesellschafter übernehmen. Ihnen allein obliegt dann die Lenkung der Geschicke des Unternehmens. Den Gesellschaftern steht nur in bestimmten Fällen ein Widerspruchsrecht zu.[638] Ein inländischer und damit steuerpflichtiger Fremdgeschäftsführer entfaltet daher Unternehmerinitiative. Erhält dieser zudem ggf. neben einer festen Vergütung eine gewinnabhängige Tantieme, so trägt er – wenn auch nur in begrenztem Maße – Unternehmerrisiko.

Die Erfüllung dieser Merkmale deutet regelmäßig auf eine Mitunternehmerstellung des Geschäftsführers hin. Nach ständiger Finanzjudikatur kann allerdings nur Mitunternehmer sein, *„wer zivilrechtlicher Gesellschafter einer Personengesellschaft ist oder - in Ausnahmefällen - eine diesem wirtschaftlich vergleichbare Stellung innehat“*.[639] Das ergibt sich auch schon aus dem Wortlaut des § 15 Abs. 1 Satz 1 Nr. 2 EStG. Der inländische Fremdgeschäftsführer wird aber regelmäßig aufgrund eines Arbeitsverhältnisses oder diesem vergleichbaren Rechtsverhältnisses tätig werden. Auf der anderen Seite ist die äußere Bezeichnung des Rechtsverhältnisses durch die vertragsschließenden Parteien nicht für seine rechtliche Einordnung maßgeblich. Ebenso wenig ist dessen Einordnung nach libanesischem Rechtsverständnis ausschlaggebend. Aus deutscher Sicht ist nur entscheidend, welches faktische Ergebnis die Parteien erzielen wollen, mithin welche (ggf. wirtschaftlichen) Rechtswirkungen das Rechtsverhältnis entfalten soll.[640]

---

638 Vgl. zur libSNC Kapitel 4.D.I.3. a) (1) (a), S. 165; sowie zur libSCS Kapitel 4.D.I.3. b) (1) (a), S. 172.

639 Grundlegend *BFH*, Beschluss v. 25.06.1984 - GrS. 4/82, BStBl. II 1984, 751; *ders.*, Beschluss v. 25.02.1991 - GrS. 7/89, BStBl. II 1991, 691; zustimmend *Haep*, in Hermann/Heuer/Raupach, EStG/KStG, § 15 EStG, Rn. 336; *Hennrichs*, in Tipke/Lang, Steuerrecht, § 10 Rn. 34; *Dötsch*, in Dötsch u.a., Die PersG im Steuerrecht, S. 13; *Knobbe-Keuk*, StuW 1986, 106; ablehnend beispielsweise *Bodden*, Einkünftequalifikation bei Mitunternehmern, S. 87 ff.

640 *BFH*, Urteil v. 10.02.1978 - III R 115/76, BStBl. II 1978, 256; *ders.*, Urteil v. 28.01.1982 - IV R 197/79, BStBl. II 1982, 389.

Wird dem Fremdgeschäftsführer eine Rechtsstellung eingeräumt, bei der er eigenständig und wie ein Unternehmer die Geschicke der Gesellschaft beeinflussen kann und erhält er zudem eine hohe Erfolgsbeteiligung, so kann hierin ein (Innen-) Gesellschaftsverhältnis, d.h. eine faktische, verdeckte Mitunternehmerstellung, liegen.[641] Dies ist anzunehmen, wenn der Leistende *„sich mit dem Unternehmer zur Erreichung eines gemeinsamen Zwecks verbunden hat."* Entscheidend ist hiernach, *„ob die Beteiligten in einem Verhältnis der Über- und Unterordnung jeweils ihre eigenen Interessen im Auge haben oder ob sie in partnerschaftlicher Gleichberechtigung ein gemeinsames Ziel verfolgen"*.[642] Eine entsprechende partnerschaftliche Gleichberechtigung kann beispielsweise dann angenommen werden, wenn dem Fremdgeschäftsführer ein die Arbeitnehmerstellung überschreitendes Mitsprache- und Überwachungsrecht und eine Teilhabe am Unternehmenserfolg eingeräumt wird.[643] Dies kann nur unter umfassender Würdigung aller Umstände des Einzelfalles beurteilt werden.

Im Ergebnis bleibt zu konstatieren, dass ein inländischer Fremdgeschäftsführer einer libSNC oder libSCS grundsätzlich Mitunternehmer i.S.d. § 15 Abs. 1 Satz 1 Nr. 2 EStG sein kann, wenn seine Arbeitsleistung und Teilhabe am unternehmerischen Erfolg als verdeckte, faktische Mitunternehmerstellung gewertet werden kann.

(4) Mitunternehmerstellung des Gesellschafters einer libSEP

Bei der libSEP handelt es sich zivilrechtlich – wie bereits dargelegt – um eine Innenpersonengesellschaft, was für die steuerliche Beurteilung der Mitunternehmerstellung ihrer Gesellschafter grundsätzlich ohne Bedeutung ist. Innengesellschaften werden regelmäßig als „andere Gesellschaft" von der Vorschrift des § 15 Abs. 1 Satz 1 Nr. 2 EStG erfasst.[644] Ebenso wenig entscheidend ist, dass die libSEP nach hier vertretener Auffassung keine eindeutige Entsprechung in der deutschen Rechtsordnung findet, sondern eine Zwitterstellung zwischen der stillen Gesellschaft i.S.d. §§ 230 ff. HGB und der Innen-GbR i.S.d. §§ 705 ff. BGB einnimmt. Bei beiden Rechtsformen ist eine Mitunternehmerschaft infolge der weitgehenden

---

641 *BFH*, Urteil v. 16.12.1997 - VIII R 32/90, DStR 1998, 967; *ders.*, Urteil v. 01.07.2003 - VIII R 2/03, DStRE 2003, 1441; *FG München*, Urteil v. 17.03.2014 - 7 K 897/10, DStRE 2015, 1105.

642 *BFH*, Urteil v. 28.07.1971 - I R 78/68, BStBl. II 1971, 815; *ders.*, Urteil v. 28.01.1982 - IV R 197/79, BStBl. II 1982, 389.

643 *BFH*, Urteil v. 06.10.1971 - I R 215/69, BStBl. II 1972, 187.

644 Vgl. *BFH*, Urteil v. 23.04.2009 - IV R 73/06, BStBl. II 2010, 40; *Wacker*, in Schmidt, EStG, § 15 Rn. 169.

Vergleichbarkeit unter den gleichen Voraussetzungen anzunehmen.[645] Deshalb gelten für die libSEP die vorstehenden Grundsätze zu den Außengesellschaften gleichermaßen. Die Annahme der Mitunternehmerstellung erfordert demnach, dass der Beteiligte Mitunternehmerinitiative entfaltet und Mitunternehmerrisiko übernimmt.

Ausgehend vom Leitbild der libanesischen libSEP können Beteiligte als Geschäftsführer die Entscheidungen des Unternehmens mitbeeinflussen. Sämtliche Beteiligte können im Außenverhältnis tätig werden; sie schließen jedoch die Verträge im eigenen Namen ab. Diese werden aber für Rechnung der Gesellschaft abgeschlossen. Hierdurch erhält der Geschäftsführer die Möglichkeit, gestaltend mitzuwirken. Der (stille) Gesellschafter hat jedenfalls Kontrollrechte. Damit entfaltet der Beteiligte einer libSNC Mitunternehmerinitiative. Darüber hinaus wird der (stille) Beteiligte einer libSEP am Gewinn und den stillen Reserven sowie ggf. am Verlust beteiligt. Daher entfaltet dieser zudem Mitunternehmerrisiko. Der Gesellschafter einer libSEP ist regelmäßig Mitunternehmer.[646]

b) Bestimmung der Einkunftsart

Entsprechend der Rechtslage bei rein inländischen Sachverhaltskonstellationen lässt sich aus der Einordnung der libSNC als Personengesellschaft noch keine Aussage darüber treffen, welche Einkünfte sie selbst und ihre inländischen Gesellschafter erzielen. Anders als Kapitalgesellschaften beziehen Personengesellschaften nicht kraft Rechtsform (vgl. § 8 Abs. 2 KStG), sondern kraft gewerblicher Betätigung Einkünfte aus Gewerbebetrieb.[647] Insoweit ist es denkbar, dass sie auch andere Einkünfte erzielen können (vgl. § 18 Abs. 4 Satz 2 EStG). Zwar erfordert die direkte Anwendung des § 15 Abs. 1 Satz 1 Nr. 2 EStG, dass im Ansatz eine gewerbliche Tätigkeit i.S.d. § 15 Abs. 2 Satz 1 EStG ausgeübt wird.[648] Für andere Tätigkeiten wird aber der Anwendungsbereich des § 15 Abs. 1 Satz 1 Nr. 2 EStG eröffnet, indem die Vorschrift für entsprechend anwendbar erklärt wird (vgl. §§ 13 Abs. 7; 18 Abs. 4 Satz 2 EStG).[649]

Die Zuordnung zu einer Einkunftsart i.S.d. § 2 EStG hängt nach der herrschenden Einheitstheorie zunächst davon ab, welche Merkmale eines Besteue-

---

645 *BFH*, Urteil v. 16.12.2003 - VIII R 6/93, BFH/NV 2004, 1080; *Haep*, in Hermann/Heuer/Raupach, EStG/KStG, § 15 EStG, Rn. 380.

646 A.A. wohl das *FG Hamburg*, Urteil vom 03.09.1975 – I 73/73, EFG 1979, 136.

647 Vgl. statt vieler *BFH*, Beschluss v. 25.06.1984 - GrS. 4/82, BStBl. II 1984, 761.

648 *BFH*, Beschluss v. 25.06.1984 - GrS. 4/82, BStBl. II 1984, 761; *Bode*, in Blümich, EStG/KStG/GewStG, § 15 EStG, Rn. 222.

649 *Niehus/Wilke*, Die Besteuerung der PersG, S. 23 f.

rungstatbestandes die inländischen Gesellschafter in ihrer gesamthänderischen Verbundenheit (Einheit) verwirklichen.[650] Für die Ermittlung der Einkunftsart ist also in erster Linie die Tätigkeit der Personengesellschaft entscheidend. Insoweit ist die Personengesellschaft selbst ein Steuerrechtssubjekt der Einkünfteerzielung, -qualifikation und -ermittlung (partielle Steuerrechtsfähigkeit).[651]

Im zweiten Schritt wird sodann geprüft, ob der ermittelte Charakter der Einkünfte dem inländischen Gesellschafter vermittelt wird oder ob eine Umqualifizierung aus Gründen, die in der Person des Gesellschafters liegen, angezeigt ist. Dabei ist zu beachten, dass Überschusseinkünfte i.S.d. §§ 20, 21 EStG in gewerbliche Einkünfte umqualifiziert werden können, während der umgekehrte Weg aber versperrt bleibt.[652]

(1) Ebene der libanesischen Personengesellschaft

Für die Ermittlung der Einkunftsart ist also zunächst entscheidend, ob die libanesische Personengesellschaft selbst Einkünfte aus gewerblicher oder nichtgewerblicher Tätigkeit generiert. Ob die libanesische Personengesellschaft Einkünfte aus Gewerbebetrieb erzielt, richtet sich für deutsche Besteuerungszwecke ausschließlich nach § 15 Abs. 2 EStG. Erforderlich ist insoweit, dass eine selbständige nachhaltige Betätigung vorliegt, die mit der Absicht, Gewinn zu erzielen unternommen wird und sich als Beteiligung am allgemeinen wirtschaftlichen Verkehr darstellt. Sie darf zudem weder als Ausübung von Land- und Forstwirtschaft noch als Ausübung eines freien Berufs oder einer anderen selbständigen Arbeit anzusehen sein.

Bei der Beantwortung dieser Frage sind die konkreten Umstände des Einzelfalles maßgeblich. Insbesondere wird hier zu beachten sein, dass die libSNC und libSCS nach libanesischem Handelsrecht nicht ausschließlich zum Betriebe eines Handelsgewerbes genutzt werden können.[653] Sie stellen also nicht immer Personenhandelsgesellschaften dar, sodass hieraus keine Vermutungsregelung derart hergeleitet werden kann, dass die Gesellschaften stets einen Gewerbebetrieb i.S.d. § 15 Abs. 2 EStG betreiben.[654] Es handelt sich insoweit um eine „Tatfrage", die hier nicht abschließend erörtert werden kann.

---

650 Vgl. *BFH*, Beschluss v. 25.06.1984 - GrS. 4/82, BStBl. II 1984, 761.

651 Vgl. *BFH*, Beschluss v. 05.07.1995 - GrS. 1/93, BStBl. II 1995, 617; *Hennrichs*, in Tipke/Lang, Steuerrecht, § 10 Rn. 12; *Rätke*, in Hermann/Heuer/Raupach, EStG/KStG, § 15 EStG, Rn. 90.

652 Vgl. *BFH*, Beschluss v. 11.04.2005 – GrS. 2/02, BStBl. II 2005, 679; *Rätke*, in Hermann/Heuer/Raupach, EStG/KStG, § 15 EStG, Rn. 91.

653 Vgl. Kapitel 3.C.I, S. 85.

654 Vgl. zur Vermutungsregelung *Jacobs*, Int. Unternehmensbesteuerung, S. 486.

(2) Ebene des inländischen Gesellschafters

Gemäß § 15 Abs. 1 Satz 1 Nr. 2 EStG werden als gewerbliche Einkünfte qualifiziert die Gewinnanteile der Gesellschafter einer OHG, einer KG und einer anderen Gesellschaft, bei der der Gesellschafter als Unternehmer (Mitunternehmer) des Betriebs anzusehen ist, sowie die Vergütungen, die ein Gesellschafter aus Rechtsbeziehungen mit der Gesellschaft (Sondervergütungen) erhält. Erzielt die libanesische Personengesellschaft also gewerbliche Einkünfte, so wird der Charakter dieser Einkünfte dem inländischen Gesellschafter zugerechnet, wenn er als Mitunternehmer des Betriebs anzusehen ist (§ 15 Abs. 1 Satz 1 Nr. 2 Halbs. 1 EStG). Etwaige Leistungsvergütungen, die ein Gesellschafter aus Rechtsbeziehungen mit der Gesellschaft erhält, werden bei diesem als Einkünfte aus Gewerbebetrieb erfasst und besteuert (sog. Sondervergütungen; § 15 Abs. 1 Satz 1 Nr. 2 Halbs. 2 EStG).

Erzielt die libanesische Personengesellschaft keine Einkünfte aus Gewerbebetrieb, so kommt eine Zurechnung der Einkünfte gemäß §§ 18 Abs. 4 Satz 2; 13 Abs. 7 i.V.m. § 15 Abs. 1 Satz 1 Nr. 2 EStG in Betracht.

c) Die Behandlung im Libanon erhobener Quellensteuern

Aus der gleichzeitigen Steuerpflicht des inländischen Gesellschafters im libanesischen Gesellschaftsstaat[655] und im deutschen Gesellschafterstaat ergibt sich eine internationale Doppelbesteuerung, die unilateral im Wege der Steueranrechnung oder des Steuerabzugs vermieden bzw. gemildert wird (§ 34c EStG ggf. i.V.m. § 26 Abs. 1 KStG). Bei der Beteiligung eines Inländers an einer libanesischen Personengesellschaft stellen sich in diesem Zusammenhang vornehmlich zwei Fragen: Fraglich ist zum Einen, ob der inländische Steuerpflichtige zu einer ausländischen Steuer „herangezogen" wird, mithin ob die Steuersubjektidentität vorliegt und zum anderen, ob die Beteiligung an einer libanesischen Personengesellschaft eine Betriebstätte i.S.d. § 34d Nr. 2 Buchstabe a EStG jedes inländischen Mitunternehmers darstellt.

(1) Subjektidentität bei Beteiligung an libanesischen Personengesellschaften

Eine unilaterale Berücksichtigung der libanesischen Einkommensteuern gemäß § 34c EStG (ggf. i.V.m. § 26 Abs. 1 KStG) setzt voraus, dass der inländische Gesellschafter Schuldner der libanesischen Einkommensteuer ist, deren

655 Vgl. Kapitel 3.C.I.1., S. 86.

Anrechnung er begehrt; es muss eine Steuersubjektidentität vorliegen.[656] Das lässt sich regelmäßig in Einbeziehung der Regelungen des ausländischen – hier libanesischen – Steuerrechts klären.[657] Ob der Gesellschafter einer libSNC oder libSCS nach libanesischem Verständnis Schuldner der Einkommensteuer ist, die auf seine Einkünfte aus der Gesellschaft erhoben wird, ist aber nicht abschließend geklärt. Nach hier vertretener Auffassung wird der Gesellschafter einer libSNC oder libSCS nicht als Steuerschuldner, sondern vielmehr Entrichtungspflichtiger in Anspruch genommen;[658] Steuerschuldner ist die als juristische Person verfasste Gesellschaft.

Gleichwohl wird man wegen der vorstehend postulierten[659] wirtschaftlichen Betrachtungsweise des Tatbestandsmerkmals „Subjektidentität" und unter Zugrundelegung der deutschen Wertung die libanesische Einkommensteuer der Gesellschaft in eine Steuer des Gesellschafters umzudeuten haben. Das fordert auch die wohl herrschende Meinung für die Fälle des subjektiven Qualifikationskonflikts.[660] Dem folgend ist der persönliche Anwendungsbereich für die Steueranrechnung i.S.d. § 34c Abs. 1 EStG bei Beteiligungen an libanesischen Personengesellschaften regelmäßig eröffnet (entsprechend § 26 Abs. 1 KStG).

(2) Personengesellschaftsbeteiligungen als Betriebstätten

Seit jeher wird kontrovers diskutiert, ob die Beteiligung an einer ausländischen Personengesellschaft eine Betriebstätte (hier: i.S.d. § 34d Nr. 2 Buchstabe a EStG) jedes inländischen Mitunternehmers darstellt.[661] Ob eine ausländische Personengesellschaft im Domizilstaat über eine Betriebstätte verfügt, beurteilt sich für deutsche Besteuerungszwecke ausschließlich nach § 12 AO.[662] Liegen die

656 Vgl. *BFH*, Urteil v. 04.06.1991 - X R 35/88, BStBl. II 1992, 187.

657 Vgl. *Mössner*, in Mössner, Steuerrecht int. tätiger Unternehmen, Rn. 2.281.

658 Vgl. Kapitel 3.C.II.3. b), S. 105.

659 Vgl. Kapitel 4.C.II.1. a) (2) (d), S. 142.

660 Vgl. *Schaumburg*, Int. Steuerrecht, Rn. 15.59; *Siegers*, in Dötsch/Pung/Möhlenbrock, KSt, § 26 KStG, Rn. 118 ff.; *Kuhn*, in Hermann/Heuer/Raupach, EStG/KStG, § 34c EStG, Rn. 61; *Prokisch*, in Kirchhof/Söhn/Mellinghoff, EStG, § 34c, Rn. B 31; *Handzik*, in Littmann/Bitz/Pust, EStR, § 34c Rn. 16; *Haase*, IStR 2010, 45; *Wagner*, in Blümich, EStG/KStG/GewStG, § 34c EStG, Rn. 35; a.A., aber mit demselben Ergebnis *Geurts*, in Ernst&Young, KStG, § 26 Rn. 41.

661 Vgl. zur Diskussion *Piltz*, Die PersG im IStR der BRD, S. 79 ff m.w.N.; *Wassermeyer*, in Wassermeyer/Richter/Schnittker, PersG im int. Steuerrecht, Rn. 2.10; *ders.*, Der Konzern 2008, 338.

662 *Wassermeyer*, in Wassermeyer/Richter/Schnittker, PersG im int. Steuerrecht, Rn. 2.10.

Voraussetzungen des § 12 AO vor und besteht deshalb im ausländischen Domizilstaat eine Betriebstätte, so fragt sich weiterhin, wem diese Betriebstätte steuerlich zuzurechnen ist. Die Zurechnung an die Personengesellschaft selbst scheitert an der aus inländischer Sicht fehlenden Steuerrechtsfähigkeit derselben. Damit kann die von der Personengesellschaft unterhaltene Betriebstätte nur dem inländischen Mitunternehmer als Steuersubjekt anteilig zugerechnet werden.[663] Die Beteiligung als solche stellt demnach nicht per se eine Betriebstätte dar. Im Ergebnis wird die Personengesellschaft ihren Beteiligten aber regelmäßig eine Betriebstätte vermitteln, weil im ausländischen Domizilstaat jedenfalls eine Geschäftsleitungsbetriebstätte i.S.d. § 12 Satz 2 Nr. 1 AO besteht.[664]

Fraglich ist, ob die vorstehenden Ausführungen auch für Beteiligungen an libanesischen Personengesellschaften gelten. Dies wäre abzulehnen, wenn man mit *Streck*[665] annimmt, dass die Anerkennung einer ausländischen Personengesellschaft als juristische Person verhindert, dass *„ihre Betriebstätte auch den Gesellschaftern ohne Weiteres zugerechnet werden kann."* Dann würde aber die inländische Behandlung entscheidend von der libanesischen und damit ausländischen Qualifikation des Rechtsgebildes abhängen. Das wiederum widerspräche der soeben postulierten[666] Qualifikation nach der lex fori, wonach die Zivil- und Steuerrechtsfähigkeit des ausländischen Rechtsgebildes im ausländischen Errichtungsstaat für deutsche Besteuerungszwecke unberücksichtigt bleibt.[667] Demzufolge wird die Zurechnung einer libanesischen Personengesellschaftsbetriebstätte an den inländischen Personengesellschafter nicht dadurch verhindert, dass die Personengesellschaft nach libanesischem Recht eine weitestgehend verselbständigte juristische Person ist. Die für eine Steueranrechnung erforderlichen Auslandseinkünfte sind gemäß § 34d Nr. 2 Buchstabe a EStG deshalb gegeben.

(3) Steueranrechnung bei Sondervergütungen

Erhält der inländische Gesellschafter Vergütungen von seiner libanesischen Gesellschaft für die Nutzungsüberlassung von Wirtschaftsgütern oder Kapital oder für die Zurverfügungstellung seiner Arbeitskraft, so sind diese Einkünfte nach

---

663 So auch *BFH*, Urteil v. 29.01.1964 - I 153/61, BStBl. III 1964, 165; *ders.*, Urteil v. 18.12.2002 - I R 92/01, BFHE 201, 447; *Piltz*, Die PersG im IStR der BRD, S. 81; *Roth*, in Lüdicke, Zurechnung von WG im int. Steuerrecht, S. 107; *Schaumburg*, Int. Steuerrecht, Rn. 18.66; *Buciek*, in Beermann/Gosch, AO/FGO, § 12 AO, Rn. 14.

664 So auch *Wassermeyer*, Der Konzern 2008, 338.

665 *Streck*, AWD 1971, 521.

666 Vgl. Kapitel 4.D.I.1. a), S. 153.

667 Ähnlich schon *Piltz*, Die PersG im IStR der BRD, S. 83.

deutschem Verständnis als Sondervergütungen den gewerblichen Einkünften zuzuordnen. In der Regel ordnet der Libanon Sondervergütungen ebenso den betrieblichen Einkünften des Gesellschafters aus der Personengesellschaft zu. Bei der Nutzungsüberlassung von unbeweglichen Wirtschaftsgütern weicht das libanesische vom deutschen Verständnis jedoch insoweit ab, als die Einkünfte nicht mehr dem gewerblichen Betrieb der libanesischen Personengesellschaft zugeordnet, sondern direkt beim Gesellschafter nach dem libGebäudeStG besteuert werden.

Ungeachtet des Umstandes, ob die Sondervergütungen im Einzelfall dem betrieblichen Bereich zugerechnet oder anderweitig besteuert werden, wird der Gesellschafter die gezahlte libanesische Einkommensteuer anrechnen können. Insoweit ist für die inländische Steueranrechnung nicht entscheidend, ob die Sondervergütungen bereits nach libanesischem Verständnis den Betriebstätteneinkünften zugeordnet wird, oder ob dies nicht der Fall ist.[668]

(4) Behandlung der libanesischen Quellensteuer nach der dritten Schedule des libEStG

Wird die libanesische Personengesellschaft von einer deutschen Stammunternehmung unterhalten, die als Kapitalgesellschaft organisiert ist, so werden die Betriebstättengewinne im libanesischen Quellenstaat zusätzlich der Besteuerung nach der dritten Schedule des libEStG unterworfen, weil gesetzlich fingiert wird, dass die deutsche Kapitalgesellschaft den erzielten Betriebstättengewinn unmittelbar aus dem Libanon heraus an ihre Gesellschafter weiterausschüttet (Art. 72a Abs. 4 libEStG). Wie bereits bei der Untersuchung der Investition mittels einer Betriebstätte erörtert,[669] ist eine Anrechnung der libanesischen Ausschüttungssteuer i.S.d. Art. 72a Abs. 4 libEStG infolge Umdeutung gemäß § 34c Abs. 1, § 34d Nr. 2 Buchstabe a i.V.m. § 26 Abs. 1 KStG auf Ebene der deutschen Kapitalgesellschaft vorzunehmen. Stattdessen kann die deutsche Kapitalgesellschaft auch einen Abzug i.S.d. § 34 Abs. 2 EStG i.V.m. § 26 Abs. 1 KStG vornehmen.

2. Die Besteuerung im Verlustfall

Ähnlich wie schon bei den Betriebstätten ausgeführt, findet wegen der Geltung des Universalitätsprinzips nicht nur ein positives, sondern grundsätzlich auch ein negatives Betriebstättenergebnis Eingang in die inländische Bemessungsgrundlage

---

668 Vgl. *Scheffler*, Int. betriebswirtschaftliche Steuerlehre, S. 333; *Schänzle/Engel*, in Mössner, Steuerrecht int. tätiger Unternehmen, Rn. 5.2.4 ff.

669 Vgl. Kapitel 4.C.II.1. a) (2), S. 136.

der Einkommen- bzw. Körperschaftsteuer. Verluste können deshalb im Grundsatz mit anderen (ggf. inländischen) positiven Einkünften des steuerpflichtigen Stammhauses saldiert werden, soweit die „Ausnahme“ des § 2a Abs. 1 Satz 1 Nr. 2 EStG (ggf. i.V.m. § 8 Abs. 1 KStG) diesen Verlustausgleich nicht beschränkt (per country limitation).[670] Dies gilt auch für die anteiligen Betriebstätten deutscher Gesellschafter bei iherer libanesischen Personengesellschaft.

Eine weitere Beschränkung des Verlustausgleichs hält § 15a Abs. 1 bis 4 EStG (ggf. i.V.m. § 8 Abs. 1 KStG) bereit, der grundsätzlich nur für Kommanditisten i.S.d. § 161 Abs. 1 HGB gilt.[671] Hiernach können „*Kommanditisten Verluste, die zu einem negativen Kapitalkonto geführt haben oder dieses erhöhen, erst künftig und nur gegen Gewinne aus der Beteiligung verrechnen.*“[672] § 15a Abs. 5 Nr. 3 EStG ordnet weiter an, dass die Regelungen auf diejenigen Mitunternehmer einer ausländischen Personengesellschaft sinngemäß anzuwenden sind, deren haftungsrechtliche Stellung der eines Kommanditisten oder eines (atypisch) stillen Beteiligten entspricht.

Im Verhältnis zum Libanon wird die Verlustausgleichsbeschränkung regelmäßig bei den inländischen beschränkt haftenden Gesellschaftern einer libSCS (AR: ʾa-šurakaʾ el-muwaṣīn, الشركاء الموصين) zur Anwendung kommen, da das Haftungsstatut der libSCS weitestgehend dem der deutschen Kommanditgesellschaft entspricht.[673] Auch sind die beschränkt haftenden Gesellschafter einer libSCS regelmäßig Mitunternehmer.[674]

Fraglich ist ferner, ob die Verlustausgleichsbeschränkung des § 15a Abs. 1, Abs. 5 Nr. 3 EStG (ggf. i.V.m. § 8 Abs. 1 KStG) auch bei dem inländischen (stillen) Gesellschafter einer libSEP zur Anwendung kommt. Das wird dann der Fall sein, wenn das Haftungsregime des inländischen (atypisch stillen) Gesellschafters der libSEP dem eines Kommanditisten entspricht. Nach hier vertretener Auffassung ist die libSEP nicht gänzlich mit der (typisch) stillen Gesellschaft i.S.d. § 230 HGB vergleichbar, wenngleich ihr im Libanon eine der deutschen stillen Gesellschaft parallele Stellung eingeräumt wird. Sie ist eine Innengesellschaft, die in der deutschen Rechtsordnung keine eindeutige Entsprechung findet.

---

670 Vgl. *Schänzle/Engel*, in Mössner, Steuerrecht int. tätiger Unternehmen, Rn. 5.3.4 ff.; sowie zu § 2a EStG bereits oben Kapitel 4.C.II.2., S. 150.

671 Vgl. *Wacker*, in Schmidt, EStG, § 15a Rn. 195.

672 *BFH*, Urteil v. 09.05.1996 – IV R 75/93, BStBl. II 1996, 474.

673 Vgl. zum Haftungsstatut der libSCS Kapitel 4.D.I.3. b) (1) (b), S. 172.

674 Vgl. zur Mitunternehmerstellung des beschränkt haftenden Gesellschafters der libSCS Kapitel 4.D.III.1. a) (2), S. 204.

Im Grundsatz wird man die wirtschaftliche Vergleichbarkeit der Stellung eines libSEP-Gesellschafters und eines Kommanditisten nicht abstreiten können: Beide leisten eine Einlage und sind an der Geschäftsführung grundsätzlich nicht beteiligt. Auf der anderen Seite besteht bei der Beteiligung an einer nach dem gesetzlichen Leitbild errichteten libSEP im Innenverhältnis eine Verpflichtung des stillen Gesellschafters zur Teilnahme am Verlust der libSEP. Eine derartige Nachschussverpflichtung soll nach der einschlägigen Rechtsprechung des BFH[675] aber die Vergleichbarkeit der Rechtsstellung des (stillen) Gesellschafters mit derjenigen eines Kommanditisten unberührt lassen.[676] Dem folgend ist die Verlustausgleichsbeschränkung des § 15a Abs. 1, Abs. 5 Nr. 3 EStG (ggf. i.V.m. § 8 Abs. 1 KStG) bei dem inländischen Mitunternehmer-Gesellschafter einer libSEP, die nach dem gesetzlichen Leitbild errichtet ist, grundsätzlich anzuwenden.

675 Urteil v. 14.12.1995 - IV R 106/94, BStBl. II 1996, 226.
676 Vgl. *Wacker*, in Schmidt, EStG, § 15a Rn. 198.

Kapitel 5. Schlussbetrachtung

Für die deutsche Exportnation ist der Libanon mit seinen ca. 4,5 Mio. Einwohnern ein kleiner, aber grundsätzlich interessanter Markt. Gleichwohl ist die Investitionsfreudigkeit deutscher Unternehmungen wenig ausgeprägt und damit ausbaufähig. Das wird unbestreitbar von der fragilen gesamtpolitischen Situation des Nahen Ostens mitverantwortet. Die vorliegende Arbeit hat aber gezeigt, dass dieser Effekt von den (einkommen-) steuerlichen Rahmenbedingungen für das zwischenstaatliche Wirtschaften beeinflusst wird.

Zum Einen gründet das geltende libanesische Einkommensteuerrecht in wesentlichen Bereichen auf unzeitgemäßen Regelungen, die den Erfordernissen der Rechtspraxis in einer globalisierten Weltordnung nicht hinreichend Rechnung tragen. Für die Rechtspraxis besonders gravierend ist zudem, dass im Libanon wenig verlässliche steuerrechtswissenschaftliche Quellen existieren und insgesamt dem Bedürfnis des Rechtsanwenders nach Rechtssicherheit wenig entsprochen wird. Ein moderneres Einkommensteuerrecht, das Leistungsfähigkeitsgesichtspunkte stärker fokussiert und einen verlässlichen (unabhängigen) Rechtsweg sicherstellt, könnte die Attraktivität des Libanon bei ausländischen Investoren – trotz der politischen Situation – erheblich steigern, weil so die stets gewünschte Planungssicherheit sichergestellt werden kann.

Auf der anderen Seite ist für deutsche Unternehmungen mit Geschäftsbeziehungen zum Libanon im Bereich des Einkommensteuerrechts besonders unvorteilhaft, dass aktuell kein bilaterales DBA besteht, das die konkreten steuerlichen Belange für das zwischenstaatliche Engagement berücksichtigt. Zur Vermeidung bzw. Milderung der zwischenstaatlichen Doppelbesteuerung ist daher im hier untersuchten Fall deutscher Geschäftsaktivitäten im Libanon auf die unilateralen Maßnahmen des deutschen Ansässigkeitsstaates zurückzugreifen, die von der Anrechnungs- und Abzugsmethode geprägt sind. Die vorliegende Untersuchung hat gezeigt, dass die zwischenstaatliche Doppelbesteuerung im Geschäftsverkehr zum Libanon infolge von Systemkonflikten seltener vermieden, viel häufiger „nur“ gemildert wird. Demzufolge wird im Verhältnis zum Libanon das durch die Anrechnungsmethode anvisierte Ziel der Kapitalexportneutralität regelmäßig verfehlt. Die Wettbewerbsfähigkeit deutscher Unternehmungen auf dem libanesischen Markt wird insgesamt erheblich geschmälert.

De lege ferenda ist wünschenswert, dass die zwischenstaatlichen Verhandlungen zum Abschluss eines DBA wiederaufgenommen werden. Insoweit steht zu hoffen, dass die vorliegende Arbeit eine Grundlage zur Intensivierung der zwischenstaatlichen Geschäftsbeziehungen bieten und zur Wiederbelebung der bilateralen Vertragsverhandlungen beitragen kann.

Nach aktuell geltendem Recht verbleibt der deutschen Unternehmung bei Direktgeschäften zum Libanon infolge der Kollision zweier unterschiedlicher Steuerkonzepte regelmäßig eine Doppelbesteuerung, deren Höhe maßgeblich von der erzielten Marge bestimmt wird. Es gilt: Je höher die Marge, desto niedriger die Doppelbesteuerung. Dem liegt der Umstand zugrunde, dass der Libanon eine Liefergewinnsteuer auf die Bruttoeinnahmen erhebt. Mangels Anerkennung eines libanesischen Besteuerungsrechts gewährt Deutschland keine Anrechnung, sondern nur einen Steuerabzug. In diesen Fällen sollte erwogen werden, ob eine Ausweitung des Engagements derart, dass aus inländischer Sicht eine die Anrechnung ermöglichende Betriebstätte begründet wird, sinnvoll sein kann.

Bei Direktinvestitionen deutscher Unternehmungen im Libanon ist auf der Grundlage eines Steuerbelastungsvergleichs grundsätzlich die Wahl einer dort belegenen Betriebstätte und die Organisation des inländischen Steuerpflichtigen als Kapitalgesellschaft die ertragsteuerlich vorteilhaftere Variante. Dabei verbleibt regelmäßig eine zwischenstaatliche Doppelbesteuerung, die vor allem als Folge der zusätzlichen Ausschüttungsfiktion im libanesischen Quellenstaat verantwortet wird. Die Alternative Tochterkapitalgesellschaft ist demgegenüber nur dann einkommensteuerlich vorteilhafter, wenn ihre inländische Muttergesellschaft als börsennotierte AG organisiert ist und mindestens 20% der Anteile an ihr hält.

Es hat sich im Übrigen gezeigt, dass die Zwischenschaltung einer libHoldingG keine Vorteile bringt.

Quellenverzeichnis

A. Quellen in deutscher Sprache

I. Literaturverzeichnis

Axmann, Mario/Deister, Jochen: Die Unternehmergesellschaft (haftungsbeschränkt) - Geeignete Rechtsform für Anwälte?, NJW 2009, 2941.
Zitiert als: *Axmann/Deister*, NJW 2009, 2941.

Ballerstedt, Kurt: Der gemeinsame Zweck als Grundbegriff des Rechts der Personengesellschaften, JuS 1963, 253.
Zitiert als: *Ballerstedt*, JuS 1963, 253.

Baranowski, Karl Heinz: Repräsentationsbüros und vergleichbare Geschäftseinrichtungen bei Bestehen eines Doppelbesteuerungsabkommens, IWB v. 27.4.1994, Fach 3, Deutschland, Gruppe 2, S. 619.
Zitiert als: *Baranowski*, IWB Fach 3, Deutschland, Gruppe 2, S. 619.

Becker, Jan Dierk: Die atypisch stille Gesellschaft als Outbound Finanzierungsalternative, Dissertation: Albert-Ludwigs-Universität Freiburg, Stand: 2005, Verlag: IDW, Düsseldorf.
Zitiert als: *Becker*, Die atypisch stille Gesellschaft als Outbound Finanzierungsalternative.

Beuthien, Volker: Ist die Innengesellschaft nicht rechtsfähig?, NZG 2011, 161.
Zitiert als: *Beuthien*, NZG 2011, 161.

Birk, Dieter/Desens, Marc/Tappe, Henning: Steuerrecht, 18. Auflage, Stand: 2015, Verlag: C.F. Müller, München.
Zitiert als: *Birk*, Steuerrecht.

Blaurock, Uwe: Handbuch stille Gesellschaft, 8. Auflage, Stand: 2016, Verlag: Dr. Otto Schmidt KG, Köln.
Zitiert als: *Bearbeiter*, in Blaurock, Handbuch stille Gesellschaft.

Bodden, Guido: Einkünftequalifikation bei Mitunternehmern, Stand: 2001, Verlag: Shaker, Herzogenrath.
Zitiert als: *Bodden*, Einkünftequalifikation bei Mitunternehmern.

Börner, Andreas: Anerkennung ausländischer Titel in den arabischen Staaten, Dissertation: Uni Münster, Verlag: Recht und Wirtschaft, Heidelberg.
Zitiert als: *Börner*, Anerkennung ausländischer Titel in den arabischen Staaten.

Brähler, Gernot: Internationales Steuerrecht: Grundlagen für Studium und Steuerberaterprüfung, 8. Auflage, Stand: 2014, Verlag: Springer Gabler, Wiesbaden.
Zitiert als: *Brähler*, Int. Steuerrecht.

Brockelmann, Carl: Die Transliteration der arabischen Schrift in ihrer Anwendung auf die Hauptliteratursprachen der islamischen Welt – Denkschrift dem 19. Internationalen Orientalistenkongreß in Rom, vorgelegt von der Transkriptionskommission der Deutschen Morgenländischen Gesellschaft, Stand: 1935, Verlag: Brockhaus, Leipzig; unveränderter Neudruck 1969, Verlag: Kommissionsverlag Franz Steiner GmbH, Wiesbaden.
Zitiert als: *Brockelmann*, Die Transliteration der arabischen Schrift in ihrer Anwendung auf die Hauptliteratursprachen der islamischen Welt.

Burmester, Gabriele: Die Anrechnungsmethode im deutschen Steuerrecht, in Gassner, Wolfgang/Lang, Michael/Lechner, Eduard, Die Methoden zur Vermeidung der Doppelbesteuerung – Anrechnungs- und Befreiungsmethode, Stand: 1995, Verlag: Linde, Wien.
Zitiert als: *Burmester*, in Gassner/Lang/Lechner, Die Methoden zur Vermeidung der Doppelbesteuerung, S. 241 ff.

Burmester, Gabriele: Unternehmensfinanzierung im internationalen Steuerrecht – Grundlagen und Gestaltungen für Einheitsunternehmen, Kapitalgesellschaftskonzerne und Personengesellschaftskonzerne, Verlag: Dr. Otto Schmidt, Köln 2003.
Zitiert als: *Burmester*, Unternehmensfinanzierung im int. Steuerrecht.

Burmester, Gabriele: Begriff und Funktion des Steuergutes im Steuerrecht, StuW 1993, 221.
Zitiert als: *Burmester*, StuW 1993, 221.

Burmester, Gabriele/Endres, Dieter: Außensteuerrecht, Doppelbesteuerungsabkommen und EU-Recht im Spannungsverhältnis, Festschrift für Helmut Debatin zum 70. Geburtstag, Stand: 1997, Verlag: C.H. Beck, München.
Zitiert als: *Bearbeiter*, in Burmester/Endres, FS Debatin.

Debatin, Helmut: Subjektfähigkeit ausländischer Wirtschaftsgebilde im deutschen Steuerrecht, BB 1988, 1155.
Zitiert als: *Debatin*, BB 1988, 1155.

Detzer, Klaus/Zwernemann, Deiter: Ausländisches Recht der Handelsvertreter und Vertragshändler, Stand: 1997, Verlag: Recht und Wirtschaft, Heidelberg.
Zitiert als: *Detzer/Zwernemann*, Ausländisches Recht der Handelsvertreter und Vertragshändler.

Dötsch, Franz/Herlinghaus, Andreas/Hüttemann, Rainer/Lüdicke, Jürgen/Schön, Wolfgang: Die Personengesellschaft im Steuerrecht – Gedächtnissymposion für Brigitte Knobbe-Keuk, Stand: 2011, Verlag: Dr. Otto Schmidt KG, Köln.
Zitiert als: *Bearbeiter*, in Dötsch u.a., Die PersG im Steuerrecht.

Djanani, Christiana/Brähler, Gernot/Waldbach, Gerhard: Steuerplanung bei deutschen Direktinvestitionen in Ungarn, IStR 2011, 317.
Zitiert als: *Djanani/Brähler/Waldbach*, IStR 2011, 317.

Forst, Paul/Frings, Thomas: Auslandsinvestitionen des Mittelstandes (Teil 3) – Begründung einer ausländischen Personengesellschaft, EStB 2003, 199.
Zitiert als: *Forst/Frings*, EStB 2003, 199.

Frotscher, Gerrit: Internationales Steuerrecht, 4. Auflage, Stand: 2015, Verlag: C.H. Beck, München.
Zitiert als: *Frotscher*, int. Steuerrecht.

Glessner, Miriam: Die grenzüberschreitende stille Gesellschaft im internationalen Steuerrecht, Dissertation: Universität des Saarlandes, Stand: 2000, Verlag: Peter Lang, Europäische Hochschulschriften, Saarbrücken.
Zitiert als: *Glessner*, Die grenzüberschreitende stille Gesellschaft im int. Steuerrecht.

Grasshoff, Dietrich/Kleinmanns, Florian: Steuerrecht, 11. Auflage, Stand: 1. Januar 2015, Verlag: C.H. Beck, München.
Zitiert als: *Grasshoff*, Steuerrecht.

Grotherr, Siegfried: Handbuch der internationalen Steuerplanung, 3. Auflage, Verlag: NWB Verlag, Herne 2011.
Zitiert als: *Bearbeiter*, in Grotherr, Handbuch der int. Steuerplanung.

Haase, Florian: Steueranrechnung bei divergierender Einkünftezurechnung und Qualifikationskonflikten, IStR 2010, 45.
Zitiert als: *Haase*, IStR 2010, 45.

Hahn, Hartmut: Die deutsche OHG aus der Sicht des französischen Steuerrechts, RIW 2008, 212.
Zitiert als: *Hahn*, RIW 2008, 212.

Hauschildt, Jürgen/Wacker, Wilhelm: Zum angemessenen Gewicht steuerlicher Gesichtspunkte in unternehmenspolitischen Entscheidungsprozessen, StuW 1974, 252.
Zitiert als: *Hauschildt/Wacker*, StuW 1974, 252.

Haverkate, Görg: Rechtsfragen des Leistungstaats – Verhältnismäßigkeitsgebots und Freiheitsschutz im leistenden Staatshandeln, Tübingen 1983.
Zitiert als: *Haverkate*, Rechtsfragen des Leistungstaats.

Heidel, Thomas: Aktienrecht und Kapitalmarktrecht, 4. Auflage, Stand: 2014, Verlag: Nomos, Hamburg.
Zitiert als: *Bearbeiter*, in Heidel, Aktienrecht und Kapitalmarktrecht.

Heidinger, Andreas: Der Kapitalschutz der GmbH auf dem Prüfstand, DNotZ 2005, 97.
Zitiert als: *Heidinger*, DNotZ 2005, 97.

Hellio, François/Thill, Pierre-Sebastien: Steuern in Frankreich, 2. Auflage, Stand: 2002, Verlag Dr. Otto Schmidt, Köln.
Zitiert als: *Hellio/Thill*, Steuern in Frankreich.

Henke, Ulf/Lang, Michael: Qualifizierung ausländischer Rechtsgebilde am Beispiel der Deleware-LLC, IStR 2001, 514.
Zitiert als: *Henke/Lang*, IStR 2001, 514.

Henkel, Udo: Subjektfähigkeit grenzüberschreitender Kapitalgesellschaften, RIW 1991, 565.
Zitiert als: *Henkel*, RIW 1991, 565.

Henssler, Martin/Strohn, Lutz: Gesellschaftsrecht, 2. Auflage, Stand: 2014, Verlag: C.H. Beck, München.
Zitiert als: *Bearbeiter*, in Henssler/Strohn, Gesellschaftsrecht.

Herzig, Norbert: Aktuelle Entwicklungen bei § 8b KStG und § 3c EStG, DB 2003, 1459.
Zitiert als: *Herzig*, DB 2003, 1459.

Hey, Friedrich: Gesellschafts- und steuerrechtliche Aspekte der Limited Liability Company – Zugleich ein Beitrag zur Qualifizierung ausländischer Rechtsgebilde, RIW 1992, 921.
Zitiert als: *Hey*, RIW 1992, 921.

Hönle, Bernd Michael: Wahl der Unternehmensform im Konzernverbund unter steuerlichen Gesichtspunkten, BB 1983, 1975
Zitiert als: *Hönle*, BB 1983, 1975

Jacobs, Otto/Endres, Dieter/Spengel, Christoph: Internationale Unternehmensbesteuerung – Deutsche Investitionen im Ausland Ausländische Investitionen im Ausland, Stand: 2011, Verlag: C.H. Beck, München.
Zitiert als: *Jacobs*, Int. Unternehmensbesteuerung.

Jakob, Wolfgang: Einkommensteuer, 4. Auflage, Stand: 2008, Verlag: C.H. Beck, München.
Zitiert als: *Jakob*, Einkommensteuer.

Kessler, Wolfgang/Kröner, Michael/Köhler, Stefan: Konzernsteuerrecht, National – International, 3. Auflage, Stand: 2016, Verlag: C.H. Beck, München.
Zitiert als: *Bearbeiter*, in Kessler/Kröner/Köhler, Konzernsteuerrecht.

Kindl, Johann: Gesellschaftsrecht, Stand: 2011, Verlag Nomos, Baden-Baden.
Zitiert als: *Kindl*, Gesellschaftsrecht.

Kluge, Volker: Das internationale Steuerrecht – Gemeinschaftsrecht, Außensteuerrecht, Abkommensrecht, 4. Auflage, Stand: 2000, Verlag: C.H. Beck, München.
Zitiert als: *Kluge*, Das int. Steuerrecht.

Knobbe-Keuk, Brigitte: Gesellschaft und Mitunternehmerschaft, 9. Auflage, Stand: 1. Januar 1993, Verlag: Dr. Otto Schmidt, Köln.
Zitiert als: *Knobbe-Keuk*, Gesellschaft und Mitunternehmerschaft.

Knobbe-Keuk, Brigitte: Bilanz und Unternehmenssteuerrecht, StuW 1986, 106.
Zitiert als: *Knobbe-Keuk*, StuW 1986, 106.

Koß, Maren: Der Libanon im Sog des syrischen Bürgerkrieges, German Institut of Global and Area Studies (GIGA) - Leibniz-Institut für Globale und Regionale Studien, Institut für Nahost-Studien, Hamburg, 2014 (GIGA Focus Nahost 2).
Zitiert als: *Koß*, Der Libanon im Sog des syrischen Bürgerkrieges, GIGA Focus Nahost 2, 2014, 1.

Krause, Michael: Internationale Doppelbesteuerung – Ursachen und Lösungen, Institut „Finanzen und Steuern" e.V., Nr. 405, Stand: 2003, Bonn.
Zitiert als: *Krause*, IFSt-Schrift Nr. 405.

Kußmaul, Heinz/Schäfer, René: Ertragsteuerliche Behandlung der internationalen Unternehmenstätigkeit inländischer Kapitalgesellschaften im Ausland – Neuerungen durch das StSenkG, StuB 2002, 275.
Zitiert als: *Kußmaul/Schäfer*, StuB 2002, 275.

Kübler, Friedrich/Assmann, Heinz-Dieter: Gesellschaftsrecht – Die privatrechtlichen Ordnungsstrukturen und Regelungsprobleme von Verbänden und Unternehmen, 6. Auflage, Stand: 2006, Verlag: C.F. Müller, Heidelberg.
Zitiert als: *Kübler/Assmann*, Gesellschaftsrecht.

Littkowski, Ansas/Lindscheid, Friederike: Berücksichtigung ausländischer Betriebsstättenverluste nach dem JStG 2009, IStR 2009, 225.
Zitiert als: *Littkowski/Lindscheid*, IStR 2009, 225.

Löwenstein, Ulrich/Looks, Christian/Heinsen, Oliver: Betriebsstättenbesteuerung, 2. Auflage, Verlag: C.H. Beck, München 2011.
Zitiert als: *Bearbeiter*, in Löwenstein/Looks/Heinsen.

Lüdicke, Jochen/Sistermann, Christian: Unternehmensteuerrecht – Gründung Finanzierung Umstrukturierung Übertragung Liquidation, Verlag: C.H. Beck, München 2008.
Zitiert als: *Bearbeiter*, in Lüdicke/Sistermann, Unternehmensteuerrecht.

Lüdicke, Jürgen: Überlegungen zur deutschen DBA-Politik, Schriften des Instituts für Ausländisches und Internationales Finanz- und Steuerwesen der Universität Hamburg, Stand: 2008, Verlag: Nomos, Baden-Baden.
Zitiert als: *Lüdicke*, DBA-Politik.

Lüdicke, Jürgen: Zurechnung von Wirtschaftsgütern im internationalen Steuerrecht, Forum der internationalen Besteuerung, Tagungsband, Band 019, Stand: 2000, Verlag: Dr. Otto Schmidt, Köln.
Zitiert als: *Bearbeiter*, in Lüdicke, Zurechnung von WG im int. Steuerrecht.

Machens, Gabriele: Ausländische Personengesellschaften im internationalen Steuerrecht, Dissertation: Uni Bamberg, Stand: 2007, Verlag: Lang, Bern.
Zitiert als: Machens, Ausländische PersG. im IStR.

Meincke, Jens Peter: Erbschaftsteuer- und Schenkungsteuergesetz, Loseblattsammlung, 16. Auflage, Verlag: C.H. Beck, München.
Zitiert als: *Bearbeiter*, in Meincke, ErbStG.

Merten, Hans-Lothar: Vermögen international anlegen, Stand: 2011, Verlag: Walhalla, Regensburg.
Zitiert als: *Merten*, Vermögen int. anlegen.

Merten, Hans-Lothar: Steueroasen, Ausgabe 2015, 20. Auflage, Verlag: Walhalla, Regensburg.
Zitiert als: *Merten*, Steueroasen.

Morgenthaler, Gerd: Steueroasen und deutsche Hinzurechnungsbesteuerung, IStR 2000, 289.
Zitiert als: *Morgenthaler*, IStR 2000, 289.

Möbus, Susanne: Ausgewählte Besteuerungsfragen und Gestaltungsmöglichkeiten bei der Beteiligung an einer US Limited Liability Company, Dissertation: Universität Hamburg, Stand: 2001, Verlag: Nomos, Baden-Baden.
Zitiert als: *Möbus*, Ausgewählte Besteuerungsfragen und Gestaltungsmöglichkeiten.

Mössner, Jörg Manfred u.a.: Steuerrecht int. tätiger Unternehmen, 4. Auflage, Verlag: Dr. Otto Schmidt, Köln 2012.
Zitiert als: *Bearbeiter*, in Mössner u.a., Steuerrecht int. tätiger Unternehmen.

Müller, Marion/Wangler, Clemens: Qualifikationskonflikte bei der Beteiligung inländischer Investoren an ausländischen Personengesellschaften, IStR 2003, 145.
Zitiert als: *Müller/wangler*, IStR 2003, 145.

Müller, Welf/Rödder, Thomas: Beck´sches Handbuch der AG – Gesellschaftsrecht, Steuerrecht, Börsengang, 2. Auflage, Stand: 2009, Verlag: C.H. Beck, München.
Zitiert als: *Bearbeiter*, in Müller/Rödder, Beck´sches Handbuch der AG.

Niehus, Ulrich/Wilke, Helmuth: Die Besteuerung der Personengesellschaften, 7. Auflage, Stand: 2015, Verlag: Schäffer-Poeschel, Stuttgart.
Zitiert als: *Niehus/Wilke*, Die Besteuerung der PersG.

Niehus, Ulrich/Wilke, Helmuth: Die Besteuerung der Kapitalgesellschaften, 4. Auflage, Stand: 2014, Verlag: Schäffer-Poeschel, Stuttgart.
Zitiert als: *Niehus/Wilke*, Die Besteuerung der KapG.

Oppermann, Robert: Steuerrechtliche Folgen der Verlegung des Sitzes und des Ortes der Geschäftsleitung von ausländischen Kapitalgesellschaften in das Inland, DB 1988, 1469.
Zitiert als: *Oppermann*, DB 1988, 1469.

Philipp, Moritz: Steuersubjektqualifikation einer Deleware Limited Partnership nach dem Rechtstypenvergleich im Sinne des BMF-Schreibens vom 19.03.2004, IStR 2010, 204.
Zitiert als: *Philipp*, IStR 2010, 204.

Piltz, Detlev Jürgen: Die Personengesellschaft im internationalen Steuerrecht der Bundesrepublik Deutschland, Dissertation: Uni Mannheim, Verlag: Verlagsgesellschaft Recht und Wirtschaft, Heidelberg, Stand: 1981.
Zitiert als: *Piltz*, Die PersG im IStR der BRD.

Prinz, Ulrich: Steueroptimierte Vertriebsstrukturen im Outbound-Geschäft, FR 1997, 517.
Zitiert als: *Prinz*, FR 1997, 517.

Reith, Thomas: Internationales Steuerrecht - Handbuch zum Doppelbesteuerungs- und Außensteuerrecht und zu Gestaltungen grenzüberschreitender Investitionen, Stand: 2004, Verlag: Vahlen, München.
Zitiert als: *Reith*, Int. Steuerrecht.

Richter, Horst: Die Besteuerung internationaler Geschäftsbeziehungen, Stand: 1993, Verlag: C.H. Beck, München.
Zitiert als: *Richter*, Die Besteuerung int. Geschäftsbeziehungen.

Robert, Rüdiger/Schlicht, Daniela/Saleem, Shazia (Herausgeber): Kollektive Identität im Nahen und mittleren Osten - Studien zum Verhältnis von Staat und Religion, Verlag: Waxmann Verlag GmbH, Münster 2010.
Zitiert als: *Bearbeiter*, in Robert /Schlicht/Saleem, Kollektive Identität im Nahen und mittleren Osten.

Schaumburg, Harald: Internationales Steuerrecht - Außensteuerrecht - Doppelbesteuerungsrecht, 3. Auflage, Stand: 2011, Verlag: Dr. Otto Schmidt, Köln.
Zitiert als: *Schaumburg*, Int. Steuerrecht.

Scheffler, Wolfram: Besteuerung der grenzüberschreitenden Unternehmenstätigkeit, 2. Auflage, Stand: 2002, Verlag: Vahlen, München.
Zitiert als: *Scheffler*, Besteuerung der grenzüberschreitenden Unternehmenstätigkeit.

Scheffler, Wolfram: Besteuerung von Unternehmen, 2. Auflage, Stand: 2002, Verlag: Vahlen, München.
Zitiert als: *Scheffler*, Besteuerung von Unternehmen.

Scheffler, Wolfram: Internationale Betriebswirtschaftliche Steuerlehre, 3. Auflage, Stand: 2009, Verlag: Vahlen, München.
Zitiert als: *Scheffler*, Int. Betriebswirtschaftliche Steuerlehre.

Schmidt, Karsten: Gesellschaftsrecht – Unternehmensrecht II, 4. Auflage, Stand: 2002, Verlag: Carl Heymanns, München.
Zitiert als: *K. Schmidt*, Gesellschaftsrecht.

Schmidt, Karsten: Die BGB-Außengesellschaft: rechts- und parteifähig – Besprechung des Grundlagenurteils II ZR 331/00 vom 29.1.2001, NJW 2001, 993.
Zitiert als: *Schmidt*, NJW 2001, 993.

Schnabel, Eckhard: Urchristliche Mission, Stand: 2002, Verlag: Brockhaus, Wuppertal.
Zitiert als: *Schnabel*, Urchristliche Mission.

Schnittker, Helder/Lemaitre, Claus: Steuerliche Qualifikation der US-LLP durch Rechtstypenvergleich, FR 2003, 485.
Zitiert als: *Schnittker/Lemaitre*, FR 2003, 485.

Schnittker, Helder/Lemaitre, Claus: Steuersubjektqualifikation ausländischer Personen- und Kapitalgesellschaften anhand des Rechtstypenvergleichs: Welche Vergleichskriterien sind heranzuziehen?, GmbHR 2003, 1314.
Zitiert als: *Schnittker/Lemaitre*, GmbHR 2003, 1314.

Schmölders, Günter: Einführung in die Geld- und Finanzpsychologie, Stand 1975, Verlag: Wissenschaftliche Buchgesellschaft ,Darmstadt.
Zitiert als: *Schmölders*, Geld- und Finanzpsychologie.

Schultze, Paskal: Frankreich als neuer Holdingstandort, IStR 2005, 730
Zitiert als: Schultze, IStR 2005, 730.

Selg, Carmen: Steuerplanung bei internationaler Unternehmenstätigkeit, Dissertation: Universität Hohenheim, Stand: 1998, Verlag: IDW, Düsseldorf.
Zitiert als: *Selg*, Steuerplanung bei internationaler Unternehmenstätigkeit.

Spitaler, Armin: Steuerberater-Jahrbuch 1957/1958 – zugleich Bericht über den 9. Fachkongreß der Steuerberater der Bundesrepublik Deutschland vom 14. bis 16. Oktober 1957 in Köln, Verlag: Dr. Otto Schmidt, Köln.
Zitiert als: *Bearbeiter*, in StBJb 1957/85.

Streck, Michael: Verlustabzug nach dem Auslandsinvestitionsgesetz bei Beteiligungen an ausländischen Personengesellschaften, AWD 1971, 521.
Zitiert als: *Streck*, AWD 1971, 521.

Strunk, Günther/Kaminski, Bert: Praxisleitfaden internationales Steuerrecht, Stand: 2008/2009, Verlag: Richard Boorberg Verlag, Stuttgart u.a.
Zitiert als: *Strunk/Kaminski*, in Praxisleitfaden Internationales Steuerrecht.

Tipke, Klaus: Die Steuerrechtsordnung, 2. Auflage, 3 Bände, Verlag: Dr. Otto Schmidt, Köln.
Zitiert als: *Tipke*, Die Steuerrechtsordnung, Band I, II oder III.

Tipke, Klaus/Lang, Joachim: Steuerrecht, 22. Auflage, Stand: 2015 Verlag: Dr. Otto Schmidt, Köln.
Zitiert als: *Bearbeiter*, in Tipke/Lang, Steuerrecht.

Troll, Max/Gebel, Dieter/Jülicher, Marc: Erbschaftsteuer- und Schenkungsteuergesetz – mit Bewertungsrecht und Verfahrensrecht, Loseblattsammlung mit Aktualisierungen bis 31. Juli 2015, Verlag: Franz Vahlen, München.
Zitiert als: *Bearbeiter*, in Troll/Gebel/Jülicher, ErbStG.

Wassermeyer, Franz: Zur Anwendung der Doppelbesteuerungsabkommen auf Personengesellschaften, Der Konzern, 2008, 338.
Zitiert als: *Wassermeyer*, Der Konzern, 2008, 338.

Wassermeyer, Franz/Richter, Stefan/Schnittker, Helder: Personengesellschaften im internationalen Steuerrecht, 2. Auflage, Stand: 2015, Verlag: Dr. Otto Schmidt, Köln.
Zitiert als: *Bearbeiter*, in Wassermeyer/Richter/Schnittker, PersG im int. Steuerrecht.

Wassermeyer, Steffen: Analyse der steuerlichen Einflussfaktoren grenzüberschreitender Vertriebsalternativen inländischer Kapitalgesellschaften, Dissertation: Uni Siegen, Stand: 2005, Bonn.
Zitiert als: *Wassermeyer*, Analyse der steuerlichen Einflussfaktoren grenzüberschreitender Vertriebsalternativen inländischer KapG.

Wiedemann, Herbert/Frey, Kaspar: Gesellschaftsrecht, 8. Auflage, Stand: 2012, Verlag: C.H. Beck, München.
Zitiert als: *Wiedemann*, Gesellschaftsrecht.

Wotschofsky, Stefan: Organisationsformen grenzüberschreitender Unternehmenstätigkeit aus ertragsteuerlicher Sicht, RIW 2005, 30.
Zitiert als: *Wotschofsky*, RIW 2005, 30.

Zielke, Rainer: Internationale Steuerplanung zur Optimierung der Konzernsteuerquote, DB 2006, 2585.
Zitiert als: *Zielke*, DB 2006, 2585.

II. Kommentare

Beck´scher Onlinekommentar: Beck´scher Onlinekommentar BGB, Herausgegeben von Bamberger, Georg/Roth, Herbert, 38. Edition, Stand: 01. Februar 2016, Verlag: C.H. Beck, München.
Zitiert als: *Bearbeiter*, in Beck´scher Onlinekommentar BGB.

Baumbach, Adolf/Hopt, Klaus: Handelsgesetzbuch, Kommentar, 37. Auflage, Stand: 2016, Verlag: C.H. Beck, München.
Zitiert als: *Bearbeiter*, in Baumbach/Hopt, HGB.

Beermann, Albert/Gosch, Dietmar: Abgabenordnung – Finanzgerichtsordnung, mit Nebengesetzen/EuGH-Verfahrensrecht, Kommentar, Loseblattsammlung, Aktualisierungen berücksichtigt bis zur 121. Ergänzungslieferung, Stand: November 2015, Verlag: Stollfuß, Bonn.
Zitiert als: *Bearbeiter*, in Beermann/Gosch, AO/FGO.

Blümich, Walter: Einkommensteuergesetz – Körperschaftsteuergesetz – Gewerbesteuergesetz, Kommentar, Loseblattsammlung, Aktualisierungen berücksichtigt bis 130. Ergänzungslieferung, Stand: Oktober 2015 Verlag: Franz Vahlen, München.
Zitiert als: *Bearbeiter*, in Blümich, EStG/KStG/GewStG.

Dötsch, Ewald/Pung, Alexandra/Möhlenbrock, Rolf: Die Körperschaftsteuer, Loseblattsammlung, Aktualisierungen berücksichtigt bis zur 85. Ergänzungslieferung, Stand: Dezember 2015, Verlag: Schäffer-Poeschel, Stuttgart.
Zitiert als: *Bearbeiter*, in Dötsch/Pung/Möhlenbrock, KSt.

Drenseck, Walter/Seer, Roman: Festschrift für Heinrich Wilhelm Kruse zum 70. Geburtstag, Stand: 2001, Verlag: Dr. Otto Schmidt, Köln.
Zitiert als: *Bearbeiter*, in Drenseck/Seer, FS Kruse.

Ebenroth, Carsten/Boujong, Karlheinz/Joost, Detlev/Strohn, Lutz: Handelsgesetzbuch, Kommentar in zwei Bänden, 3. Auflage, Stand: 2015, Verlag: C.H. Beck und Franz Vahlen, München.
Zitiert als: *Bearbeiter*, in Ebenroth/Boujong/Joost/Strohn.

Erman, Walter: BGB, Kommentar in zwei Bänden, 14. Auflage, Stand: 2014, Verlag: Dr. Otto Schmidt, Köln.
Zitiert als: *Berarbeiter*, in Erman, BGB.

Ernst & Young: Körperschaftsteuergesetz, Kommentar, Loseblattsammlung, Aktualisierungen berücksichtigt bis zur 113. Ergänzungslieferung, Stand: November 2015, Verlag: Stollfuß, Bonn.
Zitiert als: *Bearbeiter*, in Ernst&Young, KStG.

Frotscher, Gerrit/Maas, Ernst: Körperschaftsteuergesetz, Gewerbesteuergesetz, Umwandlungssteuergesetz, Kommentar, Loseblattsammlung, Aktualisierungen berücksichtigt bis zur 130. Ergänzungslieferung, Stand: September 2015, Verlag: Haufe, Freiburg.
Zitiert als: *Bearbeiter*, in Frotscher/Maas, KStG/GewStG/UmwStG.

Gosch, Dietmar: Körperschaftsteuergesetz, Kommentar, 3. Auflage, Stand: 2015, Verlag: C.H. Beck, München.
Zitiert als: *Bearbeiter*, in Gosch, KStG.

Henssler, Mertin/Strohn, Lutz: Gesellschaftsrecht, 2. Auflage, Stand: 2014, Verlag: C.H. Beck, München.
Zitiert als: *Bearbeiter*, in Oetker, HGB.

Hermann, Carl/Heuer, Gerhard/Raupach, Arndt: Einkommensteuer- und Körperschaftsteuergesetz, Kommentar, Loseblattsammlung, Aktualisierungen berücksichtigt bis zur 272. Ergänzungslieferung, Stand: 2016, Verlag: Dr. Otto Schmidt KG, Köln.
Zitiert als: *Bearbeiter*, in Hermann/Heuer/Raupach, EStG/KStG.

Hübschmann, Walter/Hepp, Ernst/Spitaler, Armin: Abgabenordnung, Finanzgerichtsordnung, Kommentar, Loseblattsammlung, Aktualisierungen berücksichtigt bis zur 236. Ergänzungslieferung, Stand: Januar 2016, Verlag: Dr. Otto Schmidt KG, Köln.
Zitiert als: *Bearbeiter*, in Hübschmann/Hepp/Spitaler, AO/FGO.

Kirchhof, Paul: Einkommensteuergesetz, Kommentar, 14. Auflage, Stand: 2016, Verlag Dr. Otto Schmidt KG, Köln.
Zitiert als: *Bearbeiter*, in Kirchhof, EStG.

Kirchhof, Paul/Söhn, Hartmut/Mellinghoff, Rudolf: Einkommensteuergesetz, Kommentar, Loseblattsammlung mit 264. Aktualisierung, Stand: Februar 2016, Verlag: C.F. Müller, Heidelberg.
Zitiert als: *Bearbeiter*, in Kirchhof/Söhn/Mellinghoff, EStG.

Koenig, Ulrich: Abgabenordnung – Kommentar, 3. Auflage, Stand: 2014, Verlag Dr. Otto Schmidt KG, Köln.
Zitiert als: *Bearbeiter*, in Koenig, AO.

Lademann: Einkommensteuergesetz mit Nebengesetzen, Kommentar, Loseblattsammlungen, Aktualisierungen berücksichtigt bis zur 215. Ergänzungslieferung, Stand: Dezember 2015, Verlag: Boorberg, Stuttgart.
Zitiert als: *Bearbeiter*, in Lademann, EStG.

Littmann, Eberhard/Bitz, Horst/Pust, Hartmut: Einkommensteuerrecht, Kommentar, Loseblattsammlung, berücksichtigt bis zur 113. Ergänzungslieferung, Stand: Dezember 2015, Verlag: Schäffer Poeschel, Krefeld.
Zitiert als: *Bearbeiter*, in Littmann/Bitz/Pust, EStR.

Oetker, Hartmut: Kommentar zum Handelsgesetzbuch, 4. Auflage, Stand: 2015, Verlag: C.H. Beck, München.
Zitiert als: *Bearbeiter*, in Oetker, HGB.

Münchener Kommentare: Der Großkommentar zum Handelsgesetzbuch, in sieben Bänden, 4. Auflage, Stand: 2016, Verlag: C.H. Beck, München.
Zitiert als: *Bearbeiter*, in Müko zum HGB.

Der Großkommentar zum Gesetz betreffend die Gesellschaften mit beschränkter Haftung (GmbHG), in drei Bänden, 2. Auflage, Stand: 2015, Verlag: C.H. Beck, München.
Zitiert als: *Bearbeiter*, in Müko zum GmbHG.

Schmidt, Karsten/Lutter, Marcus: Aktiengesetz, Kommentar, 2 Bände, 3. Auflage, Stand: 2015, Verlag: Dr. Otto Schmidt, Köln.
Zitiert als: *Bearbeiter*, in Schmidt/Lutter, AktG.

Schmidt, Ludwig: Einkommensteuergesetz, Kommentar, 35. Auflage, Stand: 2016, Verlag: C.H. Beck, München.
Zitiert als: *Bearbeiter*, in Schmidt, EStG.

Tipke, Klaus/ Kruse, Heinz: Abgabenordnung - Finanzgerichtsordnung – Kommentar zur AO (ohne Steuerstrafrecht) und FGO, Loseblattsammlung berücksichtigt bis zur 142. Aktualisierung, Stand: November 2015, Verlag: Dr. Otto Schmidt KG, Köln.
Zitiert als: *Bearbeiter*, in Tipke/Kruse, AO/FGO.

Vogel, Klaus/Lehner, Moris: Doppelbesteuerungsabkommen der Bundesrepublik Deutschland auf dem Gebiet der Steuern vom Einkommen und Vermögen, Kommentar auf der Grundlage der Musterabkommen, 6. Auflage, Stand: 2015, Verlag: C.H. Beck, München.
Zitiert als: *Bearbeiter*, in Vogel/Lehner, DBA.

Wassermeyer, Franz: Kommentar zu allen deutschen Doppelbesteuerungsabkommen, Loseblattsammlung berücksichtigt bis zur 131. Aktualisierung, Stand: Oktober 2015, Verlag: C.H. Beck, München.
Zitiert als: *Bearbeiter*, in Wassermeyer, DBA.

III. Rechtsprechungsverzeichnis

Entscheidungen des Bundesverfassungsgerichts

Entscheidungsform	*Datum*	*Aktenzeichen*	*Fundstellen*
Beschluss	15.07.1998	1 BvR 1554/89	BVerfGE 98, 365
Beschluss	16.03.2005	2 BvL 7/00	BVerfGE 112, 268
Beschluss	21.06.2006	2 BvL 2/99	BVerfGE 116, 164
Beschluss	07.11.2006	1 BvL 10/02	BStBl. II 2007, 192
Urteil	09.12.2008	2 BvL 1/07	BVerfGE 122, 210
Beschluss	06.07.2010	2 BvL 13/09	BStBl. II 2011, 318

Entscheidungen des Europäischen Gerichtshofs

Entscheidungsform	*Datum*	*Aktenzeichen*	*Fundstellen*
Urteil	12.02.2009	C-67/08	Slg. 2009, I-883

Entscheidungen des Reichsgerichts- und Reichsfinanzhofs

Entscheidungsform	*Datum*	*Aktenzeichen*	*Fundstellen*
Urteil	12.12.1930		RStBl. 1930, 444
Urteil	12.02.1930	VI A 899/27	RFHE 27, 73
Urteil	20.02.1941	II 99/40	RGZ 166, 160

Entscheidungen des Bundesgerichtshofs

Entscheidungsform	*Datum*	*Aktenzeichen*	*Fundstellen*
Urteil	20.04.1967	ZR II 220/65	BGHZ 47, 376
Urteil	22.06.1981	II ZR 94, 80	NJW 1982, 99

Entscheidungen des Bundesfinanzhofes

Entscheidungsform	*Datum*	*Aktenzeichen*	*Fundstellen*
Urteil	27.11.1963	I 335/60 U	BStBl. III 1964, 76
Urteil	29.01.1964	I 153/61	BStBl. III 1964, 165
Urteil	14.07.1971	I R 127/68	BStBl. II 1971, 776
Urteil	28.07.1971	I R 78/68	BStBl. II 1971, 815
Urteil	06.10.1971	I R 215/69	BStBl. II 1972, 187
Urteil	28.06.1972	I R 35/70	BStBl. II 1972, 785
Urteil	10.02.1978	III R 115/76	BStBl. II 1978, 256
Urteil	12.04.1978	I R 136/77	BStBl. II 1978, 494
Urteil	29.04.1981	IV R 131/78	BStBl. II 1981, 663
Urteil	28.01.1982	IV R 197/79	BStBl. II 1982, 389
Urteil	28.07.1982	I R 196/79	BStBl. II 1983, 77
Beschluss	25. 06.1984	GrS. 4/82	BStBl. II 1984, 751
Urteil	03.02.1988	I R 134/84	BStBl. II 1988, 588
Urteil	08.03.1988	VIII R 270/81	BFH/NV 1988, 735
Urteil	13.04.1989	IV R 196/85	BStBl. II 89, 614
Urteil	13.09.1989	I R 117/87	BStBl. II 1990, 57
Urteil	11.10.1989	I R 77/88	BStBl. II 1990, 166
Urteil	31.10.1990	I R 3/86	BStBl. II 1991, 610
Beschluss	25.02.1991	GrS. 7/89	BStBl. II 1991, 691
Urteil	27.02.1991	I R 15/89	BStBl. II 1991, 444
Urteil	04.06.1991	X R 35/88	BStBl. II 1992, 187
Urteil	05.02.1992	I R 9/90	BStBl. II 1992, 607
Urteil	01.07.1992	I R 6/92	BStBl. II 1993, 222
Urteil	03.02.1993	I R 80-81/91	BStBl. II 1993, 462

Entscheidungsform	*Datum*	*Aktenzeichen*	*Fundstellen*
Beschluss	03.05.1993	GrS. 3/92	BStBl. II 1993, 616
Urteil	02.02.1994	I R 66/92	BStBl. II 1994, 727
Beschluss	05.07.1995	GrS. 1/93	BStBl. II 1995, 617
Urteil	14.12.1995	IV R 106/94	BStBl. II 1996, 226
Urteil	27.03.1996	I R 49/95	BStBl. II 1997, 91
Urteil	09.05.1996	IV R 75/93,	BStBl. II 1996, 474
Urteil	01.08.1996	VIII R 12/94	BStBl. II 1997, 272
Urteil	30.10.1996	II R 12/92	BStBl. II 1997, 12
Urteil	16.12.1998	I R 138/97	BStBl. II 1999, 437
Urteil	18.12.2002	I R 92/01	BFHE 201, 447
Urteil	16.12.2003	VIII R 6/93	BFH/NV 2004, 1080
Beschluss	11.04.2005	GrS. 2/02	BStBl. II 2005, 679
Urteil	20.08.2008	I R 34/08	BStBl. II 2009, 263
Urteil	23.04.2009	IV R 73/06	BStBl. II 2010, 40
Urteil	21.09.2011	I R 89/10	BStBl. II 2014, 612
Urteil	21.09.2011	I R 104/84	BStBl. II 1989, 274
Urteil	19.06.2013	II R 10/12	BStBl. II 2013, 746

Entscheidungen der Finanzgerichte

Gericht	*Entscheidungsform*	*Datum*	*Aktenzeichen*	*Fundstellen*
FG Düsseldorf	Urteil	19.09.2013	11 K 3968/11 F	EFG 2014, 840
FG Hamburg	Urteil	03.09.1975	I 73/73	EFG 1979, 136

IV. Deutsche Finanzverwaltung

Bundesministerium der Finanzen (BMF)

Schreiben 19.03.1976, RIW/AWD 1976, 305.
Schreiben v. 01.12.1980, DB 1981, 139.
Schreiben v. 28.05.1998, BStBl. I 1998, 557.
Schreiben v. 24.12.1999, IV B 4-S 1300 - 111/99, BStBl. I 1999, 1076.
Schreiben v. 19.03.2004, IV B 4-S 1301 USA-22/04, BStBl. I 2004, 411.
Schreiben v. 13.10.2014, BGBl. I 2014, S. 1603.

B. Quellen in arabischer Sprache

I. Literaturverzeichnis

Al-Bustāni, Saʿīd
Qānūn l-ʾaʿmāl waš-šarikāt, ʿAām: 2003,
Manšuūrātu l-ḥalabī l-ḥuquūqīa, Bayrūt.

البستاني، سعيد
قانون الأعمال و الشركات، عام ٢٠٠٣، منشورات
الحلبي الحقوقية، بيروت.

Deutsche Übersetzung:
Wirtschafts- und Gesellschaftsrecht – Droit des affaires et des sociétés, Stand: 2003, Verlag: Halabi Legal Publishing, Beirut.
Zitiert als: *Al-Bustāni*, Wirtschafts- und Gesellschaftsrecht.

Al-ǧaḏūb, Muḥammad
Al-qānūni d-dusturī wa-niẓaāmu l-siīasī fī lubnān, Aṭabʿa r-rabiʿa, ʿAām: 2002,
Manšuūrātu l-ḥalabī l-ḥuquūqīa, Bayrūt.

الجذوب، محمد
القانون الدستوري و النظام السياسي في لبنان، الطبعة
الرابعة، عام ٢٠٠٢، منشورات الحلبي الحقوقية،
بيروت.

Deutsche Übersetzung:
Die Verfassung und das politische System im Libanon, 4. Auflage, Stand: 2002, Verlag: Halabi Legal Publishing, Beirut.
Zitiert als: *Al-ǧaḏūb*, Die Verfassung und das politische System im Libanon.

Al-ʿrayīni, Muhammad/Al-Fakī, Muhammad
Al-qānūni t-tiǧārī, , ʿAām: 2010,
Manšuūrātu l-ḥalabī l-ḥuquūqīa, Bayrūt.

العريني، محمد/ الفقي، محمد
القانون التجاري، عام ٢٠١٠، منشورات الحلبي
الحقوقية، بيروت.

Deutsche Übersetzung:
Das Handelsrecht, Stand: 2010, Verlag: Halabi Legal Publishing, Beirut.
Zitiert als: *Al-ʿrayīni/Al-Fakī*, Das Handeslrecht.

ʿAtwi, Fawzi
Al-maliya l-ʿamma, ʾA-nuzum ʾA-ḍarībiya wa muwāzanat ʾA-dawla, ʿAām: 2003,
Manšuūrātu l-ḥalabī l-ḥuquūqīa, Bayrūt.

عطوي، فوزي
المالية العامة، عام ٢٠٠٣، منشورات الحلبي
الحقوقية، بيروت.

Deutsche Übersetzung:
Öffentliche Finanzen – Steuersysteme und Staatshaushalt, Stand: 2003, Verlag: Halabi Legal Publishing, Beirut.
Zitiert als: *ʿAtwi,*: Öffentliche Finanzen.

Farḥāt, Fawzat
ʾAttašrīʿ a-ḍarībī l-ʿaām, Aṭabʿa r-rabiʿa, ʿAām: 2013, Bayrūt.

فرحات، فوزت
،التشريع الضريبي العام، الطبعة الرابعة، عام ٢٠١٣
بيروت.

Deutsche Übersetzung:
Die Steuerrechtsordnung, auch als „Die allgemeine Steuergesetzgebung" übersetzbar, 4. Auflage, Stand: 2013, Verlag: Keine Angabe, Beirut.
Zitiert als: *Farḥāt*, Die Steuerrechtsordnung.

ʿĪid, ʾEdwār/ʿĪid, Christian
Al-wasīṭ fī l-qānūni t-tiğārī, ğizʾaīn, Aṭabʿa l-ṯānīa, ʿAām: 2009, Al-manšuūrāt l-ḥuqūqiīa Ṣāder, Bayrūt.

عيد، إدوار / عيد، كريستيان
،الوسيط في القانون التجاري، جزئين، الطبعة الثانية ٢٠٠٩، المنشورات الحقوقية صادر، بيروت.

Deutsche Übersetzung:
Der Mediator im Unternehmensrecht, Zwei Bände, 2. Auflage, Stand: 2009, Verlag: Sader legal Publishers, Beirut (ISBN 978-9953-66-114-8).
Zitiert als: *Īid/Īid*, Der Mediator im Handelsrecht, Band I oder II.

Maḥfūz, Mahdī
ʿilm l-māliya l-ʿaāma wat-tašrīʿ l-māli wa-ḍariby, ʿAām: 2000, Dār l-kutub, Kairo.

محفوظ، مهدي
علم المالية و التشريع المالي و الضريبي، عام ٢٠٠٠، دار الكتاب، القاهرة.

Deutsche Übersetzung:
Allgemeine Finanzwissenschaft sowie Finanz- und Steuergesetzgebung, Stand: 2000, Verlag: Dār l-kutub, Kairo.
Zitiert als: *Maḥfūz*, Allgemeine Finanzwissenschaft sowie Finanz- und Steuergesetzgebung.

Nāssīf, Elīās
Mawsūʿat š-šarikāt t-tiğāriya, 12 ağzāʾ, Aṭabʿa l-ṯāliṯa, ʿAām: 2010, Manšuūrātu l-ḥalabī l-ḥuquūqīa, Bayrūt.

ناصيف، الياس
موسوعة الشركات التجارية، ١٢ أجزاء،الطبعة الثالثة، عام ٢٠١٠، منشورات الحلبي الحقوقية، بيروت

Deutsche Übersetzung:
Die Enzyklopädie des Handelsrechts,
Zitiert als: *Nāssīf*, Die Enzyklopädie des Handelsrechts, Band I, II, III, IV, V, VI, VII, VIII, IX, X, XI oder XII: Name des jeweiligen Bandes.

Ṣāder, Josef
Bayna t-tašriʿ wal iğtihād, ʿAām: 2014, Al-manšuūrāt l-ḥuqūqiīa Ṣāder, Bayrūt.

صادر، جوزف
بين التشريع و الإجتهاد، عام ٢٠١٤، منشورات الحلبي الحقوقية، بيروت.

Deutsche Übersetzung:
Gesetzgebung und Rechtsprechung, Kommentar zum libHGB und libSARL, Loseblattsammlung, aktualisiert bis 2014, Sader legal Publishers, Beirut (ISBN 9953-66-073-5).
Zitiert als: *Ṣāder*, libHGB.

Ṣāleḥ, ʾAmīn
Al-muḥāsaba l-ḍarībīa, ʿAām: 2011, Al-manšuūrāt l-ḥuqūqiīa Ṣāder, Bayrūt.

صالح، أمين
المحاسبة الضريبية، عام ٢٠١١، المنشورات الحقوقية صادر، بيروت.

Deutsche Übersetzung:
Bilanzsteuerrecht, Stand: 2011, Verlag: Sader legal Publishers, Beirut (ISBN 978-9953-66-216-9).
Zitiert als: *Ṣāleḥ*, Bilanzsteuerrecht.

Ṣāleḥ, ʾAmīn
صالح، أمين

Al-ʾussus l-qānūniā wa 'l-muḥāsabīa li-ḍarībat l-daḫl fī lubnaān, ğizʾaīn, ʿAām: 2007, Al-manšuūrāt l-ḥuqūqiīa Ṣāder, Bayrūt.
الأسس القانونية و المحاسبة لضريبة الدخل في لبنان، جزئين، عام ٢٠٠٧، المنشورات الحقوقية صادر، بيروت.

Deutsche Übersetzung:
Rechtliche und bilanzielle Grundlagen der libanesischen Einkommensteuer, zwei Bände, Stand: 2007, Verlag: Sader legal Publishers, Beirut (ISBN 978-9953-66-117-9).
Zitiert als: *Ṣāleḥ*, Grundlagen der libESt, Band I oder II.

Šīḫa, Muṣṭafā
شيحه، مصطفى

ʾA-tašriʿ ʾA-ḍaribi l-lubnāni, ʿAām: 1994, ʾA-Dār l-ğāmiʿiya, Bayrūt.
التشريع الضريبي اللبناني، عام ١٩٩٤، الدار الجامعية.

Deutsche Übersetzung:
Die libanesische Steuerrechtsordnung, Stand: 1994, Verlag: Dār l-ğāmiʿiya, Bayrūt.
Zitiert als: *Šīḫa*, Die libanesische Steuerrechtsordnung.

Ṭaha, Muṣṭafā Kamaāl
طه، مصطفى كمال

ʾAssāssiīāti l-qānūni t-tiğārī, Aṭabʿa l-ṯānīa, ʿAām: 2012, Manšuūrātu l-ḥalabī l-ḥuquūqīa, Bayrūt.
أساسيات القانون التجاري، الطبعة الثانية، عام ٢٠٠٣، منشورات الحلبي الحقوقية، بيروت.

Deutsche Übersetzung:
Grundlagen des Handelsrechts, 2. Auflage, Stand: 2012, Verlag: Halabi Legal Publishing, Beirut (ISBN 9953-462-66-6).
Zitiert als: *Ṭaha*, Grundlagen des Handelsrechts.

Ṭarabiyeh, ğozef
جوزف، طربية

ʾaḍarāʾib ʿala d-daḫel fī lubnān, ʿAām 2005, Dār n-nahār lel-našer, Bayrūt.
الضرائب على الدخل في لبنان، عام ٢٠٠٥، دار النهار للنشر.

Deutsche Übersetzung:
Die Steuern vom Einkommen im Libanon, Stand: 2005, Verlag: Dār n-nahār lel-našer, Bayrūt.
Zitiert als: *Ṭarabiyeh*, Die Steuern vom Einkommen.

Qṭayš, /Hašem
قطيس، عبد الرؤوف/ شيرين هاشم

ʾa-niẓām ḍ-ḍarībī lel-šarikāt l-qābiḍa (Holding) wa š-šarikāt l-maḥṣūr našāṭiha ḫāriğ lubnān (Offshore), ʿAām 2010, Al-manšuūrāt l-ḥuqūqiīa Ṣāder, Bayrūt.
النظام الضريبي للشركات القابضة (هولدنغ) و الشركات المحصور نشاطها خارج لبنان (أوف شور)، عام ٢٠١٠، المنشورات الحقوقية صادر، بيروت.

Deutsche Übersetzung:
Besteuerungskonzept der libHoldingG und der libOffshoreG, Stand: 2010, Verlag: Sader legal Publishers, Beirut (ISBN 978-9953-66-183-4).
Zitiert als: *Qṭayš/Hašem*, Besteuerung der libHoldingG und der libOffshoreG.

Šaraf l-dīn, Ḥasan
Mabadi' l-muḥāsaba – fī šarikāt l-'ašḫāṣ, 'Aām 2000, Dār l-'eḫtisās lel-našer wa Dār Dandara.

شرف الدين، حسن
مبادئ المحاسبة، في شركات الأشخاص، عام ٢٠٠٠، دار الإختصاص للنشر و دار دندرة للنشر.

Deutsche Übersetzung:
Rechnungslegungsgrundsätze – zu den Personengesellschaften, Verlag: Dār l-'eḫtisās in Kooperation mit Dār Dandara.
Zitiert als: *Šaraf l-dīn*, Rechnungslegungsgrundsätze.

II. Rechtsprechungsverzeichnis

Entscheidungen des libanesischen Conseil d'état

Entscheidung Nr. 69 vom 28.04.1970.

Beschluss Nr. 268 vom 21.06.1977.

Beschluss Nr. 301 v. 16.04.1980, nachzulesen bei *Farḥāt*, Die Steuerrechtsordnung, 168 f.

Beschluss Nr. 154 v. 11.03.1986, AZ: 8016/75.

Beschluss Nr. 15 vom 24.03.1997.

Entscheidungen des libanesischen Kassationsgerichts

Urteil v. 12.03.1963, maǧmu'at Ḥātem, Kapitel J 51, S. 40.

Entscheidungen des libanesischen Berufungsgerichts

Berufungsgericht Beirut, 1. Kammer, Beschluss v. 20.12.1988, 'A-našra Al-qaḍāiya 1988, S. 653.

Berufungsgericht Beirut, 1. Zivilkammer, Urteil v. 21.03.1989, Kapitel 201, S. 679.

Berufungsgericht Beirut, 1. Zivilkammer, Urteil v. 06.02.1996, 'A-našra Al-qaḍāiya 1996, S. 601.

III. Libanesische Finanzverwaltung

Finanzministerium

Ministerialerlass Nr. 673/1 vom 14.06.2001.

Verordnung Nr. 898/1 vom 08.04.2010, Amtsblatt der libanesischen Republik, 2010, Nr. 44 vom 23.09.2010, S. 5643 ff.

Verordnung Nr. 6285/1 vom 21.08.1996.

Verwaltungsanweisung Nr. 121/Ṣ1 vom 23.01.2003.

Anleitung Nr. 619/S1 vom 19.03.1971.

Anleitung Nr. 510/S1 vom 07.06.1997.

Schreiben Nr. 535/ Ṣ2 vom 30.07.2003.

Memorandum Nr. 315 vom 11.11.1995, nachzulesen bei Ṣāleḥ, Grundlagen der libESt, Band I, S. 454.

Memorandum Nr. 354 v. 10.08.1955.

Aid Coordination, Juli 2013, Issue 68, Aid Developments, S. 1.

C. Studien, Digitale Publikationen und sonstige Artikel

Bundesaußenministerium (Auswärtiges Amt): Länderinformationen zum Libanon, Wirtschaft, Stand: Januar 2016, abrufbar unter www.auswaertiges-amt.de. Zitiert als: *BAM*, Wirtschaftsbeziehungen Libanon.

Deutsch-Arabische Industrie und Handelskammer: Ägypten im Fokus – Chancen und Projekte, Festschrift aus Anlass des 60-jährigen Bestehens der Deutsch-Arabische Industrie und Handelskammer, Stand: November 2011. Zitiert als: *AHK MENA*, Ägypten im Fokus, S. 11.

Finsterbusch, Stephan/Löhr, Julia/Preuss, Susanne: Vom Warnzeichen zum Aushängeschild, Wirtschaftsteil der FAZ vom 21.08.2012. Zitiert als: *Finsterbusch/Löhr/Preuss*, FAZ vom 21.08.2012, Wirtschaftsteil.

Germany Trade & Invest (Gtai): Hafen Beirut setzt auf Containerumschlag vom 05.09.2013, abrufbar unter www.gtai.de. Zitiert als: *Gtai*, Hafen Beirut setzt auf Containerumschlag, 05.09.2013.

Ghorfa e.V.: Länderprofil Libanon, Wirtschaftsdaten Libanon, Stand: 10/2013, abrufbar unter www.ghorfa.de. Zitiert als: *Ghorfa*, Länderprofil Libanon.

Ḥāǧ Šeḥada, Lu 'ay: National Investment Reform Agenda, 19. April 2007, Vortrag (Power Point Presentation) als Vertreter der libanesischen Finanzverwaltung im Rahmen des „Lebanon National Investment Reform Workshop[s]", Grand Sérail, Beirut, veröffentlicht unter www.oecd.org. Zitiert als: *Ḥāǧ Šeḥada*, National Investment Reform Agenda, 19. April 2007.

Institut für angewandte Wirtschaftsforschung Tübingen (IAW): Steuermoral – Das Spannungsfeld von Freiwilligkeit der Steuerzahlung und Steuerhinterziehung, Monatsbericht des BMF, März 2005, S. 49 ff, veröffentlicht auf der Website des Bundesfinanzministeriums unter www.bundesfinanzministerium.de. Zitiert als: *IAW*, Monatsbericht des BMF, März 2005.

Konrad Adenauer Stiftung e.V.: Die Arabischen Umbrüche und ihre ökonomischen Implikationen für den Libanon, Konrad Adenauer Stiftung e.V., Auslandsbüro Jordanien, Roundtable Konferenz, Veranstaltungsbeitrag zusammengefasst von *Beck*, Martin und *Heck*, Simone, 05. Juli 2011, Amman, veröffentlicht unter www.kas.de.
Zitiert als: *Roundtable Konferenz*, Die Arabischen Umbrüche und ihre ökonomischen Implikationen für den Libanon, KAS Amman, Veranstaltungsbeitrag.

Koß, Maren: Der Libanon im Sog des syrischen Bürgerkrieges, German Institut of Global and Area Studies (GIGA) – Institut für Nahost-Studien, GIGA-Focus 2014, Nr. 2 (ISSN 1862-3611), Hamburg.
Zitiert als: *Koß*, Der Libanon im Sog des syrischen Bürgerkrieges, GIGA Focus Nahost 2014 (Nr. 2).

Libanesisches Finanzministerium: Aid Coordination Newsletter, Juli 2013, Issue 68, veröffentlicht unter www.finance.gov.lb.
Zitiert als: *libFinMin*, Aid Coordination, Juli 2013, Aid Developments.

Rehn, Olli: Twinning – Europa Gemeinsam Aufbauen, Europäische Gemeinschaften, Belgien 2006 (ISBN 92-79-00891-9), veröffentlicht unter www.ec.europa.eu.
Zitiert als: *Rehn*, Twinning – Europa Gemeinsam Aufbauen.

Schlomach, Gerrit: Union für das Mittelmeer – Realitäten anerkennen und Chancen nutzen!, Auslandsinformationen, KAS 2010, Ausgabe 9, S. 117 ff, abrufbar unter www.kas.de.
Zitiert als: Schlomach, Auslandsinformationen, KAS, 2010, Ausgabe 9, S. 117 ff.

Statistisches Bundesamt: Finanzen und Steuern – Steuerhaushalt, Fachserie 14, Reihe 4, Jahr 2014; Erscheinungsfolge: jährlich; Erschienen am 5. Mai 2015; Artikelnummer: 2140400147004, abrufbar unter: www.destatis.de
Zitiert als: *statistisches Bundesamt*, Finanzen und Steuern – Steuerhaushalt, Fachserie 14, Reihe 4.

UNHCR: UNHCR Fundraising Report: Global Appeal 2015 Update – Lebanon, 01.12.2014, abrufbar unter www.unhcr.org.
Zitiert als: *UNHCR*, Global Appeal 2015 Update – Lebanon.

United Nations Development Programme: Poverty, Growth and Income Distribution in Lebanon, August 2008, abrufbar unter www.lb.undp.org.
Zitiert als: *UNDP*, Proverty in Lebanon.

Witte, Christoph: Der Libanon floriert trotz politischer Spannungen, Exportmanager, Ausgabe 8 vom 10.11.2010, S. 5.
Zitiert als: *Witte*, ExportManager vom 10. November 2010.

Wählisch, Martin: Israel-Lebanon Offshore Oil & Gas Dispute – Rules of International Maritime Law, American Society of international Law, 5. December 2011, abrufbar unter www.asil.org.
Zitiert als: *Wählisch*, Israel-Lebanon Offshore Oil & Gas Dispute – Rules of International Maritime Law, American Society of international Law, 5. December 2011.

Deklarationen:
President of the French Republic and the President of the Arab Republic of Egypt, Joint Declaration of the Paris Summit for the Mediterranean vom 13. Juli 2008, Paris, abrufbar auf der offiziellen Website der UfM unter www.ufmsecretariat.org.

Baabda Declaration issued by the National Dialogue Committee on 11 June 2012, United Nations, General Assembly, Agenda item 36, A/66/849–S/2012/477, abrufbar unter www.un.org.

D. Datenbanken

European value survey:
Die Daten sind abrufbar unter www.europeanvaluesstudy.eu.

Leibnitz Institut für Sozialwissenschaften/Gesis:
Die Daten sind abrufbar unter www.gesis.org/zacat.

Statistisches Bundesamt (Destatis):
Die Daten sind abrufbar unter www.destatis.de.

Worldbank/Weltbank:
Die Daten sind abrufbar unter www.worldbank.org.

World value survey:
Die Daten sind abrufbar unter www.worldvaluessurvey.org.

Anhang

A. Anhang 1: Umschrift

Bei der Umschrift soll grundsätzlich jeder Konsonant einem Zeichen entsprechen. Es wurde allerdings darauf geachtet, dass durch die Umschrift die Aussprache nicht entstellt wird. Es gelten die nachstehenden Entsprechungen:

Arabisch	Umschrift
ا	ā
ب	b
ت	t
ث	ṯ
ج	ğ
ح	ḥ
خ	ḫ
د	d
ذ	ḏ
ر	r
ز	z
س	s
ش	š
ص	ṣ
ض	ḍ

Arabisch	Umschrift
ط	ṭ
ظ	ẓ
ع	ʿ
غ	ġ
ف	f
ق	q
ك	k
ل	l
م	m
ن	n
ه	h
و	w oder ū
ي	y oder ī
أ	ʾ

B. Anhang 2 Auszug aus dem libEStG

قانون ضريبة الدخل

مرسوم اشتراعي رقم 144 صادر في 1959/6/12

المادة 1

تتناول ضريبة الدخل:

1- أرباح المهن الصناعية والتجارية وغير التجارية.

2- الرواتب والأجور ومعاشات التقاعد.

3- دخل رؤوس الأموال المنقولة.

الباب الأول

في الضريبة على أرباح المهن الصناعية والتجارية وغير التجارية

الفصل الأول

في الأعمال والمهن الخاضعة للضريبة

المادة 2

تتناول الضريبة أرباح المهن والمؤسسات التجارية والصناعية والحرفية، وأرباح المهن الحرة، وربح كل عمل يدر ريعاً غير خاضع لضريبة أخرى على الدخل، ولا يستثنى من الضريبة أي دخل إلا بنص صريح في القانون.

المادة 3

تفرض الضريبة باسم الأشخاص الحقيقيين والمعنويين، المقيمين في الأراضي اللبنانية أو في الخارج، على مجموع الأرباح التي يحققونها في لبنان.

المادة 4

يعد في جملة المكلفين بهذه الضريبة:

أ- الشركات، أياً كان نوعها وغايتها.

ب- الأشخاص الحقيقيون أو المعنويون:

1 الذين يتوسطون في شراء العقارات والمؤسسات التجارية أو بيعها، والذين يتولون شراءها باسمهم وبيعها للمتاجرة.

2 الذين يؤجرون مؤسسة تجارية أو صناعية مجهزة بالمفروشات أو الأدوات اللازمة لاستثمارها، سواء تناول الإيجار كل العناصر غير المادية التي تتألف منها المؤسسة أو تناول جزءاً منها، أو لم يتناولها على الإطلاق.

3 الذين يستفيدون من عائدات استثمار المواد الموجودة في باطن الأرض.

ج- السماسرة والعملاء، والوسطاء، وبصورة عامة كل شخص حقيقي أو معنوي يتوسط في شراء أنواع الأموال كافة أو بيعها.

د- كل شخص حقيقي أو معنوي حصل على ربح من عمل يدر ريعاً غير خاضع لضريبة أخرى على الدخل.

[...]

الفصل الثالث
في تحديد الأرباح الخاضعة للضريبة

المادة 6
تفرض الضريبة على الربح الصافي الحاصل في السنة التي سبقت سنة التكليف وإن انقطع مصدر الربح خلال سنة التكليف أو قبلها.

المادة 7
إن الربح الصافي هو مجموع واردات المكلف الخاضعة للضريبة بعد تنزيل جميع النفقات والأعباء التي تقتضيها ممارسة التجارة أو الصناعة أو المهنة.
تشتمل هذه النفقات والأعباء بصورة خاصة على:
1 بدل شراء البضائع أو السلع المباعة، وبدل الخدمات المسداة أثناء السنة.
2 بدل إيجار المحل الذي تمارس فيه المهنة، أو قيمته التأجيرية إذا كان يخص المكلف.
3 فوائد القروض المعقودة مع الغير في سبيل العمل.
4 الرواتب والأجور، وكل ما يدفع للمستخدمين والعملة بدلاً عن خدماتهم أو تعويضاً عن صرفهم من الخدمة وفقاً للتشريع الخاص بالمستخدمين والعمال.
5 النفقات العامة المألوفة الأخرى، ومنها، بدل تأمين العمال والمستخدمين.
6 ما وضع قيد التحصيل في خلال السنة من ضرائب ورسوم مترتبة على المؤسسة أو المهنة، ما خلا الضرائب المنصوص عليها في هذا المرسوم الاشتراعي.
7 الاستهلاكات المحسوبة على أساس سعر الكلفة الأصلي لعناصر الأصول الثابتة المادية لدى المؤسسة.
يتخذ وزير المالية بناء على اقتراح مدير المالية العام قرارا بتحديد نسب هذه الاستهلاكات ضمن حدود قصوى ودنيا، ويحق للمكلف أن يختار النسبة أو النسب التي تتلاءم مع أوضاع مؤسسته، شرط أن يودع الدائرة المالية المختصة مسبقاً برنامج الاستهلاكات وإلا اعتبر أنه اختار نسبة الاستهلاك الدنيا.
وتبقى النسبة أو النسب المختارة ثابتة وإلزامية طوال المدة المحددة لتعادل قيمة الاستهلاك مع سعر الكلفة الأصلي.
أما الأصول الثابتة غير المادية، فلا يجوز استهلاكها إلا إذا كان متوجباً التخلي عنها بلا عوض عند حلول أجل معين، وعندئذ يجري استهلاكها على أقساط سنوية متساوية طوال المدة الباقية لحلول هذا الأجل.
8 مال الاحتياط المدخر لمواجهة خسائر الديون عند إعلان الإفلاس أو لدفع تعويضات الصرف من الخدمة، أو معاشات التقاعد، أو تعويضات الطوارئ، وفقاً للقوانين المرعية الإجراء.
ويجاز للمصارف ابتداء من اعمال 1977 إدخار مؤونة لمواجهة خسائر الديون المشكوك بتحصيلها قبل إعلان إفلاس المدين، ويعتبر الدين مشكوكاً بتحصيله بعد موافقة لجنة الرقابة على المصارف في مصرف لبنان بناء لطلب المصرف الدائن.
أما المبالغ المدخرة، التي لم تستعمل كلها أو بعضها للغاية التي خصصت من أجلها، أو التي لا يعود من موجب لبقائها في السنة اللاحقة فإنها تضاف إلى أرباح السنة المذكورة.
و يجاز للمؤسسات المالية ابتداء من اعمال عام 2004، ادخار المؤونة ذاتها، و ذلك بعد موافقة لجنة الرقابة على المصارف في مصرف لبنان، بناء لطلب المؤسسة الدائنة.

9 المبالغ التي يثبت أنها دفعت على سبيل الإسعاف أو التبرع أو الإحسان إلى مؤسسات خيرية أو اجتماعية أو ثقافية أو رياضية معترف بها رسمياً وذلك ضمن الحدود العامة التي تعين بمرسوم يتخذ في مجلس الوزراء.
تعتبر التبرعات والمساعدات والهبات بكاملها التي دفعت خلال عام 1993 والتي ستدفع في السنوات اللاحقة للدولة اللبنانية، نفقات وأعباء غير قابلة للتنزيل من أرباح السنة التي دفعت أو التي ستدفع خلالها.
10 الديون المستحقة التي يثبت هلاكها بالفعل بعد اتخاذ التدابير اللازمة لتحصيلها.
11 نفقات الإعلان والدعاية التجارية المثبتة بموجب مستندات نظامية وذلك ضمن حدود تعين بمرسوم يتخذ في مجلس الوزراء.
12 العلاوة المفروضة على إيرادات الأملاك المبنية لحسابات البلديات عملاً بالمادة 57 من قانون 1962/9/17 التي تترتب على شركات الأموال.

ولا يسمح بتنزيل ما يلي:

1 فوائد رأس المال والنفقات التي تزيد في قيمته ومنها النفقات على تحسين الموجودات ما لم تكن نفقات صيانة معتبرة عادة من النفقات العامة.
2 الضرائب أو الرسوم المدفوعة أو المستحقة لدولة أجنبية عن دخل حاصل في لبنان أو لأي سبب آخر.
3 الخسائر التي تصيب المكلف من جراء أعمال مؤسسات أو فروع أو وكالات أو مكاتب أو سواها واقعة خارج لبنان، سواء كانت تابعة له أو كان تابعاً لها وإن اقتصرت التبعية على الإشراف.
4 النفقات والأعباء التي لا يثبت المكلف أنه تحملها للمساهمة في أعمال مؤسسات أو فروع أو وكالات أو مكاتب أو سواها في الخارج سواء كان تابعاً لها أو كانت تابعة له.
5 النفقات الشخصية، ومنها المبالغ التي يقتطعها رب العمل أو الشريك أجرة له عن إدارة المؤسسة أو لنفقاته الخاصة.
6 تعويضات التمثيل التي تتجاوز 10 بالمئة من رواتب المستخدم الأساسية، وكذلك كل مبالغة أو زيادة عن الحدود المألوفة في الرواتب والأجور وسائر النفقات التي تقتضيها ممارسة التجارة أو الصناعة أو المهنة.
7 الضرائب الاستثنائية والغرامات الشخصية.

المادة 8

تعتبر إيرادات رؤوس الأموال المنقولة وإيرادات العقارات المبنية وغير المبنية التي تشكل جزءاً من أصول المهنة أو المؤسسة قسماً من الواردات التي تتناولها الضريبة.
أما إذا كانت هذه الإيرادات خاضعة في الأصل لإحدى الضرائب النوعية الأخرى على الدخل، وأضيفت إلى الأرباح عند تحققها، فإنه يمكن تنزيلها بكامل قيمتها في هذه الأرباح وعدم إخضاعها للضريبة المنصوص عليها في هذا الباب.

المادة 9

إن أنصبة الأرباح التي تحصل عليها شركات أموال لبنانية نتيجة حيازتها أسهماً وحصصاً في شركات أموال لبنانية أخرى، تنزل في كامل قيمتها من وارداتها الخاضعة للضريبة المنصوص عليها في هذا الباب لكنها تبقى خاضعة عند إعادة توزيعها للضريبة المنصوص عليها في المادة 72 مكررة جديدة من قانون ضريبة الدخل.

المادة 10

لأجل تحديد الربح الصافي الخاضع للضريبة يجب على كل مكلف، ملزم بمسك السجلات التجارية عملاً بقانون التجارة، أن يقدم تصريحاً عن ربحه الحقيقي أو عن مجموع وارداته، وفي الحالة الثانية تحدد الإدارة الربح الصافي الخاضع للضريبة بصورة مقطوعة بمعدل معين يطبق على مجموع الواردات.

أما المكلفون، غير الملزمين بمسك السجلات التجارية فتقدر أرباحهم الخاضعة للضريبة وفقاً لأحكام النبذة «ج» من الفصل الثالث من هذا الباب.

وإذا كان المكلف من أصحاب المهن غير التجارية وغير الصناعية، فعليه أن يقدم تصريحاً بمجموع وارداته ما لم يطلب تكليفه على أساس الربح الحقيقي وفقاً لأحكام النبذة (أ) من الفصل الثالث من هذا الباب.

ويكون الشريك، المتمتع بالأهلية في شركات التضامن أو التوصية وكذلك ولي كل شريك قاصر آلت إليه الشراكة عملاً بأحكام المادة 66 من قانون التجارة، مسؤولاً شخصياً عن تقديم التصريح المتعلق به، وتبقى شركة التوصية مسؤولة عن تقديم تصريح إجمالي بحصص باقي الشركاء الموصين في الأرباح والخسائر.

المادة 11

إن التصريح عن الربح الحقيقي إجباري على الفئات التالية من المكلفين وهم:

1 شركات الأشخاص وشركات الأموال وكذلك شركات الاستهلاك التعاونية والنقابات والتعاونيات الزراعية ذات الصبغة التجارية.
2 فروع المؤسسات المبينة في البند السابق عندما يكون مركزها في الخارج.
3 المصانع والمعامل وجميع المؤسسات الصناعية الاخرى التي تستخدم اكثر من اربعة اشخاص بصورة دائمة، الا ما كان منها مؤسسات حرفية.
4 المصارف والصيارفة والصرافون والأشخاص الذين يتعاطون أشغال الحسم أو الأعمال المصرفية.
5 المصدرون، والمستوردون، والتجار بالجملة ونصف الجملة، والعملاء، والوسطاء ووكلاء المعامل والبيوت التجارية.
6 التجار بالمفرق الذين يستخدمون في عملهم أكثر من أربعة أشخاص.
7 أصحاب مستودعات المواد الصيدلية والكيمائية.
8 مستثمرو مؤسسات الرهان (سباق الخيل، صيد الحمام إلخ...).
9 مستثمرو فنادق الدرجتين الأولى والثانية وفقاً للتصنيف الرسمي.
10 مستثمرو المسارح ودور السينما من الدرجتين الأولى والثانية وفقاً للتصنيف الرسمي.
11 دور النشر والمطابع التي تستخدم في عملها اكثر من اربعة اشخاص بصورة دائمة.
12 المطاحن التي تدار بغير الماء والهواء التي تستخدم اكثر من اربعة اشخاص بصورة دائمة.
13 مؤجرو المؤسسات المجهزة.

المادة 12

تكلف الفئات، غير المذكورة في المادة السابقة على أساس الربح المقطوع أو المقدر، غير أنه يحق لكل شخص أن يطلب تكليفه على أساس الربح الحقيقي، شرط أن يقدم طلباً بذلك قبل آخر كانون الثاني من سنة التكليف.

ولا يجوز لمن اختار طريقة التكليف على أساس الربح الحقيقي أن يطلب الرجوع في السنوات التالية إلى طريقة التكليف المقطوع أو المقدر.

أ- في التكليف على اساس الربح الحقيقي

المادة 13

يقدم التصريح عن الربح الحقيقي الى الدوائر المالية المختصة قبل اول نيسان من كل سنة، وقبل اول حزيران فيما يتعلق بشركات الاموال، ويضم اليه نسخة عن الميزانية، وخلاصة من حساب الارباح والخسائر، وبيان بالنفقات والاعباء الواجب تنزيلها عملا باحكام المادة (7) اما تقرير مفوضي المراقبة والبيانات التوضيحية العائدة له في الشركات الخاضعة لنظام مفوضي المراقبة بموجب احكام قانون التجارة فيقدم قبل اول ايلول من كل سنة. وعلى مفوضي المراقبة ان يلبوا في اقصر مهلة ممكنة كل طلب او معلومات او ايضاحات توجهه الدائرة المالية المختصة بضريبة الدخل اليهم بشان الرقابة التي اجروها، وذلك تحت طائلة تطبيق احكام المادة (108) من قانون ضريبة الدخل.

اما المكلفون من غير اصحاب المهن التجارية والصناعية الذين يستحيل عليهم تقديم الميزانية فيجب ان يضموا الى تصريحهم جدولا يبينون فيه مجموع وارداتهم غير الصافية ومجموع نفقات مهنتهم والاعباء القابلة التنزيل ومقدار ربحهم الصافي خلال السنة السابقة.

واما المؤسسات التي تتبع في قفل حساباتها بموافقة الدوائر المالية المختصة سنة تجارية غير السنة المدنية فانها تستفيد من المهلة المبينة في هذه المادة (ثلاثة اشهر او خمسة اشهر) على ان تبدأ هذه المهلة من تاريخ قفل الحسابات السنوي. ويمكن للادارة تمديد المهل المذكورة شهرا واحدا اذا وجدت اسبابا جوهرية تستوجب التمديد.

المادة 14

ان الربح الذي يجب التصريح عنه هو الربح الحقيقي الحاصل خلال السنة السابقة، او خلال مدة الاثني عشر شهرا التي بنيت على نتائجها الميزانية الاخيرة (وذلك اذا كانت هذه المدة تختلف عن السنة المدنية) وفي حالة مباشرة عمل جديد يجب التصريح عن الربح الحاصل بين تاريخ مباشرة العمل واخر كانون الاول من السنة السابقة سنة التكليف.

المادة 15

اذا تبين ان مؤسسات تابعة لمؤسسات واقعة خارج لبنان، او مشرفة على مؤسسات واقعة في الخارج تنقل قسما من ارباحها الى الخارج اما بزيادة اسعار البيع او الشراء، او بانقاصها، او باية وسيلة اخرى، فان الارباح المنقولة على هذه الصورة يجب ان تضاف عند فرض الضريبة الى الارباح المبينة في الحسابات.

واذا لم تتوفر الادلة الكافية لتحديد الربح الحقيقي، اتخذت ارباح المؤسسات المشابهة اساسا للمقارنة ولتحديد الربح، بالاضافة الى المظاهر الخارجية ومعلومات دوائر المالية المختصة.

المادة 16

اذا وقع عجز في سنة معينة اعتبر هذا العجز من اعباء السنة التالية ونزل من الربح الحقيقي الذي يكون قد حصل خلال السنة المذكورة، واذا لم يكف هذا الربح لتغطية العجز بكامله نزل رصيد العجز من ارباح السنة الثانية، واذا بقي منه شيء نزل من ارباح السنة الثالثة. ولا يمكن نقل هذا العجز او رصيده الى ما بعد السنة الثالثة التي تلي سنة وقوعه.

ويجب التصريح عن مقدار العجز ضمن المهلة المحددة للتصريح عن الربح الحقيقي، وعلى الشكل ذاته. الا انه يمكن بصورة استثنائية نقل العجز الحاصل خلال كل من سنتي 1975 و 1976 لمدة ثمان سنوات متتالية بدلا من ثلاث، على ان يغطى العجز المذكور تباعا خلال الفقرة المذكورة وفقا لما يلي:

باستعمال كامل ارباح السنوات الاربع الاولى. ثم باقتطاع مبلغ حده الاقصى خمسون بالمئة من ارباح المكلف السنوية خلال كل من السنوات الاربع الاخيرة.
ولايمكن نقل رصيد العجز المذكور الى ما بعد السنة الثامنة التي تلي سنة وقوعه، ويبقى رصيد الارباح الحاصلة خلال السنوات الاربع الاخيرة المذكورة اعلاه خاضعا للاحكام القانونية العادية.
وعند نقل العجز الحاصل خلال كل من السنتين 1976-1975 الى نتائج السنوات التالية، لا تدخل سنة 1978 اذا كانت نتيجتها عجزا في حساب السنوات الثماني المنصوص عليها في المرسوم الاشتراعي رقم 81 تاريخ 1977/6/22. ويستفيد المكلف في هذه الحالة من سنة اضافية تاسعة لنقل العجز.
كما يخضع نقل العجز اللاحق بالمكلفين بضريبة الدخل خلال عام 1978 للاحكام المنصوص عليها في المرسوم الاشتراعي رقم 81 تاريخ 1977/6/27 المتعلقةبالعجز الحاصل خلال كل من سنتي 1975 و1976.
الا انه يمكن بصورة استثنائية نقل العجز الحاصل خلال كل من سنتي 1981 و1982 لمدة ثمان سنوات متتالية بدلا من ثلاث، على ان يغطى العجز المذكور تباعا خلال الفترة المذكورة وفقا لما يلي:
باستعمال كامل ارباح السنوات الاربع الاولى. ثم باقتطاع مبلغ حده الاقصى خمسون بالمئة من ارباح المكلف السنوية خلال كل من السنوات الاربع الاخيرة.
ولا يمكن نقل رصيد العجز المذكور الى ما بعد السنة الثامنة التي تلي سنة وقوعه. ويبقى رصيد الارباح الحاصلة خلال السنوات الاربع الاخيرة المذكورة اعلاه خاضعا للاحكام القانونية العادية.
الا انه يمكن بصورة استثنائية نقل العجز الحاصل خلال كل من سنتي 1983و1984 لمدة ثماني سنوات متتالية بدلا من ثلاث على ان يغطى العجز المذكور تباعا خلال الفترة المذكورة وفقا لما يلي:
باستعمال كامل ارباح السنوات الاربع الاولى. ثم باقتطاع مبلغ حده الاقصى خمسون بالمئة من ارباح المكلف السنوية خلال كل من السنوات الاربع الاخيرة.
ولايمكن نقل رصيد العجز المذكور الى ما بعد السنة الثامنة التي تلي سنة وقوعه، وبيقى رصيد الارباح الحاصلة خلال السنوات الاربع الاخيرة المذكورة اعلاه خاضعا للاحكام القانونية العادية.
الا انه يمكن بصورة استثنائية نقل العجز الحاصل خلال اعمال كل من سنتي 1989و 1990 لمدة ثماني سنوات متتالية بدلا من ثلاث، على ان يغطى العجز المذكور تباعا خلال الفترة المذكورة وفقا لما ياتي:
باستعمال كامل ارباح السنوات الاربع الاولى.
ثم باقتطاع مبلغ حده الاقصى خمسون بالمائة من ارباح المكلف السنوية خلال كل من السنوات الاربع الاخيرة.
ولايمكن نقل رصيد العجز المذكور الى ما بعد السنة الثامنة التي تلي سنة وقوعه، ويبقى رصيد الارباح الحاصلة خلال السنوات الاربع الاخيرة المذكورة اعلاه خاضعا للاحكام القانونية العادية.

1- الا انه يمكن بصورة استثنائية نقل العجز الحاصل خلال الأعوام 2003 و 2004 لمدة سنة اضافية لكل سنة من هاتين السنتين، ونقل العجزالحاصل خلال اي من الأعوام 2005، 2006، 2007 و 2008 وفقا لما يأتي:
أ لمدة سبع سنوات إضافية أي عشرسنوات تلي سنة حصول العجز، للمؤسسات و الشركات التي دمرت من جراء الإعتداءات الإسرائيلية على لبنان التي حصلت خلال الفترة الممتدة من 12 تموز و لغاية 14 آب ضمناً من العام 2006.
ب أربع سنوات إضافية أي لمدة سبع سنوات تلي سنة وقوع العجز، لباقي المكلفين.
ج لا يمكن نقل أرصدة العجز المذكور في هذه الفقرة إلى ما بعد السنوات المحددة أعلاه.

2 أما بالنسبة للخسائر الناتجة عن الأضرار المباشرة التي لحقت بالأصلول الثابتة المادية و الناتجة سواء عن الأعمال الإرهابية أم الإعتداءات الإسرائيلية، و التي حصلت خلال الأعوام 2005، 2006، 2007 و 2008، فتعتبر من الأعباء القابلة للتنزيل من الأرباح و بالتالي يمكن نقل تلك الخسائر إلى السنوات الاحقة وفقاً للبند اللأول أعلاه.
تعتمد من أجل احتساب تلك الخسائر القيمة الدفترية الصافية كما هي مبينة في قيلود المكلف و تصاريحه أو في المستندات و السجلات المعاد تكوينها وفقاً لأحكام المادة الخاصة بإعادة تكوين المعلومات المحاسبية بالنسبة للمكلفين و الخاضعين الذين تضرروا من الإعتداءات الإسرائيلية من هذا القانون و ذلك بعد تدقيقها من قبل الدائرة المالية المختصة.

ب- في التكليف على اساس الربح المقطوع

المادة 17

على المكلفين، غير الخاضعين لطريقة التكليف على اساس الربح الحقيقي او على اساس الربح المقدر، ان يقدموا الى الدوائر المالية قبل اول شباط من كل سنة تصريحا عن مجموع وارداتهم الحاصلة خلال السنة السابقة.

المادة 18

يقصد بالواردات الواجب التصريح عنها للتكليف على اساس الربح المقطوع مقبوضات المكلف المتاتية من جميع العمليات التي قام بهاعلى اختلاف انواعها بصورة فعلية ونهائية خلال السنة السابقة لسنة التكليف، وعلى الاخص مجموع ما استوفاه المكلف ثمنا لبضائع او سلع او ادوات او لوازم باعها، وبدلا لما اجره منها، وكذلك ما استوفاه من عمولة او سمسرة او عائدات او فؤاد ناتجة مباشرة عن معاملات تجارية او فرق صرف او بدل اتعاب الخ...
اما الايرادات الخاضعة اصلا لضريبة نوعية اخرى على الدخل (فوائد مصرفية، فوائد قروض، ايرادات املاك مبنية الخ...) فتبقى خاضعة للضريبة النوعية الخاصة بها وتنزل بكاملها من الواردات الخاضعة لضريبة الباب الاول مع ما يقابلها من اعباء متعلقة مباشرة بالايرادات المذكورة.

المادة 19

يستخرج مجموع الواردات الواجب اتخاذه اساسا لتحديد الربح الصافي المقطوع من سجل اليومية المنصوص عليه في قانون التجارة، فيما يتعلق بالمكلفين الملزمين بمسك السجلات التجارية، او من السجل المنصوص عليه في المادة 20 التالية فيما يتعلق بالمكلفين من اصحاب المهن غير التجارية وغير الصناعية.

المادة 20

على كل مكلف من اصحاب المهن غير التجارية وغير الصناعية ان يمسك السجل اليومي المنصوص عليه في قانون التجارة وان يدون فيه وارداته اليومية المنصوص عليها في المادة 18 السابقة.
اما ارباب المهن المضطرون للمحافظة على سر المهنة فيحق لهم ان يكتفوا بتدوين تفصيل المبالغ المقبوضة واللى جانبها تاريخ قبضها دون ذكر اسماء الدافعين.
وتتولى اقلام المحاكم المختصة التاشير على سجلات جميع المكلفين وترقيمها من الخاضعين للضريبة على الارباح التجارية والصناعية وبصرف النظر عن طريقة التكليف التي يخضعون لها، كما يتولى الكتاب العدل ترقيم سجلات باقي المكلفين والتاشيرات عليها.

المادة 21
تتولى لجنة مركزها وزارة المالية تعيين المعدلات الواجب تطبيقها على مجموع الواردات لتحديد الربح الصافي المقطوع.
[...]

المادة 23
تحدد اللجنة لكل نوع من انواع التجارة او الصناعة او المهن او الاعمال معدلا سنويا وسطا.
تدون هذه المعدلات في جدول اجمالي يصدق بقرار من وزير المالية وينشر في الجريدة الرسمية.
وتعين بقرار من وزير المالية في كل سنة المهن التي يجوز للجنة اعادة النظر في المعدلات المحددة لها.
اما المهن الاخرى فتبقى معدلاتها نافذة.

ج- في التكليف على اساس الربح المقدر

المادة 24
تفرض الضريبة على المكلفين غير الخاضعين لطريقة التكليف الحقيقي او المقطوع اساس الربح المقدر.
[...]

المادة 26
لاجل تقدير الربح الصافي تستعين اللجنة بجميع المعلومات المستقاة عن المكلف ولها ان تستند الى مظاهر عيشه الخارجية، وان تستمتع اليه اذا رات حاجة الى ذلك.
وتضع اللجنة بالارباح المقدرة لوائح اسمية مصدقة تتخذ اساسا لفرض الضريبة.

المادة 27
يسري مفعول التقدير لمدة ثلاث سنوات متتالية.
ويجوز بناء على قرار صادر عن وزير المالية اعادة النظر في تقديرات اللجنة اذا حدثت اسباب اقتصادية موجبة.
[...]

الفصل الرابع
في حساب الضريبة

المادة 31
تفرض الضريبة على الربح الحقيقي أو المحدد بصورة مقطوعة بعد أن ينزل منه لكل شخص طبيعي من المكلفين مبلغ /7500000/ل.ل. سبعة ملايين وخمسمائة ألف ليرة. ويضاف إلى هذا التنزيل مبلغ /2500000/ل.ل. مليونين وخمسماية ألف ليرة للمكلف المتزوج و/500000/ل.ل. خمسماية ألف ليرة لكل ولد شرعي ما يزال على عاتقه ضمن الشروط الآتية:
- للذكور إذا لم يتجاوزوا سن الثامنة عشرة أو لغاية الخامسة والعشرين كحد أقصى للذين يتابعون دراسة جامعية .
- للذكور المصابين بعلة مقعدة ولا يقومون بعمل مأجور شرط إثبات العلة المقعدة بموجب شهادة طبية صادرة عن اللجنة الطبية الدائمة في وزارة الصحة.
- للإناث قبل زواجهن أو إذا كن أرامل أو مطلقات. على أن لا يتجاوز عدد الأولاد المستفيدين الخمسة.

- وإذا كانت زوجة المكلف تتعاطى مهنة أو تشغل وظيفة خاضعة للضريبة فيستفيد كل زوج من التنزيل المعطى للعازب، وإذا كان للزوجين أولاد على عاتقهما يعطى الوالد تنزيلاً إضافياً عن الأولاد وفقاً لأحكام الفقرة السابقة من هذه المادة.
في حال وفاة الوالد أو إصابته بعلة مقعدة مثبتة كما هو مبين أعلاه ولا يقوم بأي عمل مأجور فتعطى الوالدة التنزيل الإضافي عن الأولاد.
يطبق هذا التنزيل اعتباراً من أعمال سنة 1998/8/1.
وتستفيد كل شركة فعلية لبنانية من تنزيل واحد.
أما الضريبة على مكلفي الربح المقدر فتفرض بعد تنزيل سنوي يعادل التنزيل المعطى للمتزوج دون أولاد.

المادة 32

حدد معدل الضريبة على أرباح المهن التجارية والصناعية وغير التجارية على الصورة التالية:
- 4% (أربعة بالمئة) عن القسم الخاضع للضريبة الذي لا يتجاوز /9.000.000/ل. تسعة ملايين ليرة.
- 7% (سبعة بالمئة) عن القسم الخاضع للضريبة الذي يزيد عن /9.000.000/ل. تسعة ملايين ليرة ولا يتجاوز /24.000.000/ل. اربعة وعشرين مليون ليرة.
- 12% (اثنا عشر بالمئة) عن القسم الخاضع للضريبة الذي يزيد عن /24.000.000/ ل. أربعة وعشرين مليون ليرة ولا يتجاوز /54.000.000/ ل. أربعة وخمسين مليون ليرة.
- 16% (ستة عشر بالمئة) عن القسم الخاضع للضريبة الذي يزيد عن /54000.000/ ل. اربعة وخمسين مليون ليرة ولا يتجاوز /104.000.000/ل. ماية وأربعة ملايين ليرة.
- 21% (واحد وعشرين بالمئة) عن القسم الخاضع للضريبة الذي يزيد عن /104.000.000/ ل. ماية واربعة ملايين ليرة
أما أرباح شركات الأموال (الشركات المغفلة- الشركات المحدودة المسؤولية- شركات التوصية بالأسهم بالنسبة للشركاء الموصين) فتخضع لضريبة نسبية قدرها 15% (خمس عشرة بالمئة).
عند حساب الضريبة يترك من الربح الخاضع لها ما كان دون الألف ليرة. ولا تضاف أية علاوة على أصل الضريبة.
تطبق هذه المادة اعتباراً من إيرادات سنة 1999.

المادة 33

يضاف الى الضريبة على ارباح المهن التجارية والصناعية وغير التجارية، لحساب جميع البلديات، علاوة قدرها 15 بالمئة خمسة عشر بالمئة من الضريبة.

الفصل الخامس
في تنظيم جداول التكليف ودفع الضريبة

المادة 34

تفرض الضريبة باسم كل مكلف في مقامه او في المحل الذي يكون ممارسا فيه تجارته او صناعته او مهنته بتاريخ اول كانون الثاني من سنة التكليف.
واذا كان المكلف يملك اكثر من مؤسسة واحدة، او يتعاطى اعمالا متعددة، فرضت الضريبة على مجموع الارباح التي جناها في لبنان، واعتبرت مؤسسته الرئيسية مركزا للتكليف.

المادة 35

في شركات التضامن او التوصية اللبنانية القانونية يكلف شخصيا عن حصته في الاباح كل شريك متمتع بالاهلية، وكذلك كل شريك لا يتمتع بهذه الاهلية عندما تكون شراكته ناتجة عن تطبيق احكام المادة 66 من قانون التجارة ويكلف رصيد الارباح باسم الشركة.

غير ان الضريبة المفروضة باسم كل شريك تعتبر في جميع الاحوال ذمة على الشركة.

المادة 36

تفرض الضريبة بموجب جداول تكليف سنوية ويجري تحصيلها وفقا لاصول تحصيل الضرائب المباشرة والرسوم المماثلة لها.

ويجب الاعلان في الجريدة الرسمية والاذاعة والصحف عن وضع جداول التكليف الاساسية في التحصيل.

كما يرسل الى كل مكلف اعلام شخصي بتفصيل الضريبة المفروضة عليه. اما جداول التكليف الاخرى فلا يعلن عنها، بل يبلغ صاحب العلاقة الضريبة المترتبة عليه فيها بكتاب مضمون مع اشعار بالاستلام.

[...]

المادة 38

في حالة تفريغ المؤسسة الى الغير، سواء جرى ذلك مجانا او ببدل، سواء كان البيع اجباريا او اختياريا، يعتبر البائع والشاري مسؤولين بالتضامن عن تأدية الضرائب المترتبة على البائع عن السنة الجارية والسنين التي لم تسقط بمرور الزمن القانوني.

على ان التضامن المذكور لا يشمل التكاليف التي تفرض باسم البائع بعد انقضاء سنة على تاريخ البيع كما هو مسجل لدى الدوائر المالية المختصة.

وتطبق احكام هذه المادة، وكذلك احكام المادة 29 في حالة وفاة المكلف، وعلى الورثة عندئذ ان يقدموا المعلومات اللازمة لفرض الضريبة في مدة شهرين من تاريخ الوفاة.

المادة 39

ان ممثلي الاشخاص الحقيقيين والمعنويين الخاضعين للضريبة يعتبرون مسؤولين عن تأديتها.

المادة 40

من كان مسؤولا عن تأدية الضريبة بالنيابة عن مكلف اصلي، حق له ان يسترد ما دفعه من اصل المبالغ التي يقبضها او يحوزها لحساب ذلك المكلف، على ان يستفيد من الامتياز الذي تتمتع به الخزينة.

الفصل السادس

احكام متفرقة

المادة 41

ان المبالغ التي يتقاضاها في لبنان اشخاص او شركات او مؤسسات ليس لهم فيه محل لمزاولة المهنة، عن اعمال خاضعة لهذه الضريبة وكذلك الارباح والايرادات والحاصلات التي يجنونها في لبنان، تكلف وفقا لاحكام المادتين التاليتين:

المادة 42

يحدد المبلغ الصافي الخاضع للضريبة بخمس عشرة بالمئة (15%) من الواردات الأصلية المشار إليها في المادة السابقة بصورة مقطوعة، وبخمسين بالمئة (50%) منها إذا كانت لها صفة التعويض عن

خدمة وتقتطع الضريبة وتستوفى بمعدل خمس عشرة بالمئة (15%). ولا تضاف أي علاوة على أصل الضريبة.

المادة 43

على من يدفع اموالا خاضعة للتكليف وفقا للمادة 41 ان يصرح عن هذه الاموال ضمن المهلة المحددة للتصريح عن ارباحه الخاصة بعد ان يكون قد اقتطع منها الضريبة المحسوبة على اساس المادة 42 السابقة. يجب تسديد هذه الضريبة المقتطعة الى الخزينة مع التصريح.

المادة 44

ان مؤسسات التامين والتوفير على اطلاقها وكذلك مؤسسات الملاحة البحرية والبرية والجوية، التي تكون خاضعة للضريبة، ومصافي النفط، تكلف حتما على اساس الربح المقطوع وفقا لاحكام النبذة (ب) من الفصل الثالث من هذا الباب، ولا يحق لها ان تطلب تكليفها على اساس الربح الحقيقي وفقا لاحكام المادة 12.

وتعتبر مؤسسات التامين والتوفير مسؤولة عن الضريبة المتوجبة عليها، ولا يجوز لها الرجوع بها على المؤمنين عندها او المكتتبين فيها او المنتفعين من خدماتها، وذلك على الرغم من كل شرط او اتفاق مخالف مهما كان تاريخه.

يخضع متعهدو الاشغال العامة لطريقة التكليف على اساس الربح المقطوع بنسبة المبالغ التي يقبضونها فعلا من الصناديق العامة خلال السنة المدنية لقاء الاشغال التي يقومون بها، ولا يحق لهم الاستفادة من حق الاختيار المنصوص عليه في المادة 12.

المادة 45

اولا- للمؤسسات الخاضعة لطريقة التكليف بالربح الحقيقي ان تعيد كل خمس سنوات تخمين ما لديها من عناصر اصول ثابتة وفقا للاصول المحددة في قانون التجارة لتخمين المقدمات العينية في شركات الاموال.

يبلغ محضر التخمين الى الدائرة المالية المختصة التي يمكنها الاعتراض عليه امام لجنة الاعتراضات على ضريبة الدخل خلال ثلاثة اشهر من تاريخ التبليغ وعلى اللجنة المذكورة ان تصدر قرارها بشأن الاعتراض وتحديد التخمين النهائي خلال مهلة اقصاها ستة اشهر من تاريخ تقديم المؤسسة ملاحظاتها على تقرير المقرر، والا اعتبر محضر التخمين نافذا.

ثانيا- في حال تخمين عناصر الاصول الثابتة باعلى من سعر كلفتها الاصلي او من رصيده المتبقي بعد الاستهلاك، تعتبر الزيادة ربح تحسين.

لا يخضع هذا الربح لضريبة الدخل في اي من الحالتين التاليتين:

1 اذا بقي مستقلا في حساب خاص في كل من جانبي الاصول والخصوم من الميزانية.

2 اذا استعمل في تغطية خسائر ما تزال ظاهرة ومحددة في الميزانية وذلك ضمن حدود ما يستعمل منه في تغطية هذه الخسائر.

يخضع هذا الربح لضريبة الدخل بمعدل 10% في الحالات الاخرى. ويمكن عندئذ احتساب الاستهلاك على القيمة الجديدة الظاهرة بنتيجة اعادة التخمين.

ثالثا- يخضع ربح التحسين الناتج عن تفرغ كلي او جزئي لضريبة الدخل بمعدل 10% غير انه يحق للمكلف الذي يعيد توظيف هذا الربح او بعضه قبل انقضاء سنتين بعد السنة التي تحقق فيها ان يطلب تنزيل الضريبة المفروضة بقدر ما اعاد توظيفه منه في بناء مساكن دائمة لايواء المستخدمين

والاجراء العاملين في المؤسسة. تطبق في هذه الحالة احكام وشروط المادة 5 مكررة من قانون ضريبة الدخل.
كما يعفى ربح التحسين الناتج عن التفرغ بقدر ما يستعمل منه في اطفاء الخسائر اللاحقة بالمؤسسة.
ويمكن لشركات الاموال المكلفة على اساس الربح المقطوع ان تعيد كل خمس سنوات تخمين ما لديها من عناصر اصول ثابتة وفقا للاصول المحددة للمكلفين على طريقة الربح الحقيقي.
[...]

الباب الثاني
في الضريبة على الرواتب والاجور ومعاشات التقاعد
الفصل الاول
في الاشخاص والواردات الخاضعة للضريبة

المادة 46
تتناول الضريبة الرواتب والاجور والتعويضات والمخصصات ومعاشات التقاعد، العامة والخاصة والمخصصات لمدى الحياة، التي تترتب في الاراضي اللبنانية على.
1- صندوق عام، الى كل شخص مقيم في لبنان او في الخارج.
2- صندوق خاص، الى كل شخص مقيم في لبنان، وكذلك الى كل شخص مقيم في الخارج لقاء خدمات اديت في لبنان.

الفصل الثاني
في الاعفاء

المادة 47
تستثنى من الضريبة:
1- المخصصات التي يتناولها رجال الدين لقاء قيامهم بالطقوس الدينية.
2- الرواتب وملحقات الرواتب التي يقبضها سفراء الدول الاجنبية وممثلوها الديبلوماسيون وقناصلها وممثلوها القنصليون، والرعايا الاجانب من موظفيهم وذلك شرط المعاملة بالمثل.
3- الرواتب وملحقات الرواتب التي يقبضها العسكريون من اية رتبة كانوا التابعون لجيوش الدول الحليفة.
4- معاشات التقاعد التي تمنح لموظفي الدولة والمصالح العامة او المؤسسات العامة والخاصة وفقا لقوانين التقاعد وانظمته.
5- التخصيصات لمدى الحياة والتعويضات المؤقتة التي تدفع لضحايا حوادث العمل.
6- اجور اليد العاملة الزراعية.
7- اجور الخدم في المنازل الخاصة.
8- اجور الممرضين والممرضات والخدم في المستشفيات والمياتم والملاجئ وغيرها من مؤسسات التمريض والاسعاف.
9- تعويض الصرف من الخدمة المدفوع وفقا للقوانين النافذة في لبنان.
10- التعويضات العائلية المدفوعة وفقا للقوانين والانظمة النافذة.

الفصل الثالث
في تحديد الواردات الخاضعة للضريبة

المادة 48

تفرض الضريبة على الورادات الصافية التي حصلت للمكلف خلال السنة السابقة لسنة التكليف وان انقطع مصدر الواردات في سنة التكليف او قبلها.

المادة 49

يقصد بالواردات غير الصافية، مجموع الرواتب والاجور والتخصيصات والتعويضات والجوائز والاكراميات والمنافع النقدية والعينية.

المادة 50

لاجل تحديد الواردات الصافية، تنزل من الواردات غير الصافية المذكورة في المادة السابقة:

1 المبالغ المحسومة والمدفوعة للتقاعد وفقا للقوانين والانظمة النافذة.

2 التعويضات التي تعطي لقاء نفقات الوظيفة او التمثيل او النقل او الانتقال، وتعويضات مسؤولية الصندوق، وبدل العلف، وبدل الملبس وبصورة عامة جميع التعويضات المعطاة لتغطية النفقات المصروفة بمناسبة القيام بعمل تطلبته الخدمة.

3 50% (خمسون بالمئة) من المبالغ المدفوعة بدل ساعات طيران فعلي للطيارين وسائر افراد طاقم الطائرة الخاضعين للضريبة في لبنان.

4 منح التعليم، ومنح الولادة والمساعدات التي تمنحها المؤسسة بمناسبة زواج المستخدم او وفاة احد افراد عائلته، وذلك ضمن الشروط وحدود المبالغ المقررة في تعاونية موظفي الدولة، شرط ان تكون هذه التقديمات جارية بموجب نظام دائم شامل لكافة المستخدمين مصادق عليه من وزارة العمل.

[...]

المادة 58

حدد معدل الضريبة كما يأتي:

- 2% (اثنان بالمئة) عن قسم الواردات الصافية الخاضعة للضريبة الذي لا يتجاوز /6000.000/ ل. ستة ملايين ليرة.
- 4% (أربعة بالمئة) عن قسم الواردات الصافية الخاضعة للضريبة الذي يزيد عن /6000.000/ل. ستة ملايين ليرة ولا يتجاوز (15.000.000) ل. خمسة عشر مليون ليرة.
- 7% (سبعة بالمئة) عن قسم الواردات الصافية الخاضعة للضريبة الذي يزيد عن /15.000.000/ل. خمسة عشر مليون ليرة ولا يتجاوز /30.000.000/ل. ثلاثين مليون ليرة.
- 11% (احد عشر بالمئة) عن قسم الواردات الصافية الخاضعة للضريبة الذي يزيد عن /30.000.000/ ل. ثلاثين مليون ليرة ولا يتجاوز /60.000.000/ل. ستين مليون ليرة.
- 15% (خمسة عشر بالمئة) عن قسم الواردات الصافية الخاضعة للضريبة الذي يزيد عن /60.000.000/ل. ستين مليون ليرة ولا يتجاوز /120.000.000/ل. ماية وعشرين مليون ليرة.
- 20% (عشرون بالمئة) عن قسم الواردات الصافية الخاضعة للضريبة الذي يزيد عن /120.000.000/ ل. ماية وعشرون مليون ليرة.

يطبق هذا التعديل على أجور ورواتب الشهر الذي يلي تاريخ نفاذ قانون موازنة 1999.

[...]

الباب الثالث
الضريبة على دخل رؤوس الاموال المنقولة
الفصل الاول
في الايردات الخاضعة للضريبة

[المادة 68 مكررة][677]

أولاً: خلافاً لأي نص آخر، تخضع لأحكام قانون ضريبة الدخل خمسة بالمئة (5%):

1 فوائد و عائدات و إيرادات كافة الحسابات الدائنة المفتوحة لدى المصارف بما فيها حسابات التوفير (الإدخار) باستثناء الحسابات المفتوحة بإسم الحكومة و البلديات والمؤسسات العامة، و البعثات الدبلوماسية و القنصلية الأجنبية في لبنان.

2 فوائد و عائدات الودائع و سائر الالتزامات المصرفية بأي عملة كانت بما فيها تلك العائدة لغير المقيمين.

3 فوائد وإيرادات و عائدات حسابات الإئتمان و إدارة الأموال.

4 عائدات وفوائد شهادات الإيداع التي تصدرها جميع المصارف و سندات الدين التي تصدرها الشركات المغفلة.

5 فوائد وإيرادات و سندات الخزينة اللبنانية.

ثانياً: إذا كانت هذه الفوائد و العائدات والإيرادات داخله ضمن أرباح مؤسسات مصرفية أو مالية أو تجارية بموجب المادتين 8 و 70 من قانون ضريبة الدخل، فإنها تبقى خاضعة للضريبة المنصوص عليها في الفقرة (أولاً) أعلاه و تنزل قيمة الضريبة المسددة عنها من الضريبة على أرباح ممارسة المهنة.

ثالثاً: تستثنى من هذه الضريبة المبالغ المودعة لدى مصرف لبنان و التوظيفات لدى الحكومة من قبل دول أجنبية أو مؤسسات تابعة لها أو المؤسسات الدولية.

رابعاً: لا تسري أحكام هذه المادة على سندات الخزينة اللبنانية الصادرة بتاريخ سابق لنشر هذا القانون.

تحدد دقائق تطبيق هذه المادة بقرارات صادرة عن وزير المالية.

المادة 69

تتناول الضريبة على دخل رؤوس الاموال المنقولة مختلف ايرادات هذه الاموال وارباحها وفوائدها وعائداتها، ايا كانت تسميتها او جنسية المؤسسات التي انتجتها او محل اقامة من تؤول اليه، متى حصلت في لبنان او عادت الى مقيم فيه.

وتعني الايرادات والارباح والفوائد والعائدات المذكورة على الاخص:

1 الايرادات على اختلاف انوعها الناتجة عن الأسهم حصص الفوائد والتاسيس الصادرة عن الشركات المساهمة، او المؤسسات المالية والصناعية والتجارية والمدنية، وغيرها من الهيئات العامة والخاصة.

2 مخصصات اعضاء مجالس الادارة الماخوذة من الارباح.

3 اجور حضور المساهمين الجمعيات العمومية.

4 الاموال الماخوذة من الاحتياط او الارباح لاسترداد او استهلاك الاسهم او حصص الفوائد والتأسيس قبل التوقف عن العمل.

677 Es handelt sich nicht um eine gesetzliche Nummerierung.

5 توزيعات اموال الاحتياط والارباح على شكل اسهم مجانية او اي شكل اخر.
6 فوائد وعائدات ايرادات السندات والقروض الصادرة عن الدولة او البلديات وغيرها من الهيئات والمؤسسات العامة والخاصة، والشركات.
7 الجوائز والعلاوات المدفوعة الى الدائنين وحملة سندات الدين.
8 فوائد الديون التأمينية وعائداتها وايراداتها.
9 فوائد القروض المدنية والديون الممتازة والعادية وعائداتها وايرادتها، الا اذا نتجت عن معاملات تجارية.
10 فوائد التأمينات والودائع النقدية، اية كانت الوديعة وايا كان صاحبها، والحسابات الجارية، وعائداتها وايراداتها.

وتفرض الضريبة المحددة في هذه المادة حتى ولو كانت الشركة او المؤسسة او الهيئة او المصلحة معفاة من الضرائب قبل صدور هذا المرسوم الاشتراعي بموجب اتفاق مع الدولة أو احكام اشتراعية خاصة.

المادة 70

تخضع الفوائد والعائدات والارباح والايرادات الناتجة عن ممارسة المهنة لضريبة الباب الاول.
وفيما عداها، تتناول الضريبة على دخل رؤوس الاموال المنقولة كل ربح او ايراد او دخل راسمالي غير خاضع لضريبة اخرى على الدخل. ولا يستثنى منها الا ما كان معفيا بنص صريح في القانون.

الفصل الثاني
في الاعفاء

المادة 71

تستثنى من الضريبة:
1 ملغى.
2 المبالغ المدفوعة لرد اموال الدائنين والمساهمين، اذا كانت ماخوذة من غير حساب الارباح والخسائر او الاحتياط.
3 تسديدات اموال المساهمين والدائنين في الشركات ذات الامتياز، وان اقتطعت من الاحتياط او حساب الارباح والخسائر، متى كان سبب التسديد ناشئا عن وجوب تسليم المنشآت الى السلطة عند انتهاء مدة الامتياز بدون مقابل.
4 فوائد المبالغ المقيدة في دفاتر التوفير، شرط ان لا تتجاوز قيمة هذه الفوائد الف ليرة في السنة.
5 فوائد وعائدات الحسابات الجارية كافة المفتوحة لدى المصارف.
6 ايرادات السندات على الخزينة اللبنانية.

الفصل الثالث
في معدل الضريبة

المادة 72

حدد معدل الضريبة على دخل رؤوس الاموال المنقولة بعشرة بالمائة (10%) من الواردات غير الصافية ولا تضاف اية علاوة الى اصل الضريبة.
خلافا لاي نص آخر، تؤدى الضريبة على دخل رؤوس الاموال المنقولة عند تقديم التصريح عن الدخل الخاضع لها وتفرض هذه الضريبة بموجب اوامر قبض، ويمكن تنظم هذه الاوامر على سبيل التسوية.
تحدد دقائق تطبيق هذه الفقرة بموجب قرارات تصدر عن وزير المالية.

المادة 72 مكرر

تخضع توزيعات شركات الاموال اللبنانية لضريبة نسبية قدرها عشرة بالمئة (10%) في مطلق الاحوال حتى ولو كانت الشركة معفاة من ضريبة الباب الاول عملا بالمادتين 5و5 مكررة ولا تضاف اليها اية علاوة.

تستثنى من الضريبة على التوزيعات كل زيادة على راس المال ماخوذة من الارباح التي سبق خضوعها لضريبة الباب الاول او كانت معفاة من هذه الضريبة عملا بالمادتين 5 و5 مكرر.

كما تستثنى من الضريبة على التوزيعات الارباح المحققة قبل اعمال 1980 التي خضعت للضريبة التصاعدية المنصوص عنها في الباب الاول من قانون ضريبة الدخل او في قانون ضريبة الاملاك المبنية.

اما شركات الاموال الاجنبية العاملة في لبنان فتعتبر ارباحها موزعة بكاملها وتخضع للضريبة المنصوص عنها في هذه المادة بعد ان ينزل منها ما يلي:

- ضريبة الباب الاول المترتبة على الارباح.
- الاحتياطي البالغ 10% المنصوص عنه في المادة 133 من قانون النقد والتسليف الموضوع موضع التنفيذ بموجب المرسوم رقم 13513 تاريخ 1983/8/1.

تخفض توزيعات شركات الاموال اللبنانية النسبية، المنصوص عنها في الفقرة الاولى من المادة 72 مكررة، المعدلة بالقانون رقم 107 تاريخ 99/7/30 (قانون الموازنة) من (10%) عشرة بالمائة الى (5%) خمسة بالمائة في كل من الحالات التالية، شرط ان تتم هذه الحالات بعد صدور هذا القانون:

- عند قيام اية شركة مساهمة لبنانية بادراج اسهمها في بورصة بيروت وذلك اعتبارا من اول السنة تلي سنة تسجيل الاسهم.
- عند قيام شركة مساهمة لبنانية بتخصيص نسبة لا تقل عن 20% عشرون بالمائة من رأس مالها للشركات العربية المتداولة اسهمها في بورصات بلدانها، او للشركات الاجنبية المتداولة اسهمها في بورصات دول منظمة التعاون والتنمية الاقتصادية (O.C.D.E).
- عند قيام اية شركة مساهمة لبنانية باصدار شهادات ايداع (GDR) بما يوازي 20% على الاقل من عدد اسهمها في بورصة بيروت.

يجب ان لا تنخفض ضريبة التوازيعات على شركة معينة عن (5%) خمسة بالمائة حتى ولو توفرت فيها مجتمعة الشروط الواردة في الحالات اعلاه.

يعمل بهذا النص اعتبارا من اعمال سنة 2000.

الفصل الرابع
في الاسهم والسندات المالية اللبنانية

المادة 73

يحدد الدخل او الريع الخاضع للضريبة بما خص الاسهم والسندات المالية اللبنانية كما يلي:

1 فيما خص الاسهم على اختلاف انوعها وحصص التأسيس والمبالغ التي تقتطعها الشركات المساهمة اللبنانية من الارباح وما توزعه من الاحتياط:

يحدد الدخل بالاستناد الى بيانات مراقبي الحسابات، وقرارات جمعيات المساهمين العمومية، ومجالس الادارة، وما شاكلها من المستندات الاخرى.

2 في ما خص سندات الدين:

يستند الى الفائدة، او الدخل الموزع خلال السنة.

3 في ما خص جوائز السحب:

يستند الى مقدار الجائزة نفسها محررا بالعملة اللبنانية.

4 في ما خص جوائز التسديد:
يستند الى الفرق بين المبلغ المسدد وقيمة اصدار السند.

5 الغي هذا البند مع استثناء ربح التفرغ عن الأسهم فيما خص ربح التفرغ عن الاسهم الخاضع لضريبة الباب الثالث:
يستند الى الفرق بين كلفة تملك السهم وسعر التفرغ الفعلي عنه.

المادة 74

تتوجب الضريبة خلال الشهر الذي يلي تقرير دفع الارباح، او الفوائد، او العائدات، او غيرها من ايرادات الاسهم وحصص التأسيس. اما الضريبة على فوائد سندات الدين فتتوجب خلال شهر من تاريخ استحقاق هذه الفوائد.

المادة 75

على كل شركة، او مؤسسة، او هيئة عامة او خاصة، ان تسلف الضريبة الى الخزينة خلال المدة المبينة في المادة السابقة، على ان تستردها فيما بعد من حملة الاسهم او السندات.
ويجب ان تقدم عند الدفع المستندات التالية:

1 عن الاسهم: خلاصات عن بيانات مراقبي الحسابات، وعن قرارات جمعيات المساهمين العمومية او مجالس الادارة، وبصورة عامة، عن كل قرار يتعلق بتوزيع الريع او الاحتياط.

2 عن سندات الدين: جدول يحتوي على عدد السندات، وقيمة السند الاسمية، ومعدل الفائدة وتاريخ الاستحقاق.

3 عن جوائز السحب وجوائز التسديد: صورة طبق الاصل عن محضر السحب، وجدول يبين فيه عدد السندات المستهلكة في كل سحب وقيمة الاصدار، ومقدار الجوائز المستحقة والمبلغ الخاضع للضريبة.

المادة 76

ان الاشخاص الحقيقيين والمعنويين الذين لا يؤدون الضريبة ضمن المهلة القانونية، وفقا لاحكام المادة السابقة، او الذين يؤدونها ناقصة، يعتبرون مسؤولين مباشرة عن المبالغ غير المدفوعة، مضافا اليها غرامة قدرها ثلاثة بالمئة عن كل شهر تأخير، ويعتبر كسر الشهر شهرا كاملا.

الفصل الخامس
في الاسهم والسندات المالية الاجنبية

المادة 77

تخضع للضريبة جميع الاسهم الاجنبية وسندات الدين الاجنبية الخاصة والعامة التي يملكها اشخاص حقيقيون او معنويون يقيمون في لبنان، اجانب كانوا او لبنانيين.
ويقوم باقتطاع الضريبة لحساب الخزينة اي شخص حقيقي ومعنوي يتولى في الاراضي اللبنانية دفع ريع الاسهم والسندات المذكورة.

[...]

C. Anhang 3: Auszug aus dem libHGB

قانون التجارة البرية

مرسوم اشتراعي رقم 304 صادر في 1942/12/24

[...]

المادة 9

التجار هم اولاً: الاشخاص الذين تكون مهنتهم القيام باعمال تجارية. ثانياً: الشركات التي يكون موضوعها تجارياً.

اما الشركات التي يكون موضوعها مدنيا ولكنها اتخذت صفة الشركات المغفلة او شركات التوصية المساهمة فتخضع لجميع موجبات التجار المعينة في الفصلين الثاني والثالث الآتيين ولاحكام الصلح الاحتياطي والافلاس المقررة في الكتاب الخامس من هذا القانون.

[...]

الجزء الثالث

في التجار الذين لهم مركز رئيسي في الخارج وفروع
او وكالات في لبنان اية كانت جنسيتهم

المادة 28

كل تاجر له مركز رئيسي في بلاد خارجية وفرع او وكالة في لبنان يجب عليه اية كانت جنسيته ان يسجل اسمه خلال الشهر الذي يلي فتح الوكالة او الفرع في قلم المحكمة التي انشئت الوكالة في منطقتها ويجب ان يشتمل التصريح على جميع البيانات المتقدم ذكرها مع تعيين محل المركز الرئيسي.

وكذلك يجب ان تذكر في سجل التجارة جميع التعديلات المبينة فيما تقدم مع الاحكام والقرارات السابقة الذكر اذا كانت صادرة في لبنان او سوريا او مكتسبة صيغة التنفيذ في محاكمها.

الجزء الرابع

في الشركات التجارية الاجنبية التي لها فرع او وكالة في لبنان

المادة 29

كل شركة تجارية اجنبية لها فرع او وكالة في لبنان يجب تسجيلها في سجل التجارة ما عدا الشركات المغفلة وشركات التوصية ذات الاسهم الخاضعة لاحكام قرار المفوض السامي رقم 96 المؤرخ في **30** كانون الثاني سنة 1926.

وقبل افتتاح الفرع او الوكالة يجب على من يتولى ادارتها ان يودع قلم المحكمة تصريحا مكتوبا في نسختين مشتملا على امضائه وعلى جميع البيانات المتقدم ذكرها وان يضيف اليها اسمه وشهرته وتاريخ ولادته ومحلها مع ذكر جنسيته.

ويجب تسجيل جميع التغييرات المتعلقة بالمواضيع الواجب تسجيلها. وعند استبدال مدير الفرع يجب ان يسجل في سجل التجارة اسم المدير الجديد وشهرته وتاريخ ولادته ومحلها وجنسيته مع جميع البيانات الواجبة.

[...]

الكتاب الثاني
في الشركات التجارية
الباب الاول
احكام عامة

المادة 42
ان القواعد التي نص عليها قانون الموجبات فيما يختص بعقد الشركة تطبق على الشركات التجارية بشرط ان لا تكون تلك القواعد مخالفة لقواعد هذا القانون مخالفة صريحة او ضمنية.

المادة 43
جميع الشركات التجارية ما عدا شركات المحاصة يجب اثباتها بعقد مكتوب. على انه يجوز للغير عند الاقتضاء ان يثبت بجميع الوسائل وجود الشركة او وجود أي نص يختص بها.

المادة 44
ان الصكوك التأسيسية لجميع الشركات التجارية ما عدا شركات المحاصة - يجب نشرها باجراء المعاملات المبينة فيما يلي والا كانت باطلة.

المادة 45
ان جميع الشركات التجارية ما عدا شركات المحاصة تتمتع بالشخصية المعنوية.

الباب الثاني
شركات التضامن

المادة 46
شركة التضامن هي التي تعمل تحت عنوان معين لها وتؤلف ما بين شخصين او عدة اشخاص مسؤولين بصفة شخصية وبوجه التضامن عن ديون الشركة.

المادة 47
يجوز ان يكون الصك التأسيسي رسميا كما يجوز ان يكون ذا توقيع خاص على انه يجب في الحالة الاخيرة ان يكتب من الصك نسخ بقدر عدد الشركاء.

المادة 48
يجب في خلال الشهر الذي تتأسس فيه الشركة ان تودع صورة او نسخة من الصك التاسيسي لدى قلم المحكمة البدائية في منطقة مركز الشركة.

المادة 49
ويجب ايضا في خلال المهلة نفسها ان تسجل الشركة في السجل التجاري المختص بمنطقة مركزها.
ويكون هذا النشر موجزا ومشتملا على جميع المعلومات التي تهم معرفتها الغير وخصوصا:
1 اسم كل من الشركاء وشهرته وجنسية ومحل اقامته وعنوان الشركة.
2 شكل الشركة.
3 موضوعها.
4 مركزها الاصلي ومراكز فروعها ووكالاتها.
5 مبلغ راسمالها والقيمة المنسوبة الى مقدمات الشركاء العينية.

6 اسماء الشركاء او اسماء المفوضين الذين يوقعون عن الشركة.
7 تاريخ التأسيس ومدة الشركة.

المادة 50
اذا اجري فيما بعد تعديل في الصك التأسيسي وجب ايداع نسخة جديدة عنه لدى قلم المحكمة.
ووجب ايضا التسجيل في السجل التجاري اذا كانت هناك مدرجات تهم الغير.
[...]

المادة 55
انه فيما خلا التفرغات المنصوص عليها صراحة في الصك التأسيسي لا يجوز للشريك التفرغ للغير عن حصته في فوائد الشركة الا برضى جميع الشركاء وبشرط القيام بمعاملات النشر.
على انه يجوز لاحد الشركاء ان يحول للغير الحقوق والمنافع المختصة بنصيبه في الشركة لان هذا الاتفاق لا يكون له من مفعول الا بين المتعاقدين.

المادة 56
يعود الحق في ادارة الاشغال الى جميع الشركاء الا اذا كان نظام الشركة او صك لاحق يقضي بان تناط الادارة بشريك واحد او بعدة شركاء او بشخص اخر وان يكن اجنبيا عن الشركة.

المادة 57
يعزل مديرو الاشغال على الطريقة التي عينوا بها اما اذا كان العزل جائرا فانه يفتح سبيلا للمطالبة ببدل العطل والضرر على الشروط المبينة في المادة 822 من قانون الموجبات. واذا عين مدير جديد بدلا من مدير نظامي وجب نشر هذا الاستبدال.
[...]

المادة 61
اذا وجد عدة مديرين للاشغال، كان لكل منهم حق المعارضة في العمليات التي ينوي عقدها الاخرون.
وعندئذ يتخذ القرار بغالبية اصوات المديرين المذكورين، ما لم تكن المعارضة مبنية على اعتبار ان العمل المنوي اجراؤه ذو صفة مخالفة لنظام الشركة. ففي هذه الحالة يكون تقدير صفة العمل مختصا بالمحكمة.

المادة 62
تكون الشركة ملزمة بما يعمله مديروالاشغال كلما تصرفوا ضمن حدود سلطتهم ووقعوا بعنوان الشركة التجاري ولو كان استعمالهم بهذا التوقيع في سبيل مصلحتهم الشخصية ما لم يكن الشخص الثالث سيء النية.

المادة 63
يحق لدائني الشركة ان يقاضوها وانما يجب عليهم قبل ذلك ان يرسلوا اليها انذارا بطلب الايفاء. كما يحق لهم ان يقاضوا كل شريك كان في عداد شركائها وقت التعاقد. ويكون هؤلاء الشركاء ملزمين بالايفاء على وجه التضامن من ثرواتهم الخاصة.

المادة 64
ان اسباب الحل الشاملة لجميع الشركات هي:
1 انقضاء المدة التي اسست من اجلها الشركة.

2 انتهاء المشروع المراد اجراؤه على وجه مألوف.
3 زوال موضوع المشروع نفسه.
وعلاوة على ما تقدم يجوز دائماً للمحكمة ان تقضي بناء على طلب بعض الشركاء اما بحل الشركة لاسباب عادلة تقدر المحكمة مرماها واما باخراج احد الشركاء لعدم قيامه بموجباته نحو الشركة.

المادة 65

وتخضع شركات التضامن علاوة على ما تقدم لاسباب الحل الآتية:
1- مشيئة احد الشركاء اذا كانت الشركة مؤلفة لمدة غير محدودة وكان اعتزال هذا الشريك لا يعود بالضرر على مصالح الشركة المشروعة في الظروف التي يحدث فيها.
2- اذا طرأ على شخص احد الشركاء ما افقده الأهلية العامة.
3- افلاس احد الشركاء.
على انه يجوز لبقية الشركاء ان يقرروا باجماع الآراء استمرار الشركة فيما بينهم بمعزل عن الشريك الذي استقال او فقد الاهلية او افلس. وانما يجب عليهم حينئذ ان يجروا معاملة النشر القانونية.

المادة 66

اذا لم يكن في قانون الشركة نص مخالف فان شركة التضامن اذا توفي احد شركائها تستمر بين الاحياء من الشركاء ما لم يترك المتوفي زوجا او فرعا تصير اليه حقوقه. اما اذا كانت الحال على العكس فان الشركة تستمر مع زوج الشريك او فروعه وتكون لهم صفة شركاء التوصية.

[...]

الباب الثالث
في الشركات المغفلة

المادة 77

الشركة المغفلة هي شركة عارية من العنوان تؤلف بين عدد من الاشخاص يكتتبون باسهم أي اسناد قابلة للتداول ولا يكونون مسؤولين عن ديون الشركة الا بقدر ما وضعوه من المال.

المادة 78

- تخضع لقانون التجارة واعرافها كل شركة مغفلة ايا كان موضوعها.
يجب ان يكون لجميع الشركات المغفلة المؤسسة في لبنان مركز رئيسي في الاراضي اللبنانية وتكون هذه الشركات حكما رغم كل نص مخالف، من الجنسية اللبنانية.
يجب ان يكون ثلث رأسمال الشركات المغفلة التي يكون موضوعها استثمار مصلحة عامة اسهما اسمية لمساهمين لبنانيين ولا يصح التفرغ عن هذه الاسهم باية صفة كانت الا لمساهمين لبنانيين وذلك تحت طائلة البطلان.

الفصل الاول
في تأسيس الشركات المغفلة

المادة 79

لا يجوز ان يقل عدد المؤسسين عن ثلاثة، ويمنع على اي شخص ان يشترك في تأسيس شركة مغفلة اذا كان قد اعلن افلاسه ولم يستعد اعتباره منذ عشر سنوات على الاقل او اذا كان محكوما عليه في لبنان او في الخارج منذ اقل من عشر سنوات لارتكابه او لمحاولة ارتكابه جناية او جنحة تطبق عليها عقوبات الاحتيال او اختلاس اموال او قيم او اصدار شيكات دون مؤونة عن سوء نية او النيل من مكانة الدولة

المالية بمعنى المادتين 319 و320 من قانون العقوبات او اخفاء الاشياء المحصول عليها بواسطة هذه الجرائم.
تطبق نفس الشروط على ممثلي الاشخاص المعنويين الذين يشتركون في تأسيس الشركة.
يسأل المؤسسون بالتضامن عن الالتزامات التي تعقد والنفقات التي تبذل لاجل تاسيس الشركة ولا يحق لهم ان يرجعوا بها على المكتتبين اذا لم تؤسس الشركة.

المادة 80
مع مراعاة احكام القوانين والانظمة التي تخضع ممارسة بعض النشاطات لترخيص مسبق، لا يحتاج تأسيس الشركات المغفلة الى الترخيص من السلطات الادارية.
يجب ان يودع ويسجل نظام الشركة المغفلة وكل تعديل لا حق لدى الكاتب العدل التابع له مركز الشركة الرئيسي.

المادة 81
يجب على المؤسسين قبل كل دعوة توجه الى الجمهور لاجل الاكتتاب برأسمال الشركة ان ينشروا في الجريدة الرسمية وفي صحيفتين احداهما يومية محلية والثانية اقتصادية، بيانا يشتمل على توقيع كل منهم وعنوانه ويتضمن على الاخص تسمية الشركة ومركزها الرئيسي ومراكز فروعها وموضوعها ومدتها مقدار راسمالها وثمن الاسهم والمعجل منه وقيمة المقدمات العينية وبند الفائدة المحددة وشروط توزيع الارباح وعدد اعضاء مجلس الادارة ومرتباتهم المقررة في نظام الشركة وصلاحياتهم.
ويجب ايضا ان تدرج الايضاحات التي يحتوي عليها البيان في وثيقة الاكتتاب الشخصية وشهادة السهم والاعلانات الملصقة والاذاعات والمناشير مع الاشارة الى اعداد الصحف التي نشر فيها البيان.

المادة 82
كل مخالفة لاحكام المادة السابقة تستوجب دفع غرامة من الف الى خمسة آلاف ليرة لبنانية، يحق للمحكمة أن تلغي عند الاقتضاء الاكتتابات المعقودة.

المادة 83
لا يجوز ان يكون راس مال الشركة المغفلة اقل نم ثلاثين مليون ليرة لبنانية ويجب الاكتتاب به كاملا.

المادة 84
ان الثمن الادنى للسهم او لجزء منه هو الف ليرة لبنانية وعلى كل مكتتب ان يعجل مبلغ الربع على الاقل من مجموع ثمن اسهمه.

المادة 85
يجب على المؤسسين ان يودعوا المبالغ المدفوعة من المكتتبين قبل تأسيس الشركة بوجه نهائي في أحد المصارف المقبولة بشكل حساب مفتوح باسم الشركة مع جدول المكتتبين والمبلغ المدفوع من كل منهم.
تسحب هذه المبالغ بعد تأسيس الشركة بامضاء الشخص او الاشخاص المعينين في نظام الشركة وذلك بعد ابراز نسخة مصدقة عن النظام وعن مرسوم الترخيص وعن محضر الجمعية التأسيسية.
في حال عدم الايداع او سحب كل او بعض المبالغ المودعة او التصرف بها قبل الانتهاء من تاسيس الشركة يعاقب المخالفون بغرامة تعادل عشرة بالماية من قيمة المبلغ غير المودع او المسحوب او المتصرف به ويتعرضون عند الاقتضاء لعقوبات اساءة استعمال الائتمان او الادارة غير النزيهة فضلا عن المسؤولية المدنية التي ترتبها عليهم هكذا اعمال.

اذا لم تؤسس الشركة في مدة ستة اشهر من تاريخ الترخيص يحق لكل مكتتب ان يراجع قاضي الامور المستعجلة لتعيين مدير موقت يعهد اليه بسحب المبالغ وارجاعها الى المكتتبين بعد حسم نفقات التوزيع.

المادة 86

ان صحة تخمين المقدمات العينية تخضع لتقدير خبير او عدة خبراء يعينهم رئيس محكمة المنطقة التابع لها مركز الشركة بموجب قرار يصدره بناء لطلب المؤسسين ويجب اختيار الخبير او الخبراء من لائحة الخبراء المقبولين رسميا لدى المحكمة.

يحرم منح منافع خاصة لاي شخص في نظام الشركة.

[...]

الفصل الثالث -في سير اعمال الشركات المغفلة

الجزء الاول - في اعضاء مجلس الادارة

المادة 144

يقوم بادارة الشركة المغفلة مجلس ادارة يؤلف من ثلاثة اعضاء على الاقل واثني عشر على الاكثر.

مع الاحتفاظ بما قد تسنه شرعة خاصة ببعض الشركات المغفلة يجب ان تكون اكثرية اعضاء مجلس الادارة من الجنسية اللبنانية.

على مجلس الادارة ان يعين احد اعضائه للرئاسة.

المادة 145

ويتناولون اجرهم اما بتعيين مرتب سنوي لهم واما بتعيين مبلغ مقطوع عن كل جلسة يحضرونها واما بتخصيص معدل نسبي من الارباح الصافية واما بطريقة تجمع بين هذه المنافع المختلفة.

اما الارباح التي يؤخذ منها المعدل النسبي المخصص باعضاء مجلس الادارة فيجب ان لا تشمل في الاصل الا الحاصلات الصافية للاستثمار الذي يكون موضوع الشركة.

وعلى ذلك لا يجوز ان يندمج فيها دخل ملف الاوراق المالية الا بوجه استثنائي وبناء على قرار خاص تصدره الجمعية العمومية وتجدده في كل سنة.

المادة 146

ان جمعية المساهمين العمومية هي التي تنتخب اعضاء مجلس الادارة على ان الاعضاء الاولين يجوز تعيينهم في نظام الشركة.

في الفترة التي تقع بين جمعيتين سنويتين اذا قل عدد الاعضاء العاملين بسبب الوفاة والاستقالة او غيرهما من الاسباب عن نصب العدد الادنى المعين في النظام او عن ثلاثة وجب على الاعضاء الباقين دعوة الجمعية العمومية في خلال شهرين على الاكثر لاملاء المراكز الشاغرة.

المادة 147

تنتخب الجمعية العمومية اعضاء مجلس الادارة من المساهمين الذين يملكون من عدد الاسهم حد ادنى يعينه نظام الشركة.

وتبقى الاسهم اسمية ويلصق عليها طابع يشير الى عدم جواز التفرغ عنها وتودع في صندوق الشركة وتخصص لضمان مسؤولية مودعيها عن الاخطاء الادارية سواء اكانت مسؤولية شخصية او مشتركة.

المادة 148
لا يجوز اختيار احد عضوا في مجلس الادارة اذا كان قد اعلن افلاسه ولم يستعد اعتباره منذ عشر سنوات علىالاقل او اذا كان محكوما عليه في لبنان او في الخارج منذ اقل من عشر سنوات لارتكابه او لمحاولة ارتكابه جناية او جنحة بمادة تزوير او سرقة او احتيال او اساءة ائتمان او جنحة تطبق عليها عقوبات الاحتيال او اختلاس اموال او قيم او اصدار شيكات دون مؤونة عن سوء نية او النيل من مكانة الدولة المالية بمعنى المادتين 319 و320 من قانون العقوبات او اخفاء الاشياء المحصول عليها بواسطة هذه الجرائم.
وتطبق نفس الشروط على ممثلي الاشخاص المعنويين في مجلس الادارة.

المادة 149
ان اعضاء مجلس الادارة المعينين بمقتضى نظام الشركة تكون مدة تعيينهم خمس سنوات على الاكثر.
أما الذين يعينون بقرار جمعية المساهمين فمدتهم ثلاث سنوات على الاكثر. ويمكن تجديد انتخابهم.
ويجوز ان يشتمل نظام الشركة على تنظيم خاص بتجديد هيئة مجلس الادارة تجديدا جزئيا.

المادة 150
ان اعضاء مجلس الادارة قابلون للعزل المجرد عن كل سبب. وكل نص مخالف لا يعتد به.
[...]

المادة 153
يقوم رئيس مجلس الادارة بوظيفة مدير عام ويعود للرئيس ان يقترح على المجلس تعيين مدير عام سواه، الا ان هذا المدير يقوم بوظيفته لحساب الرئيس وعلى مسؤوليته الشخصية.
لرئيس مجلس الادارة ان يعين لجنة استشارية تؤلف اما من اعضاء مجلس الادارة واما من المديرين المعينين من خارج المجلس واما من اعضاء مجلس الادارة والمديرين.
يكلف اعضاء هذه اللجنة درس المسائل التي يحيلها اليهم الرئيس على ان رأي هذه اللجنة لا يقيد الرئيس او المجلس.
عندما يكون الرئيس في حالة يتعذر معها القيام مؤقتا بوظائفه فيمكن ان ينتدب لها كلها او لجزء منها احد اعضاء مجلس الادارة، على ان هذا الانتداب يجب ان يكون على الدوام لمدة محدودة.
أما اذا كان الرئيس في حالة لا يستطيع معها القيام بوظائفه بوجه نهائي فلمجلس الادارة ان يعتبره مستقيلا وان ينتخب سواه.
يجوز لاعضاء مجلس الادارة اشغال مناصب ادارية في الشركة لقاء اجر يحدده مجلس الادارة الا ان هؤلاء لا يستفيدون من احكام قانون العمل ما لم يكونوا اجراء لدى الشركة منذ سنتين على الاقل عند توليهم عضوية مجلس الادارة.
[...]

المادة 157
لمجلس الادارة الصلاحيات الواسعة لانفاذ مقررات الجمعية العمومية والقيام بجميع الاعمال التي يستوجبها سير المشروع على الوجه المألوف والتي لا تعد من الاعمال اليومية وليس لهذه الصلاحيات من حد او تحفظات الا ما هو منصوص عليه في القانون او في نظام الشركة.
ان رئيس مجلس الادارة وعند الاقتضاء المدير العام او العضو المنتدب عملا باحكام الفقرة الرابعة من المادة 153 يمثل الشركة لدى الغير ويقوم بانفاذ مقررات مجلس الادارة وبتسيير اعمال الشركة اليومية كما هي مبينة في النظام او العرف، تحت اشراف ومراقبة مجلس الادارة.

لمجلس الادارة ان يفوض بعض صلاحياته لرئيس مجلس الادارة او للمدير العام المعاون لمدة قصيرة ومحدودة على ان يخضع هذا التفويض للنشر في سجل التجارة.
تلزم الشركة بما يجريه ممثلوها ضمن نطاق صلاحياتهم. اما فيما يتجاوز هذا النطاق فلا تلزم الا بالاعمال التي ترخص بها او تصادق عليها جمعية المساهمين العمومية.
[...]

المادة 172
تعين الجمعية التأسيسية ثم الجمعيات العادية التي تليها مفوضا او عدة مفوضين للمراقبة ولا يجوز ان يستمروا في وظيفتهم الا سنة واحدة. على انه يمكن تجديد انتخابهم.
[...]

المادة 196
تعقد الجمعية العادية في كل عام بعد انتهاء السنة المالية للبت في حسابات اعضاء مجلس الادارة وتوزيع انصبة الارباح وتعيين مفوضين جدد للمراقبة وتعيين اعضاء مجلس الادارة عند انتهاء وكالتهم.
ويمكن عقدها ايضا في اثناء السنة المالية عند حدوث ظروف غير منتظرة بشرط ان لا تكون غايتها تعديل نظام الشركة.
[...]

الفصل الرابع
في حل الشركات المغفلة

المادة 216
تحل الشركات المغفلة بحلول الاجل المعين لها او باتمام المشروع الذي الفت من اجله او باستحالة اتمامه.
وتحل ايضا بمشيئة الشركاء المعبر عنها في جلسة عمومية بالشروط المبينة في المادتين 202 و204، كما انها تحل في جميع الحالات الخاصة المنصوص عليها في النظام.
اذا خسرت الشركة ثلاثة ارباع راس المال وجب على اعضاء مجلس الادارة ان يعقدوا جمعية عمومية غير عادية تقرر ما اذا كانت الحالة تستوجب حل الشركة قبل الاجل او تخفيض راس المال او اتخاذ غير ذلك من التدابير المناسبة. **[...]**

الباب الرابع
شركات التوصية

المادة 226
شركة التوصية التي تقوم باعمالها تحت عنوان تجاري تشمل فئتين من الشركاء اولاهما فئة الشركاء المفوضين الذين يحق لهم دون سواهم ان يقوموا باعمالها الادارية وهم مسؤولون بصفتهم الشخصية وبوجه التضامن عن ايفاء ديون الشركة. والثانية فئة الشركاء الموصين الذين يقدمون المال ولا يلزم كل منهم الا بنسبة ما قدمه.

المادة 227
شركات التوصية نوعان: شركة التوصية البسيطة، وشركة التوصية المساهمة.

المادة 228
تعلن شركة التوصية للجمهور تحت عنوان تجاري لا يشتمل الا على اسماء الشركاء المفوضين. واذا لم يكن هناك الا شريك مفوض واحد فيمكن اضافة كلمة "وشركاؤه" الى اسمه.
واذا تسامح الشريك الموصي بادراج اسمه في عنوان الشركة اصبح مسؤولا كشريك مفوض تجاه كل شخص ثالث حسن النية.

المادة 229
ان الشركاء المفوضين سواء كانوا جميعهم يديرون اعمال الشركة او كان يديرها احدهم او عدد منهم بالنيابة عن الجميع يخضعون لنفس النظام القانوني الذي يخضع له اعضاء شركة التضامن.

المادة 230
لا يجوز للشريك الموصي ان يتدخل في ادارة اعمال الشركة تجاه الغير ولو كان تدخله مسنداً الى توكيل.
واذا خالف حكم هذا المنع اصبح مسؤولا بوجه التضامن حتى النهاية مع الاعضاء المفوضين عن الالتزامات الناشئة عن عمله الاداري فتكون التبعة الملقاة عليه اما محصورة في النتائج الناجمة عن الاعمال التي تدخل فيها واما شاملة لجميع ديون الشركة على نسبة عدد تلك الاعمال وجسامتها.
على ان مراقبة اعمال مديري الاشغال، والآراء والنصائح التي تسدى اليهم، والترخيص لهم في اجراء اعمال تتجاوز حدود سلطتهم كل ذلك لا يعد من اعمال التدخل.

المادة 231
تخضع شركة التوصية البسيطة للقواعد الموضوعة لتأسيس شركات التضامن ولحلها حتى فيما يختص بالشركاء الموصين.

المادة 232
اما شركات التوصية المساهمة فيقسم راس مالها الى اسهم ويكون الشريك الموصي فيها خاضعا للنظام القانوني الذي يخضع له المساهم في الشركات المغفلة.

المادة 233
ان شركات التوصية المساهمة ايا كان موضوعها تخضع لقانون التجارة وعرفها.

المادة 234
تطبق على تأسيس وسير اعمال شركات التوصية المساهمة القواعد القانونية المختصة بالشركات المغفلة.

المادة 235
جميع الموجبات التي يفرضها القانون على اعضاء مجلس الادارة في الشركة المغفلة تطبق على مديري اعمال شركة التوصية المساهمة.

المادة 236
يجب ان يكون عدد مفوضي المراقبة ثلاثة على الاقل ومن جملتهم خبير الحسابات الذي يعينه رئيس المحكمة بموجب قرار. ولا يجوز اختيارهم من الشركاء المفوضين.
ويجتمعون بهيئة مجلس كلما قضت باجتماعهم المراقبة والتحقيقات التي يجب عليهم القيام بها.

اما مدة وظيفة مجلس المراقبة فتعين في نظام الشركة، على ان المجلس الاول لا يعين الا لمدة سنة واحدة.

المادة 237
جميع قرارات الجمعيات العمومية - ما عدا القرارات المتعلقة بتصديق الاعمال الادارية تفيد ضمنا موافقة الشركاء المفوضين الشخصية طبقا للقواعد المعينة في نظام الشركة.

[...]

الباب السادس
في شركات المحاصة

المادة 247
تتميز شركة المحاصة عن الشركات التجارية الاخرى بان كيانها منحصر بين المتعاقدين وبانها غير معدة لاطلاع الغير عليها.

المادة 248
ان الاتفاقات التي تعقد بين ذوي الشأن تعين بحرية تامة الحقوق والموجبات المتبادلة بين الشركاء وتقاسم الارباح والخسائر فيما بينهم مع الاحتفاظ بتطبيق المبادئ العامة المختصة بعقد الشركة.

المادة 249
يمكن اثبات وجود الاتفاقات المتقدم ذكرها بجميع طرق البينة المقبولة في المواد التجارية.

المادة 250
لا تخضع شركات المحاصة لمعاملات النشر المفروضة على الشركات التجارية الاخرى.

المادة 251
لا تعتبر شركة المحاصة شخصا معنويا.

المادة 252
لا يكون للغير رابطة قانونية الا بالشريك الذي تعاقد معه.
على ان شركة المحاصة التي تتعرف الى الغير بهذه الصفة يجوز ان تعامل بالنظر اليه كشركة فعلية.

المادة 253
لا يجوز ان تصدر الشركة اسهما او اسنادا قابلة للتفرغ او التداول لمصلحة الشركاء.

الباب السابع
الشركات المحدودة المسؤولية

المادة 1
الشركة المحدودة المسؤولية هي شركة تجارية تؤلف بين شركاء لا يتحملون الخسائر الا بمقدار مقدماتهم.

المادة 2
تخضع الشركة المحدودة المسؤولية للقوانين والاعراف التجارية وللاحكام المعينة بهذا المرسوم الاشتراعي. وتثبت هذه الشركة بسند رسمي او سند عادي وتسجل في السجل التجاري.

المادة 3
يمنع على هذه الشركة اثبات حصص الشركاء باسناد قابلة للتداول اسمية كانت او لامر او لحاملها ، كما يمنع عليها ان تصدر لحسابها عن طريق اكتتاب علني اية قيم منقولة او اسهم او اسناد دين او حصص تأسيس وما ماثلها.

المادة 4
لا يجوز ان يكون موضوعا لهذه الشركة القيام بمشاريع الضمان و الاقتصاد و التوفير و النقل الجوي المنظم و العمليات المصرفية وتوظيف الرساميل لحساب الغير.

المادة 5
تعقد هذه الشركة بين ثلاثة اشخاص او اكثر على ان لا يتجاوز عدد الشركاء العشرين الا في حالة انتقال الحصص بالارث. على انه اذا زاد عدد الشركاء عن ثلاثين وجب، في مهلة سنتين، تحويل الشركة الى شركة مساهمة فاذا لم تحول وجب حلها. يسقط الحق في طلب حل الشركة للسبب المبين بالفقرة السابقة اذا زال سببه في المهلة المحددة.

المادة 6
يعين اسم الشركة بتعيين موضوع مشروعها او باعتماد عنوان مشترك يتضمن اسم شريك او اكثر من الشركاء .يجب ان يذكر بوضوح بجانب اسم الشركة في كافة الاوراق والاعلانات و النشرات وسائر الوثائق التي تصدر عن الشركة العبارة التالية: "شركة محدودة المسؤولية" مع بيان مقدار رأس مالها. يعاقب على مخالفة الاحكام السابقة بغرامة تتراوح بين الف ليرة وثلاثة الاف ليرة. واذا نشأ عن هذه المخالفة خداع الغير في نوع الشركة جاز تطبيق الاحكام المتعلقة بشركات التضامن لتحديد موجبات الشركاء.

المادة 7
لا يجوز ان يقل رأس مال الشركة المحدودة المسؤولية عن خمسة ملايين ليرة لبنانية ويوزع رأس المال مهما كان مقداره الى حصص متساوية . اذا نقص رأس المال لاي سبب كان عن الخمسة ملايين ليرة لبنانية وجب في مهلة سنة اكماله او تحويل الشركة الى نوع آخر باستثناء الشركة المغفلة. فاذا لم تقم الشركة باحد هذين الموجبين جاز لكل ذي مصلحة حلها قضائيا بعد انذار يوجهه الى مديرها لاجل اصلاح وضعها .

المادة 8
لا تعتبر الشركة مؤسسة بصورة نهائية الا بعد توزيع الحصص بين الشركاء وتعيين عدد حصص كل منهم وتحرير قيمتها بكاملها وايداع المبالغ المدفوعة في احد المصارف. يجب ان يعلن المؤسسون صراحة في نظام الشركة ان جميع هذه الشروط قد توفرت . لا يجوز لمدير الشركة ان يسحب المبالغ المودعة قبل تسجيل الشركة في السجل التجاري. واذا لم يتم هذا التسجيل في مهلة ستة اشهر من تاريخ اول ايداع جاز لكل من الشركاء الالتجاء الى قاضي الامور المستعجلة بطلب الترخيص له باسترداد ما دفعه.

المادة 9
يجوز ان تكون خدمات الشركاء نقدية او عينية. ويمنع ادخال اجارة الخدمة او الصناعة في عداد المقدمات.
عند وجود مقدمات عينية يجب تحديد قيمة هذه المقدمات في نظام الشركة والاستعانة برأي خبير او عدة خبراء تعينهم محكمة الدرجة الاولى في منطقة مركز الشركة لاجل التحقق من صحة تحديد تلك القيمة.
يوضع تقرير الخبراء تحت تصرف الشركاء العتيدين ويعود لهؤلاء ان يعدلوا عن تعهدهم بالتشارك اذا كان تخمين المقدمات يفوق قيمتها الحقيقية بأكثر من عشرين بالمئة.

المادة 10
يسأل اصحاب المقدمات العينية والمديرون الاولون والخبراء بالتضامن تجاه الغير ولمدة خمس سنوات من تاريخ التأسيس عن عدم صحة تقدير قيمة المقدمات المذكورة وقت تأسيس الشركة. يتعرض للمسؤولية ذاتها كل شريك جديد يصادق على ميزانية او جردة سنوية تحدد قيمة المقدمات او مقدمات اخرى جديدة بأكثر مما هي بالواقع، وذلك خلال خمس سنوات من تاريخ توقيع الميزانية او الجردة.

المادة 11
تخضع الشركة المحدودة المسؤولية لنفس قواعد النشر التي تخضع لها الشركة المساهمة ولنفس عقوبات البطلان و المسؤولية الملقاة على عاتق من اهمل مراعاة الاحكام القانونية.

المادة 12
تعتبر باطلة وبدون مفعول بين الشركاء كل شركة محدودة المسؤولية تؤسس خلافا للشروط المبينة بالمواد السابقة. الا انه لا يجوز للشركاء ان يتذرعوا ببطلانها ازاء الغير.

المادة 13
عندما يعلن بطلان الشركة عملا باحكام المادة السابقة يكون الشركاء الذين تسببوا بالبطلان و المديرون الاولون و المؤسسون مسؤولين بالتضامن تجاه الغير وتجاه الشركاء الاخرين عن الضرر الناتج عن البطلان . لا تسمح دعوى البطلان اذا كان سببه قد زال قبل اقامة الدعوى . ويبقى بالامكان ازالة ذلك السبب خلال المحاكمة وقبل صدور حكم محكمة الدرجة الاولى. اذا كانت ازالة البطلان تستلزم دعوة جمعية الشركاء فإن دعوى البطلان يقف سيرها ابتداء من تاريخ دعوة تلك الجمعية بصورة اصولية حتى صدور قرارها.
تخضع دعاوى البطلان و المسؤولية لمرور الزمن ضمن الشروط المحددة لبطلان الشركة المساهمة.

المادة 14
تنتقل حصص الشركاء بالارث لورثتهم الا انه يجوز ان يشترط، بموجب بند صريح في العقد التأسيسي، اعطاء الخيار للشركة بعدم قبول الورثة او بعضهم شركاء وبايفاء هؤلاء الورثة حقوقهم التي تحدد رضاء او بواسطة القضاء. على ان مهلة الخيار لا يجوز ان تتجاوز الشهرين من تاريخ الوفاة.
لا تحل الشركة بإفلاس احد الشركاء او حجره ويحل محله في كل من هاتين الحالتين ممثله القانوني.

المادة 15
لا يجوز التفرغ عن حصص في الشركة لاجنبي عنها الا بموافقة شركاء يمثلون ثلاثة ارباع رأس المال على الاقل. يثبت التفرغ بسند رسمي او عادي يبلغ الى مدير الشركة والى كل من الشركاء.

للشركة حق الافضلية في شراء الحصص المتفرغ عنها في مهلة خمسة عشر يوما من تبلغها سند التفرغ. وفي حال عدم ممارستها هذا الحق يجوز لشريك او اكثر من الشركاء ان يمارسه في مهلة ثلاثين يوما من تاريخ تبلغه.

المادة 16

يكلف ادارة الشركة مدير او عدة مديرين من الشركاء او غيرهم يعينون بنظام الشركة او بصك لاحق لمدة محدودة او غير محدودة شرط ان يكونوا من الاشخاص الطبيعيين. تناط بالمدير او المديرين جميع السلطات اللازمة لتسيير اعمال الشركة تسييرا منتظما ما لم يرد نص مخالف في النظام التأسيسي.
يجوز، بالرغم من كل بند مخالف، عزل المديرين او بعضهم بقرار من جمعية الشركاء او بقرار قضائي عند وجود سبب مشروع يبرر هذا العزل. اذا قررت جمعية الشركاء عزل مدير دون سبب مشروع حق لهذا الاخير المطالبة بالعطل و الضرر.

المادة 17

يجب على المديرين ان يقتطعوا كل سنة عشرة بالمئة من الارباح الصافية لتكوين مال احتياطي يعادل خمسين بالمئة من رأس المال.

المادة 18

يمنع على المديرين وعلى الشركاء تحت طائلة البطلان ان يحصلوا من الشركة على قروض او كفالات او تكفلات لانفسهم او لازواجهم او اصولهم او فروعهم ولو حصلت بأسماء مستعارة.

المادة 19

المديرون مسؤولون افراديا او بالتضامن ، حسب الظروف، ازاء الشركة و الغير عن مخالفتهم احكام هذا المرسوم الاشتراعي واحكام نظام الشركة وعن اخطائهم في الادارة.
اذا اشترك عدة مديرين بالافعال نفسها التي تعرضهم للمسؤولية، فتحدد المحكمة نسبة ما يتحمله كل منهم من التعويضات عن الضرر.
للشركاء ولكل منهم حق اقامة الدعوى بالمسؤولية ضد المديرين لمصلحة الشركة لاجل المطالبة بالتعويض الكامل عن الضرر المسبب لها.
كل بند في العقد التأسيسي من شأنه تعليق حق اقامة هذه الدعوى على رأي او ترخيص سابق من جمعية الشركاء، او العدول مسبقا عن ممارسة هذا الحق يعتبر بحكم غير المكتوب.
لا يعتد بأي قرار تصدره جمعية الشركاء لاسقاط دعوى المسؤولية المقامة على المديرين بسبب اخطائهم المتعلقة بالادارة.

المادة 20

ان دعاوى المسؤولية المنصوص عليها بالمادة 19 يسقط الحق باقامتها بعد مرور ثلاث سنوات من تاريخ الافعال الضارة التي تبنى عليها اذا كانت ظاهرة او من تاريخ اكتشافها اذا كانت خفية . اما اذا كان احد هذه الافعال جناية فحق الادعاء لا يسقط الا بعد انقضاء عشر سنوات على وقوعه.

المادة 21

ينظم المدير او المديرون بنهاية كل سنة تقريرا عن اعمال الشركة في تلك السنة، وجردة وحسابا للاستثمار العام، وحسابا للارباح و الخسائر وميزانية ويبلغها للشركاء ويدعوهم خلال ستة اشهر من اقفال حسابات السنة الى جمعية عامة يتم خلالها التصديق على اعمال المديرين.

قبل عشرين يوما على الاقل من الوقت المعين لانعقاد جمعية الشركاء يودع اصل كامل الوثائق المعينة بالمادة السابقة في مركز الشركة، مع تقرير مفوض المراقبة عند وجوده، ويحق لكل شريك ان يطلع عليها وان يوجه الى المدير اسئلة خطية ليجيب عليها في جلسة الجمعية.
لكل شريك، فوق ذلك، ان يطلب متى شاء الاطلاع على القيود و المستندات المتعلقة بأعمال السنوات الثلاث السابقة.
كل بند مخالف هذه المادة يعتبر بحكم غير المكتوب.

المادة 22

تتخذ القرارات في الجلسات التي يعقدها الشركاء. الا انه يمكن بناء على بند في النظام التأسيسي الاتفاق على جواز اصدار القرارات باستثناء ما يتعلق منها بتطبيق احكام المادة 21- بطريقة الاستشارات الخطية.

المادة 23

يدعى الشركاء الى الجمعيات بإعلان ينشر في صحيفتين يوميتين محليتين او برسائل مضمونة توجه الى الشركاء قبل شهر من الوقت المحدد للاجتماع.
توجه الدعوة من المدير او اي من المديرين عند تعددهم ، والا فمن مفوض المراقبة عند وجوده وفي حال اهماله توجيه الدعوى يعود هذا الحق لكل شريك او فريق من الشركاء يمثل ربع عدد الشركاء وربع رأس المال او يمثل نصف رأس المال على الاقل. وعند تخلف جميع هؤلاء يحق لكل شريك ان يطلب الى القضاء تعيين شخص يتولى دعوة الجمعية ووضع جدول اعمالها.
كل بند مخالف لهذه الاحكام يعتبر بحكم غير المكتوب.

المادة 24

لكل شريك ان يشترك في الجمعيات بعدد من الاصوات يعادل عدد الحصص التي يملكها او يمثلها، وفي حال عدم وجود بند مخالف في النظام التأسيسي لا يجوز لشريك ان يوكل شخصا من غير الشركاء بتمثيله.
لا يجوز لشريك ان يوكل غيره بتمثيله في جزء من حصصه وان يمثل بنفسه الحصص الاخرى كل بند يخالف احكام هذه المادة يعتبر بحكم غير المكتوب.

المادة 25

في الجمعيات او في الاستشارات الخطية تتخذ القرارات من شركاء يمثلون نصف رأس المال على الاقل. واذا لم تتحقق هذه الاكثرية. ولم يكن في نظام الشركة نص مخالف، يدعى الشركاء او يستشارون مرة ثانية وتصدر القرارات بأكثرية الاصوات مهما كان مقدار راس المال الذي تمثله.

المادة 26

لا يجوز تغيير جنسية الشركة او الزام شريك بزيادة مقدماته او موجباته الا بإجماع الشركاء. ولا يجوز ادخال اي تعديل على نظام الشركة ما لم تتوفر اكثرية من الشركاء تمثل ثلاثة ارباع راس المال على الاقل.

المادة 27

في حالة زيادة رأس المال بطريق اكتتاب الشركاء بحصص نقدية يجب ايداع مبالغ الاكتتابات في احد المصارف ولا يجوز لمدير الشركة سحبها الا بعد تحرير كامل الحصص وتسجيل زيادة راس المال

في السجل التجاري. اذا لم يتم هذا التسجيل في مهلة ستة اشهر من تاريخ ايداع اول مبلغ، فتطبق احكام الفقرة الاخيرة من المادة الثامنة من هذا المرسوم الاشتراعي.

المادة 28

اذا تحققت زيادة راس المال، كليا او جزئيا، بمقدمات عينية، فتطبق احكام المادتين التاسعة و العاشرة من هذا المرسوم الاشتراعي وتسجل تلك الزيادة في السجل التجاري.

المادة 29

لجمعية الشركاء، بأكثريتها المحددة لتعديل النظام التأسيسي ان تقرر انقاص راس المال دون اي مساس في مساواة الشركاء.

عند وجود مفوض مراقبة يجب ابلاغ هذا الاخير مشروع انقاص راس المال ليعطي رأيه في اسباب هذا التدبير وشروطه عند عقد الجمعية. اذا قررت الجمعية الموافقة على انقاص راس المال لسبب غير الخسائر، فان قرارها يسجل في السجل التجاري وينشر في صحيفتين محليتين، ويحق لكل دائن ان يعترض عليه خلال شهرين من تاريخ آخر معاملة نشر امام محكمة مركز الشركة التي تقرر، حسب الظروف، اما رد الاعتراض، واما الزام الشركة بتقديم ضمانات لحقوق المعترضين تعينها بقرارها. ولا يجوز البدء في معاملات انقاص رأس المال قبل انقضاء مهلة الاعتراض.

يمتنع على الشركة شراء حصصها. الا انه يجوز للجمعية التي قررت انقاص راس المال لسبب غير الخسائر ان تفوض مديرها بشراء عدد معين من حصص الشركاء لاجل الغائها.

المادة 30

للشركاء ان يعينوا مفوضا او اكثر للمراقبة بقرار يتخذ بالاكثرية المعينة بالمادة 25 من هذا المرسوم الاشتراعي. ويكون هذا التعيين الزاميا:

أ- اذا زاد عدد الشركاء عن العشرين .

ب- اذا بلغ راس مال الشركة ثلاثين مليون ليرة لبنانية.

ج- اذا طلب تعيين المفوض شريك او اكثر يمثلون خمس راس المال على الاقل.

المادة 31

يختار مفوض المراقبة من الاشخاص المقيدين في جدول الخبراء وتمتد مهمته لثلاث دورات سنوية. لا يعين مفوضين للمراقبة:

1- المديرون وازواجهم واصولهم وفروعهم.

2- الشركاء اصحاب المقدمات العينية.

3- الاشخاص الذين يتقاضون من الشركة او من مديرها مرتبات دورية وأزواجهم واصولهم وفروعهم.

خلال خمس سنوات من انتهاء وظائف مفوضي المراقبة، لا يجوز تعيين هؤلاء المفوضيين مديرين للشركة التي تولوا مراقبة اعمالها. ولا يجوز في المهلة نفسها ان يعينوا مديرين او اعضاء مجلس ادارة او مراقبين لشركات تملك عشرة بالمئة من راس مال الشركة التي كانوا مفوضي مراقبة فيها او تملك هذه الاخيرة عشرة بالمئة من رأس مالها.

تطبق على مفوضي المراقبة الاحكام التي تطبق على الشركات المغفلة بقدر ائتلافها و الاحكام الخاصة المنصوص عليها بهذا المرسوم الاشتراعي.

المادة 32

يجوز استرداد انصبة الارباح الموزعة على الشركاء عندما لا تستند الى ارباح حقيقية حاصلة .
تخضع دعوى الاسترداد لمرور زمن خماسي مطلعه اليوم المحدد لتوزيع انصبة الارباح.

المادة 33

في حالة خسارة ثلاثة ارباع رأس المال يجب على الشركاء ان يقرروا ، في مهلة الاربعة اشهر التالية للتصديق على الحسابات التي اظهرت تلك الخسارة، ما اذا كان يجب حل الشركة. فاذا لم يقرروا حلها بالاكثرية المعينة لتعديل النظام فيستوجب عليهم فورا انقاص رأس المال بمقدار الخسارة. ينشر القرار الذي يقضي باعتماد اي من الحلين السابق ذكرهما في صحيفتين محليتين ويسجل في السجل التجاري .
اذا لم يصدر الشركاء قرارهم في المهلة المعينة بالفقرة الاولى ، يحق لكل ذي مصلحة ان يطلب حل الشركة قضائيا.

المادة 34

ان تحويل الشركة المحدودة المسؤولية الى شركة تضامن او توصية بسيطة او توصية بالاسهم يستلزم اجماع الشركاء. اما تحويلها الى شركة مساهمة فيمكن تقريره بالاكثرية المعينة لتعديل النظام التأسيسي شرط ان يكون الشركاء قد صدقوا على حسابات السنتين السابقتين. اذا تبين من حسابات الشركة بعد التصديق عليها ان قيمة موجوداتها الصافية تزيد عن الثلاثة ملايين ليرة، فانه يجوز للاكثرية التي تمثل نصف رأس المال ان تقرر تحويل الشركة الى شركة مساهمة، بعد الاطلاع على تقرير مفوض المراقبة المثبت صحة الحسابات . ان تغيير نوع الشركة الذي يتم خلافا لاحكام هذه المادة يكون باطلا.

المادة 35

يعاقب بعقوبات الاحتيال:
المؤسسون الذين ادرجوا في نظام الشركة تصريحا كاذبا عن توزيع الحصص بين الشركاء وتحرير هذه الحصص.
الشركاء الاولون و المديرون الذين فتحوا مباشرة او بواسطة الغير اكتتابا علنيا بأية قيمة منقولة او اسهم او اسناد دين.
كل من يعطي لمقدمات عينية عن طريق مناورات تحايلية تقديرا يفوق قيمتها الحقيقية بعشرين بالمئة.
كل من يعطي لمقدمات عينية عن طريق ارباح صورية بدون وجود ميزانية وحساب ارباح وخسائر او بواسطة ميزانية وحساب ارباح وخسائر غير متفقين و الواقع.
المديرون و الشركاء الذين يخلقون في جمعية للشركاء او يحاولون خلق اكثرية مصطنعة.
المدير الذي يسحب المقدمات المودعة في احد المصارف قبل اتمام معاملات التأسيس. لا تحول احكام هذه المادة دون تطبيق احكام اجتماع الجرائم المعنوي لاعطاء الافعال التي تنص عليها وصفا اشد، وخاصة في حالة الافلاس.

D. Anhang 4: Auszug aus der libVerf

الدستور اللبناني

[...]

ب- في المالية

المادة 81

تفرض الضرائب العمومية ولا يجوز إحداث ضريبة ما وجبايتها في الجمهورية اللبنانية إلا بموجب قانون شامل تطبق أحكامه على جميع الأراضي اللبنانية دون استثناء.

المادة 82

لا يجوز تعديل ضريبة أو إلغاؤها إلا بقانون.

المادة 83

كل سنة في بدء عقد تشرين الأول تقدم الحكومة لمجلس النواب موازنة شاملة نفقات الدولة ودخلها عن السنة القادمة ويقترع على الموازنة بنداً بنداً.

المادة 84

ولا يجوز للمجلس في خلال المناقشة بالميزانية وبمشاريع الإعتمادات الإضافية أو الإستثنائية أن يزيد الإعتمادات المقترحة عليه في مشروع الموازنة أو في بقية المشاريع المذكورة سواء كان ذلك بصورة تعديل يدخله عليها أو بطريقة الاقتراح. غير انه يمكنه بعد الانتهاء من تلك المناقشة أن يقرر بطريقة الإقتراح قوانين من شأنها إحداث نفقات جديدة.

المادة 85

لا يجوز أن يفتح إعتماد إستثنائي إلا بقانون خاص. أما إذا دعت ظروف طارئة لنفقات مستعجلة فيتخذ رئيس الجمهورية مرسوماً، بناءً على قرار صادر عن مجلس الوزراء، بفتح اعتمادات استثنائية أو إضافية وبنقل اعتمادات في الموازنة على أن لا تتجاوز هذه الاعتمادات حدا أقصى يحدد في قانون الموازنة. ويجب أن تعرض هذه التدابير على موافقة المجلس في أول عقد يلتئم فيه بعد ذلك.

المادة 86

إذا لم يبت مجلس النواب نهائياً في شأن مشروع الموازنة قبل الانتهاء من العقد المعين لدرسه فرئيس الجمهورية بالاتفاق مع رئيس الحكومة يدعو المجلس فوراً لعقد استثنائي يستمر لغاية نهاية كانون الثاني لمتابعة درس الموازنة وإذا انقضى العقد الاستثنائي هذا ولم يبت نهائياً في مشروع الموازنة فلمجلس الوزراء أن يتخذ قراراً، يصدر بناء عليه عن رئيس الجمهورية، مرسوم يجعل بموجبه المشروع بالشكل الذي تقدم به إلى المجلس مرعياً ومعمولًا به. ولا يجوز لمجلس الوزراء أن يستعمل هذا الحق إلا إذا كان مشروع الموازنة قد طرح على المجلس قبل بداية عقده بخمسة عشر يوما على الأقل. على انه في مدة العقد الاستثنائي المذكور تجبى الضرائب والتكاليف والرسوم والمكوس والعائدات الأخرى كما في السابق وتؤخذ ميزانية السنة السابقة أساساً ويضاف إليها ما فتح بها من الاعتمادات الإضافية الدائمة ويحذف منها ما اسقط من الاعتمادات الدائمة وتأخذ الحكومة نفقات شهر كانون الثاني من السنة الجديدة على القاعدة الاثني عشرية.

المادة 87

إن حسابات الإدارة المالية النهائية لكل سنة يجب أن تعرض على المجلس ليوافق عليها قبل نشر موازنة السنة التالية التي تلي تلك السنة وسيوضع قانون خاص لتشكيل ديوان المحاسبات.

المادة 88

لا يجوز عقد قرض عمومي ولا تعهد يترتب عليه إنفاق من مال الخزانة إلا بموجب قانون.

المادة 89

لا يجوز منح أي التزام أو امتياز لاستغلال مورد من موارد ثروة البلاد الطبيعية أو مصلحة ذات منفعة عامة أو أي احتكار إلا بموجب قانون والى زمن محدود. **[...]**

Trierer Studien zum Internationalen Steuerrecht

Herausgegeben von Gabriele Burmester

Band 1 Steffen Alexander Lindenthal: Mitwirkungspflichten des Steuerpflichtigen und Folgen ihrer Verletzung. Unter besonderer Berücksichtigung der Dokumentationspflichten bei Verrechnungspreisen. 2006.

Band 2 Svenja Kaufer: Grenzüberschreitende Organschaft kraft Gemeinschaftsrecht. Übernimmt Österreich für Deutschland eine Vorreiterrolle? 2006.

Band 3 Antje Hagena: Die Behandlung von Personengesellschaften in den Doppelbesteuerungsabkommen der Bundesrepublik Deutschland mit den Staaten Mittel- und Südamerikas. 2007.

Band 4 Marie-Theres Rämer: Besteuerung aktienbasierter Vergütungen in Deutschland und im Vereinigten Königreich. 2007.

Band 5 Thorsten Hilger: Besteuerung der internationalen Seeschifffahrt. 2007.

Band 6 Claudia Neitz: Die Besteuerung internationaler Gemeinschaftsunternehmen. 2008.

Band 7 Felix Magnus Kessens: Die Besteuerung der grenzüberschreitenden Überführung von Wirtschaftsgütern. 2009.

Band 8 Rike Claudia Henkes-Wabro: Gewinnabgrenzung bei Bankbetriebstätten im Internationalen Steuerrecht. 2009

Band 9 Markus München: Die Zinsschranke – eine verfassungs-, europa- und abkommensrechtliche Würdigung. 2010.

Band 10 Olaf Thießen: Dreiecksverhältnisse im Internationalen Steuerrecht unter Beteiligung doppelt ansässiger Kapitalgesellschaften. 2010.

Band 11 Sascha Kaiser: Der französische REIT. Analyse des französischen SIIC-Regimes unter Berücksichtigung der Besteuerung deutscher und französischer Investoren. 2012.

Band 12 David Karl Mattern: Die Grenzgängerbesteuerung im Doppelsteuerungsabkommen zwischen Deutschland und der Schweiz. 2012.

Band 13 Stephan Hoyer: Unternehmensnachfolge und Wegzugsbesteuerung. 2013.

Band 14 Patrick Stemler: Die Behandlung von Sondervergütungen bei Personengesellschaften nach dem Recht der Doppelbesteuerungsabkommen. 2013.

Band 15 Helen Domschat: Die deutsche Vorschrift zur Verhinderung von Abkommens- und Richtlinienmissbrauch und ihre Vereinbarkeit mit Unionsrecht. 2013.

Band 16 Katharina Pfeifer: Die deutsche Besteuerung ausländischer Tonkünstler und Künstlergesellschaften. 2014.

Band 17 Evelyn Frink: Verständigungs- und Schiedsverfahren im Internationalen Steuerrecht. 2015.

Band 18 Bianca Wohlfart: Die Besteuerung der luxemburgischen Société de Participations Financières (SOPARFI). 2016.

Band 19 Sarah Anna Dreher: Die Besteuerung von Auslandsmitarbeitern in der Entwicklungszusammenarbeit. 2016.

Band 20 Dominik Monz: Die Familienstiftung im Außensteuergesetz. 2017.

Band 21 Toufic Schilling: Die Besteuerung deutscher Geschäftsaktivitäten im Libanon. 2017.

www.peterlang.com

www.ingramcontent.com/pod-product-compliance
Ingram Content Group UK Ltd.
Pitfield, Milton Keynes, MK11 3LW, UK
UKHW021841290926
8980IPUK00005B/575